BURTON G. MALKIEL

A RANDOM WALK DOWN WALL STREET

WARUM BÖRSENERFOLG KEIN ZUFALL IST

FBV

Die bewährte Strategie für erfolgreiches Investieren

Bibliografische Information der Deutschen Nationalbibliothek
Die Deutsche Nationalbibliothek verzeichnet diese Publikation in der Deutschen Nationalbibliografie. Detaillierte bibliografische Daten sind im Internet über http://dnb.d-nb.de abrufbar.

Für Fragen und Anregungen
info@finanzbuchverlag.de

Originalausgabe
1. Auflage 2023

Türkenstraße 89
80799 München
Tel.: 089 651285-0
Fax: 089 652096

Die englischsprachige Originalausgabe dieser komplett überarbeiteten Neuausgabe erschien 2023 bei W.W. Norton.

Übersetzung: Petra Pyka
Redaktion: Judith Engst
Korrektorat: Manuela Kahle
Umschlaggestaltung: Pamela Machleidt, in Anlehnung an das Cover der englischsprachigen Originalausgabe
Umschlagabbildung: Pfeil: timurockart/shutterstock.com
Satz: Carsten Klein, Torgau
Druck: Print Best, Estland
Printed in Europe

ISBN Print 978-3-95972-681-8
ISBN E-Book (PDF) 978-3-98609-309-9
ISBN E-Book (EPUB, Mobi) 978-3-98609-310-5

Weitere Informationen zum Verlag finden Sie unter

www.finanzbuchverlag.de

Beachten Sie auch unsere weiteren Verlage unter www.m-vg.de

INHALT

Für Nancy und Piper

DANKSAGUNG

Mein Dank gilt insbesondere den vielen Menschen, die mir die nötigen Daten geliefert haben, um die empirischen Analysen zu aktualisieren, die den Empfehlungen dieses Buches zugrunde liegen. Heute, 50 Jahre nach der Erstausgabe von *A Random Walk Down Wall Street,* bin ich von der ursprünglichen These des Buches sogar noch mehr überzeugt. Die aus dem vergangenen halben Jahrhundert an Anlageerfahrung bezogenen Daten stützen eindeutig die Auffassung, dass möglichst breit aufgestelltes Index-Investing die optimale Strategie zur Vermögensverwaltung darstellt.

Den bereits in früheren Ausgaben erwähnten Personen bin ich weiterhin dankbar. Darüber hinaus möchte ich die Namen etlicher Menschen erwähnen, die mir mit speziellen Beiträgen zu dieser Jubiläumsausgabe besonders geholfen haben. Kristen Perleberg von der Leuthold Group lieferte aktualisierte Berechnungen, die historische Muster von Wertpapiererträgen erläutern. Larry Swedroe überließ mir seine Daten zur Faktorstruktur von Wertpapiererträgen sowie die historischen Ergebnisse einer ausdrücklichen Berücksichtigung der Aspekte Umwelt, Soziales und Unternehmensführung in Bezug auf Portfolioanlagen. Jeremy Schwartz und Jeremy Siegel aktualisierten ihre Berechnungen langfristiger Aktienrenditen. Scott Donaldson lieferte aktuelle Notierungen für die Jahresrenditen.

Andrew Schulman von der Vanguard Group erfasste Daten zu Investmentfonds, die den Berechnungen für viele der Grafiken und Simulationen zugrunde liegen, auf denen die Anlageempfehlungen der folgenden Seiten beruhen. Bei der Analysearbeit unterstützte mich meine studentische Hilfskraft Shazra Raza aus Princeton. James Lange engagierte sich auf vielerlei Weise für diese Jubiläumsausgabe.

Mit W. W. Norton arbeite ich nach wie vor hervorragend zusammen und möchte mich bei Brendan Curry und Caroline Adams bedanken, die unverzichtbare Beiträge dazu leisteten, dass diese Ausgabe veröffentlicht werden konnte.

Mit Abstand am meisten zur erfolgreichen Fertigstellung der bisherigen neun Ausgaben hat meine Frau Nancy Weiss Malkiel beigetragen. Neben liebevollem Zuspruch und Rückhalt hat sie auch aufmerksam verschiedene Manuskriptfassungen gelesen und mit unzähligen Anmerkungen für Klarheit und enorme Verbesserungen gesorgt. Sie kann nach wie vor Fehler finden, die mir und anderen in verschiedenen Korrektur- und Redaktionsdurchläufen entgangen sind. Vor allem aber bringt sie unglaublich viel Freude in mein Leben. Niemand verdient es mehr als sie und ihre zweitbeste Freundin Piper, in einem Buch mit einer Widmung bedacht zu werden.

Burton G. Malkiel
Princeton University
Juli 2022

GELEITWORT ZUR JUBILÄUMSAUSGABE

Fünfzig Jahre sind vergangen, seit *A Random Walk Down Wall Street* erstmals aufgelegt wurde. Die Anlageempfehlung der Urausgabe war ganz einfach: Anleger könnten deutlich bessere Ergebnisse erzielen, wenn sie einen breit aufgestellten Indexfonds kaufen und halten, statt zu versuchen, einzelne Wertpapiere oder aktiv verwaltete Investmentfonds zu kaufen und zu verkaufen. Ich behauptete kühn, dass sich alle Informationen mit Einfluss auf die Aussichten einzelner Unternehmen rasch in den Kursen ihrer Aktien niederschlagen würden. Unter diesen Umständen könnte ein Schimpanse, der mit verbundenen Augen Dartpfeile auf eine Kursliste wirft, ein Portfolio auswählen, dass sich ebenso gut entwickeln würde wie ein von Fachleuten zusammengestelltes. Natürlich lautete die Empfehlung nicht, tatsächlich Pfeile zu werfen. Die passendere Analogie wäre ohnehin, gar nicht auf die Kursliste zu schauen und ein Portfolio zu halten, dass sich aus allen Aktien zusammensetzt, die in einem breiten Aktienmarktindex vertreten sind. Ein solches Portfolio dürfte professionell verwaltete Aktienfonds überrunden, deren hohe jährliche Gebühren, erhebliche Handelskosten und die Besteuerung die Anlagerendite mindern.

Heute, fünfzig Jahre später, bin ich von meiner ursprünglichen These sogar noch mehr überzeugt – und kann das mit siebenstelligen Gewinnen untermauern. Das Portfolio eines Anlegers, der Anfang 1977 (als der erste Indexfonds auf den Markt kam) mit 10.000 US-Dollar Anlagekapital ins Rennen ging, hätte Anfang 2022 einen Wert von 2.143.500 US-Dollar gehabt – unter der Voraussetzung, dass alle Dividenden reinvestiert wurden. Ein zweiter Anleger, der stattdessen Anteile an einem durchschnittlichen aktiv verwalteten Investmentfonds gehalten hätte, hätte ein Wachstum seiner Anlage auf 1.477.033 US-Dollar verzeichnet. Die Differenz ist gewaltig. Bis einschließlich 1. Januar 2022 hätte der Indexanleger einen Vorsprung von atemberaubenden 666.467 US-Dollar verbucht – zwei Drittel einer Million!

Die Auffassung, dass Index-Investing die optimale Anlagestrategie darstellt, ist heute weit verbreitet. Mittlerweile entfällt über die Hälfte des in Aktienfonds angelegten Kapitals auf Indexfonds. Weitere Billionen werden in börsengehandelte Indexfonds investiert (die sogenannten Exchange-Traded Funds, kurz ETFs – Indexfonds, die an öffentlichen Wertpapiermärkten gehandelt werden). Anfangs wurde der Gedanke, Anleger sollten Indexfonds kaufen, aber als verrückt und unklug verlacht.

Zu sagen, *Random Walk* hätte auf Anhieb wenig Anklang gefunden, wäre drastisch untertrieben. Die Erstausgabe wurde in einer von einem Börsenprofi verfassten Rezension in der Zeitschrift *BusinessWeek* gründlich verrissen. Der Rezensent vertrat den Standpunkt, die vorgestellten Ideen seien bestenfalls naiv, schlimmstenfalls unausgegoren. Der Rezensent konnte nicht begreifen, weshalb sich Anleger mit »garantierter Mittelmäßigkeit« zufriedengeben sollten. Andere Rezensenten bezeichneten die Vorstellung, unsere Finanzmärkte seien einigermaßen effizient, als »einen der himmelschreiendsten Irrtümer in der Geschichte des Wirtschaftsdenkens«.

Glücklicherweise focht mich das nicht an. Ich dachte mir, wenn keiner kritisiert, was ich schreibe, dann hätte ich mir die Mühe gleich sparen können. Wer nichts sagt und nichts tut, wird auch nicht kritisiert.

Drei Jahre nach der Erstveröffentlichung des Buches führte Jack Bogle, CEO der Vanguard Group, den ersten Indexfonds ein, in den das breite Publikum investieren konnte. Dieser »First Index Fund« stieß ebenso wenig auf Gegenliebe wie *Random Walk*. Vanguard legte seinen neuen Fonds auf und beauftragte etliche Wall-Street-Investmentbanker damit, Anteile im Gesamtvolumen von 250 Millionen US-Dollar zu verkaufen. Sie konnten aber nur Anteile im Wert von 11 Millionen US-Dollar an den Mann bringen. Vanguard war sogar bereit, Fondsanteile hinfort ohne Provision anzubieten, aber dennoch ließen sich nur wenige Käufer auf den Plan locken. Im Scherz sagte ich zu Jack Bogle, er und ich seien wohl die einzigen Anteilsinhaber. Der Fonds wurde von vielen als Flop bezeichnet – als »Bogles Schnapsidee«, »zum Scheitern verurteilt« oder gar als »unamerikanisch«. Viele Jahre lang floss nur wenig Kapital in den Indexfonds. So optimistisch Jack Index-Investing beurteilte – selbst er hätte sich nicht vorstellen können, dass Indexfonds irgendwann Billionen Dollar Anlagekapital auf sich ziehen würden.

Auf den folgenden Seiten finden Leserinnen und Leser glaubhaft bestätigt, dass unsere Märkte neue Informationen unverzüglich und hoch effizient widerspiegeln. Mehr noch: Die über Jahre hinweg gesammelten stichhaltigen Belege sollten auch Skeptiker von der Indexing-Theorie überzeugen, die ich vertrete. Vor allem aber ist das Buch seit jeher als umfassender Anlageratgeber zu verstehen – und die ausgesprochen praktischen Einsatzmöglichkeiten der dargelegten Ideen werden genau erläutert. Vorweg möchte ich Ihnen jedoch gern so einfach wie möglich erklären, was mit dem Begriff »effiziente Märkte« gemeint ist und wie er in den Medien häufig falsch interpretiert wird. Und ich möchte klarstellen, welche vernünftigen Argumente dafür sprechen, Indexfonds zum Kerninvestment jedes Anlegers zu machen, der Vermögen aufbauen will, um einen sorglosen Ruhestand zu genießen oder sich finanziell abzusichern.

Die Theorie, die hinter der Auffassung steht, dass Index-Investing die beste Methode ist, um den Kern ihres Portfolios zu bilden, trägt den hochtragenden Titel »Markteffizienzhypothese« (Efficient Market Hypothesis oder kurz EMH). Albert Einstein sagte einst über Hypothesen und Theorien, wer sie einem sechsjährigen Kind nicht erklären könne, der habe sie selbst nicht verstanden. Hier also meine einfache Erklärung der Theorie.

Die Markteffizienzhypothese setzt sich aus zwei Grundsätzen zusammen, nämlich zum einen, dass sich öffentlich verfügbare Informationen unverzüglich in den Aktienkursen niederschlagen. Informationen, die sich positiv (oder negativ) auf den künftigen Kurs eines Finanzinstruments auswirken sollten, gehen demzufolge schon heute aus dem Preis des Vermögenswerts hervor. Erhält ein Pharmaunternehmen, das derzeit für 20 US-Dollar pro Aktie gehandelt wird, die Zulassung für ein neues

Medikament, das den Unternehmenswert morgen auf 40 US-Dollar pro Aktie ansteigen lässt, wird der Aktienkurs sofort auf 40 US-Dollar klettern – nicht erst nach und nach. Weil jedem, der die Aktie zu einem Kurs unter 40 US-Dollar erwirbt, ein unmittelbarer Gewinn winkt, dürfen wir davon ausgehen, dass die Marktteilnehmer den Kurs unverzüglich auf 40 US-Dollar in die Höhe treiben werden.

Es kann natürlich vorkommen, dass sich die neuen Informationen den Marktteilnehmern nicht sofort in letzter Konsequenz erschließen. Manche Marktteilnehmer unterschätzen womöglich die Bedeutung des Medikaments, andere überschätzen sie dagegen vielleicht. Daher könnten die Märkte auf Neuigkeiten unter- oder überreagieren. Die COVID-19-Pandemie hat idealtypisch vorgeführt, wie die Anlegerstimmung und die Problematik, das Ausmaß und die Schwere der resultierenden wirtschaftlichen Verwerfungen die Marktvolatilität anheizen können. Längst nicht so klar ist jedoch, dass systematische Unter- oder Überreaktionen auf Nachrichten für Aktienmarktanleger eine Gelegenheit darstellen, außergewöhnliche Gewinne zu erzielen. Aus genau diesem Aspekt der EMH ergibt sich der zweite – und meines Erachtens grundlegendste – Grundsatz der Hypothese: Auf einem effizienten Markt eröffnen sich keine Möglichkeiten, außergewöhnliche Gewinne zu erzielen, ohne außergewöhnliche Risiken einzugehen.

Dieser Mangel an Gelegenheiten für den großen Reibach wird oft mit einem Witz erklärt, der unter Finanzprofessoren kursiert. Ein Professor, der die EMH vertritt, geht mit einem Studenten die Straße entlang. Der Student findet einen Hundertdollarschein auf dem Boden und bückt sich, um ihn aufzuheben. »Die Mühe können Sie sich sparen«, sagt der Professor. »Wäre das ein echter Hundertdollarschein, würde er nicht hier liegen.« In einer etwas abgeschwächten Version der Geschichte würde der Professor dem Studenten vielleicht raten, den Schein möglichst schnell aufzuheben, weil er sicher nicht mehr lange herumliegen würde. Auf einem effizienten Markt sorgt der Wettbewerb dafür, dass Chancen auf außergewöhnlich hohe risikoadjustierte Gewinne nicht lange bestehen.

Die EMH besagt nicht, dass die Kurse immer »richtig« sind oder die Marktteilnehmer stets rational handeln. Es gibt reichlich Indizien dafür, dass viele (vielleicht sogar die meisten) Marktteilnehmer alles andere als rational handeln und bei der Informationsverarbeitung und ihren Handelsvorlieben unter systematischen Verzerrungen leiden. Doch selbst wenn die Preise stets von rationalen Anlegern bestimmt würden, können die Kurse (die auf unvollkommenen Prognosen beruhen) nie »richtig« sein. Sie sind ständig »falsch«. Die EMH besagt, dass wir nie sicher sein können, ob sie zu hoch oder zu niedrig sind. Und sämtliche Erträge, die auf Einschätzungen beruhen, die besser zutreffen als der Marktkonsens, stellen keine Gelegenheiten für außergewöhnliche Gewinne dar, ohne dass damit weitaus höhere Risiken verbunden wären als mit dem Erwerb eines breit aufgestellten Indexfonds.

Mir ist absolut bewusst, dass die Aktienmärkte mitunter ungeheuerliche Fehler begehen. So trieb beispielsweise im Januar 2021 eine Horde außer Rand und Band geratener Internetinvestoren den Kurs von GameStop von 15 auf fast 500 Dollar pro Aktie, bevor er im Februar dann wieder auf dem Boden der Tatsachen landete. Anfang 2000 kletterte der gesamte Aktienmarkt in nie dagewesene

Höhen. In der Folgezeit brachen die Werte, die diesen Anstieg angeführt hatten, um 90 Prozent oder mehr ein. Doch selbst diese spektakuläre Blase (die als »vernichtendes Urteil« über die EMH gewertet wurde) lieferte keinen leichten Weg zu Überrenditen.

Niemand hätte sagen können, wie stark sich die Blase aufblähen und wann sie aller Voraussicht nach platzen würde. 1996 hatten Aktienkurse und Bewertungskennzahlen bereits ein außergewöhnliches Niveau erreicht. Das Kurs-Gewinn-Verhältnis ging förmlich durch die Decke. Das veranlasste den US-Notenbankchef Alan Greenspan zu seiner berühmten Rede, in der er vom Blasenterritorium des Aktienmarktes und vom »irrationalen Überschwang« der Anleger sprach. Danach kletterte der Aktienmarkt noch vier Jahre kräftig weiter. Langfristig orientierte Anleger, die nach der Rede Aktien gekauft hatten, erzielten reichlich Rendite.

Heute (im Rückblick) wissen wir, dass die Marktkurse Anfang 2000 das Höchstniveau der Blase erreicht hatten. Doch keiner hatte den Zeitpunkt im Vorfeld genau bestimmen können. Tatsächlich gibt es fundierte Belege dafür, dass sowohl Privatanleger als auch institutionelle Investoren, die versuchen, auf dem Markt den richtigen Zeitpunkt zu erwischen, unweigerlich in die Irre gehen. Sie kaufen zu Höchstkursen, wenn allenthalben Optimismus herrscht, und sie verkaufen am Tiefpunkt, wenn überall Pessimismus um sich greift. Zwar haben manche Anleger über bestimmte Zeiträume durchaus Überrenditen erzielt, indem sie treffsicherer urteilten als der Marktkonsens, doch solche Gewinne stellten keineswegs ungenutzte Arbitragechancen auf risikolose außergewöhnliche Erträge dar. Diese Geschäfte waren vielmehr hochriskant, und für viele andere, die gegen den Markt agierten, bedeuteten sie den finanziellen Ruin. Selbst manche Hedgefonds, die gegen GameStop wetteten, als der Titel noch im Höhenflug war, erlitten ruinöse Verluste.

Die Vorstellung, dass die Märkte in der Lage sind, neue Informationen einigermaßen schnell und zeitnah zu verarbeiten, steht mit der Ansicht in Zusammenhang, dass sich die Aktienkurse über längere Zeit eher zufällig entwickeln. Der Begriff der »Zufallsbewegung« (englisch: Random Walk) ist ein mathematisches Modell, demzufolge die nächste Zahl in einer Zahlenfolge von der vorangegangenen unabhängig und nicht vorhersehbar ist. Der Begriff taucht offenbar erstmals in einem Schriftwechsel auf, der 1905 im Fachmagazin *Nature* erschien. Gegenstand war das optimale Suchverfahren, um einen Betrunkenen zu finden, der mitten auf einem Feld zurückgelassen worden war. Die Lösung war recht kompliziert, doch der Ausgangspunkt war schlicht der Ort, an dem sich der Betrunkene zuletzt gesichert aufhielt – denn sobald er sich in Bewegung setzte, würde er vermutlich auf planlose, unvorhersehbare Weise herumwanken.

Ebenso gilt: Beziehen die Aktienkurse die Informationen und Markterwartungen sämtlicher Marktteilnehmer komplett ein, folgen Preisveränderungen unweigerlich dem Zufallsprinzip. Natürlich verändern sich die Preise, wenn neue Informationen auf dem Markt eingehen, doch echte Neuigkeiten entstehen zufällig. Sie lassen sich nicht aus vorausgegangenen Ereignissen extrapolieren. Daher sind Preisveränderungen auf einem informationseffizienten Markt grundsätzlich nicht prognostizierbar. Zufällige Kursbewegungen bedeuten aber nicht, dass der Aktienmarkt launenhaft wäre.

Die Zufälligkeit ist vielmehr ein Indiz dafür, dass ein Markt gut und effizient funktioniert und sich nicht irrational verhält.

Gehen aus den Kursen sämtliche bekannten Informationen hervor, so erzielen selbst uninformierte Anleger, die sich zu Marktpreisen ein breit gestreutes Portfolio zulegen, eine genauso hohe Rendite wie Fachleute.

Natürlich kann es vorkommen, dass der Aktienmarkt ein bestimmtes nachrichtenwürdiges Ereignis nicht vollständig einpreist. Auch können tägliche Kursveränderungen manchmal vom Zufallsprinzip abweichen. Deshalb ist mit Blick auf den Aktienmarkt vermutlich eher von einer »relativen« Effizienz auszugehen als von einer absoluten. Dem Ökonomen Andrew Low vom Massachusetts Institute of Technology zufolge würde kaum ein Ingenieur auf den Gedanken kommen zu prüfen, ob ein bestimmter Motor vollkommen effizient läuft. Allerdings würde ein solcher Ingenieur durchaus zu messen versuchen, wie effizient sich dieser Motor im Vergleich zum reibungsfreien Idealbetrieb verhält. Ebenso unrealistisch ist es, unseren Finanzmärkten als Voraussetzung für die Akzeptanz der EMH absolute Effizienz abzuverlangen. Ich bin aber überzeugt, dass die Märkte Informationen ganz hervorragend einpreisen und dass unsere Aktienmärkte ausgesprochen effizient funktionieren. Den Beweis dafür liefert unwiderlegbar, dass kostengünstige Indexfonds keinesfalls mittelmäßig abschneiden. Indexfonds liefern Anlegern Renditen, die um 1 vollen Prozentpunkt höher ausfallen, als die von einem durchschnittlichen aktiv verwalteten Investmentfonds erzielten.

Dass die Marktkurse immer mal wieder Kapriolen schlagen, lässt viele an der EMH (und selbst an der relativen Effizienz) zweifeln. Doch auch die Zweifler sollten zu Indexfonds als optimale Portfolioanlagen greifen. Indexfonds sollten nämlich auch dann weiterhin besser abschneiden als aktiv gemanagte Fonds, wenn die Märkte nicht effizient sind.

Beziehen Sie folgende Logik in Ihr Kalkül ein: Unbestreitbar müssen sämtliche Aktien eines beliebigen Marktes von irgendjemandem gehalten werden. So befinden sich alle Aktien des US-amerikanischen Marktes in den Händen von Privatanlegern oder Institutionen. Das gesamte Anlegerpublikum erzielt demnach einen Bruttoertrag, der dem entspricht, was der Aktienmarkt abwirft. Als Gruppe erwirtschaften Indexfonds gleichfalls den Marktertrag, indem sie alle auf dem gesamten Markt befindlichen Aktien halten. Daraus folgt jedoch zwingend, dass sämtliche übrigen Anleger, die ihre Portfolios aktiv verwalten, ebenfalls den Bruttomarktertrag erzielen, weil die ihnen zur Verfügung stehenden Aktien einen Teil des gesamten Marktportfolios darstellen.

Durch den Wettbewerb wurden die von Indexfonds erhobenen Kosten im Grunde gegen null gedrückt. Dagegen zahlen die Anleger aktiv verwalteter Investmentfonds Gebühren von annähernd 1 Prozent pro Jahr (die durchschnittliche Kostenquote, die von Anlegern aktiver Fonds verlangt wird). Anlegern, die in Indexfonds investieren, bleibt daher ein Nettoertrag, der die Rendite, die Anleger aktiver Fonds erzielen, im Schnitt um fast 1 Prozentpunkt pro Jahr übersteigt. Dass für Indexfonds (die nicht so oft von einem Wertpapier in ein anderes umschichten) außerdem niedrigere Transaktionskosten und Steuern anfallen, ist in dieser Rechnung noch gar nicht berücksichtigt.

Der überzeugendste Beleg dafür, dass unsere Aktienmärkte äußerst effizient funktionieren, besteht meiner Ansicht nach darin, dass sie so schwer zu schlagen sind. Würden die Marktkurse generell von irrationalen Anlegern bestimmt und wären vorhersagbare Muster von Wertpapierrenditen oder ausnutzbare Fehlbewertungen von Wertpapieren leicht zu ermitteln, sollten professionelle Manager eigentlich in der Lage sein, den Markt zu schlagen. An anderer Stelle in diesem Buch werde ich noch ausführlich nachweisen, wie schlecht die Manager aktiver Fonds wirklich abschneiden. Im Moment will ich es dabei bewenden lassen, dass rund zwei Drittel aller professionell verwalteten Aktienportfolios weniger Rendite abwerfen als ein einfacher Indexfonds. Dabei sind die Portfolios aus dem einen Drittel, das den Markt in einem bestimmten Jahr übertrifft, gewöhnlich nicht dieselben, denen dieses Kunststück im Folgejahr gelingt. Ein Blick auf die Wertentwicklung aktiv verwalteter Investmentfonds über 10 und 15 Jahre ergibt daher, dass 90 Prozent der aktiv verwalteten Produkte schlechter abschneiden als der Markt. Es gibt durchaus Fonds, die mehr abwerfen als der Markt. Doch den Star unter den Stockpickern zu finden, gleicht der sprichwörtlichen Suche nach der Nadel im Heuhaufen. Wer versucht, auf den künftigen Spitzenreiter zu setzen, erzielt höchstwahrscheinlich ein schlechteres Ergebnis als mit einem einfachen Indexfonds. Und dass ein bestimmter Fondsmanager den Markt im vergangenen Jahr oder Jahrzehnt geschlagen hat, heißt noch lange nicht, dass ihm das auch im nächsten Jahr oder Jahrzehnt gelingen wird. Direkte Messgrößen für die Renditen, die tatsächlich von Profis erzielt werden, deren Vergütung starke Anreize enthält, Überrenditen zu erwirtschaften, liefern den besten Beweis für die Effizienz des Marktes. Wie heißt es noch an der Wall Street? Sobald einer sicher ist, die Schlüssel in der Hand zu haben, um den Markt zu schlagen, werden die Schlösser ausgewechselt.

Stellt sich die Frage: Trifft die grundlegende Aussage dieses Buches zu (dass die Märkte effizient sind und Indexing die beste Strategie für Anleger), warum brauchte es in seiner 50-jährigen Geschichte dann 13 Ausgaben? Die Antwort lautet, dass sich die Finanzinstrumente, die dem Anlegerpublikum zur Verfügung stehen, stark verändert haben und dass sich die Indizien gehäuft haben, die für die von mir empfohlenen Anlagestrategien sprachen. Zum Zeitpunkt der Erstveröffentlichung gab es noch gar keine Indexfonds. Jeder umfassende Anlageratgeber für Privatanleger muss immer wieder aktualisiert werden, um die gesamte Palette aller verfügbaren Anlageprodukte abzudecken. Außerdem können Anleger auch von einer kritischen Auseinandersetzung mit der Fülle neuer Informationen von Wissenschaftlern und Marktexperten profitieren – in Worten, die wirklich jeder verstehen kann, der sich für die Kapitalanlage interessiert. Es kursieren so viele irreführende Behauptungen über den Aktienmarkt, dass ein Buch, das die Dinge richtigstellt, dringend gebraucht wird.

In den vergangenen 50 Jahren haben wir uns an ein rasantes Tempo des technischen Wandels in unserer physischen Umwelt gewöhnt. Heute konsumieren wir Filme und Videospiele viel häufiger zu Hause über Streaming-Dienste, als ins Kino zu gehen oder uns eine DVD zu kaufen. Auch nach dem Abklingen der COVID-19-Pandemie finden viele soziale Kontakte weiterhin im virtuellen Raum statt. Wir beziehen unsere tagesaktuellen Informationen immer öfter aus dem Internet. Medizinischer Fortschritt wirkt sich wesentlich auf unsere Lebensqualität aus. Elektrofahrzeuge und selbstfahrende Autos gehören nicht länger ins Reich der Science-Fiction. Unsere Lernfähigkeit wird durch künstliche Intelligenz verstärkt und die Cloud-Technologie ermöglicht es Unternehmen, innovativer und agiler zu werden und Kosten zu sparen.

Parallel dazu gab es ebenso rasante Innovationen im Finanzsektor. 1973, als dieses Buch erstmals aufgelegt wurde, gab es weder Geldmarktfonds noch Geldautomaten, Indexfonds, ETFs, steuerbegünstigte Fonds, Schwellenländerfonds, Lebenszyklusfonds, variabel verzinste Floater, Volatilitätsderivate, inflationsgeschützte Wertpapiere, Aktien-REITs, forderungsbesicherte Wertpapiere, Roth IRAs, 529 College Saving Plans (steuerbegünstigte Altersvorsorgepläne in den USA, Anmerkung der Redaktion), Nullkuponanleihen, Finanz- und Rohstoff-Futures und -Optionen oder neue Handelstechniken, um nur ein paar Veränderungen in unserer Finanzwelt zu nennen.

Heute können wir provisionsfrei über das Smartphone mit Aktien handeln. In Indizes kann man über Fonds und ETFs investieren, für die fast keine jährlichen Kosten anfallen. Viel von diesem neuen Stoff wurde bereits in Folgeausgaben dieses Buches verarbeitet, welche die Finanzinnovationen erklären und zudem aufzeigen sollten, welche davon der Privatanleger nutzen kann. Doch in diese Jubiläumsausgabe ist so viel Neues eingeflossen, dass sie auch für Leserinnen und Leser interessant sein könnte, die im College oder auf der Business School bereits eine frühere Ausgabe gelesen haben.

Das Buch ist und bleibt vom Grundsatz her ein lesbarer Investmentratgeber für Privatanleger. Es hebt hervor, wie wichtig es ist, regelmäßig Geld auf die Seite zu legen und in Indexfonds zu investieren – als einzig *verlässlichen* Weg zum Vermögensaufbau. Erkenntnisse über Diversifizierung und Neugewichtung werden als effektive Methoden zur Risikobegrenzung angeführt. Das Buch zeichnet nach, wie hohe Kostenquoten Investmenterträge aufzehren können und welchen Interessenkonflikten sogenannte Vermögensverwalter ausgesetzt sind, die ihre eigenen Interessen so oft vor die Interessen ihrer Kunden stellen. Außerdem macht es deutlich, wie wichtig Steuerplanung ist, und liefert verschiedene Pläne, die es Privatanlegern ermöglichen, ihre Renditen im Zeitverlauf zu steigern und dabei Steuern zu vermeiden.

Vor allem aber soll Ihnen dieses Buch Unabhängigkeit verschaffen. Sie erfahren darin nicht nur, wie die Börse funktioniert, sondern können sich ein für alle Mal des Eindrucks entledigen, Sie könnten ohnehin keine optimale Anlageentscheidung treffen. Börsenprofis behaupten oft, Kapital richtig anzulegen, sei für normale Menschen zu kompliziert. Nichts liegt der Wahrheit ferner. Die besten Anlagestrategien sind erstaunlich einfach. Ich möchte Ihnen zeigen, wie leicht Sie fundierte, effektive Anlageentscheidungen treffen können, um Ihre Ziele zu erreichen und sich finanziell abzusichern. Lassen Sie sich bloß nicht einreden, dass Sie das nicht alleine schaffen. Sie können Ihr Finanzleben selbst gestalten. Wenn Sie erst merken, dass Sie Ihre Spar- und Anlageentscheidungen eigenständig treffen können, wird Ihnen das nicht nur mehr Zufriedenheit und Stolz verschaffen, sondern auch zu Ihrem emotionalen Wohlbefinden beitragen.

Das ist gar nicht so kompliziert. Als Anleger überdurchschnittlichen Erfolg zu erzielen, geht nämlich ganz einfach. Nicht oft im Leben ist der einfachste Weg auch der intelligenteste. Paradoxerweise gilt aber, dass ein einfaches Anlageprogramm einen umso sichereren Weg zum Investmenterfolg darstellt, je komplexer die Welt wird. Das Schwierigste daran ist, die Disziplin aufzubringen, regelmäßig kleinere Beträge zu sparen und sich auch dann nicht davon abbringen zu lassen, wenn es gelegentlich zu den unvermeidlichen Krisen kommt und wenn die Nachrichten vermuten lassen, dass uns der Himmel auf den Kopf fällt und die wirtschaftliche Katastrophe auf dem Fuße folgt. Dabei werden Sie Ihre rentabelsten Anlagegeschäfte genau dann machen, wenn um Sie herum der größte Pessimismus herrscht.

Das lässt sich sehr überzeugend mit einer Illustration belegen, die die Netto-Ist-Erträge des Aktienmarkt-Indexfonds von Vanguard ausweist. Nehmen wir an, eine Anlegerin oder ein Anleger entscheidet sich in jungen Jahren für einen breit gestreuten Aktienindexfonds als einziges Anlageinstrument. (Ich empfehle jungen Menschen übrigens ausdrücklich, genau das zu tun und sich zur Vermögensbildung einen Aktienindexfonds auszusuchen.) Wer vor 45 Jahren eingestiegen wäre, als die ersten echten Indexfonds auf den Markt kamen, hätte auf diese Weise ein beachtliches Ergebnis erzielt. Nehmen wir an, der Anleger hat ursprünglich 500 Dollar angelegt und diese seither jeden Monat um 100 Dollar aufgestockt. Insgesamt hätte er 53.200 Dollar investiert. Am 1. Januar 2022 wäre das Portfolio knapp 1,5 Millionen Dollar wert gewesen, wenn sämtliche Dividenden in dem Fonds wiederangelegt worden wären.

In den 45 Jahren sah es mehrfach so aus, als stünde das Ende der Welt bevor, wie wir sie kannten. 1987 verlor der Aktienmarkt an einem Tag 20 Prozent. Als im Jahr 2000 die Dotcom-Blase platzte, büßten manche der bekanntesten Wachstumsunternehmen den Großteil ihres Wertes ein. Apple stürzte um 80 Prozent ab, Amazon um über 90 Prozent. Während der Finanzkrise der Jahre 2007 und 2008 wurde das kapitalistische System für tot erklärt. Und als sich 2020 die COVID-19-Pandemie ausbreitete, versicherten uns zahlreiche Presseberichte, die Welt habe sich grundlegend und unwiederbringlich verändert.

Doch sei es, wie es sei: Ein Anleger, der jeden Monat 100 Dollar in einen Aktien-Investmentfonds gesteckt hat, wurde zum Millionär.

Wohlgemerkt sind die oben angeführten Berechnungen, die auf dem Indexfonds von Vanguard beruhen, lediglich eine fiktive Veranschaulichung. Ich kann Ihnen aber versichern, dass sich zahllose Anleger an diesen Rat gehalten haben und heute die Früchte ernten. Die Briefe, die ich von dankbaren Leserinnen und Lesern erhalte, bestätigen mir, dass sich mit den hier empfohlenen einfachen Anlagestrategien in der Realität ähnliche Ergebnisse erzielen lassen.

Ich freue mich, dass sich *Random Walk* schon so lange hält. Das Buch hat dazu beigetragen, die Vorzüge des passiven Investierens in der Investmentbranche bekannt zu machen. Es hat der Akzeptanz von Exchange Traded Funds (fortlaufend börsengehandelter Indexfonds, kurz ETFs) Vorschub geleistet. Das Buch wurde an Colleges und Business Schools in aller Welt eingesetzt und hat verschiedene zeitlose Portfoliotipps wie Kostenminimierung, regelmäßiges Sparen, Diversifizierung, Neugewichtung und Steuermanagement unter die Leute gebracht. Wichtiger als all das ist jedoch die

Befriedigung, dass die Ratschläge dieses Buches zahllosen Normalbürgern geholfen haben, ihre Finanzziele zu erreichen.

Persönlich hat mich in den 50 Jahren, seit dieses Buch erstmals veröffentlicht wurde, nichts glücklicher gemacht als die zahllosen Briefe von Leserinnen und Lesern, die meine Ratschläge befolgt und sich mit wenig Mitteln ein beträchtliches Vermögen aufgebaut haben. Wenn mir jemand schreibt, er habe sein gesamtes Arbeitsleben lang nur ein bescheidenes Gehalt bezogen, jedoch jeden Monat einen kleinen Betrag abgezweigt und in Indexfonds investiert und könne heute einen gesicherten, sorgenfreien Ruhestand genießen, so verschafft mir das eine enorme Genugtuung.

Jeder hofft doch, dass die eigene berufliche Tätigkeit letztlich zum Wohle der Gesellschaft beiträgt. Sollte das Kriterium für einen nützlichen Ratgeber lauten, ob er etwas bewirkt, dann hat *Random Walk* diesen Test fraglos bestanden.

ERSTER TEIL:

AKTIEN UND WAS SIE WERT SIND

ERSTES KAPITEL:

SOLIDE GRUNDLAGEN UND LUFTSCHLÖSSER

Was ist ein Zyniker? Ein Mann, der den Preis von allem und den Wert von nichts kennt.

Oscar Wilde, *Lady Windermeres Fächer*

Mit diesem Buch möchte ich mit Ihnen auf dem Zufallsweg (Random Walk) über die Wall Street spazieren, Ihnen eine Führung durch die komplexe Finanzwelt geben und praktische Ratschläge zu Anlagechancen und -strategien erteilen. Viele sagen, als Privatanleger habe man heute kaum noch eine Chance gegen die Börsenprofis, und verweisen dabei auf professionelle Anlagestrategien, die komplexe Derivate und Hochfrequenzhandel einsetzen. Es gibt vielfache Meldungen über Bilanzbetrug, milliardenschwere Übernahmen und die Aktivitäten finanzkräftiger Hedgefonds. So viel Komplexität lässt vermuten, dass für den Privatanleger auf den Märkten von heute kein Platz mehr ist. Dabei stimmt das ganz und gar nicht. Sie können genauso gut abschneiden wie die Fachleute – vielleicht sogar besser. Es waren die standhaften Anleger, die nicht in Panik verfielen, als die Börse im März 2020 zum Sturzflug ansetzte, die im Anschluss erlebten, wie sich der Wert ihrer Bestände schließlich erholte und diese nach wie vor attraktive Renditen abwarfen. 2008 verspekulierten viele Profis ihr letztes Hemd, indem sie Derivate kauften, die sie nicht durchblickten, wie schon zu Anfang des neuen Jahrtausends, als sie ihre Portfolios mit überteuerten Tech-Werten überluden.

Bei diesem Buch handelt es sich um einen kurz gefassten Ratgeber für Privatanleger. Er deckt alle Themen ab, von Versicherungen bis zu Einkommensteuern. Er erklärt Ihnen, wie Sie eine Lebensversicherung abschließen und wie Sie es vermeiden können, sich von Banken und Maklern über den Tisch ziehen zu lassen. Sie erfahren sogar, was Sie mit Gold, Diamanten und Kryptowährungen anfangen sollten. Vor allem aber geht es in diesem Buch um Aktien – ein Anlageinstrument, das nicht nur in der Vergangenheit großzügige langfristige Erträge abwarf, sondern auch für die kommenden Jahre allem Anschein nach gute Chancen bietet. Der Anlageratgeber für alle Lebenslagen im vierten Teil erteilt Menschen aller Altersgruppen konkrete Portfolioempfehlungen, um ihre Finanzziele zu erreichen – auch dazu, wie Sie Ihr Geld anlegen sollten, wenn Sie bereits im Ruhestand sind.

Was ist unter einem Zufallsweg (Random Walk) zu verstehen?

Ein Zufallsweg liegt vor, wenn sich die weiteren Schritte oder die künftige Richtung nicht auf der Grundlage der bisher zurückgelegten Strecke vorhersagen lassen. Auf den Aktienmarkt angewandt bedeutet der Begriff, dass die kurzfristigen Veränderungen der Aktienkurse unvorhersehbar sind. Anlageberatungsdienste, Ertragsprognosen und Chartformationen sind demzufolge nutzlos. An der Wall Street ist der Zufallsweg oder »Random Walk« ein Schimpfwort. Der von Akademikern geprägte Begriff wird den professionellen Wahrsagern beleidigend ins Gesicht geschleudert. Auf sein logisches Extrem getrieben bedeutet er, dass ein Affe, der mit verbundenen Augen Dartpfeile auf eine Kurstabelle schleudert, auf diese Weise ein Portfolio zusammenstellen könnte, das nicht schlechter abschneidet, als ein von den Experten aufgebautes.

Nun lassen sich die Finanzanalysten in ihren Nadelstreifenanzügen aber ungern mit nacktärschigen Affen vergleichen. Sie kontern, die Wissenschaftler seien so in ihre Gleichungen und griechischen Buchstaben vertieft (von ihrem hochtrabenden Geschwurbel ganz zu schweigen), dass sie einen Bullen nicht von einem Bären unterscheiden könnten – noch nicht einmal im Porzellanladen. Die Börsenprofis wehren sich mit einer von zwei Methoden gegen die Kritik der Akademiker – der fundamentalen und der technischen Analyse, auf die wir im zweiten Teil genauer eingehen. Die Wissenschaft pariert diese Taktiken, indem sie die Theorie vom Zufallsweg mit drei Versionen (einer »schwachen«, einer »halbstarken« und einer »starken«) vernebelt und ihre eigene Theorie aufstellt, die sogenannte moderne Investmenttheorie. Dazu gehört ein Konzept namens Beta einschließlich »Smart Beta«, das ich etwas genauer unter die Lupe nehmen werde. In den ersten Jahren des neuen Jahrtausends hatten sich manche Vertreter von Forschung und Lehre sogar den Profis angeschlossen und behauptet, der Aktienmarkt sei zumindest ein Stück weit prognostizierbar. Doch wie Sie sehen, ist eine gewaltige Schlacht im Gang, die mit allen Mitteln geführt wird, weil für die Akademiker Lehrstühle und für die Börsenprofis Bonuszahlungen auf dem Spiel stehen. Das erfüllt alle Voraussetzungen für ein ausgewachsenes Drama – einschließlich gewonnener und verlorener Vermögen und klassischer Auseinandersetzungen um die Ursachen.

Bevor wir einsteigen, sollte ich mich aber vielleicht kurz vorstellen und auf meine Qualifikationen verweisen, damit Sie wissen, mit wem Sie es zu tun haben. Als Autor dieses Buches berufe ich mich auf drei Aspekte meines Hintergrundes, von denen jeder einen anderen Blickwinkel auf den Aktienmarkt eröffnet.

Da sind zunächst einmal meine beruflichen Erfahrungen auf dem Gebiet der Investmentanalyse und der Portfolioverwaltung. Ich fing als hauptberuflicher Börsianer bei einer der führenden Investmentfirmen der Wall Street an. Später leitete ich den Investmentausschuss einer multinationalen

Versicherungsgesellschaft und fungierte viele Jahre lang als Verwaltungsratsmitglied einer der größten Investmentgesellschaften der Welt. Diese Einblicke waren für mich unerlässlich. Manche Dinge des Lebens kann jemand, der noch nie damit in Berührung gekommen ist, nie so ganz einordnen oder begreifen. Das gilt sicherlich auch für den Aktienmarkt.

An zweiter Stelle stehen meine derzeitigen Positionen als Ökonom und Vorsitzender mehrerer Investmentausschüsse. Mit Schwerpunkt auf den Wertpapiermärkten und dem Anlageverhalten habe ich detaillierte Kenntnisse der akademischen Forschungsergebnisse und neuesten Erkenntnisse zu Anlagechancen erworben.

Abschließend, doch sicherlich nicht zuletzt, bin ich selbst mein Leben lang Anleger und erfolgreicher Marktteilnehmer. Wie erfolgreich, behalte ich für mich, denn in der akademischen Welt gilt das eigentümliche ungeschriebene Gesetz, dass ein Professor nicht so viel verdienen darf. Er kann beliebig viel Geld erben, es sich erheiraten oder durchbringen, doch auf keinen Fall darf er es selbst erarbeiten, denn das wäre unakademisch. Dennoch wird von Lehrenden »Engagement« erwartet. So formulieren das jedenfalls Politiker und Bürokraten häufig – vor allem, wenn sie versuchen, die kümmerlichen Gehälter zu rechtfertigen, die im tertiären Bildungssektor gezahlt werden. Ein Akademiker soll nach Erkenntnis streben, nicht nach finanziellen Vorteilen. Wenn ich daher über meine Erfolge an der Wall Street berichte, dann unter dem Aspekt des Erkenntnisgewinns.

Dieses Buch enthält eine Menge Fakten und Zahlen. Lassen Sie sich davon nicht abschrecken. Es ist ausdrücklich für finanzielle Laien gedacht und liefert praktische, bewährte Anlagetipps. Sie benötigen keinerlei Vorkenntnisse, um diese zu befolgen. Sie müssen lediglich das Interesse und den Wunsch mitbringen, Ihr Geld für sich arbeiten zu lassen.

Kapitalanlage als moderner Lebensstil

An dieser Stelle sollte ich vielleicht erklären, was ich unter »Kapitalanlage« verstehe und wie ich sie von »Spekulation« unterscheide. Kapitalanlage ist für mich eine Methode, Vermögenswerte zu erwerben, um damit Gewinne in Form von einigermaßen vorhersagbaren laufenden Erträgen (wie Dividenden, Zinsen oder Mieten) und/oder langfristigem Kapitalzuwachs zu erzielen. Von Spekulation unterscheidet sich die Kapitalanlage in erster Linie dadurch, dass ein Zeitraum festgelegt wird, in dem die Anlagerendite erwirtschaftet werden soll, und dass die Erträge vorhersagbar sind. Ein Spekulant kauft Aktien und hofft, damit über die nächsten Tage oder Wochen einen kurzfristigen Gewinn zu machen. Ein Anleger will damit eher über Jahre oder Jahrzehnte einen verlässlichen künftigen Strom an Barerträgen und Kapitalzuwachs zu erzielen.

Um eines ganz klar zu sagen: Dies ist kein Buch für Spekulanten und auch kein Buch für Day Trader, die provisionsfrei auf stündliche Schwankungen der Aktienkurse setzen möchten. Der Untertitel für dieses Buch hätte auch lauten können: *Wie man langsam, aber sicher reich wird.* Sie wissen ja: Um Ihr Kapital auch nur auf gleichem Stand zu halten, müssen Ihre Anlagen zumindest eine Rendite abwerfen, die der Inflation entspricht.

In den ersten Jahrzehnten des 21. Jahrhunderts fiel die Inflation in den Vereinigten Staaten und den anderen Industrieländern auf 2 Prozent oder weniger. Anfang der 2020er-Jahre bildete sie zwar Spitzen aus, doch viele Analysten meinen, dass die relative Preisstabilität zurückkehren wird. Sie gehen davon aus, dass Inflation eher die Ausnahme ist, nicht die Regel. Es kann sein, dass es in den kommenden Jahrzehnten nur geringe Inflation geben wird, doch meiner Ansicht nach sollten die Anleger die Möglichkeit in Betracht ziehen, dass sich künftig eine spürbare Teuerung einbürgert. Die Produktivität nahm in den 1990er- und frühen 2000er-Jahren zwar beschleunigt zu, doch das Wachstum verlangsamt sich in letzter Zeit und wir wissen aus der Geschichte, dass das Steigerungstempo schon immer ungleichmäßig war. Außerdem sind Produktivitätssteigerungen in manchen dienstleistungsorientierten Tätigkeiten schwerer zu erzielen. Für ein Streichquartett wird man auch im 21. Jahrhundert weiterhin vier Musiker brauchen, und für eine Blinddarmoperation einen Chirurgen. Steigen die Gehälter von Musikern und Chirurgen im Laufe der Zeit, so verteuern sich auch Konzertkarten und Blinddarmoperationen. Ein Aufwärtsdruck auf die Preise ist daher nicht auszuschließen.

Läge die Inflation künftig bei 2 bis 3 Prozent – und damit deutlich niedriger als in den 1970er- und frühen 1980er-Jahren –, so wäre die Auswirkung auf unsere Kaufkraft trotzdem verheerend. Die Tabelle auf der folgenden Seite zeigt, was eine durchschnittliche Inflationsrate von um die 4 Prozent im Zeitraum von 1962 bis 2021 bewirkt hat. Meine Morgenzeitung hat sich um 5900 Prozent verteuert. Der Schokoriegel von Hershey, den ich mir nachmittags gönne, ist 20-mal so teuer geworden und dabei heute kleiner als 1962, als ich noch Doktorand war. Bei gleichbleibenden Inflationsraten würde die Morgenzeitung 2030 über 5 ½ Dollar kosten. Es steht daher fest: Wollen wir auch nur eine mäßige Teuerung verkraften, müssen wir Anlagestrategien wählen, die unsere reale Kaufkraft erhalten. Ansonsten sind wir zu einem ständig sinkenden Lebensstandard verurteilt.

Kapitalanlage macht Arbeit, keine Frage. Viele Liebesromane erzählen von großen Familienvermögen, die aus Nachlässigkeit oder mangelnden Kenntnissen über Kapitalverwaltung dahingeschmolzen sind. Wer könnte vergessen, wie in Tschechows großartigem Theaterstück der Kirschgarten abgeholzt wird? Die freie Marktwirtschaft, nicht das marxistische System, löste den Niedergang der Familie Ranewski aus: Sie hatte nichts dafür getan, ihr Vermögen zu bewahren. Selbst wenn Sie Ihr ganzes Geld einem Anlageberater oder Investmentfonds anvertrauen, müssen Sie dennoch entscheiden, welcher Berater oder welcher Fonds am besten geeignet ist, um Ihre Mittel zu verwalten. Gerüstet mit den Informationen aus diesem Buch, sollten Ihnen Ihre Anlageentscheidungen etwas leichter fallen.

DIE AUSWIRKUNG DER INFLATION				
	Durchschnitt 1962	**Durchschnitt 2021**	**Prozentualer Anstieg**	**Durchschnittliche jährliche Inflationsrate**
Verbraucherpreisindex	30,2	273	804,0	3,8 %
Schokoriegel (Hershey)	0,05 $	1,00 $	1900,0	5,3 %
New York Times	0,05	3,00	5900,0	7,2 %
Briefporto	0,04	0,55	1275,0	4,5 %
Benzin (Gallone)	0,31	3,18	925,8	4,0 %
Hamburger (McDonald's Doppel)	0,28*	4,79	1611,0	4,9 %
Chevrolet	2529,00	27.500,00	987,40	4,1 %
Kühl-Gefrier-Kombination	470,00	1498,00	218,70	2,0 %

**Daten von 1963*

Quelle: Für Preise von 1962 Forbes, *1. Nov. 1977, für Preise von 2021 verschiedene staatliche und private Quellen*

Vor allem aber sollte Kapitalanlage Freude machen. Es macht Spaß, mit dem eigenen Grips gegen das breite Anlegerpublikum anzutreten und sich durch ein wachsendes Vermögen belohnt zu sehen. Es ist spannend, die eigenen Anlageerträge zu verfolgen und zu sehen, wie sie schneller steigen als das Gehalt. Und es ist auch anregend, von neuen Ideen für Produkte und Dienstleistungen und von Innovationen in Form von Finanzanlagen zu erfahren. Ein erfolgreicher Anleger ist in aller Regel ein vielseitig interessierter Mensch, der seine natürliche Neugier und ein intellektuelles Interesse für sich arbeiten lässt.

Die Theorien der Kapitalanlage

Sämtliche Anlageerträge – ob aus Aktien oder Edelsteinen – hängen in unterschiedlichem Maß von künftigen Ereignissen ab. Das macht die Kapitalanlage so faszinierend: Sie ist eine Tätigkeit, deren Erfolg sich an der eigenen Fähigkeit orientiert, die Zukunft vorherzusehen. In der Vergangenheit haben die Investmentprofis zur Bewertung von Vermögenswerten einen der beiden folgenden Ansätze herangezogen: die Solide-Grundlagen-Theorie oder die Luftschlosstheorie. Mit beiden haben sie Millionen verdient und verloren. Für zusätzliche Dramatik sorgt, dass sich die beiden Ansätze gegenseitig ausschließen. Beide zu kennen, ist eine Grundvoraussetzung für vernünftige Anlageentscheidungen – und auch dafür, sich vor schwerwiegenden Fehlern zu schützen. Gegen Ende des 20. Jahrhunderts setzte sich an der Börse eine dritte, aus der Wissenschaft stammende Theorie durch, die moderne Investmenttheorie. Diese Theorie und ihre Anwendungen auf die Investmentanalyse werde ich an anderer Stelle in diesem Buch noch beschreiben.

Die Solide-Grundlagen-Theorie (Firm-Foundation Theory)

Die Solide-Grundlagen-Theorie besagt, dass jedes Anlageinstrument, ob Aktie oder Immobilie, einen festen sogenannten inneren Wert aufweist, der sich durch sorgfältige Analyse der aktuellen Bedingungen und der Zukunftsaussichten ermitteln lässt. Fallen die Marktpreise unter diese solide innere Wertgrundlage (oder steigen sie darüber), ergibt sich daraus eine Kauf- beziehungsweise Verkaufsgelegenheit, weil sich diese Schwankung früher oder später korrigieren wird – so zumindest die Theorie. Die Kapitalanlage wird demnach zu einer ebenso drögen wie klaren Angelegenheit: Man stellt den aktuellen Preis eines Wertgegenstands seiner soliden Wertgrundlage gegenüber.

In *The Theory of Investment Value* lieferte John Burr Williams eine Formel zur Ermittlung des inneren (intrinsischen) Werts einer Aktie. Williams' Ansatz stützte sich auf die Dividendenerträge. In einem teuflisch cleveren Versuch, die Dinge zu verkomplizieren, führte er das Konzept der »Abzinsung« ein. Es rollt Erträge im Grunde von hinten auf. Statt darauf zu schauen, wie viel Geld Sie nächstes Jahr haben werden (sagen wir, 1,05 Dollar, wenn Sie 1 Dollar mit einer Rendite von 5 Prozent anlegen), blicken Sie auf künftig erwartete Beträge und rechnen sich aus, wie viel weniger diese heute wert sind (also, dass 1 Dollar, den Sie nächstes Jahr erhalten, heute nur rund 95 Cent wert ist, die zu 5 Prozent angelegt werden könnten, um sich bis dahin auf rund 1 Dollar zu vermehren).

Das meinte Williams wirklich ernst. Er behauptete weiter, der innere Wert einer Aktie entspräche dem Gegenwartswert (beziehungsweise Abzinsungswert) aller ihrer künftigen Dividenden. Anlegern wurde empfohlen, den Wert später eingehender Beträge »abzuzinsen« (oder zu diskontieren). Weil diesen Begriff nur wenige wirklich verstanden, setzte er sich durch. Heute ist die »Abzinsung« in der Investmentwelt in aller Munde. Einen weiteren Impuls bekam er unter der Ägide von Professor Irving Fisher aus Yale, einem renommierten Ökonomen und Investor.

Die Logik der Solide-Grundlagen-Theorie ist nicht so leicht von der Hand zu weisen und lässt sich an Aktien veranschaulichen. Die Theorie betont, dass der Wert einer Aktie auf dem Ertragsstrom fußen sollte, den ein Unternehmen in der Zukunft in Form von Dividenden oder Aktienrückkäufen ausschütten kann. Logischerweise ist der Wert der Aktie umso höher, je höher die aktuellen Dividenden und ihre Steigerungsrate sind. Unterschiedliche Wachstumsraten sind daher ein wesentlicher Faktor für die Bewertung von Aktien. An dieser Stelle kommt die schwer fassbare kleine Einflussgröße der Zukunftserwartungen ins Spiel. Wertpapieranalysten müssen nicht nur die langfristigen Wachstumsraten schätzen, sondern auch, wie lange sich diese aufrechterhalten lassen. Beurteilen die Märkte zu optimistisch, wie lange sich das Wachstum noch fortsetzt, so geht die gängige Meinung an der Wall Street dahin, dass Aktien nicht nur die Zukunft diskontieren, sondern sogar das Jenseits. Das soll heißen, dass sich die Solide-Grundlagen-Theorie auf verschiedene knifflige Vorhersagen zu Ausmaß und Dauer des künftigen Wachstums stützt. Die intrinsische Wertgrundlage könnte daher weniger verlässlich sein, als behauptet wird.

Die Solide-Grundlagen-Theorie beschränkt sich aber nicht auf Ökonomen. Dem ausgesprochen einflussreichen Werk von Benjamin Graham und David Dodd *Die Geheimnisse der Wertpapieranalyse* ist es zu verdanken, dass eine ganze Generation von Wall-Street-Wertpapieranalysten dazu bekehrt wurde. Solides Investmentmanagement, so erfuhren die praktizierenden Analysten, bestand schlicht im Erwerb von Wertpapieren, deren Kurse vorübergehend unter ihren inneren Wert gefallen waren, und im Verkauf von Papieren, deren Kurse vorübergehend zu hoch waren. So einfach war das. Der möglicherweise erfolgreichste Anhänger des Ansatzes von Graham und Dodd war ein ausgefuchster Investor aus dem mittleren Westen namens Warren Buffett, oft auch als das »Orakel von Omaha« bezeichnet. Buffett kann auf eine legendäre Investmentbilanz zurückblicken, die er angeblich aufstellte, indem er sich nach dem Ansatz der Solide-Grundlagen-Theorie richtete.

Die Luftschlosstheorie (Castle-in-the-Air Theory)

Die Luftschlosstheorie der Kapitalanlage konzentriert sich auf psychologische Werte. Der berühmte Ökonom und erfolgreiche Investor John Maynard Keynes erläuterte diese Theorie 1936 besonders einleuchtend. Seiner Ansicht nach widmen professionelle Investoren ihre Energie nicht so sehr der Einschätzung des inneren Werts, sondern vielmehr der Analyse, wie sich die Masse der Anleger vermutlich künftig verhält und wie sie in optimistischen Phasen ihre Hoffnungen in aller Regel auf Luftschlösser setzt. Der erfolgreiche Anleger versucht, sich einen Vorteil zu verschaffen, indem er einschätzt, welche Investmentsituationen das Publikum wohl am stärksten zum Luftschlösserbauen anregen, und dann vor allen anderen einsteigt.

Keynes zufolge macht die Solide-Grundlagen-Theorie zu viel Arbeit und ist von zweifelhaftem Wert. Keynes praktizierte selbst, was er predigte. Während sich Londons Finanzfachleute viele ermüdende Stunden in stickigen Büros abschufteten, erledigte er seine Börsengeschäfte jeden Morgen eine halbe Stunde lang vom Bett aus. Mit dieser gemütlichen Investmentmethode erwirtschaftete er ein Depot im Wert von mehreren Millionen Pfund und verzehnfachte das Kapital der Stiftung seines Colleges, des King's College in Cambridge.

In den Jahren der Weltwirtschaftskrise, in denen Keynes sich seinen Ruhm erwarb, konzentrierten sich die meisten auf seine Ideen zur Ankurbelung der Wirtschaft. Es war damals schwer, selbst Luftschlösser zu bauen oder sich vorzustellen, dass andere das taten. Dessen ungeachtet widmete Keynes der Börse und der Bedeutung der Anlegererwartungen in seinem Buch *Allgemeine Theorie der Beschäftigung, des Zinses und des Geldes* ein ganzes Kapitel.

Zum Thema Aktien stellte Keynes fest, dass niemand sicher weiß, was sich auf künftige Ertragsaussichten und Dividendenzahlungen auswirkt. So schrieb er (Seite 131-133, A. d. R.): »Tatsächlich befassen sich nämlich die meisten dieser Menschen überwiegend nicht damit, bessere langfristige Voraussagen der wahrscheinlichen Erträge einer Investition während ihrer gesamten Lebensdauer zu machen, sondern damit, die Änderungen in der konventionellen Grundlage der Bewertung mit einem kurzen Vorsprung vor dem allgemeinen Publikum vorauszusehen.« Anders ausgedrückt wendete Keynes auf das Studium des Aktienmarktes psychologische Prinzipien an anstelle einer finanziellen Beurteilung. Er schrieb: »Denn es hat keinen Sinn, für ein Investment 25 zu bezahlen, von dem man glaubt, dass sein voraussichtlicher Ertrag einen Wert von 30 rechtfertigt, wenn man gleichzeitig glaubt, daß der Markt es nach drei Monaten mit 20 bewerten wird.«

Um es für seine englischen Landsleute möglichst verständlich zu erklären, beschrieb Keynes das Börsengeschäft folgendermaßen: Er verglich es mit den Zeitungswettbewerben, bei denen die Teilnehmer die sechs hübschesten Gesichter aus hundert Fotos auswählen mussten, wobei der Preis demjenigen zugesprochen wurde, dessen Wahl am ehesten der Entscheidung der ganzen Gruppe entsprach.

Der kluge Teilnehmer erkennt, dass persönliche Schönheitskriterien bei der Ermittlung des Gewinnerfotos keine Rolle spielen. Eine bessere Strategie ist es, die Gesichter auszuwählen, die den anderen Teilnehmern vermutlich am meisten zusagen. Diese Logik löst einen Schneeballeffekt aus. Schließlich dürften die übrigen Teilnehmer nicht minder scharfsinnig an die Sache herangehen. Die optimale Strategie ist daher, nicht die Gesichter auszuwählen, die der Teilnehmer selbst für die hübschesten hält, und auch nicht diejenigen, die andere Teilnehmer favorisieren dürften, sondern vielmehr zu prognostizieren, wie die durchschnittliche Meinung dazu ausfallen dürfte, was der Durchschnitt denkt – und so weiter. So viel zu britischen Schönheitswettbewerben.

Der Vergleich mit dem Zeitungswettbewerb stellt die ultimative Form der Luftschlosstheorie zur Kursermittlung dar. Eine Geldanlage ist für eine Käuferin einen bestimmten Preis wert, weil sie davon ausgeht, dass sie sie jemand anderem zu einem höheren Preis verkaufen kann. Die Anlage zieht sich sozusagen am eigenen Schopf aus dem Sumpf. Der neue Käufer nimmt seinerseits an, dass ihr künftige Kaufinteressenten einen noch höheren Wert beimessen.

In einer solchen Welt wird jede Minute ein Dummkopf geboren – nur zu dem Zweck, Ihre Anlage zu einem höheren Kurs zu kaufen, als Sie selbst dafür gezahlt haben. Jeder Preis ist recht, solange andere bereit sein könnten, noch mehr dafür zu zahlen. Dem liegt keine Logik zugrunde, sondern reine Massenpsychologie. Der clevere Anleger muss nur vorn dran sein – und ganz am Anfang einsteigen. Diese Theorie könnte man etwas unfreundlicher auch als die Theorie vom »größeren Dummkopf« bezeichnen. Ihr zufolge ist es absolut in Ordnung, dreimal so viel zu bezahlen, wie die Sache wert ist, solange man noch einen Ahnungslosen finden kann, der das Fünffache dafür auf den Tisch legt.

Die Luftschlosstheorie hat viele Fürsprecher – sowohl in der Finanzwelt als auch in akademischen Kreisen. Nobelpreisträger Robert Shiller stellt in seinem Buch *Irrationaler Überschwang* die These auf, dass sich die Begeisterung für Internet- und High-Tech-Aktien Ende der 1990er-Jahre nur durch Massenpsychologie erklären lässt. An den Universitäten wurden Anfang der 2000er-Jahre die sogenannten Verhaltenstheorien zur Erklärung des Börsengeschehens populär, die um die Massenpsychologie kreisten. Der Psychologe Daniel Kahneman wurde 2002 für seine bahnbrechenden Beiträge zum Gebiet der »Verhaltensökonomie« mit dem Wirtschaftsnobelpreis ausgezeichnet. Zuvor war Oskar Morgenstern deren führender Vertreter. Er verglich die Suche nach dem inneren Wert von Aktien mit der Jagd auf ein Trugbild. Er fand, jeder Anleger sollte sich folgenden lateinischen Sinnspruch über den Schreibtisch hängen:

Res tantum valet quantum vendi potest.
(Nur so viel ist eine Sache wert, zu wie viel sie verkauft werden kann.)

Wie der Zufallsweg zu beschreiten ist

Nach dieser Einleitung möchte ich Sie auf einem Zufallsweg durch die Investmentlandschaft begleiten, der uns am Ende auch über die Wall Street führt. Als Erstes muss ich Sie dafür mit historischen Preismustern und deren Einfluss auf zwei Theorien zur Bepreisung von Geldanlagen vertraut machen. Santayana hat uns davor gewarnt, dass wir dazu verdammt sind, immer wieder dieselben Fehler zu begehen, wenn wir aus der Vergangenheit nichts lernen. Deshalb will ich zunächst ein paar spektakuläre Auswüchse beschreiben – die teils schon länger zurückliegen, teils noch nicht so lange. Der Tulpenwahn, der die Menschen im 17. Jahrhundert befiel und sie wie verrückt Tulpenzwiebeln kaufen ließ, oder die Südseeblase im England des 18. Jahrhunderts belächeln manche Leserinnen und Leser womöglich noch. Den »Nifty-Fifty«-Wahn der 1970er-Jahre, den unglaublichen Boom der Grundstückspreise und Aktienkurse und den nicht minder spektakulären Crash Anfang der 1990er-Jahre in Japan, die »Internetmanie« von 1999 und Anfang 2000 und die Immobilienblase in den USA von 2006/2007 nehmen sie schon eher ernst. Die wilde Spekulation mit sogenannten Meme-Aktien und Kryptowährungen in den 2020er-Jahren schließlich macht uns wieder einmal bewusst, dass sich die Märkte zwar verändern, aber im Grunde immer gleich bleiben. All diese Entwicklungen sind laufende Warnsignale, dass weder Privatanleger noch Investmentprofis gegen Fehler aus der Vergangenheit gefeit sind.

ZWEITES KAPITEL:

DER MASSENWAHN

Oktober. Einer der besonders gefährlichen Monate für Börsenspekulationen. Die anderen sind Juli, Januar, September, April, November, Mai, März, Juni, Dezember, August und Februar.

Mark Twain, *Querkopf Wilson*

Ungezügelte Gier ist bisher ein wesentliches Merkmal eines jeden spektakulären Booms gewesen. In ihrer Euphorie ignorieren die Marktteilnehmer solide Wertgrundlagen und geben sich stattdessen der ebenso unsicheren wie aufregenden Vorstellung hin, sie könnten steinreich werden, indem sie Luftschlösser bauen. Solche Überzeugungen haben schon ganze Nationen erfasst.

Die Psychologie der Spekulation ist absurdes Theater, wie es im Buche steht. In diesem Kapitel werden gleich mehrere solche Stücke präsentiert. Den jeweils auf der Bühne erbauten Luftschlössern lagen niederländische Tulpenzwiebeln, englische »Blasen« und gute alte amerikanische Standardwerte zugrunde. In jedem Fall verdienten manche Leute eine Zeit lang ganz gut, doch die wenigsten kamen am Ende mit heiler Haut davon.

In diesem Fall kann man tatsächlich aus der Geschichte lernen: Wenngleich die Luftschlosstheorie solche spekulativen Exzesse sehr gut erklären kann, ist es ein hochriskantes Spiel, auf die potenziellen Reaktionen einer launenhaften Masse zu setzen. „Die Masse nimmt nicht den Geist, sondern nur die Mittelmäßigkeit in sich auf", stellte Gustave Le Bon in seinem Klassiker über Massenpsychologie von 1895 fest. Offenbar haben dieses Buch aber nur wenige Menschen gelesen. Märkte im Höhenflug, die ausschließlich von psychologischen Faktoren angetrieben wurden, fielen unweigerlich dem Gesetz der finanziellen Schwerkraft zum Opfer. Kurse können jahrelang auf unhaltbarem Niveau bleiben, doch irgendwann kommt die Trendwende – manchmal so plötzlich wie ein Erdbeben. Dabei gilt: Je wilder das Gelage, desto größer der Katzenjammer danach. Nur wenige der kühnen Luftschlosserbauer waren so reaktionsfähig, dass sie die Wende kommen sahen und sich retten konnten, bevor um sie herum alles zusammenbrach.

Der Tulpenwahn

Der Tulpenwahn gehört zu den spektakulärsten Orgien des schnellen Geldes in der Geschichte. Das ganze Ausmaß der Exzesse wird noch deutlicher, wenn man sich vorstellt, dass sich das alles im seriösen alten Holland des frühen 17. Jahrhunderts zutrug. Die Ereignisse, die diesem Spekulationswahn vorausgingen, wurden 1593 in Gang gesetzt, als ein frisch berufener Botanikprofessor aus Wien eine Sammlung ungewöhnlicher Pflanzen nach Leyden brachte, die ursprünglich aus der Türkei stammten. Die Niederländer waren zwar fasziniert von diesen gärtnerischen Neuerungen, nicht aber von den Preisen, die der Professor aufrief (der gehofft hatte, die Zwiebeln mit einem erklecklichen Gewinn zu verkaufen). Eines Nachts brach ein Dieb in des Professors Haus ein und entwendete die Zwiebeln, die später zu einem niedrigeren Preis, doch mit höheren Gewinnen verkauft wurden.

Im Verlauf des folgenden Jahrzehnts entwickelte sich die Tulpe zu einem beliebten, aber kostspieligen Bestandteil niederländischer Gärten. Viele der Blumen wurden von einem nicht tödlichen Erreger befallen: dem Tulpenmosaikvirus. Das Virus sorgte dafür, dass die Blütenblätter der Tulpen kontrastfarbene Streifen oder »Flammen« entwickelten. Diese infizierten Zwiebeln – die sogenannten Bizarden – standen bei den Niederländern hoch im Kurs. Nach kurzer Zeit diktierte der Massengeschmack: Je bizarrer die Tulpe, desto mehr Geld musste locker machen, wer sie besitzen wollte.

Nach und nach griff der Tulpenwahn um sich. Zunächst versuchten die Zwiebelhändler schlicht, die populärsten Buntfärbungen für die kommende Saison vorherzusagen – ähnlich wie die Modehersteller einzuschätzen versuchen, welche Gewebe, Farben und Saumhöhen dem Zeitgeschmack entsprechen. Im Anschluss legten sie in Erwartung steigender Preise besonders große Bestände an. Die Preise für Tulpenzwiebeln explodierten förmlich. Je teurer die Zwiebeln, desto mehr Menschen erachteten sie als kluge Anlageobjekte. Charles Mackay, der die Ereignisse in seinem Buch *Zeichen und Wunder: Aus den Annalen des Wahns* nachzeichnete, berichtete, dass die normale Industrie des Landes zugunsten der Spekulation mit Tulpenzwiebeln vernachlässigt wurde. Adlige, Bürger, Bauern, Mechaniker, Seeleute, Bedienstete, ja, sogar Schornsteinfeger und Lumpensammlerinnen spekulierten mit Tulpen. Jeder dachte, die Leidenschaft für Tulpen würde ewig anhalten.

Leute, die einwandten, noch weiter könnten die Preise unmöglich steigen, mussten zu ihrem Verdruss zusehen, wie ihre Freunde und Verwandten astronomische Gewinne erzielten. Der Versuchung, selbst in das Geschäft einzusteigen, war schwer zu widerstehen. In den letzten Jahren der Tulpenmanie, die etwa von 1634 bis Anfang 1637 dauerte, fingen die Leute an, persönlichen Besitz wie Land, Edelsteine und Möbel als Tauschobjekte einzusetzen, um sich Zwiebeln zu sichern, die sie noch reicher machen sollten. Tulpenzwiebeln erzielten Mondpreise.

Ein genialer Zug der Finanzmärkte ist: Besteht echte Nachfrage nach einer Methode, die Spekulationschancen zu verbessern, kann man sich darauf verlassen, dass der Markt eine solche liefert. Die Instrumente, die es den Tulpenspekulanten ermöglichten, mit ihrem Geld möglichst große Geschäfte zu machen, waren »Kaufoptionen«, die den heute auf dem Aktienmarkt populären Instrumenten stark glichen.

Eine solche Kaufoption übertrug ihrem Inhaber das Recht, zu einem festgelegten Preis (der gewöhnlich ungefähr dem aktuellen Marktpreis entsprach) während eines bestimmten Zeitraums Tulpenzwiebeln zu kaufen (also deren Lieferung einzufordern). Ihm wurde die sogenannte Optionsprämie berechnet, die bei 15 bis 20 Prozent des aktuellen Marktpreises liegen konnte. Eine Option auf eine Tulpenzwiebel, die aktuell 100 Gulden wert war, kostete den Käufer beispielsweise nur rund 20 Gulden. Stieg der Preis auf 200 Gulden, übte der Optionsinhaber sein Recht aus. Dann kaufte er zu 100 und verkaufte zeitgleich zum inzwischen gestiegenen Preis von 200 weiter. Sein Gewinn betrug 80 Gulden (die 100 Gulden Wertzuwachs abzüglich der für die Option gezahlten 20 Gulden). Auf diese Weise vervierfachte er sein Kapital. Hätte er die Zwiebeln direkt gekauft, hätte er es lediglich verdoppelt. Optionen boten die Möglichkeit, die eigene Anlage zu hebeln, um den potenziellen Ertrag zu steigern – aber eben auch die Risiken. Solche Instrumente trugen dazu bei, dass sich sehr viele Menschen am Handel beteiligten. Und das gilt auch heute noch.

Die Geschichte dieser Zeit war angefüllt mit tragikomischen Episoden. Ein solcher Vorfall betraf einen Seemann, der von einer Seereise zurückkehrte und einem wohlhabenden Kaufmann die Ankunft einer neuen Schiffsladung meldete. Der Kaufmann ließ ihm zum Dank leckeren Räucherhering zum Frühstück servieren. Der Seemann sah auf dem Ladentisch des Kaufmanns etwas liegen, das er für eine Zwiebel hielt, die ihm zwischen den Seiden- und Samtstoffen sicherlich deplatziert vorkam. Er griff danach und schnitt sie sich über seinen Hering. Nie hätte er sich träumen lassen, dass von dieser »Zwiebel« eine ganze Schiffsmannschaft ein Jahr lang hätte leben können. Es handelte sich um eine sündteure Zwiebel der Tulpensorte Semper Augustus. Der Seemann bezahlte seine Beilage teuer – sein nicht mehr so dankbarer Gastgeber bezichtigte ihn eines Verbrechens und brachte ihn für mehrere Monate ins Gefängnis.

Historiker deuten die Vergangenheit immer wieder um. Manche Finanzhistoriker behaupten nach neuerlicher Untersuchung der vorliegenden Indizien zu verschiedenen Finanzblasen, dass die Preise dennoch einigermaßen rational gewesen sein könnten. Einer dieser revisionistischen Historiker war Peter Garber. Er vertritt die Ansicht, dass die Bepreisung der Tulpenzwiebeln im Holland des 17. Jahrhunderts weit rationaler war, als gemeinhin angenommen wird.

Garber argumentiert durchaus stichhaltig, und ich will nicht sagen, dass die Preisstruktur von Tulpenzwiebeln seinerzeit jeglicher Rationalität entbehrte. Die Semper Augustus war beispielsweise eine besonders seltene und schöne Tulpe und, wie Garber verrät, auch schon in den Jahren vor der Tulpenmanie hoch bewertet. Darüber hinaus lassen Garbers Forschungsergebnisse vermuten, dass einzelne Zwiebeln auch nach dem allgemeinen Verfall der Zwiebelpreise noch hohe Preise erzielten – wenngleich diese nur noch ein Bruchteil der auf dem Höhepunkt aufgerufenen Summen betrugen. Doch auch Garber kann ein Phänomen wie den Anstieg der Tulpenzwiebelpreise um das 20-Fache im Januar 1637, gefolgt von einem noch stärkeren Preiseinbruch im Februar nicht rational erklären. Offenbar erreichten die Preise wie in allen Spekulationsexzessen solche Höhen, dass manche es klug fanden, ihre Zwiebeln zu verkaufen. Bald folgten andere ihrem Beispiel. Wie ein abwärts rollender Schneeball beschleunigte sich der Preisverfall bei Tulpenzwiebeln rapide, und plötzlich herrschte Panik.

Staatsminister erklärten qua ihres Amtes, es gebe keinen Grund für die sinkenden Preise bei Tulpenzwiebeln – doch niemand hörte auf sie. Händler gingen pleite und weigerten sich, ihren Verpflichtungen nachzukommen und Tulpenzwiebeln zu kaufen. Der Plan der Regierung, sämtliche Kontrakte zu 10 Prozent ihres Nennwerts glattzustellen, lief ins Leere, als die Zwiebeln selbst diese Marke unterschritten. Und die Preise purzelten weiter. Sie stürzten ins Bodenlose, bis die allermeisten Zwiebeln quasi wertlos waren – und nicht mehr einbrachten als eine normale Küchenzwiebel.

Die Südseeblase

Stellen Sie sich vor, Ihr Makler ruft Sie an und rät Ihnen, in eine neue Firma zu investieren – ohne Umsätze oder Erträge, nur mit guten Aussichten. »Aus welcher Branche?«, fragen Sie. »Bedaure«, sagt Ihr Makler, »das darf niemand wissen. Aber ich kann Ihnen versprechen, dass Sie damit sehr reich werden.« Sie wittern Betrug – und zu Recht. Doch in England war das vor 300 Jahren eine der heißesten Neuemissionen ihrer Zeit. Und wie Sie schon vermutet hatten, verbrannten sich die Anleger daran übel die Finger. Die Geschichte macht deutlich, wie Betrüger gierige Menschen dazu verleiten können, sich noch bereitwilliger von ihrem Geld zu trennen.

Zur Zeit der Südseeblase waren die Briten an der Reihe, ihr Geld aus dem Fenster zu werfen. Eine lange Phase des Wohlstands hatte ihnen hohe Ersparnisse beschert, für die es nur wenige Anlagemöglichkeiten gab. In jenen Tagen galt Aktienbesitz als Privileg. Noch 1693 profitierten beispielsweise nur 499 Personen vom Eigentum an der East-India-Aktie. Sie genossen gleich in mehrerlei Hinsicht Vorteile, nicht zuletzt dadurch, dass sie ihre Dividenden nicht versteuern mussten. Zum Aktionärsstamm zählten übrigens auch Frauen, denn Aktien stellten eine der wenigen Vermögensarten dar, die britische Frauen eigenständig besitzen durften. Die South Sea Company, die den Bedarf an Anlageinstrumenten bereitwillig deckte, war 1711 gegründet worden, um das Vertrauen in die Fähigkeit der Regierung wiederherzustellen, ihren Verpflichtungen nachzukommen. Die Gesellschaft übernahm Staatsschulden in Höhe von fast 10 Millionen Pfund. Im Gegenzug erhielt sie das Monopol für den gesamten Südseehandel. Die Leute glaubten, dass dieser Handel unermesslichen Reichtum versprach, und fanden die Aktie entsprechend attraktiv.

Von Anfang an machte die South Sea Company Gewinne auf Kosten anderer. Inhaber von Staatsanleihen, die die Gesellschaft übernehmen sollte, tauschten ihre Wertpapiere einfach gegen Titel der South Sea Company. Wer schon im Vorfeld in das Vorhaben eingeweiht war, kaufte im Stillen Staatspapiere für nur 55 Pfund auf und schichtete sie dann zum Nennwert von 100 Pfund in South-Sea-

Aktien um, sobald die Gesellschaft gegründet war. Kein einziges Verwaltungsratsmitglied der Gesellschaft hatte auch nur die leiseste Erfahrung im Handel mit Südamerika. Das hielt das Gremium aber nicht davon ab, in aller Eile Sklavenschiffe für Afrika auszurüsten (denn der Sklavenhandel war eine der lukrativsten Sparten des Südamerikahandels). Doch auch dieses Projekt erwies sich als unrentabel, weil die Sterblichkeit auf den Schiffen so hoch war.

Womit sich die Verwaltungsratsmitglieder jedoch gut auskannten, war die Kunst der Repräsentation. In London wurde eine prestigeträchtige Immobilie angemietet und die Chefetage mit 30 schwarzen spanischen Polsterstühlen ausgestattet, die mit ihren Buchenholzrahmen und vergoldeten Nägeln zwar hübsch anzuschauen, aber nicht sehr bequem waren. Währenddessen landete eine Schiffsladung Wolle der Gesellschaft, die in Vera Cruz verzweifelt erwartet wurde, stattdessen in Cartagena, wo sie keine Käufer fand und am Kai verrottete. Die Aktie des Unternehmens konnte sich dennoch gut behaupten und legte über die Folgejahre sogar noch zu – und das, obwohl »Bonusdividenden« verwässernde Effekte hatten und ein Krieg mit Spanien die Handelsmöglichkeiten vorübergehend zunichtemachte. John Carswell schrieb in seinem hervorragenden historischen Abriss *The South Sea Bubble* über John Blunt, ein vordringlich für die Vermarktung der Wertpapiere der South Sea Company zuständiges Verwaltungsratsmitglied, er habe weitergelebt mit einem Gebetsbuch in der rechten und einem Verkaufsprospekt in der linken Hand, wobei die Rechte nie wusste, was die Linke tat.

Auf der anderen Seite des Ärmelkanals gründete ein im Exil lebender Engländer namens John Law ein weiteres Unternehmen. Laws Lebensziel war es, das Metallgeld zu verdrängen und durch eine nationale Papierwährung mehr Liquidität zu schaffen. (Die Bitcoin-Befürworter stehen in einer langen Tradition.) Zu diesem Zweck übernahm Law eine abgehalfterte Unternehmensgruppe namens Mississippi Company und baute sie zu einem Konzern um, der zu einer der größten Kapitalgesellschaften aller Zeiten werden sollte.

Die Mississippi Company zog auf dem gesamten Kontinent Spekulanten und deren Geld an. Damals wurde der Begriff »Millionär« geprägt, und nicht von ungefähr: Der Kurs der Mississippi-Aktie stieg in nur zwei Jahren von 100 auf 2000 Dollar, obwohl es dafür keinen triftigen Grund gab. Einmal betrug der überhöhte Gesamtmarktwert der Mississippi-Company-Aktie in Frankreich sogar mehr als das Achtfache aller Gold- und Silberbestände im Land.

Auf der englischen Seite des Ärmelkanals setzte derweil in höheren Kreisen bei manchen ein gewisser Hurrapatriotismus ein. Warum sollte das ganze Geld der französischen Mississippi Company überlassen werden? Was hatte England dem entgegenzusetzen? Ganz klar: die South Sea Company, deren Aussichten allmählich etwas freundlicher wirkten – vor allem angesichts der Nachricht eines bevorstehenden Friedens mit Spanien, der endlich den Weg für den Südamerikahandel frei machen würde. Angeblich warteten die Mexikaner nur auf eine Gelegenheit, ihre Goldminen leerzuräumen im Austausch gegen Englands üppiges Angebot an Baumwoll- und Wollprodukten. Das war freie Marktwirtschaft, wie sie im Buche stand.

1720 beschlossen die Verwaltungsratsmitglieder – ein habgieriger Haufen –, aus ihrer Reputation Kapital zu schlagen und boten an, die gesamten Staatsschulden in Höhe von 31 Millionen Pfund zu übernehmen. Dazu gehörte tatsächlich Mut, was beim Publikum gut ankam. Als ein diesbezügliches Gesetz vom Parlament verabschiedet wurde, kletterte der Aktienkurs prompt von 130 auf 300 Pfund.

Verschiedene Freunde und Unterstützer, die sich dafür eingesetzt hatten, dass das Gesetz beschlossen wurde, erhielten zur Belohnung Gratisaktien zugeteilt, die sie an die Gesellschaft »zurückverkaufen« konnten, wenn der Kurs gestiegen war. Den Gewinn durften sie behalten. Zu den derart honorierten zählten die Mätresse von George I. und ihre »Nichten«, die dem König allesamt unheimlich ähnlich sahen.

Am 12. April 1720 – fünf Tage nach Inkrafttreten des besagten Gesetzes – emittierte die South Sea Company neue Aktien zu 300 Pfund. Diese Emission konnte in Teilzahlung gezeichnet werden, mit einer Anzahlung von 60 Pfund und dem Restbetrag in acht auskömmlichen Raten. Da konnte selbst der König nicht widerstehen – er zeichnete insgesamt Aktien für 100.000 Pfund. Die Interessenten balgten sich förmlich um das Papier. Damit alle zum Zuge kommen konnten, kündigte der Verwaltungsrat der South Sea Company eine weitere Neuemission an – diesmal zu 400 Pfund. Doch das Publikum war unersättlich. Innerhalb eines Monats erreichte der Kurs die Marke von 500 Pfund. Am 15. Juni kam noch eine weitere Emission auf den Markt. Der Teilzahlungsplan fiel noch entgegenkommender aus: Nach einer Anzahlung von 10 Prozent war ein ganzes Jahr lang keine weitere Rate fällig. Die Aktie erreichte 800 Pfund. Das halbe Oberhaus und über die Hälfte der Unterhausmitglieder hatten sich bereits engagiert. Am Ende kletterte der Kurs auf fast 1000 Pfund. Die Spekulationswelle hatte ihren Höhepunkt erreicht.

Selbst die South Sea Company sah sich außer Stande, die Nachfrage all der Narren zu befriedigen, die ihr Geld loswerden wollten. Die Investoren schauten sich nach anderen Projekten um, bei denen sie ganz unten einsteigen konnten. Wie die Spekulanten heute auf der Suche nach dem nächsten Microsoft sind, so hielten sie im England des frühen 18. Jahrhunderts Ausschau nach der nächsten South Sea Company. Die Promoter stellten pflichtschuldigst eine Flut von Neuemissionen auf die Beine und brachten diese auf den Markt, um die unstillbare Gier nach Anlagemöglichkeiten zu befriedigen.

Bald reichte das Spektrum neuer Finanzierungsangebote von genialen Vorschlägen bis hin zu vollkommen absurden – so sollte aus Spanien eine große Zahl von Eseln importiert werden (obwohl es davon in England mehr als genug gab), um Salzwasser zu entsalzen. Immer häufiger schlichen sich betrügerische Elemente in die Angebote ein. Zum Beispiel sollte Sägemehl zu Brettern verarbeitet werden. Es standen nahezu hundert verschiedene Projekte zur Auswahl, eines extravaganter und irreführender als das nächste, doch ein jedes bot die Hoffnung auf unermesslichen Gewinn. Sie wurden bald als »Blasen« bezeichnet, und einen trefflicheren Namen hätte man kaum finden können. Wie Blasen platzten sie schnell – gewöhnlich innerhalb von rund einer Woche.

Das Publikum, so schien es, würde alles kaufen. In dieser Zeit wurden neue, um Finanzmittel werbende Unternehmen gegründet zu Zwecken wie dem Bau von Schiffen gegen Piraten, zur Förderung der Pferdezucht in England, zum Handel mit Menschenhaar, zum Bau von Krankenhäusern für uneheliche Kinder, zur Gewinnung von Silber aus Blei, zur Gewinnung von Sonnenlicht aus Salatgurken und sogar zur Entwicklung eines Perpetuum mobile.

Den Vogel schoss aber sicherlich der unbekannte Gründer einer »Gesellschaft zur Ausführung eines sehr vorteilhaften Unterfangens, das allerdings geheim bleiben muss« ab. Der Emissionsprospekt versprach nie da gewesene Gewinne. Um neun Uhr morgens, als die Zeichnungsfrist begann, rannten Menschen aus allen Gesellschaftsschichten dem Anbieter praktisch die Türen ein, um Aktien zu zeichnen. Innerhalb von fünf Stunden hatten tausend Investoren ihr Geld gegen Aktien des Unternehmens getauscht. Der Promoter selbst war nicht so gierig, schloss rasch die Türen und setzte sich auf den Kontinent ab. Man hörte nie wieder von ihm.

Nicht alle Menschen, die Aktien der Blasengesellschaften zeichneten, glaubten an die Machbarkeit der Vorhaben, in die sie investierten. Dafür waren sie »zu verständig«. Sie glaubten allerdings an die Theorie vom »größeren Dummkopf« – nämlich daran, dass die Kurse steigen, dass sich neue Käufer finden und dass sie daran verdienen würden. Die meisten Anleger sahen ihr Vorgehen daher als höchst rational an und gingen davon aus, ihre Anteile auf dem Sekundärmarkt mit Aufschlag verkaufen zu können – also auf dem Markt, auf dem die Aktien nach der Erstemission gehandelt wurden.

Wen die Götter vernichten wollen, den machen sie zuerst lächerlich. Erste Anzeichen dafür, dass das Ende nahte, lieferte die Ausgabe eines Satzes South-Sea-Spielkarten. Auf jeder Karte war die Karikatur einer Blasengesellschaft abgebildet und darunter stand ein passender Spruch. Eine der Gesellschaften war die Puckle Machine Company, die Maschinen herstellen sollte, die runde und quadratische Kanonen- und Gewehrkugeln auswarfen. Puckle behauptete, seine Maschine würde die Kriegskunst revolutionieren. Die auf der nächsten Seite abgebildete Pik Acht beschrieb das folgendermaßen:

A rare invention to destroy the crowd,
Of fools at home instead of foes abroad:
Fear not my friends, this terrible machine,
They're only wounded that have shares therein.

Es waren schon viele Blasen geplatzt, ohne die Euphorie der Spekulanten zu dämpfen. Diese verpuffte erst im August, als ein für allemal die Luft aus der South Sea Company entwich. Als sie merkten, dass der auf dem Markt erzielte Aktienkurs in keinem Verhältnis zu den wahren Aussichten des Unternehmens stand, stießen die Verwaltungsratsmitglieder und leitenden Angestellten im Sommer ihre Bestände ab.

Puckle's Machine
A rare invention to Destroy the Crowd ,
Of Fools at Home instead of Foes Abroad :
Fear not my Friends, this terrible Machine ,
They're only Wounded that have Shares therein .

Als das ruchbar wurde, kam der Kurs ins Rutschen. Bald geriet er in freien Fall, und Panik griff um sich. Die folgende Grafik zeigt den spektakulären Aufstieg und Niedergang der Aktie der South Sea Company. Staatsvertreter versuchten vergeblich, das Vertrauen wiederherzustellen. Mit knapper Not ließ sich ein vollständiger Zusammenbruch des öffentlichen Kreditsystems abwenden. Ebenso schmolz auch der Kurs der Mississippi Company nahezu vollständig ab, als dem Publikum klar wurde, dass ein Übermaß an Papiergeld keinen echten Wohlstand erzeugte, sondern lediglich Inflation. Zu den großen Verlierern der South-Sea-Blase zählte Isaac Newton, der gesagt haben soll: »Die Bewegungen von Himmelskörpern kann ich berechnen – den Wahnsinn der Menschen nicht.« So viel zum Thema Luftschlösser.

Um die Öffentlichkeit vor weiterem Missbrauch zu schützen, verabschiedete das Parlament ein Gesetz, das Gesellschaften die Emission von Aktienzertifikaten untersagte. Über 100 Jahre lang – bis das Gesetz 1825 abgeschafft wurde – gab es auf dem britischen Markt vergleichsweise wenige Aktienzertifikate.

AKTIENKURS DER BRITISH SOUTH SEA COMPANY, 1717 BIS 1722

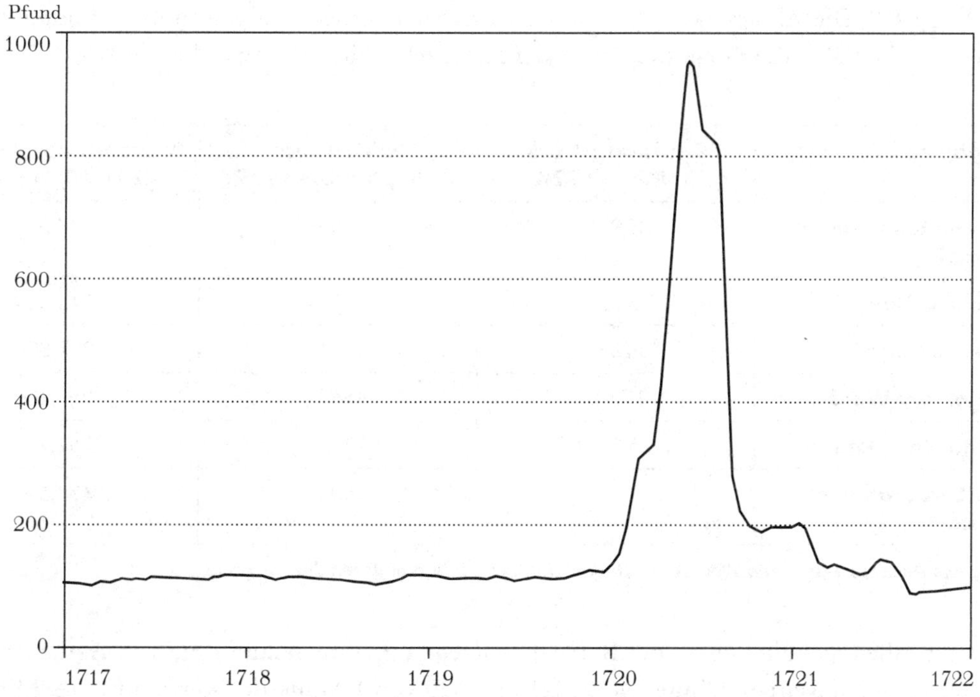

Quelle: Larry Neal, The Rise of Financial Capitalism *(Cambridge University Press, 1990)*

Die Wall Street legt ein Ei

Zugegeben – die Zwiebeln und Blasen sind längst Geschichte. Doch könnte sich etwas Ähnliches auch in neuerer Zeit ereignen? Wenden wir uns jüngeren Entwicklungen zu. Amerika, das Land der unbegrenzten Möglichkeiten, war in den 1920er-Jahren an der Reihe. Und angesichts der Bedeutung, die Freiheit und Wachstum bei uns US-Amerikanern genießen, haben wir einen der spektakulärsten Booms und gewaltigsten Einbrüche in der Geschichte produziert.

Die Voraussetzungen für eine Spekulationswelle hätten nicht günstiger sein können. Das Land erlebte einen beispiellosen Wohlstand. Man musste förmlich Vertrauen in die amerikanische Wirtschaft haben. Wie Calvin Coolidge sagte: »Amerikas Geschäft ist das Geschäft.« Unternehmer wurden mit Menschen auf eine Stufe gestellt, die religiöse Botschaften verbreiteten, ja, quasi vergöttert. Doch solche Vergleiche wurden auch in die andere Richtung gezogen. So schrieb Bruce Barton von der New Yorker Werbeagentur Batten, Barton, Durstine & Osborn in *The Man Nobody Knows*, Jesus sei »der erste Unternehmer« gewesen und seine Gleichnisse die »effektivste Werbung aller Zeiten«.

1928 wurde die Börsenspekulation zum landesweiten Zeitvertreib. Von Anfang März 1928 bis Anfang September 1929 legte der Markt prozentual so stark zu wie im gesamten Zeitraum von 1923 bis Anfang 1928. Die Aktienkurse der großen Industrieunternehmen gewannen mitunter 10 oder 15 Zähler pro Tag. Wie die Kurse stiegen, ist der folgenden Tabelle zu entnehmen.

Wertpapier	Eröffnungskurs 3. März 1928	Höchstkurs 3. September 1929*	Prozentualer Anstieg über 18 Monate
American Telephone & Telegraph	179 ½	335 ⅝	87,0
Bethlehem Steel	56 ⅞	140 ⅜	146,80
General Electric	128 ¾	396 ¼	207,80
Montgomery Ward	132 ¾	466 ½	251,40
National Cash Register	50 ¾	127 ½	152,20
Radio Corporation of America	94 ½	505	434,50

**Bereinigt um Aktiensplits und den Wert der nach dem 3. März 1928 erhaltenen Bezugsrechte.*

Doch nicht »alle« spekulierten an der Börse. Die Kreditaufnahmen zum Kauf von Aktien (dem sogenannten Kauf auf Marge) nahmen von 1921 bis 1929 von 1 Milliarde Dollar auf fast 9 Milliarden Dollar zu. Dessen ungeachtet hielt nur etwa eine Million Menschen 1929 kreditfinanzierte Aktien.

Die Spekulationseuphorie war aber mindestens so verbreitet wie in früheren Wellen und sicherlich war sie noch nie so ausgeprägt gewesen. Vor allem aber war die Börsenspekulation ein zentrales Element der Kultur. In *Once in Golconda*[1] gibt John Brooks die Aussagen eines gerade in New York angekommenen britischen Korrespondenten wieder: »Man konnte über die Prohibition sprechen, über Hemingway oder über Klimaanlagen, über Musik oder Pferde, doch am Ende, wenn es ernst wurde, drehte sich das Gespräch stets um den Aktienmarkt.«

Bedauerlicherweise waren Hunderte lächelnder Helfer nur zu gern bereit, das Publikum dabei zu unterstützen, Luftschlösser zu bauen. An der Börse war nie skrupelloser manipuliert wurden. Und ein besseres Beispiel dafür, wie Investmentpools funktionieren, gibt es nicht. Ein solcher Pool trieb den Kurs der RCA-Aktie in vier Tagen um 61 Punkte in die Höhe.

So ein Investmentpool erforderte einerseits enge Zusammenarbeit und andererseits eine absolute Missachtung des Publikums. Ein solches Unterfangen begann gewöhnlich damit, dass sich eine Gruppe von Spekulanten zusammenschloss, um einen bestimmten Titel zu manipulieren. Sie ernannten einen Poolmanager (der zu Recht als eine Art Künstler galt) und versprachen, einander nicht durch eigene Geschäfte zu hintergehen.

Der Poolmanager sammelte einen großen Aktienblock, indem er unauffällig über mehrere Wochen Aktien aufkaufte. Wenn möglich, erwarb er auch eine Option auf den Kauf eines größeren Aktienpakets zum aktuellen Marktkurs. Als Nächstes versuchte er, den Börsenspezialisten für die betreffende Aktie als Verbündeten zu gewinnen.

Hatten die Mitglieder des Pools den Spezialisten auf ihrer Seite, waren sie im Geschäft. So ein Börsenspezialist fungiert als Makler für Makler. Wurde eine Aktie zu 50 Dollar pro Stück gehandelt, und man erteilte seinem Makler eine Order, zu 45 Dollar zu kaufen, gab der Makler diesen Auftrag gewöhnlich an den Spezialisten weiter.

Fiel der Kurs tatsächlich auf 45 Dollar, führte der Spezialist die Order aus. Über sämtliche derartigen Aufträge zum Kauf unter dem Marktkurs oder zum Verkauf darüber führte der Spezialist eigentlich vertraulich Buch. Nun wissen Sie auch, warum der Spezialist für den Poolmanager so wertvoll sein konnte. Seine Buchführung gab nämlich Aufschluss darüber, wie viele Kauf- und Verkaufsaufträge zu Preisen unter beziehungsweise über dem Marktkurs vorlagen. Und es war immer gut, wenn man dem Publikum so gut wie möglich in die Karten schauen konnte. Dann erst ging der Spaß richtig los.

An diesem Punkt ließ der Poolmanager die Poolmitglieder gewöhnlich untereinander handeln. So verkaufte Haskell 200 Aktien zu 40 an Sidney und Sidney verkaufte sie zu 40 ⅛ zurück. Das Ganze wiederholte sich mit 400 Aktien zu 40 ¼ und 40 ½. Im Anschluss wurde ein Block von 1000 Stück zu 40 ⅝ gehandelt, gefolgt von einem weiteren zu 40 ¾. Diese Geschäfte gingen landesweit über den Ticker, sodass bei den vielen Tausenden, die in den Maklerhäusern im ganzen Land das Tickergesche-

1 Die heutige Ruinenstadt Golkonda liegt in Indien. Der Legende nach wurde jeder reich, der durch Golkonda kam.

hen verfolgten, die Illusion von Aktivität entstand. Diese durch sogenannte Scheingeschäfte hervorgerufene Aktivität erzeugte den Eindruck, dass da etwas Großes im Busch war.

Daraufhin berichteten Autoren von Börsenbriefen und Marktkommentatoren unter dem Einfluss des Poolmanagers von aufregenden anstehenden Entwicklungen. Außerdem versuchte der Poolmanager, dafür zu sorgen, dass das Management des betreffenden Unternehmens zunehmend positive Nachrichten veröffentlichte. Wenn alles nach Plan lief – und in der spekulativen Atmosphäre der Jahre 1928/29 war das quasi garantiert –, erregte die Kombination aus Tickeraktivität und gezielt gestreuten Nachrichten das Interesse des Publikums.

Sobald Nachfrage einsetzte, konnte das Gerangel losgehen. Dann war der Zeitpunkt gekommen, diskret den »Stöpsel zu ziehen«. Wenn das Publikum kaufte, verkaufte der Pool. Der Poolmanager warf Aktien auf den Markt – erst behutsam, dann in immer größeren Blöcken, bevor das Publikum zur Besinnung kam. Am Ende des wilden Ritts strichen die Poolmitglieder satte Gewinne ein. Das Anlegerpublikum stand mit einer Aktie da, der plötzlich die Luft ausging.

Doch man musste sich gar nicht zusammenschließen, um das Publikum hinters Licht zu führen. Das gelang auch vielen Einzelkämpfern, allen voran leitenden Führungskräften und Verwaltungsratsmitgliedern. Ein Beispiel ist Albert Wiggin, Chef von Chase, damals der zweitgrößten Bank in den USA. Im Juli 1929 wurde Wiggin allmählich nervös, weil die Aktienkurse so schwindelerregende Höhen erreichten. Mit seinen Spekulationen auf der Bullenseite des Marktes fühlte er sich dabei nicht mehr wohl. (Gerüchten zufolge hatte er in einem Pool Millionen verdient, der den Kurs seiner Bank in die Höhe getrieben hatte.) Da er die Aussichten für die Aktie seiner eigenen Bank als besonders düster erachtete, verkaufte er über 42.000 Chase-Aktien leer. Mit Leerverkäufen lässt sich Geld verdienen, wenn die Aktienkurse fallen. Man verkauft dann Aktien, die einem noch gar nicht gehören, in der Erwartung, dass man sie später zu einem niedrigeren Kurs zurückkaufen kann – quasi das Gegenbild zu all jenen, die gern billig kaufen und teuer verkaufen möchten.

Wiggins Timing war perfekt. Unmittelbar nach seinem Leerverkauf kam der Kurs der Chase-Aktie ins Rutschen. Als im Herbst der Crash kam, stürzte der Titel ins Bodenlose. Als die Bücher im November geschlossen wurden, hatte er mit seinem Geschäft per saldo mehrere Millionen Dollar verdient. Interessenkonflikte bekümmerten Wiggin ganz offensichtlich nicht. Der Fairness halber sei darauf hingewiesen, dass er in diesem Zeitraum unter dem Strich noch eine Beteiligung an Chase hielt. Dennoch wäre es einem Insider nach den heute geltenden Regeln nicht gestattet, auf Shortseite Gewinne aus dem Handel mit eigenen Aktien zu erzielen.

Am 3. September 1929 erreichten die Marktindizes einen Höchststand, der 25 Jahre lang nicht überschritten werden sollte. Die »endlose Wohlstandskette« sollte in Kürze abreißen. Die Konjunktur hatte allgemein schon Monate zuvor nachgegeben. Am nächsten Tag gerieten die Kurse ins Trudeln, tags darauf, am 5. September, erlitt der Markt einen Kurssturz, der auch als »Babson-Einbruch« bezeichnet wurde.

Er hieß so zu Ehren von Roger Babson, einem gebrechlichen, spitzbärtigen, koboldhaften Finanzberater aus Wellesley, Massachusetts. Dieser hatte bei einem Finanz-Lunch geäußert: »Ich wiederhole, was ich schon letztes und vorletztes Jahr um diese Zeit gesagt habe: Früher oder später kommt ein Crash.« Die Wall-Street-Profis hatten für die neuerliche Ankündigung des »Weisen aus Wellesley«, wie er genannt wurde, wie üblich nur Spott übrig.

Doch wie Babson andeutete, hatte er den Crash bereits seit Jahren vorhergesagt und wartete nur darauf, dass sich seine Prognose bestätigte. Dessen ungeachtet ging der Markt um 14 Uhr, als Babsons Worte über das »breite« Tape (den Dow-Jones-Finanznachrichtenticker, der unbedingt zur Grundausstattung jedes Maklerhauses gehörte) zitiert wurden, in die Knie. In der letzten hektischen Handelsstunde verlor American Telephone and Telegraph 6 Zähler, Westinghouse 7 Zähler und U.S. Steel 9 Zähler. Das war ein prophetisches Ereignis. Nach dem Babson-Einbruch war die Möglichkeit eines Crashs, die noch einen Monat zuvor vollkommen undenkbar gewesen war, plötzlich in aller Munde.

Das Vertrauen war erschüttert. Der September hatte mehr schlechte als gute Tage. Zwischendurch rutschte der Mark stark ab. Banker und Regierungsvertreter versicherten dem Land, es gebe keinen Grund zur Sorge. Professor Irving Fisher aus Yale, einer der Väter der Theorie vom intrinsischen Wert, äußerte seine bald schon unvergängliche Ansicht, Aktien hätten allem Anschein nach ein »beständig hohes Niveau« erreicht.

Am Montag, dem 21. Oktober, war der Boden für einen klassischen Börsensturz bereitet. Die Kursverluste führten zu Nachschussforderungen an Kunden, die auf Marge gekauft hatten. Weil sie diesen Forderungen nicht nachkommen konnten oder wollten, waren sie gezwungen, ihre Positionen abzustoßen. Das löste Preisdruck und weitere Nachschussforderungen aus und führte letztlich zu einer selbsttragenden Verkaufswelle.

Die Umsätze erreichten am 21. Oktober über sechs Millionen Aktien. Der Ticker kam gar nicht mehr hinterher – zum Unmut Zigtausender Anleger, die in den Maklerhäusern im ganzen Land die eingehenden Daten verfolgten. Nach Börsenschluss vergingen noch fast eine Stunde und 40 Minuten, bis die letzte Transaktion tatsächlich über den Ticker ging.

Der unerschütterliche Fisher tat den Rückgang ab als »Entledigung von extremen Randfiguren, die versuchen, auf Kredit zu spekulieren«. Weiter äußerte er, die Aktienkurse hätten im Boom noch nicht auf den eigentlichen Wert der Papiere aufgeholt und würden daher weiter steigen. Unter anderem war der Professor davon überzeugt, dass sich die positiven Effekte der Prohibition, die amerikanische Arbeiter »produktiver und verlässlicher« machten, noch nicht auf dem Markt niedergeschlagen hätten.

Am 24. Oktober, der später als schwarzer Donnerstag bezeichnet werden sollte, erreichten die Umsätze eine Höhe von fast 13 Millionen Aktien. Manche Kurse fielen von einem Geschäft zum nächsten um 5 und 10 Dollar. Viele Emissionen verloren in wenigen Stunden 40 oder 50 Zähler. Am nächsten Tag äußerte Herbert Hoover seine berühmte Diagnose: »Die amerikanische Wirtschaft … ist grundsätzlich solide und gewinnbringend.«

Dienstag, der 29. Oktober 1929, zählt zu den schlimmsten Tagen in der Geschichte der New Yorker Börse. Ähnlich groß war die Panik an der Börse nur noch am 19. und 20. Oktober 1987. An jenem Tag des Jahres 1929 gingen über 16,4 Millionen Aktien über den Tisch. (16 Millionen Aktien pro Tag im Jahr 1929 würden heute mehreren Milliarden Aktien entsprechen, weil so viel mehr Unternehmen an der Börse notiert sind.) Die Kurse rauschten nahezu senkrecht in die Tiefe und fielen und fielen, wie die folgende Tabelle zeigt, die das Ausmaß des Kurssturzes im Herbst 1929 und in den nachfolgenden drei Jahren wiedergibt. Mit Ausnahme der »sicheren« AT&T-Aktie, die nur drei Viertel ihres Wertes einbüßte, waren die meisten Blue Chips um 95 Prozent oder noch stärker eingebrochen, als sie 1932 ihre Tiefststände erreichten.

Wertpapier	Kurshoch 3. September 1929*	Kurstief 13. November 1929*	Jahrestief 1932
American Telephone & Telegraph	304	197 ¼	70 ¼
Bethlehem Steel	140 ⅜	78 ¼	7 ¼
General Electric	396 ¼	168 ⅛	8 ½
Montgomery Ward	137 ⅞	49 ¼	3 ½
National Cash Register	127 ½	59	6 ¼
Radio Corporation of America	101	28	2 ½

** Bereinigt um Aktiensplits und den Wert der nach dem 3. September 1929 erhaltenen Bezugsrechte.*

Am treffendsten fasste das Debakel womöglich das Show-Business-Wochenblatt *Variety* in einem Artikel unter dem Titel »Die Wall Street legt ein Ei« zusammen. Der Spekulationsboom war am Ende und ein Aktienwert in Milliardenhöhe war vernichtet – ebenso wie die Träume von Millionen Menschen. Auf den Börsencrash folgte die verheerendste Wirtschaftskrise in der Geschichte.

Und wieder gibt es revisionistische Historiker, die im Wahnsinn des Börsenbooms der späten 1920er-Jahre Methode zu erkennen glauben. So behauptete beispielsweise Harold Bierman Jr. in seinem Buch *The Great Myths of 1929*, ohne perfekte Voraussicht seien Aktien 1929 nicht offensichtlich überbewertet gewesen. Immerhin hätten ja hochintelligente Zeitgenossen wie Irving Fisher und John Maynard Keynes die Bewertungen für angemessen gehalten. Bierman geht sogar noch weiter mit der These, der extreme Optimismus, der dem Aktienmarkt zugrunde lag, wäre womöglich sogar gerechtfertigt gewesen, wenn die Geldpolitik besser reagiert hätte. Der Crash als solcher wurde seines Erachtens durch die Zinserhöhungen herbeigeführt, mit denen die US-Notenbank (das Federal Reserve Board) die Spekulanten abstrafen wollte. Biermans Argumente enthalten zumindest ein

Körnchen Wahrheit. Im Rückblick schreiben die Ökonomen heute die Schwere der Wirtschaftskrise der 1930er-Jahre oft dem Umstand zu, dass die US-Notenbank einen so abrupten Rückgang der Geldmenge zugelassen habe. Dennoch lehrt uns die Geschichte, dass auf rasante Kurssprünge von Aktien nur selten eine allmähliche Rückkehr zu relativer Preisstabilität folgt. Selbst wenn sich die Wohlstandsentwicklung in die 1930er-Jahre hinein fortgesetzt hätte, hätten die Aktienkurse die Zugewinne, die sie Ende der 1920er-Jahre erzielt hatten, nie aufrechterhalten können.

Hinzu kommt, dass das abnorme Verhalten der Anteile geschlossener Investmentgesellschaften (auf das ich im fünfzehnten Kapitel noch eingehe) eindeutig dafür spricht, dass in den 1920er-Jahren auf dem Aktienmarkt allenthalben Irrationalität herrschte. Der »fundamentale« Wert dieser geschlossenen Fonds besteht aus dem Marktwert der von ihnen gehaltenen Wertpapiere. In den meisten Zeiträumen seit 1930 wurden solche Fonds mit 10 bis 20 Prozent Abschlag auf ihre Vermögenswerte gehandelt. Von Januar bis August 1929 notierte ein typischer geschlossener Fonds mit 50 Prozent Aufschlag. Die Prämien mancher der bekanntesten Fonds waren sogar regelrecht astronomisch. So wurde die Goldman Sachs Trading Corporation für das Doppelte ihres Nettoinventarwerts gehandelt, die Tri-Continental Corporation für 256 Prozent ihres Nettoinventarwerts. Das bedeutete, man konnte zum Beispiel AT&T beim Makler zum jeweiligen Marktkurs ordern oder die Aktie über den Fonds zum Zweieinhalbfachen ihres Marktwerts erstehen. Es war die irrationale Euphorie der Spekulanten, die die Kurse dieser Fonds weit über den Wert trieb, zu dem ihre einzelnen Wertpapiere erworben werden konnten.

Ein Nachsatz

Warum ist das Gedächtnis so kurz? Warum erscheinen solche Spekulationswellen so losgelöst von den Lehren aus der Geschichte? Darauf habe auch ich keine schlüssige Antwort, bin aber überzeugt, dass Bernard Baruch Recht hatte, als er sagte, das Studium dieser Ereignisse könne Anlegern helfen, ihr Überleben zu sichern. Die beständigen Verlierer an der Börse sind meiner persönlichen Erfahrung nach diejenigen, die sich der einen oder anderen Ausprägung einer Tulpenmanie nicht entziehen können. Diese Gefahr ist zwar offensichtlich, bleibt aber häufig unbeachtet.

DRITTES KAPITEL:

SPEKULATIONSBLASEN VON DEN 60ERN BIS IN DIE 90ER-JAHRE

Alles hat seine Moral, wenn man sie nur finden kann.

Lewis Carroll, *Alice im Wunderland*

Massenwahn kann ein echtes Spektakel sein. Die Beispiele, die ich gerade angeführt habe, ebenso wie viele weitere bringen mehr und mehr Menschen dazu, ihr Geld professionellen Portfoliomanagern anzuvertrauen – solchen, die große Pensionsfonds und Rentenkassen, Investmentfonds und Anlageberatungsorganisationen leiten. Die Massen mögen ja dem Wahnsinn verfallen, doch die Institutionen stehen über den Dingen. Wirklich? Dann schauen wir uns doch einmal genauer an, wie gut institutionelle Investoren wirklich bei Verstand sind.

Die Zurechnungsfähigkeit der Institutionen

In den 1990er-Jahren entfielen über 90 Prozent des Handelsvolumens an der New York Stock Exchange auf institutionelle Investoren. Man sollte annehmen, die unerbittliche, mit spitzem Bleistift erarbeitete Logik der Profis würde garantieren, dass solche ausufernden Exzesse der Vergangenheit angehören. Und doch hatten professionelle Investoren von den 1960er-Jahren bis zum Ende der 1990er-Jahre gleich an mehreren eindeutigen Spekulationswellen Anteil. In jedem Fall kauften professionelle Institutionen Aktien nicht, weil sie sie nach dem Solide-Grundlagen-Prinzip für unterbewertet hielten, sondern, weil sie davon ausgingen, dass ihnen ein noch größerer Dummkopf die Papiere schon zu noch überhöhteren Kursen abnehmen würde. Weil sich diese Spekulationsbewegungen auf unseren heutigen Märkten ereigneten, dürfte der folgende kleine Exkurs in die Welt der institutionellen Investments für Sie meiner Ansicht nach besonders aufschlussreich sein.

Der Boom der 60er-Jahre

Die neue »Neuzeit«: der Wachstumsaktien-/Neuemissionswahn

Unser Ausflug beginnt 1959, als ich gerade an der Wall Street angefangen hatte. In jenen Tagen war »Wachstum« das Zauberwort mit beinahe mystischer Bedeutung. Wachstumsunternehmen wie IBM und Texas Instruments wurden mit einem Kurs-Gewinn-Verhältnis von über 80 gehandelt. (Ein Jahr später bewegte sich diese Kennzahl zwischen 20 und 40.)

Die Angemessenheit derartiger Bewertungen in Zweifel zu ziehen, galt quasi als Ketzerei. Obwohl sich diese Kurse nicht durch die Solide-Grundlagen-Prinzipien rechtfertigen ließen, glaubten die Investoren, es würden sich dennoch Käufer bereitfinden, noch höhere Preise zu zahlen. Lord Keynes muss dort still in sich hineingelächelt haben, wo auch immer Ökonomen nach ihrem Ableben landen.

Ich weiß noch genau, wie einer der Seniorpartner meines Unternehmens kopfschüttelnd einräumte, er kenne niemanden, der sich noch an den Crash von 1929 bis 1932 erinnere und die hochpreisigen Wachstumswerte kaufen und halten würde. Doch die jungen Wilden setzten sich durch. *Newsweek* zitierte einen Makler mit den Worten, die Spekulanten gingen davon aus, dass sich alles, was sie kauften »über Nacht verdoppelt. Das Schlimmste daran: Das kommt tatsächlich vor.«

Das war aber noch nicht alles. In ihrem Eifer, den unersättlichen Appetit der Anleger auf die Weltraumaktien der hochfliegenden 60er-Jahre zu befriedigen, brachten die Promoter im Zeitraum von 1959 bis 1962 mehr Neuemissionen denn je auf den Markt. Diese Neuemissionsmanie erinnerte in ihrer Intensität an die Südseeblase – und leider auch mit Blick auf die betrügerischen Machenschaften, die im Nachgang auffliegen sollten.

Diese Phase wurde als Tronik-Boom bezeichnet, weil die Emissionen oft eine verstümmelte Abwandlung des Wortes »Elektronik« im Namen trugen, obgleich die Unternehmen gar nichts mit der Elektronikbranche zu tun hatten. Wer diese Papiere kaufte, interessierte sich überhaupt nicht dafür, was die Unternehmen eigentlich herstellten – solange es nur nach Elektronik klang und einen Hauch Esoterik bot. So änderte die American Music Guild, deren Geschäft einzig und allein im Haustürverkauf von Schallplatten und Plattenspielern bestand, ihren Namen vor ihrem Börsengang in Space-Tone. Die Aktien wurden dem Publikum zu einem Kurs von 2 Dollar angeboten und kletterten innerhalb weniger Wochen auf 14 Dollar.

Jack Dreyfus von Dreyfus and Company kommentierte die Manie folgendermaßen:

Nehmen Sie ein nettes kleines Unternehmen, das seit 40 Jahren Schnürsenkel produziert und mit einem ansehnlichen Kurs-Gewinn-Verhältnis von 6 notiert. Benennen Sie es von Shoelaces, Inc. in Electronics and Silicon Furth-Burners um. Auf dem heutigen Markt sind die Bezeichnungen »Elec-

tronics« (Elektronik) und »Silicon« (Silizium) ein KGV von 15 wert. Wirklich zündend ist aber der Zusatz »Furth-Burners«, den kein Mensch versteht. Ein Wort, unter dem sich keiner etwas vorstellen kann, bewirkt, dass Sie Ihren angesetzten Wert verdoppeln dürfen. Das KGV für das Schnürsenkelgeschäft betrug 6, für Elektronik und Silizium 15, also insgesamt 21. Für Furth-Burners noch einmal mit 2 multipliziert, gelangen wir zu einem KGV von 42 für das neue Unternehmen.

Die nachstehenden Zahlen zeigen, wie das ging. Selbst Mother's Cookie konnte auf diese Weise beachtliche Gewinne erzielen. Und bedenken Sie, wie spektakulär diese erst hätten ausfallen können, wenn sich das Unternehmen in Mothertron's Cookietronics umbenannt hätte. Zehn Jahre später waren die Aktien der meisten dieser Unternehmen quasi wertlos. Heute existiert kein einziges mehr.

Wertpapier	Emissionstag	Emissionskurs	Geldkurs am ersten Handelstag	Höchster Geldkurs 1961	Tiefster Geldkurs 1962
Boonton Electronic Corp.	6. März 1961	5 ½*	12 ¼*	24 ½*	1 ⅝*
Geophysics Corp.	8. Dezember 1960	14	27	58	9
Hydro-Space Technology	19. Juli 1960	3	7	7	1
Mother's Cookie Corp.	8. März 1961	15	23	25	7

** Pro Einheit aus 1 Aktie und 1 Optionsschein.*

Wo war die Wertpapier- und Börsenaufsichtsbehörde (Securities and Exchange Commission, kurz SEC) die ganze Zeit über? Müssen neue Emittenten ihre Emissionen denn nicht der SEC melden? Können sie (und ihre Emissionsbanken) für falsche und irreführende Aussagen nicht belangt werden? Die SEC gab es zwar, doch sie war gesetzlich dazu gezwungen, tatenlos zuzusehen. Solange eine Aktiengesellschaft einen ordnungsgemäßen Prospekt erstellt (und ihn an die Anleger weitergegeben) hat, kann die SEC nichts tun, um die Käufer vor sich selbst zu schützen. So enthielten viele der Prospekte aus der damaligen Zeit einen fettgedruckten Warnhinweis auf dem Deckblatt, der sich in etwa wie folgt liest:

WARNUNG: DIESES UNTERNEHMEN HAT KEINE VERMÖGENSWERTE ODER ERTRÄGE UND KANN AUF ABSEHBARE ZEIT KEINE DIVIDENDEN AUSSCHÜTTEN: DIE AKTIEN SIND HOCHRISKANT.

Doch wie die Warnhinweise auf Zigarettenschachteln, die die wenigsten vom Rauchen abhalten, kann auch die Warnung, dass eine Anlage ihren Wohlstand gefährdet, Spekulanten nicht davon abbringen, ihr Geld hinzublättern. Die SEC kann Narren zwar warnen, aber nicht verhindern, dass sie sich von ihrem Geld trennen. Und die Käufer von Neuemissionen waren so fest von deren künftigen Kursgewinnen überzeugt, dass das Problem der Emissionsbanken nicht darin bestand, die Aktien an den Mann zu bringen, sondern nur darin, wie sie sie den euphorischen Käufern am besten zuteilten.

Anders ist das, wenn Betrug und/oder Marktmanipulation vorliegen. Dann kann die SEC energisch eingreifen und tut das auch. Tatsächlich wurden viele der unbekannteren, kaum noch als respektabel zu bezeichnenden Maklerhäuser, die für die meisten der Neuemissionen und für die Manipulation ihrer Kurse verantwortlich waren, wegen verschiedener Arten der Täuschung aus dem Verkehr gezogen.

Der Tronik-Boom setzte 1962 hart auf dem Boden der Tatsachen auf. Was am Vortag noch eine brandheiße Emission gewesen war, wollte tags darauf niemand mehr haben. Viele Profis wollten sich nicht eingestehen, dass sie sich leichtsinnig verspekuliert hatten. Ein paar wenige erklärten, im Rückblick ließe sich immer leicht sagen, wann die Kurse zu hoch oder zu niedrig waren. Noch weniger meinten, dass offenbar niemand zu irgendeinem Zeitpunkt sagen kann, wie der angemessene Kurs einer Aktie aussieht.

Synergie erzeugt Energie: die Konsolidierungswelle

Das Geniale am Finanzmarkt ist unter anderem: Besteht Nachfrage nach einem Produkt, so wird dieses auch produziert. Das Produkt, auf das alle Anleger scharf waren, war erwartetes Wachstum des Gewinns je Aktie. Ließ sich dieses Wachstum durch einen neuen Namen herbeiführen, standen die Chancen gut, dass jemand eine andere Möglichkeit finden würde, es zu erzeugen. Mitte der 1960er-Jahre behaupteten kreative Unternehmer, Wachstum könne durch Synergieeffekte hervorgerufen werden.

Was darunter zu verstehen ist? Ganz einfach: 2 plus 2 ergibt 5. Nach dieser Logik konnten zwei eigenständige Unternehmen mit einer Ertragskraft von jeweils 2 Millionen Dollar in der Kombination 5 Millionen Dollar Ertrag bringen, wenn man sie zusammenlegte. Diese magische, bombensichere Methode wurde als Konsolidierung bezeichnet.

Zwar verhinderte das Kartellrecht seinerzeit, dass Großunternehmen Firmen aus derselben Branche übernahmen, doch war es möglich, Betriebe aus anderen Branchen aufzukaufen, ohne dass sich das Justizministerium einmischte. Durch die Konsolidierung sollten Synergieeffekte erzeugt werden. Angeblich würde der neu entstandene Konzern höhere Umsätze und Erträge erwirtschaften, als es den unabhängigen Einzelunternehmen zuvor möglich gewesen wäre.

In Wirklichkeit war der Hauptimpuls für die Konsolidierungswelle der 1960er-Jahre, dass man den Übernahmeprozess an sich so gestalten konnte, dass der Gewinn je Aktie zunahm. Die Konzernmanager verfügten in aller Regel wohl eher über finanzielle Expertise als über die erforderliche operative Kompetenz, um die Rentabilität der übernommenen Betriebe zu steigern. Mit ein paar Taschenspielertricks konnten sie problemlos eine Unternehmensgruppe zusammenzimmern, die im Grunde gar kein Potenzial hatte, und dabei fortlaufend für steigende Gewinne je Aktie sorgen. Das folgende Beispiel veranschaulicht, wie dieser faule Zauber ablief.

Stellen Sie sich zwei Unternehmen vor – die Elektronikfirma Able Circuit Smasher Company und den Schokoriegelhersteller Baker Candy Company. Jedes hat 200.000 Aktien in Umlauf. Wir schreiben das Jahr 1965, und beide Unternehmen erwirtschaften 1 Million Dollar Ertrag im Jahr – also 5 Dollar je Aktie. Nehmen wir an, dass keines von beiden Wachstum verzeichnet und dass der Ertrag – mit oder ohne die Fusion – weiterhin auf demselben Niveau liegen würde.

Die Aktien der beiden Unternehmen notieren aber zu unterschiedlichen Kursen. Weil Able Circuit Smasher Company in der Elektronikbranche tätig ist, gesteht ihm der Markt ein Kurs-Gewinn-Verhältnis von 20 zu. Multipliziert mit seinem Gewinn je Aktie von 5 Dollar ergibt sich daraus ein Marktkurs von 100 Dollar. Die biederere Baker Candy Company weist nur ein Kurs-Gewinn-Verhältnis von 10 auf, sodass ihr Marktkurs bei 5 Dollar Gewinn je Aktie lediglich 50 Dollar beträgt.

Das Management von Able Circuit liebäugelt mit einer Konsolidierung. Es macht Baker ein Übernahmeangebot durch einen Aktientausch im Verhältnis 2 zu 3. Die Baker-Aktionäre würden für drei Baker-Aktien mit einem Marktwert von insgesamt 150 Dollar zwei Able-Aktien erhalten, deren Marktwert 200 Dollar betrüge. Das dürften die Baker-Aktionäre natürlich freudig annehmen.

Unser junger Konzern unter dem neuen Namen Synergon, Inc. hat nun 333.333 Aktien in Umlauf. Diesen stehen Gesamterträge von 2 Millionen Dollar gegenüber – also 6 Dollar je Aktie. 1966, nach Abschluss der Fusion, stellen wir fest, dass die Erträge um 20 Prozent gestiegen sind – von 5 auf 6 Dollar. Dieser Zuwachs scheint Ables vormaliges Kurs-Gewinn-Verhältnis von 20 zu rechtfertigen. Folglich klettern die Aktien von Synergon (vormals Able) von 100 auf 120 Dollar, und alle gehen reich und glücklich nach Hause. Hinzu kommt, dass die abgefundenen Baker-Aktionäre auf ihren Gewinn nur dann Steuern zahlen müssen, wenn sie ihre Anteile an dem zusammengelegten Unternehmen veräußern. Die drei oberen Zeilen der Tabelle auf der nächsten Seite veranschaulichen die Transaktion.

Ein Jahr später stößt Synergon auf die Charlie Company, die 10 Dollar Gewinn je Aktie ausweist beziehungsweise 1 Million Dollar für 100.000 ausstehende Aktien. Die Charlie Company ist in der relativ riskanten Rüstungsbranche tätig. Daher weisen ihre Aktien ein Kurs-Gewinn-Verhältnis von 10 auf und notieren mit einem Kurs von 100 Dollar. Synergon bietet der Charlie Company eine Übernahme durch einen Aktientausch im Verhältnis 1 zu 1 an. Die Charlie-Aktionäre willigen nur zu gern ein, ihre 100-Dollar-Aktien gegen 120-Dollar-Aktien des Konzerns zu tauschen. Ende 1967 weist das konsolidierte Unternehmen 3 Millionen Dollar Ertrag aus, 433.333 umlaufende Aktien und einen Gewinn je Aktie von 6,92 Dollar.

	Unternehmen	Ertragsniveau (in Dollar)	Anzahl ausstehender Aktien	Gewinn je Aktie (in Dollar)	Kurs-Gewinn-Verhältnis	Kurs
Vor der Fusion 1965	Able Baker	1.000.000 1.000.000	200.000 200.000	5,00 5,00	20 10	100 50
Nach der ersten Fusion 1966	Synergon (Konglomerat aus Able und Baker) Charlie	2.000.000 1.000.000	333.333* 100.000	6,00 10,00	20 10	120 100
Nach der zweiten Fusion 1967	Synergon (Konglomerat aus Able, Baker und Charlie)	3.000.000	433.333†	6,92	20	138,40

** Die ursprünglichen 200.000 Able-Aktien zuzüglich weiterer133.333, die gedruckt werden, um gemäß den Fusionsbedingungen gegen die 200.000 Baker-Aktien eingetauscht zu werden.*

† Die 333.333 Synergon-Aktien zuzüglich weiterer 100.000 Aktien, die gedruckt werden, um gegen die Charlie-Aktien eingetauscht zu werden.

In diesem Fall hat die Konsolidierung buchstäblich Wachstum erzeugt. Keines der drei Unternehmen verzeichnete Wachstum. Doch einfach nur aufgrund der Fusion weist unser Konzern die folgenden Ertragssteigerungen aus:

Gewinn je Aktie			
	1965	**1966**	**1967**
Synergon, Inc.	5,00 $	6,00 $	6,92 $

Synergon ist eine Wachstumsaktie, und ihre herausragende Wertentwicklungsbilanz scheint ein hohes und womöglich sogar steigendes Kurs-Gewinn-Verhältnis zu rechtfertigen.

Der Trick dabei ist, dass es dem Elektronikunternehmen gelingt, seine mit einem hohen Kurs-Gewinn-Verhältnis notierende Aktie gegen die Aktie eines anderen Unternehmens mit einem niedrigeren Kurs-Gewinn-Verhältnis einzutauschen. Das Kurs-Gewinn-Verhältnis des Süßwarenherstellers beträgt 10. Wird allerdings ein Durchschnittswert aus dem Ertrag des Süßwarenunternehmens und dem des Elektronikanbieters gebildet, so könnte sich das Kurs-Gewinn-Verhältnis (unter Berücksichtigung des Schokoriegelabsatzes) auf 20 steigern. Je mehr Übernahmen Synergon unter Dach und Fach bringen kann, desto rascher steigt der Gewinn je Aktie, und desto attraktiver wirken die Aussichten der Aktie, ihr hohes Kurs-Gewinn-Verhältnis zu rechtfertigen.

Das Ganze erinnert an einen Kettenbrief – niemand kommt zu Schaden, solange die Übernahmen weiter exponentiell zunehmen. Das konnte zwar nicht lange so weitergehen, doch für all jene, die sehr früh einstiegen, waren die Möglichkeiten atemberaubend. Schwer vorstellbar, dass die Wall-Street-Profis auf die faulen Konsolidierungstricks hereinfielen, doch mehrere Jahre lang taten sie das unbestreitbar. Vielleicht glaubten sie als Verfechter der Luftschlosstheorie aber auch nur, dass noch genügend andere darauf hereinfallen würden.

Ein reales Beispiel dafür, wie das Spiel des fingierten Wachstums tatsächlich gespielt wurde, liefert die Automatic Sprinkler Corporation (die später unter A-T-O, Inc. firmierte und noch später auf Drängen ihres gar nicht geltungsbedürftigen Chief Executive Officers namens Figgie unter Figgie International). Von 1963 bis 1968 erhöhte sich der Unternehmensumsatz um über 1400 Prozent – ein phänomenaler Rekord, der ausschließlich Übernahmen zuzuschreiben war. Mitte 1967 gingen innerhalb von 25 Tagen vier Fusionen über die Bühne. Die übernommenen Unternehmen, die allesamt mit vergleichsweise niedrigem Kurs-Gewinn-Verhältnis notierten, sorgten für einen rasanten Anstieg des Gewinns je Aktie. Der Markt quittierte dieses »Wachstum«, indem er das Kurs-Gewinn-Verhältnis 1967 auf über 50 in die Höhe trieb, und den Aktienkurs des Unternehmens von rund 8 Dollar je Aktie im Jahr 1963 auf 73 ⅝ Dollar im Jahr 1967.

Figgie, seines Zeichens Präsident von Automatic Sprinkler, übernahm die notwendigen PR-Aufgaben, um der Wall Street zu helfen, ihr Luftschloss zu bauen. Wie ein automatischer Sprinkler ließ er in seine Äußerungen die Zauberworte von der Kraft des Freiformunternehmens und dessen Schnittstelle zu Wandel und Technologie einfließen. Dabei legte er großen Wert auf den Hinweis, dass er für jede abgeschlossene Übernahme 20 bis 30 weitere plante. Die Wall Street hing fasziniert an seinen Lippen.

Doch nicht nur Figgie führte die Börsianer hinters Licht. Die Manager anderer Konzerne erfanden quasi eine ganz neue Sprache, mit der sie versuchten, die Investmentwelt zu blenden. Da war die Rede von Marktmatrizen, zentralen Technologie-Angelpunkten, modularen Bausteinen und der Nukleustheorie vom Wachstum. An der Wall Street wusste keiner, was diese Begriffe bedeuteten, doch sie vermittelten allen das wohlige Gefühl, im technologischen Mainstream mitzuschwimmen.

Auch zur Beschreibung der übernommenen Unternehmen fanden die Konzernmanager neue Worte. So wurden aus Reedereien »Marinesysteme«. Der Zinkabbau lief fürderhin unter »Weltraummineraliensparte« und Stahlwerke mutierten zum »Bereich Werkstofftechnik«. Ein auf Leuchten oder Schlösser spezialisierter Betrieb wurde Teil der »Schutzdienstdivision«. War ein »unfeiner« Wertpapieranalyst (der nicht an der Harvard Business School, sondern am New Yorker City College studiert hatte) so dreist nachzufragen, wie sich mit einer Gießerei oder einem Fleischverarbeiter Wachstumsraten von 15 bis 20 Prozent erzielen ließen, fertigte man ihn mit der Erklärung ab, dass Effizienzexperten ein Einsparungspotenzial in Millionenhöhe ausgearbeitet hätten. Oder dass die Marktforscher gleich mehrere neue, bislang unerschlossene Märkte aufgetan hätten. Ganz zu schweigen davon, dass sich die Gewinnmargen innerhalb von zwei Jahren ohne Weiteres verdreifachen konnten. Statt im Zuge der Fusionen nachzugeben, erhöhte sich das Kurs-Gewinn-Verhältnis auf Konzernebene eine Zeit lang. Die folgende Tabelle weist die Kurse und Kennzahlen für eine Auswahl an Konzernen für 1967 aus.

	1967		1969	
Wertpapier	**Kurshoch**	**Kurs-Gewinn-Verhältnis**	**Kurstief**	**Kurs-Gewinn-Verhältnis**
Automatic Sprinkler (A-T-O, Inc.)	73 5/8	51,0	10 7/8	13,4
Litton Industries	120 ½	44,1	55	14,4
Teledyne, Inc.	71 ½*	55,8	28 ¼	14,2

** Um den anschließenden Aktiensplit bereinigt.*

Am 19. Januar 1968 trübte sich die Stimmung für die Konzerne abrupt ein. Damals meldete der Konsolidierungsveteran Litton Industries, die Erträge für das zweite Quartal des Jahres würden deutlich niedriger ausfallen als prognostiziert. Fast zehn Jahre lang hatte Litton jährlich Steigerungen um 20 Prozent ausgewiesen. Der Markt war dermaßen dem Glauben an die Alchemie verfallen, dass er die Meldung ungläubig und schockiert aufnahm. Im Zuge der anschließenden Verkaufswelle brachen die Kurse von Konzernaktien um rund 40 Prozent ein, bevor eine schwache Erholung einsetzte.

Doch es sollte noch schlimmer kommen. Im Juli kündigte die US-amerikanische Wettbewerbsbehörde Federal Trade Commission eine eingehende Untersuchung der Konsolidierungsaktivitäten an. Wieder gerieten die Aktien ins Rutschen. Die SEC und die Wirtschaftsprüferzunft reagierten schließlich und versuchten, klarer festzulegen, wie über Fusionen und Übernahmen berichtet werden sollte. Eine Welle von Verkaufsorders wurde losgetreten. Bald darauf äußerten die SEC und der für Kartellsachen zuständige stellvertretende US-Justizminister ernsthafte Bedenken an der Beschleunigung des Fusionsgeschehens.

Im Nachgang zu dieser Spekulationsphase offenbarten sich zwei bedenkliche Faktoren. Erstens waren Konzerne nicht immer in der Lage, ihre weit verzweigten Imperien zu steuern. Tatsächlich begannen die Anleger, die neue Rechenweise des Konzerns nüchterner zu beurteilen: 2 plus 2 ergab sicherlich nicht 5, und manche Investoren bezweifelten sogar, ob 4 herauskam. Zweitens brachten die Regierung und die Wirtschaftsprüfungsgesellschaften ihre Besorgnis über das Fusionstempo und mögliche Missbrauchsfälle zum Ausdruck. Diese beiden Ängste verringerten die Aufschläge auf die Kennzahlen, die in Erwartung von Ertragssteigerungen allein durch den Übernahmeprozess gezahlt worden waren, oder zehrten sie ganz auf. Das allein entzog der Alchemie quasi ihre Grundlage, denn damit diese Strategie aufgehen kann, muss das Kurs-Gewinn-Verhältnis des übernehmenden Unternehmens höher sein als das des Übernahmekandidaten.

Eine interessante Fußnote zu dieser Episode ist, dass in den ersten beiden Jahrzehnten des 21. Jahrhunderts die Entkonsolidierung in Mode kam. Die Ausgliederung von Tochtergesellschaften als eigenständige Unternehmen wurde vom Aktienmarkt in aller Regel mit steigenden Kursen honoriert. Die beiden getrennten Unternehmen wiesen gewöhnlich zusammengenommen einen höheren Marktwert auf als das ursprüngliche Konglomerat.

Die Nifty Fifty

In den 1970er-Jahren gelobten die Wall-Street-Profis, sich auf »solide Grundsätze« zurückzubesinnen. Konzepte waren out, Blue-Chip-Unternehmen in. Sie würden nie derart ins Bodenlose stürzen wie so mancher Spekulantenliebling in den 1960er-Jahren. Solche Aktien zu kaufen und dann in aller Ruhe Golf spielen zu gehen, galt als besonders besonnen.

Von diesen erstklassigen Wachstumswerten gab es nur etwa vier Dutzend. Ihre Namen waren bekannt – IBM, Xerox, Avon Products, Kodak, McDonald's, Polaroid und Disney – und liefen unter dem Sammelbegriff »Nifty Fifty«. Es waren Aktien von Unternehmen mit hoher Marktkapitalisierung. Das hieß, ein institutioneller Investor konnte auch größere Aktienblöcke kaufen, ohne den Markt zu erschüttern. Und weil die meisten Profis wussten, dass es schwer, wenn nicht gar unmöglich ist, den idealen Kaufzeitpunkt zu ermitteln, erschienen solche Aktien ausgesprochen sinnvoll. Was war schon dabei, wenn man dafür einen Preis zahlte, der vorübergehend zu hoch war? Diese Aktien lieferten nachweislich Wachstum. Früher oder später würde sich der Kurs sicherlich rechtfertigen lassen. Außerdem handelte es sich dabei um Aktien, die man – wie ein Familienerbstück – sowieso nie veräußern würde. Deshalb bezeichnete man sie auch als »Einmal-im-Leben«-Aktien. Man entschloss sich, sie zu kaufen, und damit waren sämtliche Portfoliomanagementprobleme ein für alle Mal erledigt.

Solche Aktien boten institutionellen Investoren aber auch in anderer Hinsicht Sicherheit. Sie standen hoch im Ansehen. Kein Kollege konnte in Zweifel ziehen, dass es klug war, in IBM zu investieren. Zwar konnte man sicherlich Geld verlieren, wenn es mit IBM abwärts ging, doch das wurde nicht als unkluges Vorgehen gewertet. Wie Windhunde auf der Jagd nach dem künstlichen Schlepphasen deckten sich die großen Pensionsfonds, Versicherungsgesellschaften und Treuhandfonds von Banken »einmal im Leben« mit Nifty-Fifty-Wachstumswerten ein. Kaum zu glauben, aber die institutionellen Investoren begannen, mit Blue Chips zu spekulieren. Die nachstehende Tabelle erzählt, was damals vorging. Die Verwalter institutioneller Vermögen sahen geflissentlich darüber hinweg, dass kein größeres Unternehmen je so schnell wachsen könnte, um ein Kurs-Gewinn-Verhältnis von 80 oder 90 zu rechtfertigen. Sie bestätigten wieder einmal den Grundsatz, dass sich auch die größte Dummheit äußerst weise anhören kann, wenn man sie nur richtig verpackt.

Der Niedergang der Nifty Fifty		
Wertpapier	**Kurs-Gewinn-Verhältnis 1972**	**Kurs-Gewinn-Verhältnis 1980**
Sony	92	17
Polaroid	90	16
McDonald's	83	9
Int. Flavors	81	12
Walt Disney	76	11
Hewlett-Packard	65	18

Das Nifty-Fifty-Fieber endete ähnlich wie alle übrigen Spekulationsmanien. Dieselben Kapitalverwalter, die zuvor den Nifty Fifty gehuldigt hatten, befanden, diese Titel seien überbewertet, und trafen auch noch die Entscheidung, sich davon zu trennen. In dem anschließenden Debakel fielen die erstklassigen Wachstumswerte ganz und gar in Ungnade.

Die wilden 80er-Jahre

Die Rückkehr der Neuemissionen

In dem Boom der High-Tech-Neuemissionen im ersten Halbjahr 1983 wiederholten sich die Vorgänge aus den 1960er-Jahren nahezu eins zu eins – nur die Namen klangen etwas anders, denn diesmal wurden auch die neuen Sparten der Biotechnologie und der Mikroelektronik berücksichtigt. Die Spekulationswelle von 1983 hätte die Promoter der 1960er-Jahre vor Neid erblassen lassen. Das Gesamtvolumen der Neuemissionen im Jahr 1983 übertraf den kumulierten Gesamtwert aller Neuemissionen der vorausgegangenen zehn Jahre.

Auf den Markt kam beispielsweise ein Unternehmen, das »vorhatte«, einen persönlichen Roboter namens Androbot en masse zu produzieren, oder eine Kette aus drei Restaurants in New Jersey mit dem ansprechenden Namen Stuff Your Face, Inc. (ins Deutsche übersetzt etwa: »Stopf dich voll«). Tatsächlich erstreckte sich die Begeisterung auch auf »hochwertige« Emissionen wie Fine Art Acquisitions Ltd. Dabei handelte es sich keineswegs um einen spießigen Laden für Second-Hand-Klamotten oder einen Hersteller von Computer-Hardware, sondern um ein wahrhaft ästhetisches Unternehmen. Fine Art Acquisitions, so stand es im Prospekt, befasste sich mit dem Erwerb und Vertrieb edler Drucke und Repliken von Jugendstilskulpturen. Zu den wertvollsten Aktivposten des Unternehmens gehörte ein Satz Aktfotos von Brooke Shields, die irgendwann zwischen Kleinkindalter und ihrer Immatrikulation in Princeton entstanden waren. Ursprünglich befanden sich die Bilder – und das ist wirklich wahr – im Besitz eines Mannes namens Garry Gross (der Nachname bedeutet im Deutschen »widerwärtig«/»abstoßend«, A. d. R.). Fine Arts nahm an den Bildern der vorpubertären elfjährigen Brooke keinen Anstoß – ihre Mutter allerdings sehr wohl. Für Brooke endete die Sache letztlich gut: Die Bilder gingen an Gross zurück und wurden nie von Fine Arts verkauft. Für Fine Arts ging das alles nicht ganz so glücklich aus – wie für die meisten anderen Neuemissionen dieses Spekulationsbooms. Aus Fine Arts wurde die Dyansen Corporation mitsamt einer Galerie im glamourösen Trump Tower, die 1993 schließlich zahlungsunfähig war.

Zum Platzen brachte die Blase wohl der Börsengang von Muhammad Ali Arcades International. Dieser Börsengang war angesichts des ganzen Schrotts, der damals auf den Markt kam, an sich nicht besonders bemerkenswert. Allerdings hob er sich heraus, indem er belegte, dass man für einen Cent noch immer allerhand kaufen konnte. Für diesen bescheidenen Preis bot das Unternehmen Pakete aus einer Aktie und zwei Optionsscheinen an. Selbstverständlich war das das 333-Fache dessen, was Insider kurz zuvor für ihre Aktien bezahlt hatten. Auch das war nicht weiter ungewöhnlich, doch als herauskam, dass der Champion selbst der Versuchung widerstanden hatte, Aktien der nach ihm benannten Gesellschaft zu erwerben, schauten die Anleger genauer hin. Und den wenigsten gefiel, was sie zu sehen bekamen. In der Folge büßten Aktien kleiner Unternehmen generell 90 Prozent ihres Wertes ein. Das galt insbesondere für die Marktkurse bei Börsengängen.

Auf dem Deckblatt des Verkaufsprospekts von Muhammad Ali Arcades International prangte ein Bild des ehemaligen Champions, der über einem niedergestreckten Gegner stand. In seiner wilden Zeit behauptete Ali gern, er könne »schweben wie ein Schmetterling und stechen wie eine Biene«. Die Emission von Ali Arcades (ebenso wie der für Juli 1983 angesetzte Börsengang von Androbot) hob dagegen gar nicht erst vom Boden ab. Viele andere allerdings schon, vor allem Aktien solcher Unternehmen, die technisch an vorderster Front standen. Den Stachel bekamen aber die Anleger zu spüren.

ZZZZ Best – die Paradeblase

Die Geschichte von ZZZZ Best ist so unglaublich, dass sie aus der Feder von Horatio Alger stammen könnte, und fesselte die Anleger entsprechend. In der schnelllebigen Welt der Jungunternehmer, die schon ihre erste Million verdient haben, noch bevor sie sich regelmäßig rasieren müssen, hatte Barry Minkow in den 1980er-Jahren das Zeug zur Legende. Seine Karriere begann, als er neun Jahre alt war. Da sich seine Familie keinen Babysitter leisten konnte, ging Barry oft mit seiner Mutter zur Arbeit in die Teppichreinigung, die sie leitete. Mit zehn packte er schon mit an. Er arbeitete abends und in den Sommerferien und sparte sich so in den nächsten vier Jahren 6000 Dollar zusammen. Als er 15 war, kaufte er sich einen Dampfreiniger und zog in der Garage der Familie sein eigenes

Teppichreinigungsunternehmen auf. Es hieß ZZZZ Best (»Siiie Best« gesprochen, mit stimmhaftem s). Er ging noch auf die Highschool und war zu jung, um Auto zu fahren, als er ein paar Leute einstellte, die für ihn Teppiche abholten und reinigten, während er im Unterricht über den wöchentlichen Lohnabrechnungen brütete. Minkow arbeitete in jeder freien Minute, und sein Geschäft lief. Es erfüllte ihn mit Stolz, dass er seinen Vater und seine Mutter einstellen konnte. Mit 18 war Minkow Millionär.

Ähnlich eifrig wie seiner Arbeit widmete er sich auch der Selbstdarstellung. Er fuhr einen roten Ferrari und lebte in einem luxuriösen Haus mit einem großen Swimmingpool. Den Boden des Beckens zierte ein überdimensionales Z. Er schrieb ein Buch mit dem Titel *Making It in America*. Darin behauptete er, Teenager würden nicht hart genug arbeiten. Er hatte Auftritte bei *Oprah* als Wunderkind der Wall Street und produzierte Werbung zur Drogenprävention mit dem Slogan »Ich bin clean – und du?«. Damals hatte ZZZZ Best 1.300 Beschäftigte an Standorten in ganz Kalifornien, in Arizona und Nevada.

War ein Kurs-Gewinn-Verhältnis von 100 zu hoch für eine banale Teppichreinigungsfirma? Natürlich nicht, wenn sie von einem unglaublich erfolgreichen Unternehmer geleitet wurde, der auch Härte zeigen konnte. Minkows Lieblingsspruch gegenüber seiner Belegschaft war: »My way or the highway« (sinngemäß: »So, wie ich es will, oder du gehst«, A. d. R.). Einmal prahlte er sogar, er würde selbst seine eigene Mutter vor die Türe setzen, wenn sie nicht spurte. Als Minkow an der Wall Street verkündete, sein Unternehmen sei besser geführt als IBM und dazu ausersehen, zum »General Motors der Teppichreinigungsbranche« zu avancieren, hörten die Investoren verklärt zu. Wie mir ein Wertpapieranalyst erzählte: »Wenn es einer schaffen würde, dann er.«

1987 platzte Minkows Blase dann vollkommen unerwartet. Wie sich herausstellte, reinigte ZZZZ Best nicht nur Teppiche, sondern wusch auch Geld für die Mafia. ZZZZ Best wurde vorgeworfen, Strohmannfunktion für Mitglieder des organisierten Verbrechens zu übernehmen, die mit »schmutzigem« Geld Geräte für das Unternehmen kauften und im Gegenzug »saubere« Mittel aus den Erlösen von ZZZZ Bests legalem Teppichreinigungsgeschäft abschöpften. Das spektakuläre Wachstum des Unternehmens war fingierten Verträgen, gefälschten Kreditkartenabrechnungen und ähnlichen Tricks zu verdanken. Das Ganze war ein riesiges Schneeballsystem, in dem Geld von einer Anlegergruppe genutzt wurde, um eine andere auszuzahlen. Außerdem wurde Minkow zur Last gelegt, Millionen aus der Unternehmenskasse für private Zwecke veruntreut zu haben. Minkow und sämtliche Anleger von ZZZZ Best steckten gründlich in der Klemme.

Das nächste Kapitel dieser Geschichte (nach Chapter 11 des US-Insolvenzgesetzes) folgte 1989, als der damals 23-jährige Minkow in 57 Fällen des Betrugs schuldig gesprochen und zu 25 Jahren Freiheitsstrafe verurteilt wurde. Außerdem sollte er 26 Millionen Dollar zurückzahlen, die er angeblich aus dem Unternehmen entwendet hatte. Der US-Bezirksrichter war nicht gewillt, Nachsicht zu üben, und erklärte Minkow: »Sie sind gefährlich, weil Sie ein solches Mundwerk haben – diese Gabe zu kommunizieren. Und gewissenlos sind Sie obendrein.«

Aber die Geschichte war hier noch nicht zu Ende. Minkow saß 54 Monate im Bundesgefängnis Lompoc ein, aus dem er im Dezember 1994 als wiedergeborener Christ mit einem im Fernstudium erworbenen Bachelor- und Masterabschluss der von Jerry Falwell gegründeten Liberty University entlassen wurde. Er wurde leitender Pfarrer an der Community Bible Church in Kalifornien, wo er die Gemeinde mit seinen Predigten mitriss. Er verfasste mehrere Bücher, darunter *Cleaning Up and Down, But Not Out* (übersetzt etwa: »Die Oberfläche gründlich polieren – aber den eigentlichen Dreck nicht entfernen«, A. d. R.). Außerdem wurde er vom FBI als Spezialberater zur Aufdeckung von Betrug eingesetzt. 2006 schrieb Minkows Ankläger James Asperger: »Barry hat einen erstaunlichen Wandel durchgemacht – sowohl privat als auch bei der Aufdeckung von weit mehr Betrugsfällen, als er selbst je begangen hat.« 2010 wurde seine Geschichte unter dem Titel *Minkow* verfilmt. Der Film wurde als »eindrucksvolle Saga von Erlösung und Inspiration« gepriesen. Leider war die Filmstory frei erfunden. Die Ausstrahlung wurde abgesagt. 2011 wurde Minkow wegen Beteiligung an einem Wertpapierbetrug zu fünf Jahren Freiheitsentzug verurteilt. 2014 bekannte er sich schuldig, als Pfarrer der San Diego Community Bible Church 3 Millionen Dollar Kirchengelder unterschlagen zu haben. Minkow war unverbesserlich. Seine Geschichte kam schließlich im März 2018 doch noch in die Kinos – allerdings unter dem Titel *Con Man – Aufstieg und Fall des Barry Minkow* (ein »Con Man« ist ein Trickbetrüger, A. d. R.).

Was hat das alles zu bedeuten?

Die Lehren aus der Marktgeschichte sind klar: Das Urteil der Anleger zu Wertpapieren kann bei deren Bepreisung eine entscheidende Rolle spielen – und tut das auch oft. Mitunter geht der Aktienmarkt mit der Luftschlosstheorie konform. Aus diesem Grund kann die Kapitalanlage ein hochriskantes Spiel sein.

Eine weitere eindeutige Lehre ist, dass Anleger die heißeste aktuelle »Neuemission« grundsätzlich skeptisch betrachten sollten. Die meisten Aktien schneiden nach dem Börsengang zunächst schlechter ab als der Gesamtmarkt. Wer eine Neuemission kauft, wenn der Handel bereits eingesetzt hat – gewöhnlich zu einem höheren Kurs –, wird dabei mit noch größerer Wahrscheinlichkeit Verluste erleiden.

Fraglos haben Anleger früher mit Neuemissionen häufig Luftschlösser gebaut. Sie wissen ja: Verkauft werden solche Aktien in erster Linie von den Managern der betreffenden Unternehmen. Sie versuchen natürlich, möglichst dann zu verkaufen, wenn ihre Unternehmen besonders gut dastehen oder wenn die Anleger besonders interessiert sind. In solchen Fällen führt der Herdentrieb selbst in wachstumsintensiven Branchen zu einem Wohlstand, der den Anlegern am Ende wenig nützt.

Japanische Yen gegen Land und Aktien

Bisher habe ich mich auf Spekulationsblasen in den USA beschränkt. Wohlgemerkt kommen sie auch anderswo vor. Eine der dramatischsten Boom-und-Bust-Phasen des ausgehenden 20. Jahrhunderts betraf nämlich den japanischen Immobilien- und Aktienmarkt. Von 1955 bis 1990 betrug der Gesamtwert aller japanischen Immobilien schätzungsweise fast 20 Billionen US-Dollar. Das entsprach mehr als 20 Prozent des gesamten globalen Vermögens und in etwa der doppelten Marktkapitalisierung aller Aktien weltweit. Nach Fläche ist Amerika 25-mal so groß wie Japan, doch 1990 wurden japanische Immobilien fünfmal so hoch bewertet wie der ganze amerikanische Immobilienbestand. Theoretisch hätten die Japaner alle amerikanischen Immobilien erwerben können, wenn sie nur die Metropolregion Tokio veräußert hätten. Allein der Verkauf des kaiserlichen Palastes und des dazugehörigen Grund und Bodens zum veranschlagten Wert hätte ausreichende Erlöse gebracht, um ganz Kalifornien aufzukaufen.

Der Aktienmarkt reagierte, indem er in den Himmel stieg wie ein Heliumballon an einem windstillen Tag. Die Kurse verhundertfachten sich von 1955 bis 1990. Auf dem Höhepunkt, im Dezember 1989, hatten japanische Aktien einen Marktwert von insgesamt rund 4 Billionen US-Dollar – anderthalb Mal so viel wie alle US-Aktien zusammengenommen beziehungsweise fast 45 Prozent der globalen Aktienmarktkapitalisierung. Anleger, die auf solide Grundlagen setzten, konnten kaum fassen, dass japanische Aktien mit einem Kurs-Gewinn-Verhältnis von 60, einem Kurs-Buchwert-Verhältnis von 5 und einem Kurs-Dividenden-Verhältnis von 200 gehandelt wurden. US-Aktien wiesen dagegen ein Kurs-Gewinn-Verhältnis von 15 aus, Londoner Aktien von 12. Der japanische Telefonriese NTT Corporation überstieg den Wert von AT&T, IBM, Exxon, General Electric und General Motors zusammen.

Die Aktienmarktfans hatten Antworten auf jeden stichhaltigen Einwand, der vorgebracht werden konnte. War das Kurs-Gewinn-Verhältnis astronomisch? »Nein«, entgegneten die Verkäufer von Kabuto-cho (dem japanischen Pendant zur Wall Street). »Die Erträge sind in Japan im Vergleich zu den USA zu niedrig angesetzt, weil die Abschreibungsaufwendungen überzogen dargestellt werden und die Erträge von nicht hundertprozentigen Tochtergesellschaften darin nicht berücksichtigt sind.« Um diese Effekte bereinigt, würden die Kennzahlen viel niedriger ausfallen. Waren die Renditen mit deutlich unter ½ Prozent unerhört niedrig? Die Antwort: Darin schlügen sich die seinerzeit niedrigen japanischen Zinsen nieder. Ob es denn nicht gefährlich sei, dass die Aktienkurse fünfmal so hoch lägen wie der Vermögenswert? Ganz und gar nicht. Aus den Buchwerten gehe nicht die drastische Wertsteigerung des Grundbesitzes japanischer Unternehmen hervor. Und die hohen Grundstückswerte seien sowohl durch die Bevölkerungsdichte in Japan als auch durch die verschiedenen Vorschriften und Steuergesetze zu »erklären«, die die Nutzung bewohnbarer Flächen einschränkten.

Tatsächlich war aber keine dieser »Erklärungen« hieb- und stichfest. Selbst wenn man die Erträge entsprechend bereinigte, waren die Bewertungskennzahlen in Japan immer noch deutlich höher als in anderen Ländern und im historischen Vergleich auch nach japanischen Maßstäben stark überhöht. Hinzu kam, dass die Rentabilität in Japan zurückgegangen war und dass der starke Yen die japanische Exportwirtschaft mutmaßlich bremsen würde. Land war in Japan zwar Mangelware, doch die produzierenden Unternehmen des Landes, beispielsweise die Autohersteller, fanden in anderen Ländern jede Menge Flächen für neue Fabriken zu attraktiven Preisen. Und die Mieteinnahmen waren sehr viel langsamer gestiegen als der Grundstückswert, was für rückläufige Immobilienrenditen sprach. Und überdies hatten die niedrigen Zinsen, die den Markt stützten, bereits 1989 erstmals wieder angezogen.

Sehr zum Missfallen der Spekulanten, die gedacht hatten, die fundamentalen Gesetze der finanziellen Schwerkraft würden für Japan nicht gelten, machte Isaac Newton seinem Namen 1990 dort alle Ehre. Interessanterweise war es ausgerechnet die eigene Regierung des Landes, die den Apfel fallen ließ. Die Bank of Japan (die japanische Notenbank) witterte im Zuge des Kreditfiebers und des Liquiditätsbooms, die dem Anstieg der Grundstückspreise und Aktienkurse zugrunde lagen, das hässliche Gespenst allgemeiner Teuerung. Daher beschränkte die Zentralbank die Kreditvergabe und sorgte für einen Zinsanstieg. Sie hatte die Hoffnung, dass sich dadurch ein weiterer Anstieg der Immobilienpreise abwürgen und der Aktienmarkt leicht dämpfen lassen würden.

Der Aktienmarkt wurde aber nicht leicht gedämpft, sondern setzte stattdessen zum Sturzflug an. Er brach fast so drastisch ein wie die US-amerikanischen Börsen von Ende 1929 bis Mitte 1932. Der japanische Aktienmarktindex (Nikkei) erreichte am letzten Handelstag der 1980er-Jahre ein Hoch von knapp 40.000 Zählern. Mitte August 1992 war er auf 14.309 zurückgefallen – ein Einbruch um rund 63 Prozent. Die folgende Grafik zeigt recht dramatisch, dass der Anstieg der Aktienkurse Mitte bis Ende der 1980er-Jahre einen Wandel in den Bewertungsverhältnissen darstellte. Der Rückgang der Aktienkurse ab 1990 entsprach einer Rückkehr zu einem Kurs-Buchwert-Verhältnis, wie es Anfang der 1980er-Jahre üblich gewesen war. Der japanische Aktienmarkt blieb noch mehrere Jahrzehnte gedrückt. Anfang 2022 notierte der Nikkei unter 29.000 und damit deutlich niedriger als über 30 Jahre zuvor.

Anfang der 1990er-Jahre entwich auch die Luft aus der Immobilienblase. Verschiedene Maßstäbe für Grundstücks- und Immobilienpreise deuteten auf einen Rückgang hin, der fast so stark ausfiel wie auf dem Aktienmarkt. Das Gesetz der finanziellen Schwerkraft kennt keine Grenzen.

DIE JAPANISCHE AKTIENMARKTBLASE

JAPANISCHES KURS-BUCHWERT-VERHÄLTNIS, 1980 bis 2000

Quelle: Morgan Stanley Research und Schätzungen des Autors

VIERTES KAPITEL:

DIE EXPLOSIVEN BLASEN DER ERSTEN JAHRZEHNTE DES 21. JAHRHUNDERTS

Wenn du den Kopf bewahrst, ob rings die Massen
Ihn auch verlieren …:
Dein ist die Erde dann mit allem Gute …

Rudyard Kipling, »Wenn …«

So verheerend die Blasen der letzten Jahrzehnte des 20. Jahrhunderts finanziell auch waren, sind sie nicht mit denen der ersten Jahrzehnte des 21. Jahrhunderts zu vergleichen. Als in den frühen 2000er-Jahren die Internetblase platzte, verpuffte ein Marktwert in Höhe von 8 Billionen US-Dollar. Das war, als hätte sich die jährliche Wirtschaftsleistung der Länder Deutschland, Frankreich, England, Italien, Spanien, der Niederlande und Russland in Luft aufgelöst. Als die Immobilienblase in den USA platzte, wäre beinahe die gesamte Weltwirtschaft zusammengebrochen, und es kam weltweit zu einer längeren Rezession. Anfang der 2020er-Jahre erlebten wir gewaltige Kursblasen bei Meme-Aktien und Kryptowährungen. Ein Vergleich dieser Blasen mit der Tulpenmanie würde den Blumen fraglos Unrecht tun.

Die Internetblase

Die allermeisten Blasen stehen (wie der Tronik-Boom) mit neuen Technologien oder aber mit neuen Geschäftschancen in Zusammenhang (wie die Eröffnung lukrativer neuer Handelsmöglichkeiten, wie sie die Südseeblase versprach). Für das Internet galt beides: Es stellte eine neue Technologie dar und bot neue geschäftliche Möglichkeiten, die zu revolutionieren versprachen, wie wir Informationen, Waren und Dienstleistungen konsumieren. Die Versprechungen des Internets lösten auf dem Aktienmarkt die größte Wertschöpfung und Wertvernichtung aller Zeiten aus.

In seinem Buch *Irrationaler Überschwang* beschreibt Robert Shiller Blasen als positive Rückkopplungsschleifen. Eine Blase entwickelt sich, wenn eine Aktiengruppe – in diesem Fall alle Aktien, die mit dem Internet-Hype in Verbindung standen – zum Höhenflug ansetzt. Das regt mehr Menschen dazu an, solche Aktien zu kaufen, weshalb die Medien häufiger darüber berichten, was wiederum noch mehr Kaufinteressenten auf den Plan lockt, wovon all jene kräftig profitieren, die sich sehr früh in Internetaktien engagiert haben. Die erfolgreichen Anleger erzählen herum, wie leicht man reich werden kann, was die Kurse weiter in die Höhe triebt und noch mehr Anleger anzieht. Das Ganze funktioniert wie eine Art Schneeballsystem, bei dem immer mehr leichtgläubige Anleger gefunden werden müssen, die den bisherigen Investoren ihre Aktien abnehmen. Früher oder später findet sich aber niemand mehr, der dieses Risiko noch eingehen möchte.

Auch hoch angesehene Wall-Street-Firmen fielen auf die heiße Luft herein. Das ehrwürdige Unternehmen Goldman Sachs behauptete Mitte 2000, das von den Dot-com-Unternehmen verbrannte Geld sei in erster Linie ein Problem der »Anlegerstimmung«, kein »langfristiges Risiko« für den Sektor oder »Bereich«, wie er oft bezeichnet wurde. Wenige Monate später waren Hunderte Internetunternehmen pleite, was zeigte, dass der Goldman-Bericht unbeabsichtigt ins Schwarze getroffen hatte. Der Liquiditätsverbrauch war nämlich kein langfristiges Risiko, sondern ein kurzfristiges.

Bis dahin hatte jeder, der am Potenzial der »New Economy« zweifelte, als hoffnungsloser Technikfeind gegolten. Wie die folgende Grafik zeigt, hatte sich der NASDAQ Index, der im Wesentlichen Hightech-Unternehmen der New Economy repräsentierte, von Ende 1998 bis März 2000 mehr als verdreifacht. Das Kurs-Gewinn-Verhältnis für die Aktien im Index, die Gewinne auswiesen, war auf über 100 gestiegen.

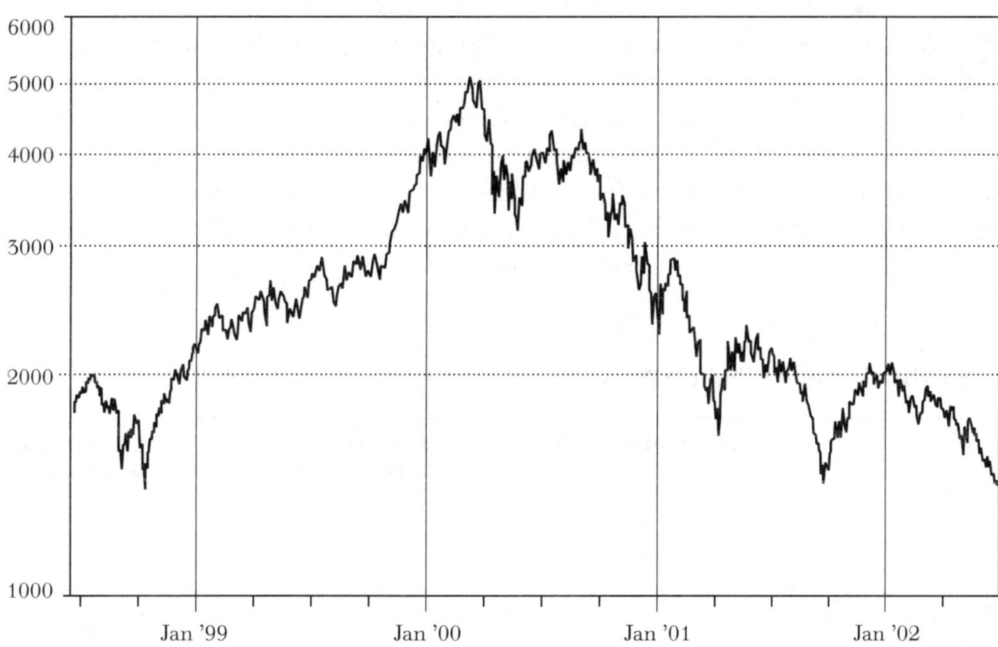

Eine breit angelegte Hightech-Blase

Umfragen zufolge, die Anfang 2000 durchgeführt wurden, rechneten Anleger mit künftigen Aktienrenditen zwischen 15 und 25 Prozent pro Jahr – oder sogar mit noch höheren Erträgen. Für Unternehmen wie Cisco, das weithin als die Firma galt, die »das Rückgrat des Internets« bereitstellte, galten 15 Prozent Jahresrendite als sichere Sache. Doch Cisco wurde mit einem dreistelligen Kurs-Gewinn-Verhältnis gehandelt – bei einer Marktkapitalisierung von fast 600 Milliarden Dollar. Würde Cisco seinen Ertrag um 15 Prozent pro Jahr steigern, hätte sein Kurs-Gewinn-Verhältnis auch in zehn Jahren noch deutlich über dem Durchschnitt gelegen. Hätte Cisco die nächsten 25 Jahre 15 Prozent pro Jahr abgeworfen und die US-Wirtschaft wäre im selben Zeitraum mit einer Rate von 5 Prozent weitergewachsen, wäre Cisco am Ende größer gewesen als die gesamte Volkswirtschaft des Landes. Die Bewertungen auf dem Aktienmarkt hatten sich vollkommen von jeder vernünftigen Erwartung zum künftigen Wachstum entkoppelt. Selbst das Blue-Chip-Unternehmen Cisco büßte über 90 Prozent seines Marktwerts ein, als die Blase platzte. Wie sich herausstellen sollte, konnte das Unternehmen seinen Ertrag aber noch weitere 20 Jahre lang mit hohen Raten steigern. Die Cisco-Aktie notierte dennoch Anfang 2022 unter den Werten, die sie auf dem Höhepunkt der Blase im Jahr 2000 erreicht hatte.

Im sogenannten Tronik-Boom hatten Unternehmen jeder Couleur ihrem Namen die Nachsilbe »tronics« hinzugefügt, um attraktiver zu wirken. Das wiederholte sich im Zuge der Internetmanie. Dutzende von Unternehmen, auch solche, die wenig oder gar nichts mit dem Internet zu tun hatten, gaben sich web-affine Bezeichnungen wie dot.com, dotnet oder Internet. Unternehmen, die ihre Namen änderten, verzeichneten in den darauf folgenden zehn Tagen einen Kursanstieg, der um 125 größer ausfiel als bei Mitbewerbern, obwohl das Kerngeschäft der betreffenden Firmen überhaupt keinen Bezug zum Internet hatte. Im anschließenden Markteinbruch wurden die Aktien dieser Unternehmen wertlos. Wie die folgende Tabelle zeigt, erlitten aber auch die Anleger empfindliche Verluste, die in führende Internetunternehmen investiert hatten.

WIE SELBST DIE FÜHRENDEN NEW-ECONOMY-AKTIEN ANLEGER RUINIERTEN

Aktie	Höchststand 2000	Tiefststand 2001/2002	Prozentualer Rückgang
Amazon.com	75,25	5,51	92,7
Cisco Systems	82,00	11,04	86,5
Corning	113,33	2,80	97,5
JDS Uniphase	297,34	2,24	99,2
Lucent Technologies	74,93	1,36	98,2
Nortel Networks	143,62	0,76	99,5
Priceline.com	165,00	1,80	98,9
Yahoo.com	238,00	8,02	96,6

PalmPilot, Hersteller von Personal Digital Assistants (PDAs), ist ein Beispiel für den Wahnsinn, der weit über irrationalen Überschwang hinausging. Palm gehörte zu einem Unternehmen namens 3Com, das beschloss, diesen Bereich auszugliedern und an die Börse zu bringen. Da PDAs als unverzichtbar für die digitale Revolution galten, wurde PalmPilot als besonders interessante Aktie erachtet.

Anfang 2000 veräußerte 3Com beim Börsengang 5 Prozent seiner Anteile an Palm und gab die Absicht bekannt, sämtliche verbleibenden Aktien an die 3Com-Aktionäre abzugeben. Palm hob so rasant ab, dass seine Marktkapitalisierung bald doppelt so hoch war wie die von 3Com. Der Marktwert der 95 Prozent von Palm, die 3Com noch hielt, überstieg die gesamte Marktkapitalisierung von 3Com selbst um fast 25 Milliarden Dollar – quasi, als wären sämtliche sonstigen Vermögenswerte von 3Com minus 25 Milliarden Dollar wert. Wer PalmPilot kaufen wollte, hätte 3Com kaufen können und damit alle übrigen Geschäftsbereiche des Unternehmens für minus 61 Dollar pro Aktie miterstanden. In der kopflosen Jagd auf Reichtümer trieb der Markt bizarre Blüten.

Und wieder ein Neuemissionswahn

Im ersten Quartal 2000 investierten 916 Risikokapitalfirmen 15,7 Milliarden Dollar in 1009 Internet-Start-ups. Es war, als hätte der Aktienmarkt Anabolika geschluckt. Wie schon während der Südseeblase waren viele Unternehmen, die Finanzmittel bekamen, regelrecht absurd. Sie erwiesen sich beinahe ausnahmslos als Dot-com-Reinfälle. Hier ein paar Beispiele für solche Internet-Neugründungen.

- Digiscents arbeitete an Computerzubehör, das Websites und Computer zum Duften bringen sollte. Mit dem Versuch, ein solches Produkt zu entwickeln, brachte das Unternehmen mehrere Millionen durch.
- Flooz bot eine alternative Währung – den Flooz – an, den man Freunden und Verwandten mailen konnte. Um das Unternehmen schnell in Schwung zu bringen, hielt sich Flooz.com an eine alte Business-School Maxime: »Jeder Depp kann einen Eindollarschein für 80 Cent verkaufen.« Flooz.com trat mit einem Sonderangebot an alle Inhaber von American-Express-Platinkarten an: Sie sollten für 800 Dollar Flooz im Wert von 1000 Dollar erwerben können. Kurz bevor Flooz Konkurs anmelden musste, wurde das Unternehmen selbst »gefloozt«, als philippinische und russische Banken mit gestohlenen Kreditkartennummern 300.000 Flooz erwarben.

Allein schon die Namen vieler solcher Internetunternehmen strapazieren das Vorstellungsvermögen: Bunions.com, Crayfish, Zap.com, Gadzooks, Fogdog, FatBrain, Jungle-com, Scoot.com und mylackey.com. Und dann war da noch ezboard.com, das Internetseiten produzierte, die als Klopapier bezeichnet wurden, weil sie Unternehmen dabei halfen, noch »jeden Scheiß« bei der interessierten Online-Community anzubringen. Das waren keine Geschäftsmodelle, sondern das war der sichere Weg in den Misserfolg.

TheGlobe.com

Meine lebhafteste Erinnerung an den Neuemissionsboom reicht zurück bis zu einem frühen Novembermorgen 1998, als ich in einer Fernsehsendung interviewt wurde. Während ich in Anzug und Krawatte im Green Room wartete, kam ich mir neben zwei jungen Männern in Jeans, die wie Teenager wirkten, total deplatziert vor. Ich ahnte ja nicht, dass die beiden die ersten Superstars des Internetbooms waren – und die erklärten Stars der Sendung. Stephan Paternot und Todd Krizelman hatten in Todds Zimmer im Wohnheim der Cornell-Universität TheGlobe.com gegründet. Das Unternehmen war ein Online-Message-Board-System, das mit dem Verkauf von Bannerwerbung hohe Umsätze erzielen wollte. Früher hatte man echte Umsätze und Gewinne vorweisen müssen, um an die Börse zu gehen. TheGlobe.com hatte weder das eine noch das andere. Dennoch brachten es seine Banker von der Credit Suisse First Boston zu einem Kurs von 9 Dollar je Aktie auf den Markt. Der Kurs schoss unmittelbar auf 97 Dollar in die Höhe, damals der höchste an einem ersten Börsentag erzielte Gewinn in der Geschichte. Das Unternehmen hatte damit einen Marktwert von fast 1 Milliarde Dollar. Die beiden Gründer waren Multimillionäre. An jenem Tag lernten wir, dass Anleger Unternehmen Geld hinterherwarfen, die noch fünf Jahre zuvor keiner routinemäßigen Due-Diligence-Prüfung standgehalten hätten.

Anfang 2000 – die Party war damals noch in vollem Gang – bezeichnete der führende Risikokapitalgeber John Doerr von der führenden Firma Kleiner Perkins den Kursanstieg der Internetaktien als »größten legalen Vermögensaufbau in der Weltgeschichte«. 2002 versäumte er allerdings anzumerken, dass er auch die größte legale Vernichtung von Vermögen weltweit war.

Die Wertpapieranalysten haben da$ Wort

Die hochkarätigen Wertpapieranalysten der Wall Street produzierten einen Großteil der heißen Luft für die Internetblase. Mary Meeker von Morgan Stanley, Henry Blodgett von Merrill Lynch und Jack Grubman von Salomon Smith Barney kannte bald jeder, und sie genossen Superstar-Status. Meeker wurde von *Barron's* als »Queen of the 'Net« tituliert, Blodgett lief unter »King Henry«, während Grubman den Spitznamen »Telekom-Guru« erhielt. Wie Sportstars verdienten sie alle Millionen. Ihre Bezüge richteten sich aber nicht nach der Qualität ihrer Analysen, sondern vielmehr danach, wie gut es ihnen gelang, ihren Arbeitgebern lukrative Investmentbanking-Aufträge zu verschaffen, indem sie indirekt zusagten, dass ihre weiterhin positiven Aktienanalysen den Kursen der Neuemissionen im weiteren Börsenhandel auch künftig fortlaufend Auftrieb geben würden.

Traditionell sollte eine »chinesische Mauer« die Analysefunktion von Wall-Street-Unternehmen, die eigentlich zum Nutzen der Anleger gedacht war, vom ausgesprochen gewinnträchtigen Investmentbanking abschotten, das den Interessen der Firmenkunden diente. Während der Blase verkam diese Mauer jedoch mehr und mehr zum Schweizer Käse.

Die Analysten befeuerten den Boom ganz öffentlich. So erklärte Blodgett rundheraus, die klassischen Bewertungskennzahlen seien in der »Urknallphase einer Branche« nicht von Belang. Meeker behauptete in einem schmeichelhaften Porträt des *New Yorker* von 1999, es sei »die Zeit der rationalen Draufgänger«. Ihre öffentlichen Kommentare zu einzelnen Aktien ließen die Kurse explodieren. Zur Einzeltitelauswahl wurden Begriffe aus dem Baseball verwendet. Eine Aktie, von der man sich eine Vervierfachung versprach, wurde als »Four Bagger« bezeichnet, noch heißere Titel als »Ten Bagger«.

Wertpapieranalysten finden immer einen Grund für Optimismus. Traditionell werden für jede als »Verkauf« eingestufte Aktie zehn andere als »Kauf« propagiert. In der Blase betrug dieses Verhältnis beinahe 1 zu 100. Als die Blase platzte, erhielten die Staranalysten Morddrohungen und wurden mit Prozessen überzogen. Gegen ihre Firmen wurde von der SEC ermittelt, die auch Bußgelder verhängte. Die *New York Post* taufte Blodgett in den »Clownprinzen« der Internetblase um (eine Abwandlung des Wortes »crown prince«, also Kronprinz, A. d. R.). Grubman musste vor einem Kongressausschuss Hohn und Spott erdulden. Gegen ihn wurden Ermittlungen eingeleitet, weil er seine Aktienratings geändert hatte, um das Investmentbanking-Geschäft anzukurbeln. Blodgett und Grubman verließen beide ihre Unternehmen. Die Zeitschrift *Fortune* brachte ihre Geschichte mit einem Bild von Mary Meeker auf dem Cover und der Unterschrift »Können wir der Wall Street je wieder vertrauen?« auf den Punkt.

Neue Bewertungskennzahlen

Um die immer höheren Kurse von Unternehmen mit Internetbezug zu rechtfertigen, zogen die Wertpapieranalysten verschiedene »neue Kennzahlen« heran, die zur Bewertung der Aktien verwendet werden konnten. Schließlich fielen die Aktien der New Economy ja vollkommen aus dem Rahmen. Keinesfalls durfte man sie daher an spießigen, altbackenen Standards wie dem Kurs-Gewinn-Verhältnis messen, das zur Bewertung klassischer Old-Economy-Unternehmen verwendet worden war.

In der schönen neuen Welt des Internets waren Umsätze und Gewinne aus unerfindlichen Gründen plötzlich unwichtig. Um Internetunternehmen zu bewerten, schauten Analysten stattdessen auf die »Eyeballs« – die Zahl der Endnutzer, die eine Website aufriefen oder »besuchten«. Von besonderer Bedeutung war die Zahl der »Engaged Shoppers« – also derjenigen, die sich länger als drei Minuten auf einer Website aufhielten. Mary Meeker ließ sich begeistert über Drugstore.com aus, weil 48 Prozent der Besucher der Seite »Engaged Shoppers« waren. Ob so ein engagierter Käufer je auch nur 1 Dollar ausgab, interessierte keinen. Umsatz war ein so altmodisches Konzept. Drugstore.com erreichte auf dem Höhepunkt der Blase im Jahr 2000 67,50 Dollar. Ein Jahr darauf, als sich aller Augen auf den Gewinn richteten, zählte der Titel zu den »Pennystocks«.

Die Marktbedeutung (»Mind Share«) war eine weitere beliebte nichtfinanzielle Kennzahl, die mir bewusst machten, dass die Anleger kollektiv den Verstand verloren haben mussten. So wurde beispielsweise der Online-Eigenheimanbieter Homestore.com im Oktober 2000 von Morgan Stanley wärmstens empfohlen, weil 72 Prozent der Zeit, die Internetnutzer auf Immobilienseiten zubrachten, auf Immobilien entfielen, die bei Homestore.com gelistet waren. Doch »Mind Share« schaffte es nicht, die Internetnutzer auch zu einem Kauf der gelisteten Immobilien zu bewegen – und verhinderte ebenfalls nicht, dass Homestore.com 2001 von seinem Höchststand um 99 Prozent einbrach.

Für Telekommunikationsunternehmen wurden eigene Kennzahlen eingeführt. Die Wertpapieranalysten kletterten in Tunnels hinab, um die verlegten Meilen an Glasfaserkabeln zu zählen, statt zu untersuchen, wie klein der Anteil daran war, in dem tatsächlich Verkehr herrschte. Alle Telekommunikationsunternehmen nahmen nach Leibeskräften Geld auf, und es wurde genügend Glasfaser verlegt, um die Erde 1500-mal zu umrunden. Ein Zeichen der Zeit: Der (inzwischen insolvente) Telekommunikationsanbieter und Internetdienstleister PSI Net gab seinen Namen für das Football-Stadion der Baltimore Ravens her. Während die Kurse der Telekommunikationswerte weiter über alle üblichen Bewertungsmaßstäbe hinaus in die Höhe schossen, taten die Wertpapieranalysten, was sie so oft tun: Sie senkten einfach ihre Standards.

Weil die Telekommunikationsbranche an der Börse so leicht an Geld kam, führte das zu einem gewaltigen Überangebot – zu viele Glasfaserkabel über weite Distanzen, zu viele Computer und zu viele Telekommunikationsunternehmen. Das Gros der während der Blase in Telekommunikationswerte investierten Billion Dollar verpuffte.

Die Beiträge der Medien

Die Medien förderten und begünstigten die Blasenbildung, sodass aus Amerika eine Nation von Börsenspekulanten wurde. Wie die Börse unterliegt auch der Journalismus den Gesetzen von Angebot und Nachfrage. Weil die Anleger mehr über die vom Internet gebotenen Investmentchancen wissen wollten, erhöhte sich das Angebot an Zeitschriften, um diesen Bedarf zu decken. Und da sich die Leserinnen und Leser nicht für bedrückende skeptische Analysen interessierten, griffen sie scharenweise zu den Publikationen, die den schnellen Weg zum großen Geld versprachen. In Investmentblättern erschienen Storys wie »Internetaktien dürften sich in den kommenden Monaten verdoppeln«. Wie Jane Bryant Quinn anmerkte, handelte es sich dabei um »Investmentpornografie« – »zwar eher um Softpornos als um Hard Core, aber doch Pornografie«.

Etliche auf das Internet ausgerichtete Wirtschafts- und Technologiezeitschriften kamen auf den Markt, um den unersättlichen Appetit des Publikums auf Informationen zu stillen. *Wired* bezeichnete sich selbst als Vorreiter der digitalen Revolution. Der IPO-Tracker des *Industry Standard* war der am meisten beachtete Index. *Business 2.0* war das »Orakel der New Economy«. Die vielen Neuerscheinungen waren ein klassisches Signal für eine Spekulationsblase. Der Historiker Edward Chancellor wies darauf hin, dass sich in den 1840er-Jahren 14 Wochenschriften und zwei Tageszeitungen mit der neuen Eisenbahnbranche befassten. Während der Finanzkrise des Jahres 1847 verschwanden viele von der Bildfläche. Als der *Industry Standard* 2001 aufgab, schrieb die *New York Times* in ihrem Leitartikel, »dies könnte sich womöglich als der Tag erweisen, an dem der Rausch vorüber war«.

Auch Online-Broker spielten eine entscheidende Rolle beim Anheizen des Internetbooms. Börsengeschäfte kosteten nicht viel – zumindest, soweit es die niedrigen Beträge der berechneten Provisionen betraf. Die Discount-Broker trommelten laut und erweckten den Eindruck, es sei ganz einfach, den Markt zu schlagen. In einem Werbespot tönte die Kundin, sie wolle den Markt nicht nur schlagen, sondern »in den Würgegriff nehmen, bis der klapprige kleine Wicht zu Boden geht und um Gnade winselt«. In einem weiteren beliebten Fernsehwerbespot forderte Stuart, der Cyberfreak aus der Poststelle, seinen spießigen Chef auf, zum ersten Mal online Aktien zu ordern. »Na los, versuchen Sie's doch mal.« Als der Chef einwandte, er wisse nichts über die Aktie, meinte Stuart: »Dann recherchieren wir eben.« Nach einem Click auf die Tastatur kaufte der Chef, der sich jetzt klüger wähnte, seine ersten 100 Aktien.

Kabelsender wie CNBC und Bloomberg entwickelten sich zu kulturellen Phänomenen. Weltweit lief in Fitnessstudios, Flughäfen, Bars und Restaurants CNBC in Dauerschleife. Die Börse wurde als Sportereignis mit Vorspannprogramm (zu den Erwartungen) betrachtet, bei dem während der Handelsstunden ein Spiel nach dem anderen lief und nach den Spielen eine Rückschau über die Ereignisse des Tages und ein Ausblick auf den nächsten Tag. CNBC ließ durchblicken, wer zuhöre, könne sich »einen Vorsprung« verschaffen. Die meisten Gäste waren zuversichtlich. Den CNBC-Moderatoren musste niemand erklären, dass miesepetrige Bedenkenträger keine guten Quoten brachten – so, wie die Tage des Familienhundes gezählt sind, wenn er das Baby beißt. Die Börse verkaufte sich besser als Sex. Selbst Howard Stern unterbrach seine üblichen Auslassungen über Pornoköniginnen und Körperregionen, um über den Aktienmarkt zu sinnieren und dann ein paar bestimmte Internetaktien anzupreisen.

Wenn Betrug um sich greift und dem Markt den Garaus macht

Manische Spekulation wie bei der Internetblase bringt die schlimmsten Seiten unseres Systems zum Vorschein. Um eines ganz deutlich zu sagen: Es war die außergewöhnliche New-Economy-Manie, die eine Reihe von Wirtschaftsskandalen ins Rollen brachte, welche ihrerseits das kapitalistische System in seinen Grundfesten erschütterten. Ein spektakuläres Beispiel dafür war der Aufstieg und anschließende Bankrott von Enron – seinerzeit das siebtgrößte Unternehmen Amerikas. Der Zusammenbruch von Enron, bei dem über 65 Milliarden Dollar an Marktwert ausgelöscht wurden, ist nur im Zusammenhang mit der gewaltigen Blase in der New-Economy-Sparte des Aktienmarktes zu verstehen. Enron galt als die perfekte New-Economy-Aktie, die nicht nur den Energiemarkt dominieren könnte, sondern auch den Markt für Breitband-Kommunikation, breiten elektronischen Handel und Gewerbe.

Enron war ganz klar das Lieblingskind der Wall-Street-Analysten. Die etablierten Versorgungs- und Energieunternehmen verglich die Zeitschrift *Fortune* mit »ein paar alten Käuzen, die mit ihren Frauen zu den Klängen von Guy Lombardo schwofen«. Enron wurde dagegen mit einem jungen Elvis Presley gleichgesetzt, der in seinem hautengen Goldlamé-Anzug »durch das Oberlicht bricht«. Den Teil, wie sich Elvis zu Tode gefressen hat, ließ der Autor geflissentlich aus. Enron setzte Standards für unkonventionelles Denken – als Quintessenz des Paradigmen wandelnden Killer-App-Unternehmens. Leider setzte es auch neue Standards im Bereich Verdunkelung und Vorspiegelung falscher Tatsachen.

Täuschung war offenbar Enrons zweite Natur. Das *Wall Street Journal* berichtete, Enrons Spitzenmanager Ken Lay und Jeff Skilling seien persönlich an der Einrichtung einer fingierten Handelsabteilung beteiligt gewesen, mit der Wertpapieranalysten von der Wall Street beeindruckt werden sollten – eine Episode, die von Beschäftigten als »der Clou« bezeichnet wurde. Dafür wurde die beste Technik eingekauft, Mitarbeitende bekamen Rollen zugeteilt, in denen sie frei erfundene Transaktionen abwickelten, und sogar die Telefonkabel wurden schwarz lackiert, um dem Treiben einen besonders professionellen Anstrich zu geben. Das Ganze war eine aufwendige Scharade. 2006 wurden Lay und Skilling wegen Verschwörung und Betrugs verurteilt. Ken Lay starb ein Jahr darauf als gebrochener Mann.

Ein Mitarbeiter, der beim Zusammenbruch und Konkurs von Enron seine Stelle und seine Altersvorsorge verloren hatte, verkaufte später im Internet T-Shirts mit dem Aufdruck »I got lay'd by enron«. Doch Enron war nur einer von vielen Fällen der Bilanzfälschung, mit der ahnungslose Anleger hinters Licht geführt wurden. Verschiedene Telekommunikationsunternehmen setzten ihre Umsätze zu hoch an, indem sie untereinander Glasfaserkapazität zu überhöhten Preisen verschoben. WorldCom räumte ein, 7 Milliarden Dollar zu viel Gewinn und Cashflow ausgewiesen zu haben, indem ordentliche Aufwendungen, die sich eigentlich ergebnisbelastend niedergeschlagen hätten, als Investitionen verbucht wurden. Viel zu oft fungierten die Unternehmenschefs eher als Chefveruntreuer, und die Finanzvorstände hätte man treffender als Beauftragte für Unternehmensbetrug bezeichnen müssen. Während Analysten Aktien wie Enron und WorldCom in den höchsten Tönen priesen, gaben manche Manager dem Akronym EBITDA, das für Earnings before Interest, Taxes, Depreciation and Amortization (Ergebnis vor Zinsen, Steuern und Abschreibungen) steht, eine ganz neue Bedeutung: nämlich »Earnings Before I Tricked the Dumb Auditor« (Ergebnis, bevor ich den dämlichen Abschlussprüfer austrickste).

Hätten wir es kommen sehen können?

Von den Betrugsfällen einmal abgesehen, hätten wir es besser wissen müssen. Wir hätten wissen müssen, dass sich Investitionen in revolutionäre Technologien für die Investoren oft nicht auszahlen. In den 1850er-Jahren erwartete man sich von der Eisenbahn enorme Effizienzsteigerungen in der Kommunikation und im Geschäftsverkehr. Dazu kam es natürlich auch, doch das rechtfertigte keinesfalls die Kurse der Eisenbahnaktien, die vor dem Einbruch im August 1857 gewaltige spekulative Höhen erklommen. Hundert Jahre später veränderten die Fluggesellschaften und Fernseherhersteller unser Land radikal. Dennoch verloren die meisten Investoren, die früh eingestiegen waren, dabei ihr letztes Hemd. Bei der Kapitalanlage kommt es in erster Linie nicht darauf an, wie sich eine Branche auf die Gesellschaft auswirkt oder wie stark sie wächst, sondern vielmehr darauf, ob sie auf Dauer Gewinne erwirtschaften kann. Die Geschichte lehrt uns, dass allzu viel Überschwang auf dem Markt früher oder später stets von den Gesetzen der Schwerkraft eingeholt wird. Die ständigen Verlierer auf dem Markt sind meiner Erfahrung nach all jene, die sich dem Sog der einen oder anderen Form des

Tulpenwahns nicht entziehen können. Es ist wirklich nicht schwer, an der Börse Geld zu verdienen. Wie wir noch sehen werden, kann ein Anleger, der schlicht ein breit aufgestelltes Aktienportfolio kauft und hält, auf lange Sicht einigermaßen üppige Renditen erzielen. Viel schwerer ist es dagegen, nicht der unwiderstehlichen Versuchung zu erliegen, sein Geld in kurzlebigen Spekulationswellen zu verspielen, die schnellen Reichtum versprechen. Die Fähigkeit, solche verheerenden Fehler zu vermeiden, ist wohl die wichtigste Voraussetzung dafür, das eigene Kapital zu schützen und zu mehren. Diese so offensichtliche Lektion wird aber allzu leicht ignoriert.

Die Blase auf dem US-amerikanischen Häusermarkt und der Crash Anfang der 2000er-Jahre

Die Dotcom-Blase mag die größte Aktienmarktblase in den Vereinigten Staaten gewesen sein, doch die Preisblase bei Einfamilienhäusern, die sich Anfang des neuen Jahrtausends bildete, war zweifellos die größte Immobilienblase des Landes. Außerdem hatte der Boom und spätere Einbruch der Hauspreise für den Durchschnittsamerikaner weit größere Bedeutung als die Kapriolen des Aktienmarktes. Das Eigenheim ist für die meisten Normalanleger der größte Vermögenswert in ihrem Portfolio. Fallende Hauspreise wirken sich daher unmittelbar auf den Wohlstand und das allgemeine Wohlergehen von Familien aus. Als die Häuserblase platzte, brachte sie um ein Haar das US-amerikanische (und das internationale) Finanzsystem zum Einsturz und löste weltweit eine abrupte Rezession aus. Um zu durchschauen, woraus sich diese Blase speiste und warum sie so weitreichende Kollateralschäden verursachte, müssen wir zunächst die grundlegenden Veränderungen verstehen, die sich im Banken- und Finanzsystem vollzogen.

Ich erzähle dazu immer gern die Geschichte von der Frau mittleren Alters, die einen schweren Herzinfarkt erleidet. In der Notaufnahme hat sie ein Nahtoderlebnis. Sie steht vor ihrem Schöpfer. »War es das?«, fragt sie. »Muss ich jetzt sterben?« Der liebe Gott versichert ihr, dass sie überleben werde und noch 30 Jahre vor sich habe. Und wirklich – sie kommt durch, ihre verengten Gefäße werden durch Stents stabilisiert, und sie fühlt sich besser als zuvor. Da sagt sie sich: »Wenn ich noch 30 Jahre zu leben habe, sollte ich das Beste daraus machen.« Weil sie schon im Krankenhaus liegt, beschließt sie, sich dem zu unterziehen, was man wohlmeinend als »kosmetische Runderneuerung« bezeichnen könnte. Danach fühlt sie sich nicht nur gut, sondern sieht auch so aus. Federnden Schrittes will sie die Klinik verlassen und läuft vor einen losrasenden Krankenwagen. Sie ist sofort tot. Als sie an der Himmelspforte erneut auf ihren Schöpfer trifft, lamentiert sie: »Wie kann das sein? Ich dachte, ich hätte noch 30 Jahre.« »Ich bedauere zutiefst, Madame, aber ich habe Sie gar nicht wiedererkannt«, entgegnet dieser.

Das neue Bankensystem

Ein Finanzfachmann, der Anfang des 21. Jahrhunderts aus einem 30-jährigen Schlaf erwacht wäre, hätte das Finanzsystem ebenso wenig wiedererkannt. Im alten System, das nach der Devise »ausreichen und halten« funktioniert hatte, gewährten Banken Hypothekendarlehen und führten diese in ihren Büchern, bis sie getilgt waren. In diesem Umfeld überlegten sich die Kreditsachbearbeiter sehr genau, wem sie wie viel Geld liehen, denn sie sahen sich prompt mit peinlichen Fragen zu ihrem Urteilsvermögen konfrontiert, wenn ein Hypothekenschuldner in Verzug geriet. Damals wurde noch ein größerer Batzen Eigenkapital verlangt, und Kreditnehmer mussten ihre Bonität nachweisen.

Dieses System wandelte sich Anfang der 2000er-Jahre grundlegend – in ein Bankenmodell nach dem Motto »ausreichen und weitergeben«. Die Banken (und ebenso die großen, spezialisierten Hypothekenbanken) vergaben nach wie vor Hypothekendarlehen. Doch das Institut, das das Darlehen gewährte, hielt es nur wenige Tage – gerade so lange, bis es an einen Investmentbanker weiterverkauft werden konnte. Der Investmentbanker stellte Pakete aus solchen Hypotheken zusammen und gab mit diesen Hypotheken unterlegte Wertpapiere aus – derivative Anleihen, in denen diese Hypotheken »verbrieft« wurden. Um die Zinsausschüttungen für die neuen hypothekenunterlegten Anleihen zu leisten, waren diese Wertpapiere auf die Zins- und Tilgungszahlungen aus den Hypothekendarlehen angewiesen, durch die sie besichert waren.

Um die Angelegenheit noch zu verkomplizieren, wurde nicht etwa nur eine Anleihe mit einem Hypothekenpaket unterlegt. Die hypothekenbesicherten Wertpapiere wurden vielmehr in verschiedene »Tranchen« unterteilt, von denen jede im Rang unterschiedliche Ansprüche auf Zahlungen aus den zugrunde liegenden Hypothekendarlehen aufwies – und jede eine andere Bonitätseinstufung. Das Ganze wurde als »Finanztechnik« bezeichnet. Und selbst für zugrunde liegende Hypothekenkredite von schlechter Bonität erteilten die Ratingagenturen bereitwillig die Bestnote AAA für Anleihetranchen, deren Ansprüche auf Zahlungen aus diesen Hypothekendarlehen in der Rangfolge vorgingen. Treffender hätte man das System eigentlich als »Finanzalchemie« bezeichnen müssen, und die Alchemie kam nicht nur im Zusammenhang mit Hypotheken zum Einsatz, sondern mit allen möglichen Basiswerten wie Kreditkartendarlehen und Autokrediten. Solche derivativen Wertpapiere wurden in aller Welt verkauft.

Doch der Sumpf wurde noch größer. Auf der Grundlage der derivativen hypothekenbesicherten Anleihen wurden Derivate zweiter Ordnung aufgelegt. Als Versicherungspolicen für die hypothekenunterlegten Anleihen wurden sogenannte Credit Default Swaps ausgegeben. Für kurze Zeit ermöglichte es der Swap-Markt zwei Parteien – den Gegenparteien oder Kontrahenten –, eine Wette auf die positive oder negative Wertentwicklung der hypothekenunterlegten Anleihen oder der Anleihen eines beliebigen anderen Emittenten abzuschließen. So konnte ich beispielsweise als Inhaber von General-Electric-Anleihen, wenn ich Zweifel an der Kreditwürdigkeit von GE hegte, von einem Unternehmen wie AIG (der größten Emittentin solcher Default Swaps) eine Versicherungspolice erwerben, die zahlen würde, falls GE ausfiel. Das Problem dabei war nur, dass die Versicherer keine ausreichenden Reserven vorhielten, um Zahlungen zu leisten, falls es Probleme gab. Und dass jeder Bürger jedes Landes die Versicherungspolicen erwerben konnte, ohne die zugrunde liegenden Anleihen zu besitzen. Am Ende wurden die Credit Default Swaps, getrieben von der Nachfrage von Instituten aus aller Welt, auf dem Markt für ein Vielfaches des Werts der zugrunde liegenden Anleihen gehandelt. Diese Neuerung führte dazu, dass das globale Finanzsystem nicht nur sehr viel höhere Risiken aufwies, sondern auch weit stärkere Verflechtungen.

Lockerere Kreditvergabestandards

Abgerundet wurde dieses gefährliche Bild durch die sogenannten SIVs – strukturierte Investmentvehikel beziehungsweise von Finanzierern gegründete Zweckgesellschaften, die derivative Wertpapiere aus ihren Bilanzen ausgliederten und außer Sichtweite der Bankenaufsicht unterbrachten. So eine Zweckgesellschaft für hypothekenunterlegte Wertpapiere nahm das nötige Geld auf, um die Derivate zu kaufen. In der Bilanz der Investmentbank tauchte lediglich eine geringfügige Beteiligung am Eigenkapital der SIV auf. Früher hätte die Bankenaufsicht angesichts der gewaltigen Verschuldung und der damit verbundenen Risiken womöglich Alarm geschlagen, doch im neuen Finanzsystem wurde das übersehen.

Das neue System hatte lockerere Kreditvergabestandards von Banken und Hypothekenfinanzierern zur Folge. Bestand das Risiko eines Kreditgebers nur darin, dass ein Hypothekendarlehen in den paar Tagen ausfiel, bis es an die Investmentbanker weiterverkauft werden konnte, brauchte der Kreditgeber die Bonität des Darlehensnehmers nicht zu prüfen. Als ich meine erste Hypothek aufnahm, bestand der Kreditgeber auf einem Eigenkapitalanteil von 30 Prozent. Im neuen System wurden Hypotheken zu 100 Prozent finanziert in der Erwartung, dass die Hauspreise ewig steigen. Ferner waren sogenannten NINJA-Darlehen üblich – die an Personen ohne Einkommen, Arbeitsstelle und Vermögen vergeben wurden. Immer häufiger hielten sich die Kreditgeber gar nicht mehr damit auf, nach Unterlagen zur Zahlungsfähigkeit zu fragen, und vergaben undokumentierte »NO-DOC«-Darlehen. Finanzierungsmöglichkeiten für Eigenheime waren reichlich vorhanden, und die Hauspreise zogen kräftig an.

Die Regierung trug aktiv zur Entstehung der Immobilienblase bei. Auf Druck des Kongresses, die Verfügbarkeit von Hypothekendarlehen zu erhöhen, wurde die US-Behörde Federal Housing Administration angewiesen, die Hypotheken einkommensschwacher Kreditnehmer zu subventionieren. Tatsächlich wurden fast zwei Drittel der Anfang 2010 im Finanzsystem vorhandenen faulen Hypothekendarlehen von Regierungsbehörden aufgekauft. Es waren nicht nur die »räuberischen Kreditinstitute«, sondern der Staat, der dafür sorgte, dass viele Hypothekendarlehen an Menschen vergeben wurden, die nicht die Mittel hatten, sie zu bedienen.

Die Hauspreisblase

Die Mischung aus Regierungspolitik und veränderter Kreditvergabepraxis ließ die Nachfrage auf dem Häusermarkt gewaltig steigen. Befeuert durch problemlos erhältliche Kredite, zogen die Hauspreise rasant an. Der anfängliche Preisanstieg rief noch mehr Käufer auf den Plan. Der Kauf eines Hauses oder einer Wohnung schien risikolos, da die Immobilienpreise offenbar nur eine Richtung kannten: aufwärts. Manche Käufer wollten die erworbenen Immobilien gar nicht selbst nutzen, sondern rasch weiterverkaufen – natürlich zu einem noch höheren Preis.

Die Grafik unten veranschaulicht die Dimensionen der Blase. Die Daten entstammen den Case-Shiller-Indizes für inflationsbereinigte Eigenheimpreise. Die Inflationsbereinigung funktioniert folgendermaßen: Verteuert sich ein Haus um 5 Prozent, während der allgemeine Preisanstieg 5 Prozent beträgt, ist der Preis des Hauses inflationsbereinigt nicht gestiegen. Bei einer Verteuerung um 10 Prozent betrüge der inflationsbereinigte Preisanstieg dagegen 5 Prozent.

Die Grafik zeigt, dass die Hauspreise in den 100 Jahren von Ende des 19. Jahrhunderts bis Ende des 20. Jahrhunderts inflationsbereinigt stabil waren. Sie stiegen zwar, doch nur so stark wie das allgemeine Preisniveau. Während der Weltwirtschaftskrise der 1930er-Jahre knickten die Preise ein, beschlossen das Jahrhundert aber in etwa auf ihrem Ausgangsstand. Anfang der 2000er-Jahre verdoppelte sich der Hauspreisindex. Dieser ist ein zusammengesetzter Index der Preise aus 20 Großstädten.

INFLATIONSBEREINIGTE EIGENHEIMPREISE

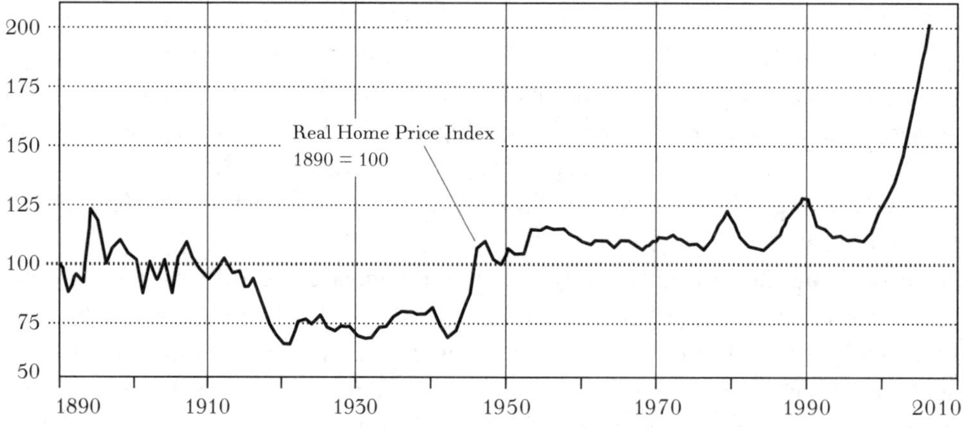

Quelle: Case-Shiller

Wie wir wissen, gilt für alle Blasen, dass sie früher oder später platzen. Die nächste Grafik zeigt den breiten, verheerenden Preissturz. Viele Eigenheimbesitzer stellten fest, dass ihre Hypotheken den Wert ihrer Immobilien bei Weitem überstiegen. Immer mehr gerieten in Verzug und schickten den Hypothekengläubigern ihre Hausschlüssel zu. In einem Anflug schwarzen Finanzhumors bezeichneten die Banker diese Praxis als »Klimperpost«.[2]

DAS PLATZEN DER BLASE

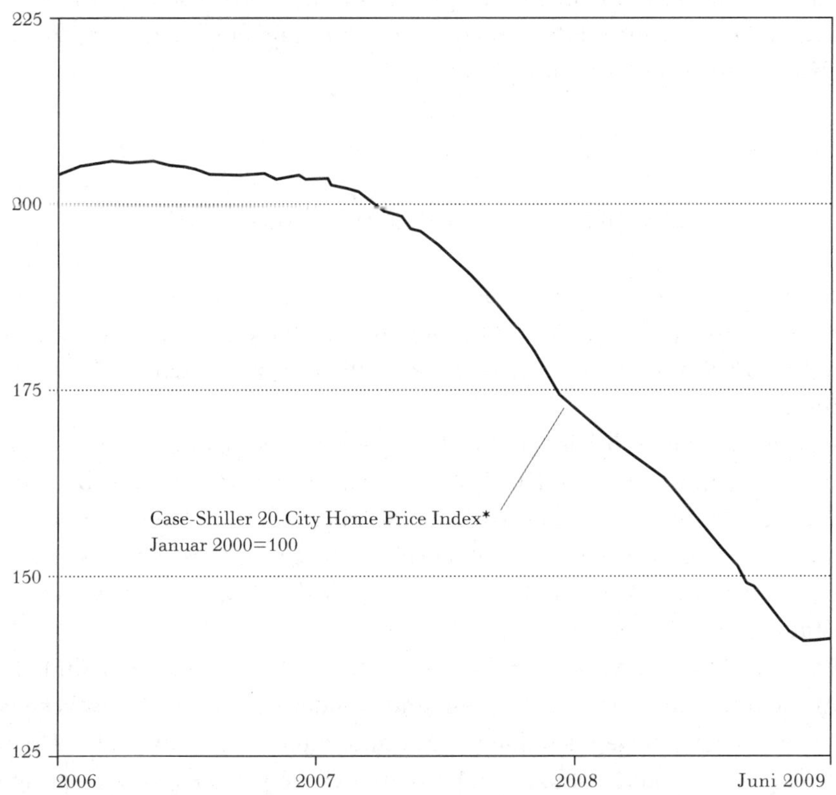

**saisonbereinigt*
Daten: Standard and Poor's.

2 In den USA gibt es keine festen, in der Regel mindestens zehnjährigen Laufzeiten für Hypothekendarlehen. Ein Kreditnehmer kann dort das Darlehen jederzeit kündigen, indem er der Bank die Verfügungsgewalt über die Sicherheit – das beliehene Haus – verschafft. In Deutschland wäre eine Darlehenskündigung durch Übersendung des Hausschlüssels nicht möglich, A. d. R.

Die wirtschaftlichen Folgen waren katastrophal. Als der Wert ihrer Eigenheime verfiel, zogen die Verbraucher die Köpfe ein und gingen in den Konsumstreik. Haushalte, die zuvor möglicherweise eine Zweithypothek oder einen Kredit auf ihre Immobilie aufgenommen hätten, konnten ihren Konsum nicht mehr länger auf diese Weise finanzieren.

Der Rückgang der Hauspreise vernichtete nicht nur den Wert der hypothekenunterlegten Wertpapiere, sondern auch die Finanzinstitute, die das Süppchen, das sie gekocht hatten, selbst auslöffeln mussten, weil sie die toxischen Aktiva mit geliehenem Geld erworben hatten. Es folgten spektakuläre Insolvenzen. Manche unserer größten Finanzinstitute mussten vom Staat gerettet werden. Die Kreditinstitute vollzogen eine Kehrtwende und vergaben überhaupt keine Kredite mehr an Kleinbetriebe und Verbraucher. Die anschließende Rezession war bitter und langwierig – noch heftiger war nur die Weltwirtschaftskrise der 1930er-Jahre gewesen.

Blasen und die Konjunktur

Unser historischer Abriss über bisherige Blasen macht deutlich: Auf das Platzen einer Blase folgen häufig schwere Verwerfungen in der realen Konjunktur. Besonders gefährlich für Verbraucher und Finanzinstitute sind Blasen, wenn sie mit einem Kreditboom und einem breiten Anstieg der Verschuldung einhergehen.

Das hat die Hauspreisblase sehr eindrucksvoll vorgeführt. Die gestiegene Nachfrage nach Wohnraum trieb die Eigenheimpreise in die Höhe, was wiederum die weitere Vergabe von Hypothekendarlehen ankurbelte. Das führte in einer fortlaufenden positiven Rückkopplungsschleife zum weiteren Preisanstieg. Zur beschleunigten Schuldenspirale trugen gelockerte Kreditvergabestandards und eine weitere Zunahme der Verschuldung bei. Am Ende des Prozesses schwebten Privatpersonen ebenso wie Institutionen in äußerster Gefahr.

Platzt die Blase, kehrt sich die Rückkopplungsschleife um. Die Preise fallen, und die Verbraucher stellen fest, dass sie nicht nur ärmer geworden sind, sondern dass ihre Hypothekenschulden den Wert ihrer Immobilien übersteigen. Kredite werden faul und der Konsum leidet. Überschuldete Finanzinstitute leiten einen Schuldenabbau ein. Die damit einhergehende Verknappung von Krediten schwächt die Konjunktur, und das Ergebnis der negativen Rückkopplungsschleife ist eine heftige Rezession. Kreditboom-Blasen stellen die größte Bedrohung für die Realkonjunktur dar.

Heißt das, die Märkte sind ineffizient?

Die Rückschau auf die Internet- und Hauspreisblase in diesem Kapitel scheint im Widerspruch zu stehen zu der Auffassung, dass unsere Aktien- und Immobilienmärkte rational und effizient sind. Dabei lässt sich daraus gar nicht ableiten, dass die Märkte auch mal irrational sein können und wir deshalb von der Solide-Grundlagen-Theorie zur Bepreisung finanzieller Vermögenswerte Abstand nehmen sollten. Die eindeutige Schlussfolgerung besteht vielmehr darin, dass sich der Markt noch in jedem Fall selbst korrigiert hat. Früher oder später berichtigt der Markt jede Irrationalität – und zwar auf seine Weise, ebenso langsam wie unaufhaltsam. Es können Anomalien auftreten; die Märkte können irrationalen Optimismus erleben, und häufig ziehen sie unbedarfte Anleger in ihren Bann. Doch letztlich weiß der Markt, wie echter Wert aussieht, und das ist die Lektion, die sich jeder Anleger unbedingt hinter die Ohren schreiben sollte.

Persönlich finde ich auch die klugen Worte von Benjamin Graham überzeugend. Der Autor des Buches *Die Geheimnisse der Wertpapieranalyse* schrieb, dass der Aktienmarkt in letzter Konsequenz nicht über- oder unterbewertet sein könne, sondern stets dem realen Wert folge. Die Bewertungskennzahlen haben sich nicht geändert. Letztlich kann eine Aktie nicht mehr wert sein als der Gegenwartswert ihrer Zahlungsströme.

Die Märkte können höchst effizient sein, auch wenn sie Fehler machen – darunter auch echte Hämmer wie damals, als die Internetaktien Anfang der 2000er-Jahre offenbar nicht nur die Zukunft diskontierten, sondern auch das Jenseits. Prognosen sind unweigerlich falsch. Hinzu kommt: Das Anlagerisiko wird niemals eindeutig wahrgenommen. Deshalb steht der richtige Abzinsungssatz zum Diskontieren der Zukunft nie so genau fest. Daher müssen die Marktkurse stets falsch sein. Doch an einem beliebigen Zeitpunkt kann eben keiner (auch kein professioneller Investor) erkennen, ob sie gerade zu hoch oder zu tief liegen. Nicht einmal den besten und hellsten Köpfen an der Wall Street gelingt es, korrekte Bewertungen zuverlässig von Fehlbewertungen zu unterscheiden. Und es gibt keinen Beleg dafür, dass irgendjemand Überrenditen erzielen könnte, indem er beständig gegen die gängige Marktmeinung wettet. Die Märkte haben weder grundsätzlich noch normalerweise Recht. Aber KEIN MENSCH UND KEINE INSTITUTION WEISS IN JEDEM FALL MEHR ALS DER MARKT.

Ebenso wenig rammen die beispiellose Blase und der nie dagewesene Verfall der Hauspreise im ersten Jahrzehnt des 21. Jahrhunderts einen Pfahl ins Herz der Effizienzmarkthypothese.

Miniblasen bei Meme-Aktien

Ein Meme ist ein oft humoristischer oder satirischer kreativer Inhalt, der über das Internet weit verbreitet wird. Eine Meme-Aktie ist eine Aktie, deren Kurs einzig und allein von der gesellschaftlichen Stimmung abhängt – nicht von der Finanzlage des Unternehmens. Eine der Plattformen, die im Mittelpunkt des Meme-Aktien-Fiebers standen, war WallStreetBets (WSB) auf Reddit mit buchstäblich Millionen von Followern. Andere Plattformen wie Facebook und YouTube trugen dazu bei, Heerscharen von Online-Aktienspekulanten zu mobilisieren.

Das beste Beispiel für das Meme-Aktien-Phänomen war der absolut irrsinnige Aufstieg und Fall der GameStop-Aktie (GME). GameStop war ein kriselnder stationärer Einzelhändler für Videospiele zu einem Zeitpunkt, als solche Spiele immer häufiger online vertrieben wurden. Das Interesse an GME wurde von Keith Gill angefacht, einem 34-jährigen Leichtathleten, der auf Reddit unter dem Pseudonym DeepFuckingValue und auf YouTube als Roaring Kitty auftrat. GME wurde nicht nur als »Turnaround«-Chance gehandelt, sondern es gab auch gewisse logische Gründe, künftig größeres Kaufinteresse zu erwarten. Hedgefonds hatten GME im großen Stil »leerverkauft«. Unter einem Leerverkauf versteht man die Veräußerung einer Aktie, die man gar nicht besitzt, in der Hoffnung, sie später günstiger einkaufen zu können. Die Hedgefonds beurteilten GME dermaßen pessimistisch, dass sie mehr Aktien leerverkauften, als überhaupt in Umlauf waren. Daraus schloss »Roaring Kitty« zutreffend, dass sie sich irgendwann »eindecken« mussten – also Aktien kaufen, um ihre Short-Positionen glattzustellen. Wem es gelang, genügend interessierte Käufer auf den Plan zu rufen, der konnte den Kurs in die Höhe treiben. Stieg er, vergrößerte das die Verluste der Hedgefonds, die gezwungen wären zu kaufen, was den Kurs noch beflügeln würde. Ein paar Reddit-Leute kauften GME-Aktien nur, um den Bonzen eins auszuwischen. Und die begeisterten Käufer stellten fest, dass sie ihre Einsätze vergrößern konnten, wenn sie Optionen auf GME kauften, die bei einem weiteren Kursanstieg im Verhältnis größere Gewinne brachten.

Wer mit GameStop-Aktien spekulierte, handelte in aller Regel nach dem Motto »Man lebt nur einmal« – geläufiger auf Englisch als Akronym Yolo (You Only Live Once), das auch als Verb verwendet werden kann. So zum Beispiel in folgender Twitternachricht: »Ich habe gerade meine gesamten Ersparnisse von 50.000 Dollar in GME-Optionen geyolot«, die auch Screenshots vom echten Depot des Betreffenden bei Robinhood enthielt.

Welche Gründe es für das Anstacheln des Internet-Mobs auch gegeben haben mochte – das Kursverhalten der Aktie spottete jeder Beschreibung. Im Januar 2021 notierte die GME-Aktie zunächst zu 17 Dollar pro Stück. Ende des Monats hatte der Kurs fast 400 Dollar pro Aktie erreicht, bevor er im Februar auf unter 40 Dollar zurückfiel. Den Rest des Jahres über schwankte der Kurs heftig. Manche Trader, vor allem solche, die frühzeitig eingestiegen waren, strichen satte Gewinne ein. Die meisten erlitten aber Verluste. Für jeden Dollar aus den Kassen der Hedgefonds wurden vermutlich 20 Dollar einfach von einem glücklosen Spekulanten auf einen anderen übertragen.

Ein GME-Spekulant tröstete sich über den Verlust-Frust mit folgendem Tweet: »In GameStock zu investieren ist schlimmer als eine Scheidung – die Hälfte des Geldes ist weg, aber die Frau noch da.« Leider waren die Folgen manchmal gar nicht lustig, sondern tragisch. Ein Robinhood-Trader beging Selbstmord, als er feststellte, dass er mit seinen Optionsgeschäften 730.000 Dollar eingebüßt hatte.

Eine weitere populäre Meme-Aktie war die Kinokette AMC. Da während der Pandemie alle Kinos geschlossen waren, hielt sich AMC am Leben, indem es hohe Kredite aufnahm, um seine Verluste zu decken. Auch AMC wurde rege leerverkauft. Anfang Januar 2021 notierte der Titel unter 2 Dollar je Aktie. Zur Jahresmitte lag der Kurs über 60 Dollar. Für die Online-Trading-Community war das besser als ein Ausflug nach Las Vegas. Wieder strichen diejenigen Gewinne ein, die früh eingestiegen waren. Wer aber noch tanzte, als die Musik aufhörte, stand mit hohen Verlusten da.

Das Paradoxe an diesem moralischen Lehrstück: Im Falle von GME und AMC gaben beide Unternehmen für mehr als 1 Milliarde Dollar neue Aktien aus, um von den Kurssprüngen zu profitieren. Die Ironie an dieser bizarren Geschichte ist, dass beide Unternehmen durch das Verhalten eines irrationalen Mobs zumindest vorübergehend vor der Insolvenz gerettet wurden. Die bedeutendere Frage ist allerdings, ob wir es gut finden sollten, dass der Kapitalallokationsprozess von Marktteilnehmern beeinflusst werden kann, die mit Aktien handeln, als wären es Zahlen auf einer Roulettescheibe.

Die Kryptowährungsblasen

Die ungehemmtesten Handelsauswüchse in den ersten Jahrzehnten des 21. Jahrhunderts betrafen aber nicht den Aktienmarkt. Das gewaltige öffentliche Interesse an Bitcoin und anderen Digitalwährungen löste weltweit reges Handelsgeschehen und eine beispiellose Volatilität der Marktkurse aus. Der Kursanstieg bei Kryptowährungen und die Fantasien, die sie beim Publikum weckten, erinnerten unheimlich an den Irrsinn, der mit der Dotcom-Blase einherging.

Bitcoin und die Blockchain

Die globale Kryptowährung Bitcoin wurde abwechselnd als »Währung der Zukunft« oder als »wertloser Schwindel« bezeichnet, dessen Ausuferung an ein Schneeballsystem erinnerte und das Zeug zu einer der größten Finanzblasen aller Zeiten hatte. Der Bitcoin-Preis schwankte heftig, von ein paar Cent für den digitalen Token auf 20.000 Dollar Ende 2017. Ein Jahr darauf wurde es für weniger als 4000 Dollar gehandelt. Im April 2021 lag der Bitcoin-Preis bei über 60.000 Dollar. Zwei Monate später waren es keine 30.000 Dollar mehr. Er schwankte in wenigen Monaten um 50 Prozent. Kein Wunder, dass der Reddit-Mob darauf ansprang.

Der Bitcoin wurde von einer unbekannten Person oder Gruppe unter dem Pseudonym »Satoshi Nakamoto« erfunden. Es sollte »eine Peer-to-Peer-Version elektronischen Geldes« entstehen, wie es in einem 2008 von Satoshi Nakamoto veröffentlichten White Paper hieß. Wer auch immer hinter Nakamoto steckte, kommunizierte nur per E-Mail und über soziale Medien. Es wurden zwar schon mehrere Personen als Nakamoto identifiziert, doch zweifelsfrei bestätigt wurde die Identität des Bitcoin-Erfinders nie. Nachdem die ursprünglichen Regeln für das Bitcoin-Netzwerk erstellt und 2009 eine entsprechende Software freigegeben wurde, verschwand Nakamoto zwei Jahre später von der Bildfläche. Angeblich sollte Nakamoto 1 Million Token besitzen, die rasch einen Wert von Milliarden Dollar annahmen. Wer sie besaß, zählte zu den reichsten Menschen auf Erden.

Das Bitcoin-System funktioniert über ein sicheres öffentliches Hauptbuch (einen sogenannten Ledger), die sogenannte Blockchain. Ein kodierter und passwortgeschützter (aber anonymer) Eintrag in dieses Hauptbuch dokumentiert das Eigentum an Bitcoin. Die Blockchain beweist, wer die Tokens jeweils besitzt, und belegt darüber hinaus die Zahlungshistorie jedes in Umlauf befindlichen Bitcoin. Das Netzwerk läuft auf unabhängigen Rechnern weltweit. Für den Betrieb dieser Rechner und die Verarbeitung neuer Transaktionen wird in Bitcoin gezahlt – in einem Prozess, der als Bitcoin-Mining bezeichnet wird. Sämtliche existierenden Tokens wurden durch diesen Prozess erzeugt. Die Zahl der in Umlauf befindlichen Tokens ist auf höchstens 21 Millionen begrenzt.[3]

Die Blockchain ist ein stetig wachsendes öffentliches Hauptbuch für Aufzeichnungen, die sogenannten Blöcke, die mit vorausgegangenen Blöcken verknüpft werden und die Transaktionen im Netzwerk dokumentieren. Kopien davon werden über die Computer oder »Knoten« des Netzwerks verteilt, sodass jeder überprüfen kann, ob auch alles stimmt. So ist für Redlichkeit im Netzwerk gesorgt. Versucht eine Partei, die an der Datenpflege mitarbeitet, ihre Kopie der Aufzeichnungen zu manipulieren oder mehr Geld auf ihr Konto zu buchen, würden die anderen Rechner die Diskrepanz feststellen. Konflikte werden durch Konsens gelöst, und ein starkes Verschlüsselungssystem hat bisher die Sicherheit im Netzwerk gewährleistet.

2022 gab es Millionen Einzelnutzer. Über das Bitcoin-Protokoll wurden sowohl legale als auch illegale Geschäfte abgewickelt. Wie hoch der Bitcoin-Kurs ist, spielt dabei keine Rolle. Transaktionen können durchgeführt werden, ob der Bitcoin gerade 1 oder 100.000 Dollar wert ist. Man kann die Kryptowährung kaufen und zeitgleich an einen Verkäufer übermitteln, der sie unmittelbar in Dollar konvertiert. Solange der Bitcoin-Wert in der kurzen Transaktionszeit nicht schwankt, spielt der Dollarwert keine Rolle. Für die daran beteiligte disruptive Technologie spricht, dass sie nahtlose, anonyme Transaktionen ermöglicht, ohne dass ein Bankensystem zwischengeschaltet oder eine Landeswährung verwendet werden muss.

3 Wird die Obergrenze erreicht, ist eine andere Zahlungsmethode für den Unterhalt des Netzwerks erforderlich, etwa die gemeinsame Übernahme von Transaktionsgebühren.

Ist Bitcoin echtes Geld?

Klassische Finanzexperten beurteilen das Phänomen der Kryptowährungen äußerst skeptisch. Investmentlegenden wie Howard Marks und Warren Buffett behaupten, die Kryptowährungen seien nicht real und hätten keinen Wert. Dasselbe lässt sich aber über jede Landeswährung sagen. Ein Dollarschein hat auch keinen inneren Wert. Sämtlichen Papierwährungen schlägt graduell unterschiedliche Skepsis entgegen, wenngleich sie üblicherweise nicht als Schneeballsystem verunglimpft werden. Prüfen wir also, ob der Bitcoin und andere digitale Währungen als Geld zu betrachten sind.

Wie definiert sich Geld? Eine komische Frage, könnte man meinen, doch sie wirft tatsächlich mit Blick auf den Bitcoin gewisse leise Zweifel auf. Für einen Ökonomen ist Geld, was Geld tut. Geld erfüllt in der Wirtschaft drei Funktionen. Erstens fungiert es als Tauschmittel. Geld hat für uns einen Wert, weil wir damit Waren und Dienstleistungen erwerben können. Wir haben Geld im Portemonnaie, damit wir uns in der Mittagspause ein Sandwich kaufen können, oder eine Dose Limonade, wenn wir durstig sind.

Zweitens ist Geld eine Recheneinheit – eine Messlatte, die benötigt wird, um jetzt und in Zukunft Preise zu stellen und Schulden zu verbuchen. 2021 kostete eine *New York Times* 3,00 Dollar. Nehme ich ein endfälliges Hypothekendarlehen über 100.000 Dollar zu 5 Prozent Zinsen auf, muss ich dafür jedes Jahr 5000 Dollar zahlen und bin am Ende der Laufzeit 100.000 Dollar schuldig.

Drittens ist Geld ein Wertspeicher. Eine Verkäuferin kann für eine Ware oder Dienstleistung Geld akzeptieren, weil sie sich dafür in Zukunft etwas kaufen kann. Sie könnte zwar auch andere Vermögenswerte wie Aktien halten, um Wert zu speichern, doch Geld ist der liquideste Vermögenswert auf dem Markt. Geld ist der bevorzugte Vermögenswert, der gehalten wird, um Dinge zu kaufen, die vermutlich in naher Zukunft benötigt werden.

Inwieweit entspricht der Bitcoin nun den klassischen Anforderungen an einen Vermögenswert, damit dieser als Geld zu betrachten ist? Das erste Kriterium scheint der Bitcoin in gewissem Umfang zu erfüllen. Er wird weltweit für viele verschiedene Geschäfte akzeptiert. Der Authentifizierungsprozess ist zwar mühsam, könnte aber für manche Arten von Transaktionen im internationalen Geschäftsverkehr niedrigere Transaktionskosten mit sich bringen. Für Geschäfte an der Grenze zur Illegalität bietet er eine Anonymität, die die beteiligten Parteien schätzen und die ihn fraglos zum bevorzugten Zahlungsmittel machen. Der Bitcoin-Inhaber kann sich womöglich etwas sicherer sein, dass Bitcoin in einem Land mit schwachen Eigentumsrechten nicht so leicht von einer Regierungsbehörde konfisziert werden kann. Erwartungsgemäß fand der Handel mit Kryptowährungen daher anfangs überwiegend in asiatischen Ländern statt, wo die Angst vor einer Beschlagnahmung am größten ist.

Die zweite und dritte übliche Definition von Geld treffen auf den Bitcoin nicht zu, was an den extremen Wertschwankungen liegt. Ein Vermögenswert, der täglich einen erheblichen Prozentsatz seines ursprünglichen Werts gewinnt oder verliert, kann weder als brauchbare Recheneinheit noch als verlässlicher Wertspeicher dienen. Für den Wert einer Kryptowährung gibt es keinerlei natürliche

Verankerung. Wer das Risiko der hohen Volatilität auf dem Bitcoin-Markt nicht tragen möchte, muss eine weitere Transaktion durchführen – nämlich die Konvertierung des Bitcoin in einen Vermögenswert oder eine Landeswährung von stabilerem Wert. Zumindest für den US-Dollar und die meisten maßgeblichen Währungen der Welt gibt es eine Zentralbank, die unter anderem das Ziel verfolgt, die Wertstabilität der Währung zu wahren.

Die Situation erinnert mich an die klassische Geschichte von dem Sardinenhändler, der ein ganzes Lager voller Sardinenbüchsen vorhielt. Eines Tages öffnete ein hungriger Arbeiter eine der Dosen in der Hoffnung auf ein schmackhaftes Mahl und stellte fest, dass sie nur Sand enthielt. Als er sich bei dem Händler beschwerte, erklärte dieser, die Dosen seien für den Handel bestimmt, nicht für den Verzehr. Wie es scheint, trifft diese Geschichte auch auf den Bitcoin zu.

Die meisten Marktteilnehmer, die mit Bitcoin und anderen Kryptowährungen spekulierten, setzten damit auf weiter steigende Kurse. Wer früh ins Spiel kam, konnte ordentlich absahnen. Erinnern Sie sich noch an die beiden 1,96 Meter großen Zwillingsbrüder und olympischen Ruderer Cameron und Tyler Winklevoss, die Mark Zuckerberg vorgeworfen hatten, ihnen die Idee zu Facebook gestohlen zu haben, als sie in Harvard studierten? Der Prozess endete mit einem Vergleich. Die Zwillinge erhielten 65 Millionen Dollar und Zuckerberg wurde mit seiner Beteiligung an Facebook (heute Meta Platforms) Milliardär. Um die Zwillinge, die sich mehr erhofft hatten, müssen Sie sich aber keine allzu großen Sorgen machen. Sie investierten 11 Millionen Dollar aus dem Vergleich zu 120 Dollar je Token in Bitcoin und waren bald Bitcoin-Milliardäre.

Ist das Bitcoin-Phänomen eine Blase?

Was folgern wir daraus? Erleben wir gerade die Entstehung einer vielversprechenden neuen Technologie, die das internationale Zahlungssystem erheblich verbessert? Oder handelt es sich nur um eine weitere Spekulationsblase, die viele Beteiligte in den finanziellen Ruin treibt? Vielleicht sind beide Fragen zu bejahen. Die Blockchain-Technologie hinter dem Bitcoin-Phänomen ist durchaus real, und optimierte Versionen könnten sich durchsetzen. So oder so wird sich das internationale Zahlungssystem durch die Technologie grundlegend verändern.

Die Blockchain und andere auf einem »distributed Ledger« beruhenden Technologien stellen in Aussicht, dass sich solche Systeme auch für andere Zwecke verwenden lassen, etwa für Patientenakten oder die Reparaturhistorie von Fahrzeugen. Der US-Bundesstaat Delaware, der als Standort von Unternehmen aus aller Welt gut im Geschäft ist, arbeitet an der Nutzung von Blockchains zur Führung von Unternehmensregistern. Dubai hat angekündigt, nach und nach sämtliche behördlichen Unterlagen auf einer Blockchain sichern zu wollen. Ähnliche Formen einer dezentralisierten Buchführung werden mit anderen Kryptowährungen assoziiert, von denen nach dem Erfolg des Bitcoin viele entstanden sind.

Technologie bietet Möglichkeiten, Transaktionen billiger und schneller abzuwickeln. Digitalwährungen können sichere Transaktionen zwischen Verkäufern und Käufern ermöglichen, ohne dass Finanzinstitute oder Behörden zwischengeschaltet werden müssen. Doch weil ein zugrunde liegendes Phänomen »real« ist, ist es keinesfalls gegen Preisblasen gefeit. Was das Internet Ende der 1990er-Jahre versprach, war ebenfalls real. Das verhinderte aber nicht, dass ein Produzent von Switches und Routern, dem »Rückgrat des Internets«, wie Cisco Systems beim Platzen der Blase 90 Prozent seines Wertes einbüßte. Und es gibt eindeutige Hinweise darauf, dass der Preisanstieg beim Bitcoin und anderen digitalen Währungen eine klassische Blase darstellt.

Ein Indiz für eine Spekulationsblase ist, wie stark der Preis eines Vermögensgegenstands anzieht. Beim Bitcoin stieg der Preis in kürzester Zeit von wenigen Cent auf fast 20.000 Dollar Anfang 2017 und brach danach schnell kräftig ein. Im Verlauf von 2021 bewegte sich der Bitcoin zwischen einem Tief von 28.800 Dollar und einem Hoch von beinahe 69.000 Dollar. Die Tokens sind schwankungsanfällig und steigen oder fallen innerhalb einzelner 24-Stunden-Zeiträume um ein ganzes Drittel. Die Kurse anderer Kryptowährungen folgten ähnlichen Mustern. Die Zugewinne fielen deutlich höher aus als bei den Tulpenzwiebeln im Holland des 17. Jahrhunderts. Auch keine andere der in diesem Buch bereits angesprochenen Blasen kann annähernd mit der Preisinflation des Bitcoin mithalten. Sowohl der Umfang der Preissteigerungen als auch die Preisschwankungen lassen vermuten, dass es sich um eine der größten Blasen in der Geschichte handeln könnte.

Blasen werden von spektakulären Geschichten angetrieben, die in die populäre Kultur einfließen. Die Bitcoin-Story ist ein Paradebeispiel dafür, wie ein Meme unter den Millennials und den Angehörigen der GenZ für besondere Begeisterung sorgte. Sie erzählt auch, wie das Internet die Verbreitung von Memes fördert und Finanzblasen intensiviert.

Was kann die Bitcoin-Blase zum Platzen bringen?

Eine Vielzahl von Risiken lässt bei jeder Prognose zur Zukunft des Bitcoin äußerste Vorsicht angezeigt erscheinen. Das Bitcoin-Mining erfordert erhebliche Rechenleistung und ist ein energieintensiver Prozess. Es könnten Beschränkungen eingeführt werden für die Rechner, auf denen der distributed Ledger läuft, das Hauptbuch, das im Mittelpunkt des Transaktionsnetzwerks steht. Die Erzeugung eines einzigen Tokens verbraucht so viel Strom wie der amerikanische Durchschnittshaushalt in zwei Jahren. Insgesamt erfordert das Computernetz, das dem Bitcoin-Netzwerk zugrunde liegt, jedes Jahr so viel Energie wie manche mittelgroßen Länder.

Bitcoin-Fans argumentieren gern damit, dass die Gesamtgröße des Marktes für die Tokens auf 21 Millionen begrenzt ist. Doch das stimmt nicht so ganz. Für die konkurrierenden Kryptowährungen, die in großer Zahl entstanden sind, gilt nämlich keine solche Begrenzung. Befürworter von Ethereum und dessen Währung, dem sogenannten »Ether« behaupten, er sei dem Bitcoin überlegen.

Das Ethereum-Protokoll soll mehr Flexibilität und Funktionalität bieten. Ripple und die zugehörige Währung »XRP« wurden speziell dafür entwickelt, durch verringerte Kosten und die Beschleunigung von Transaktionen internationale Geschäfte zu optimieren. Das Gesamtvolumen aller Kryptowährungen auf dem Markt ist unbegrenzt. Die Tulpenzwiebelblase platzte, als die betreffenden »Investoren« und Spekulanten letztlich beschlossen, Kasse zu machen. Wer große Mengen von Bitcoin hält, wird als »Wal« tituliert und kann den Kurs zum Absturz bringen, indem er auch nur einen kleinen Teil seiner Bestände auf den Markt wirft. Dass der Bitcoin verwendet werden kann, um illegale Geschäfte zu ermöglichen, stellt besondere Gefahren für die Währung dar. Werden »Ransomware« und andere illegale Machenschaften wie Steuerhinterziehung durch die Kryptowährung ermöglicht, können wir nicht erwarten, dass die Behörden tatenlos zusehen. Ebenso wenig werden Staaten die Kontrolle über ihre Landeswährungen aufgeben wollen. Es wäre unklug, dagegen zu wetten, dass Regierungen – von Peking bis Washington – versuchen, das Mining von und den Handel mit Bitcoin zu unterbinden. Wahrscheinlicher ist, dass weithin akzeptierte digitale Währungen der Zukunft von staatlicher Seite gesponsert werden als von privatwirtschaftlichen Unternehmen.

Andere digitale Miniblasen

In den 2020er-Jahren mehrten sich weiter die Miniblasen. Drei meiner Favoriten betrafen SPACs, eine weitere Digitalwährung namens Dogecoin und NFTs.

Erinnern Sie sich noch an die geradezu lachhafte Aussage über die Neuemission einer »Gesellschaft zur Ausführung eines sehr vorteilhaften Unterfangens, das allerdings geheim bleiben muss« zu Zeiten der Südseeblase? Das beschreibt nahezu perfekt die als Special Acquisition Companys bezeichneten Mantelgesellschaften, kurz SPACs. Sie werden gegründet, um mit einem Börsengang Kapital ausschließlich zu dem Zweck einzuwerben, ein oder mehrere nicht börsennotierte Unternehmen aufzukaufen. Die SPAC selbst ist nicht operativ tätig. Sie existiert nur als vorübergehende Kapitalsammelstation, um ein unbekanntes Unternehmen ausfindig zu machen, mit dem sie dann fusionieren und es so indirekt an die Börse bringen kann. Die Mantelgesellschaft ermöglicht einen Börsengang durch die Hintertür. 2020 wurden 248 solche SPACs gegründet, brachten Eigenkapital in Höhe von 83 Milliarden Dollar auf und avancierten zu den wachstumsstärksten Finanzinstrumenten der Welt.

SPACs werben mit dem schnellen Reichtum und einer Möglichkeit, den Normalanleger am lukrativen Neuemissionsmarkt teilhaben zu lassen. Tatsächlich verdient daran aber in erster Linie der SPAC-Sponsor, der oft 20 Prozent der SPAC-Aktien erhält, sodass für das breite Publikum, das SPACs erwirbt, nur der verbleibende Anteil übrig ist. Allzu oft werden SPACs auch genutzt, um zweifelhafte Unternehmen an die Börse zu bringen, ohne sie den kritischen Blicken der Börsenaufsicht auszusetzen. Die meisten SPACs haben ihren Anlegern auf breiter Front Verluste beschert, und zwar auch zu Zeiten, in denen die Aktienmärkte manche der größten Höhenflüge in ihrer Geschichte verzeichneten.

Mein nächster Miniblasenfavorit, der Dogecoin, war ursprünglich ein Scherz. Er wurde von zwei Freunden in einem Chatroom ins Leben gerufen, die sich über den Erfolg des Bitcoin und den bizarren Hype um den Handel mit Kryptowährungen lustig machen wollten. Seinen Namen hatte er von dem Internet-Meme »doge«, einem mit Sprache unterlegten Bild eines Hundes der Rasse Shiba Inu. Die Dogecoin-Schöpfer dachten, ihr Coin wäre für einen Lacher gut und würde dann rasch in der Versenkung verschwinden. Doch das Reddit-Publikum wurde auf den Scherz aufmerksam, der bald Weltruhm erlangte. Am 1. Januar 2021 wurde der Coin zu ½ Cent gehandelt, im Mai war er auf 75 Cent geklettert und brach dann abrupt ein, nachdem der Kryptofan Elon Musk sich in *Saturday Night Live* darüber lustig machte. Die Fans auf Reddit konnte das nicht erschüttern. Der rote Faden der Community von Doge-Begeisterten: »You Only Live Once«, abgekürzt zu »YOLO«, und »We Are Going to the Moon«.

Die Liste der Miniblasen wurde in den 2020er-Jahren immer länger. Eine der folgenschwersten bildete sich um die Modeerscheinung der Nonfungible Tokens. So ein NFT ist ein einmaliger virtueller Eigentumsnachweis, der auf einer Blockchain gespeichert wird und auf dem Markt ge- und verkauft werden kann. Mike Winkelman, ein Digitalkünstler, der unter dem Namen Beeple arbeitet, verkaufte über das Auktionshaus Christie's eine tokenisierte Sammlung seiner Werke für 69 Millionen Dollar, obwohl sich jeder kostenlos ein JPEG der Bilder aus dem Internet herunterladen konnte. Es folgte ein ganzer Schwall an NFTs, von CryptoKitties bis zu digitalen Sneakers. Ein Charmin NFT wurde als erstes nichtfungibles Toilettenpapier der Welt verkauft. Twitter-CEO Jack Dorsey veräußerte den ersten Tweet auf der Plattform als NFT für 3 Millionen Dollar.

Der vielleicht absurdeste NFT überhaupt wurde im Januar 2022 vom Reality-Star Stephanie Matto lanciert. Stephanie begann ihre Karriere als Unternehmerin, indem sie in Gläser furzte und diese an ihre Fans verkaufte. Um mit der explodierenden Nachfrage Schritt zu halten, konsumierte sie mehrere Teller schwarze Bohnensuppe. Als sie dann starke Schmerzen im Brustraum bekam, warnte sie ihr Arzt, die Blähungen stellten eine gefährliche Belastung für ihren Körper dar. Sie passte ihr Geschäftsmodell an und produzierte hinfort digitale Kunstwerke zum Thema »Furz im Glas«. Die Menschen sammeln alles Mögliche, und manche Sammlerstücke steigen mit der Zeit im Wert. Die meisten fallen. Ich für meinen Teil hätte lieber einen Picasso.

Was wir daraus lernen können

Wir haben rekapituliert, wie der Wahn der Massen in der Geschichte über die Jahrhunderte immer wieder Vermögenspreise in die Höhe trieb – und unbedarfte Zeitgenossen in den Ruin. Die Geschichte lehrt uns eindeutig, dass am Ende jeder exzessive Überschwang der Märkte den Gesetzen der Schwerkraft unterliegt. Die garantierten Verlierer auf dem Markt sind nach meiner persönlichen

Erfahrung jene, die sich der einen oder anderen Ausprägung einer Tulpenmanie nicht entziehen können. Es gibt jede Menge empirische Belege dafür, dass die meisten Day-Trader Geld verlieren. Dabei ist es eigentlich nicht schwer, an der Börse Geld zu verdienen. Wie wir noch sehen werden, kann ein Anleger, der ein breitgefächertes Aktienportfolio kauft und hält, auf lange Sicht ordentliche Renditen erzielen. Nicht ganz so einfach ist es, nicht der verführerischen Versuchung zu erliegen, sein Geld auf kurzlebige Spekulationshypes zu verschwenden, die schnellen Reichtum versprechen.

Ich habe nichts gegen Glücksspieler – ich spiele selbst ganz gern. Doch wer das tut, sollte nur kleine Geldbeträge setzen, deren Verlust er verschmerzen kann. Auf keinen Fall dürfen Sie Glücksspiel mit Kapitalanlage verwechseln und das Geld, was Sie fürs Alter zurückgelegt haben, in eine populäre Technologie investieren, die die Welt verändern könnte. Anlagen in solche Technologien – vor allem wenn diese gerade in aller Munde sind –, haben sich gewöhnlich für Anleger als wenig einträglich erwiesen.

Die Lehren aus der Geschichte sind unwiderlegbar. Spekulationsblasen wird es immer wieder geben. Doch letztlich treiben sie die Allermeisten, die sich daran beteiligen, in den Untergang. Selbst echte technologische Umwälzungen garantieren nicht, dass die Anleger etwas davon haben. Ob es Ihnen gelingt, die schlimmsten Fehler bei der Kapitalanlage zu vermeiden, ist vermutlich der Faktor, der am meisten dazu beiträgt, dass Ihr Kapital erhalten bleibt und sich mehren kann. Das ist eine so offensichtliche Lektion – und dennoch so leicht zu ignorieren.

ZWEITER TEIL:

WIE DIE PROFIS AM GANZ GROSSEN RAD DREHEN

FÜNFTES KAPITEL:

DIE TECHNISCHE UND DIE FUNDAMENTALE ANALYSE

Ein Bild sagt mehr als zehntausend Worte.

Altes chinesisches Sprichwort

Die größte Gabe ist es, den Wert der Dinge richtig zu beurteilen.

La Rochefoucauld, *Réflexions; ou sentences et maximes morales*

An einem normalen Börsentag werden an der New York Stock Exchange, der NASDAQ-Börse und verschiedenen elektronischen Handelsplätzen in den gesamten USA Aktien mit einem Gesamtmarktwert gehandelt, der in die Hunderte Milliarden geht. Die Märkte für Futures, Optionen und Swaps eingeschlossen, werden jeden Tag Transaktionen über Billionen von Dollar ausgeführt. Professionelle Investmentanalysten und -berater drehen mit vereinten Kräften am ganz großen Rad.

Bei so hohen Einsätzen sind auch die potenziellen Gewinne nicht zu verachten. In einem guten Börsenjahr verdienen neue Trainees frisch von der Harvard Business School gewöhnlich um die 200.000 Dollar im Jahr. An der Spitze der Gehaltsskala liegen die hochkarätigen Vermögensverwalter selbst – die Männer und Frauen, die die großen Investmentfonds und Pensionskassen leiten oder billionenschwere Hedgefonds und Private-Equity-Anlagen verwalten. Nachdem »Adam Smith« *Das große Spiel ums Geld* geschrieben hatte, brüstete er sich damit, dass er mit seinem Bestseller eine Viertel Million Dollar einnehmen würde. Darauf entgegneten seine Freunde von der Wall Street: »Dann verdienst du auch nicht mehr als ein zweitklassiger auf institutionelle Kunden spezialisierter Verkäufer.« Die Hochfinanz ist vielleicht nicht das älteste Gewerbe der Welt, aber sicherlich eines der am besten bezahlten.

Der zweite Teil dieses Buches nimmt die Methoden der professionellen Portfoliomanager in den Fokus. Er verrät, was wissenschaftliche Analysen ihrer Anlageergebnisse aufzeigen, und folgert, dass sie ihr Geld nicht wert sind. Im Anschluss stellt er die Effizienzmarkthypothese (EMH) und ihre praktische Umsetzung vor: Aktienanleger sind am besten beraten, wenn sie einfach einen Indexfonds kaufen und halten, der alle auf dem Markt befindlichen Aktien im Portfolio hat.

Technische und fundamentale Analyse im Vergleich

Der Versuch, die künftige Entwicklung von Aktienkursen und damit den richtigen Zeitpunkt zum Kauf oder Verkauf einer Aktie vorherzusagen, gehört zu den hartnäckigsten Bemühungen der Anleger. Diese Suche nach dem goldenen Ei hat verschiedene Methoden hervorgebracht, die vom Wissenschaftlichen bis zum Okkulten reichen. Es gibt heute allen Ernstes Menschen, die die künftige Kursentwicklung prognostizieren, indem sie Sonnenflecken messen, Mondphasen betrachten oder die Erschütterungen am San-Andreas-Graben aufzeichnen. Die allermeisten entscheiden sich jedoch für eine der folgenden beiden Methoden: die technische oder die fundamentale Analyse.

Diese beiden von Investmentprofis verwendeten Alternativen beziehen sich auf die beiden Aktienmarkttheorien, die ich im ersten Teil angesprochen habe. Die technische Analyse ist die Methode, mit der die Anhänger der Luftschlosstheorie zur Bepreisung von Aktien den optimalen Zeitpunkt zum Kauf oder Verkauf einer Aktie bestimmen. Die fundamentale Analyse ist die von den Verfechtern der Solide-Grundlagen-Theorie herangezogene Technik zur Auswahl von Einzeltiteln.

Bei der technischen Analyse geht es im Grunde um das Erstellen und Interpretieren von Kurscharts. Wer sie praktiziert, gehört einem kleinen, doch ungewöhnlich engagierten Kult an, den sogenannten Charttechnikern. Sie untersuchen die bisherigen Kursbewegungen und Handelsvolumina von Aktien, um die Richtung künftiger Veränderungen zu bestimmen. Viele Chartanalysten glauben, der Markt reagiere nur zu 10 Prozent logisch und zu 90 Prozent psychologisch. Sie gehören in aller Regel der Luftschloss-Schule an und betrachten die Kapitalanlage als ein Spiel, bei dem es darauf ankommt vorwegzunehmen, wie sich die übrigen Spieler verhalten werden. Doch Charts verraten natürlich nur, was die anderen Spieler in der Vergangenheit unternommen haben. Die Hoffnung der Charttechniker ist jedoch, dass die Analyse des Verhaltens dieser anderen Akteure ans Licht bringt, wie sich die breite Masse künftig verhalten dürfte.

Die Fundamentalanalysten gehen diametral entgegengesetzt vor. Sie sind überzeugt, dass der Markt zu 90 Prozent logisch und nur zu 10 Prozent psychologisch reagiert. Um bestimmte vergangene Kursformationen scheren sie sich wenig. Sie versuchen vielmehr, den eigentlichen Wert einer Aktie zu bestimmen. Der Wert steht in diesem Fall in Zusammenhang mit dem Vermögen eines Unternehmens sowie der Rate, mit der Erträge und Dividenden steigen, den Zinsen und den Risiken. Durch das Studium dieser Faktoren gelangt der Fundamentalanalyst zu einer Schätzung des inneren Wertes eines Wertpapiers – also einer soliden Wertgrundlage. Bewegt sich diese über dem Marktkurs, rät er dem Anleger zum Kauf. Fundamentalanalysten glauben, dass der Markt früher oder später den wahren Wert des Wertpapiers widerspiegelt. Vielleicht 90 Prozent der Wertpapieranalysten an der Wall Street betrachten sich als Fundamentalisten. Viele von ihnen würden sagen, dass es den Chartanalysten an Würde und Professionalität mangelt.

Was Ihnen Charts verraten können

Das oberste Prinzip der technischen Analyse lautet, dass alle Informationen über Erträge, Dividenden und den künftigen Erfolg eines Unternehmens automatisch aus den früheren Marktkursen hervorgehen. Ein Chart, der diese Kurse und das Handelsvolumen zeigt, enthält bereits sämtliche grundlegenden Informationen, ob positiv oder negativ, auf deren Kenntnis ein Wertpapieranalyst hoffen kann. Das zweitwichtigste Prinzip ist, dass Kurse in der Regel Trends entwickeln: Eine steigende Aktie neigt dazu, weiter zu steigen, eine seitwärts tendierende dazu, weiter seitwärts zu tendieren.

Einen echten Charttechniker interessiert gar nicht, in welcher Branche oder Industrie ein Unternehmen tätig ist, solange er nur dessen Kurschart unter die Lupe nehmen kann. Eine Chartformation wie eine »umgekehrte Untertasse« oder ein »Wimpel« bedeutet für Microsoft dasselbe wie für Coca-Cola. Fundamentale Informationen über Erträge und Dividenden werden bestenfalls als unnütz betrachtet – und schlimmstenfalls als missliebige Ablenkung. Entweder sind sie für die Bewertung der Aktie bedeutungslos oder wurden andernfalls schon vor Tagen, Wochen oder Monaten eingepreist. Viele Chartanalysten lesen nicht einmal Zeitung oder Informationen von Online-Finanzdiensten.

Ein Chartist der ersten Stunde, John Magee, hatte in seinem kleinen Büro in Springfield, Massachusetts, sogar die Fenster verbarrikadiert, damit ihn ja keine äußeren Einflüsse von seiner Analysearbeit ablenken konnten. Magee soll gesagt haben: »Wenn ich mein Büro betrete, bleibt die ganze Welt draußen, damit ich mich ganz auf meine Charts konzentrieren kann. Dieses Zimmer ist immer gleich, ob draußen ein Schneesturm tobt oder in einer Juninacht der Mond scheint. Hier drin ist ausgeschlossen, dass ich mir selbst und meinen Kunden einen Bärendienst erweise, indem ich eine Kaufempfehlung erteile, weil gerade die Sonne scheint, oder zum Verkauf rate, weil es regnet.«

Die nachstehenden Zahlen zeigen, wie leicht es ist, ein Chart zu konstruieren. Sie ziehen einfach eine senkrechte Linie vom Tagestief der jeweiligen Aktie zu ihrem Tageshoch. Ein Querstrich markiert den Schlusskurs des Tages. Dieser Prozess ist für jeden Handelstag wiederholbar und sowohl für einzelne Aktien als auch für einen Aktienindex einsetzbar.

Oft gibt der Chartist durch einen weiteren Querstrich unten auf dem Chart noch den Tagesumsatz an. Nach und nach wandern die Hochs und Tiefs auf dem betreffenden Kurschart so weit nach oben und unten, dass sich Muster ergeben. Für den Chartanalysten haben diese Formationen ähnlich viel Bedeutung wie eine Röntgenaufnahme für einen Chirurgen.

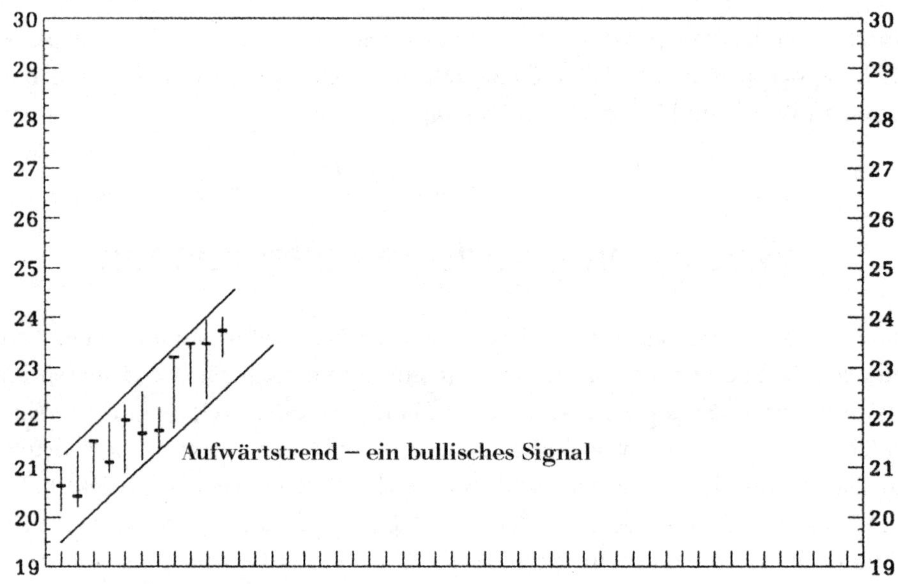

Zunächst achtet der Chartist auf Trends. Die Abbildung oben zeigt einen entstehenden Trend. Sie gibt die Aufzeichnung der Kursveränderungen einer Aktie über mehrere Tage wieder – und die Kurse tendieren offensichtlich aufwärts. Der Chartist zeichnet zwei Linien ein, die die Tiefs und Hochs miteinander verbinden. Dadurch bildet sich ein »Kanal«, der den Aufwärtstrend anzeigt. Weil angenommen wird, dass die Marktdynamik sich in aller Regel weiter fortsetzt, ist davon auszugehen, dass die Aktie noch steigt. Wie Magee in der Bibel der Chartisten *Technische Analyse von Aktientrends* schreibt: Die Kurse an der Börse bewegen sich in Trends; diese Trends haben die Tendenz, sich so lange fortzusetzen, bis irgendetwas das Angebot-Nachfrage-Verhältnis ändert.

Angenommen, die Aktie gerät bei einem Stand von circa 24 in Schwierigkeiten und kann keinen Boden mehr gutmachen, so wird das als Widerstandsniveau bezeichnet. Dann pendelt sie womöglich kurzzeitig um diesen Wert und dreht anschließend nach unten. Eine Formation, die den Chartanalysten eindeutig signalisiert, dass der Markt einen Gipfel gebildet hat, ist die (in der folgenden Grafik abgebildete) Schulter-Kopf-Schulter-Formation.

Die Aktie legt zunächst zu, gibt dann leicht nach und bildet eine rundliche Schulter. Im Anschluss steigt sie wieder, erreicht ein etwas höheres Niveau und fällt erneut zurück, sodass ein Kopf entsteht. Darauf folgt die rechte Schulter, und dann warten alle Charttechniker wie gebannt auf das Verkaufssignal, das laut und deutlich ertönt, wenn die Aktie »die Nackenlinie durchbricht«. So begierig wie Graf Dracula, wenn er ein Opfer im Auge hat, erteilen die Chartanalysten dann ihre Verkaufsaufträge und gehen davon aus, dass – wie angeblich früher schon – ein längerer Abwärtstrend einsetzt. Natürlich hält der Markt für die technischen Analysten aber auch mal eine Überraschung bereit. So kann der Markt selbst nach einem pessimistischen Signal noch zu einem Endspurt bis auf 30 ansetzen, wie der Chart auf Seite 94 zeigt. Das wird dann als Bärenfalle bezeichnet und ist für den Charttechniker die Ausnahme, die die Regel bestätigt.

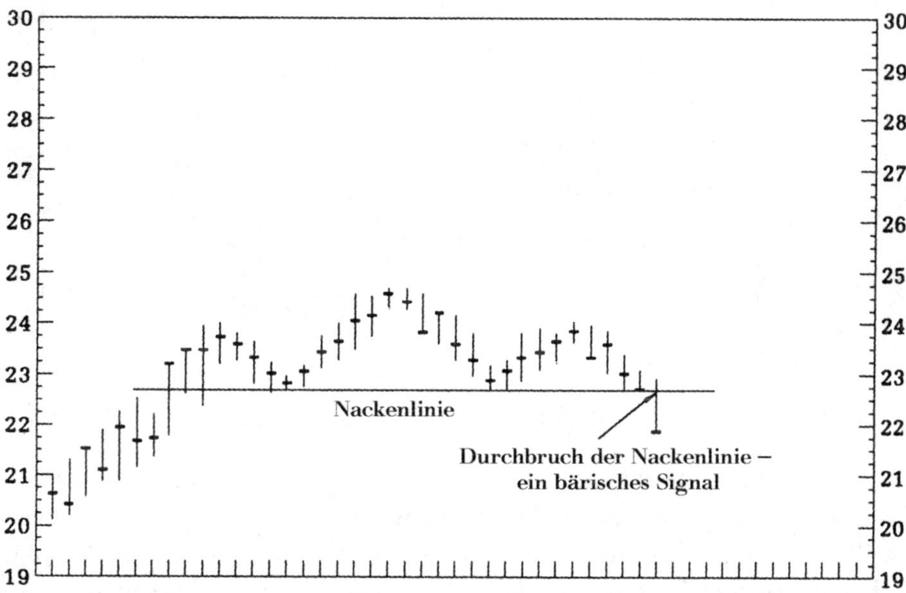

Methodisch bedingt handelt es sich bei dem Charttechniker um einen Spekulanten – nicht um einen langfristigen Investor. Der technische Analyst kauft, wenn die Zeichen günstig stehen und verkauft, wenn sie nichts Gutes erwarten lassen. Er flirtet sozusagen mit Aktien, wobei es ihm aber stets nur um ein kurzfristiges Techtelmechtel geht, nie um ein langfristiges Engagement. Der Psychiater Don D. Jackson, der zusammen mit Albert Haas *Bulls, Bears and Dr. Freud* verfasste, erkennt darin sogar sexuelle Motive.

Interessiert sich der Charttechniker für eine Aktie, behält er sie in aller Regel eine Zeit lang im Auge. Er turtelt mit ihr, bevor er ernste Absichten erkennen lässt, denn für den technischen Analysten kommt es – wie bei Eroberungen in der Liebe – auf den richtigen Zeitpunkt an. Die Erregung steigt, wenn die Aktie die Grundformation durchbricht und zum Höhenflug ansetzt.

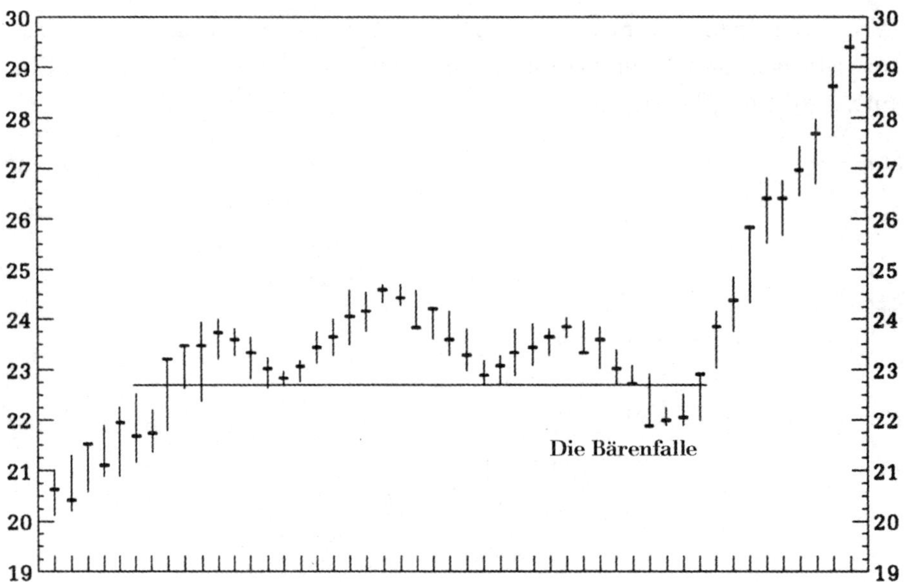

Kann der Chartanalyst beim Objekt seiner Begierde landen, kommt es zum Moment der Erfüllung – er macht Kasse und genießt die befreiende Entspannung. Zum Vokabular der technischen Analysten gehören Begriffe wie »Doppelboden«, »Durchbruch«, »Verletzung von Tiefs«, »Bestätigung«, »ansteigende Höhepunkte« und »Verkauf auf dem Gipfel«. Und das alles im Zeichen dieses vielsagenden Symbols der Sexualität: des Bullen.

Die Logik der Chartanalyse

Warum sollte die Chartanalyse funktionieren? Viele technische Analysten geben offen zu, dass sie keine Ahnung haben, weshalb ihre Methode Erfolg verspricht – aber die Geschichte wiederhole sich eben immer wieder.

Für mich sind die folgenden drei Erklärungen der technischen Analyse die plausibelsten. Zum einen heißt es, das massenpsychologische Phänomen des Herdentriebs sorge dafür, dass sich Trends fortsetzen. Beobachten Anleger, wie der Kurs ihres favorisierten Spekulationsobjekts immer weiter steigt, wollen sie auf den Zug aufspringen und mit bergauf fahren. Tatsächlich heizt der Kursanstieg als solcher in einer sich selbst erfüllenden Prophezeiung die Begeisterung an. Jedes Anziehen des Kurses macht Appetit auf mehr und weckt die Erwartung, der Aufwärtstrend könnte sich fortsetzen.

Zum anderen haben nicht alle den gleichen Zugang zu grundlegenden Informationen über ein Unternehmen. Gibt es gute Nachrichten wie die Entdeckung eines reichhaltigen Mineralvorkommens, so erfahren das die Insider mutmaßlich als Erste, und sie reagieren, indem sie die Aktie kaufen und den Kurs in die Höhe treiben. Die Insider erzählen es dann ihren Freunden, die als Nächste einsteigen. Anschließend erreicht die Neuigkeit die Profiszene, und die großen institutionellen Investoren kaufen größere Aktienblöcke für ihre Portfolios. Erst ganz zum Schluss landet die Information bei armen Tölpeln wie Ihnen und mir, und wir greifen zu und geben dem Kurs weiteren Auftrieb. Dieser Prozess sollte bei guten Nachrichten zu einem eher allmählichen Kursanstieg der Aktie führen, bei schlechten zu einem Rückgang.

Zum Dritten reagieren Anleger auf neue Informationen zunächst oft verhalten. Es gibt Belege dafür, dass bei Gewinnmeldungen, die die Schätzungen der Wall Street übertreffen (oder verfehlen, sogenannte positive beziehungsweise negative »Gewinnüberraschungen«), der Aktienkurs positiv beziehungsweise negativ reagiert, sich aber zunächst nur unvollständig auf die neue Situation einstellt. Der Aktienmarkt preist Gewinninformationen also erst nach und nach ein, was zu einer anhaltenden Phase der Kursdynamik führt.

Die Charttechniker glauben ferner, dass die Menschen die nervige Angewohnheit haben, sich zu merken, was sie für eine Aktie auf den Tisch blättern mussten – beziehungsweise, wie viel sie gern gezahlt hätten. Nehmen wir beispielsweise an, eine Aktie wird über längere Zeit zu 50 Dollar gehandelt, und in dieser Zeit steigen etliche Anleger ein. Nehmen wir weiter an, der Kurs sackt auf 40 Dollar ab.

Den technischen Analysten zufolge möchte das breite Publikum möglichst schnell aussteigen, sobald die Aktie wieder ihren Ausgangskurs erreicht hat, um mit dem Geschäft zumindest keinen Verlust zu machen. Die ursprüngliche Kursmarke von 50 Dollar wird daher zur »Widerstandslinie«. Je öfter diese Linie touchiert wird und die Aktie wieder zurückfällt, desto schwerer ist der Widerstand zu überwinden, weil immer mehr Anleger der Meinung sind, dass der Markt oder der fragliche Titel nicht weiter steigen kann.

Ein ähnliches Argument liegt dem Konzept der »Unterstützung« zugrunde. Die Chartanalysten meinen, dass viele Anleger, die nicht eingestiegen sind, als der Markt bei einem vergleichsweise niedrigen Kursniveau pendelte, den Eindruck bekommen, sie hätten den Zug verpasst, wenn die Kurse anziehen. Solche Anleger würden dann energisch zugreifen, wenn die Kurse wieder auf ihr niedriges Ausgangsniveau zurückfallen. In der Charttheorie gilt: Eine Unterstützung, die mehreren Einbrüchen standhält, gewinnt an Stärke. Sinkt ein Titel daher auf Unterstützungsniveau und setzt dann ein Anstieg ein, stürzen sich die Spekulanten auf die Aktie, weil sie annehmen, dass sie gerade erst loslegt. Als bullisches Signal wird auch gewertet, wenn eine Aktie schließlich einen Widerstand durchbricht. Nach der Lesart der Chartanalysten wird der ehemalige Widerstand zur Unterstützung, und die Aktie könnte dann problemlos weiter zulegen.

Warum die Chartanalyse womöglich nicht funktioniert

Es gibt viele logische Argumente gegen die Chartanalyse. Erstens kaufen die Charttechniker erst, wenn sich ein Kurstrend etabliert hat – und sie verkaufen nur dann, wenn er sich nicht mehr fortsetzt. Weil es aber auf dem Markt durchaus plötzlich zu abrupten Trendwenden kommen kann, verpasst der Chartanalyst den Anschluss. Bis ein Aufwärtstrend signalisiert wird, kann er schon wieder vorbei sein. Zweitens werden solche Methoden letztlich zum Bumerang. Je mehr Menschen sie einsetzen, desto geringer ihr Wert. Kein Kauf- oder Verkaufssignal kann noch viel bringen, wenn alle gleichzeitig versuchen, sich danach zu richten. Hinzu kommt, dass die Spekulanten versuchen, den technischen Signalen vorzugreifen. Je voreiliger sie vorgehen, desto unsicherer sind sie, dass das Signal auch wirklich kommt und ihre Transaktionen Gewinn bringen.

Das möglicherweise stichhaltigste Argument gegen technische Methoden geht logischerweise auf das Gewinnmaximierungsverhalten zurück. Nehmen wir an, Universal Polymers notiert bei 20, als Chefwissenschaftler Sam eine neue Produktionsmethode entdeckt, die den Unternehmensgewinn verdoppeln könnte. Sam ist überzeugt, dass die Universal-Aktie auf 40 klettert, sobald seine Entdeckung bekannt wird. Weil jeder Kauf unter 40 schnelle Gewinne verspricht, kaufen Sam und seine Freunde womöglich Aktien, bis die Marke von 40 erreicht ist – und das könnte in wenigen Minuten der Fall sein. Gut möglich, dass der Markt höchst effizient funktioniert. Wissen ein paar Leute, dass der Kurs morgen auf 40 steigt, dann erreicht er diesen Stand schon heute.

Vom Chartisten zum Techniker

Als es noch keine Computer gab, wurde die mühselige Arbeit, Charts für alle möglichen Aktien auf dem Markt zu erstellen, von Hand ausgeführt. Die Chartanalysten galten oft als Sonderlinge mit grünen Augenschirmen auf dem Kopf, die im Büro in einem kleinen Hinterzimmer saßen. Heute stehen ihnen Onlinedienste zur Verfügung, die auf verschiedene Datennetzwerke zugreifen, und eine Batterie von Monitoren, die auf einen Klick jeden erdenklichen Chart anzeigen. Der Chartanalyst (der heute Techniker heißt) kann wie ein Kind, das selig mit seiner neuen elektrischen Eisenbahn spielt, einen vollständigen Chart zur bisherigen Kursentwicklung einer Aktie erzeugen, der Umsatzwerte, den gleitenden 200-Tage-Durchschnitt (einen Kursdurchschnitt für die vorausgegangenen 200 Tage, der täglich neu berechnet wird), die Stärke der Aktie im Verhältnis zum Markt und ihrer Branche und buchstäblich Hunderte andere Durchschnitte, Kennzahlen, Oszillatoren und Indikatoren enthält. Außerdem hat er über Internetseiten Zugriff auf eine Vielzahl von Charts für verschiedene Zeiträume.

Die Methode der Fundamentalanalyse

Fred Schwed Jr. erzählt in seinem charmanten, humorvollen Exposé der Finanzwelt in den 1930er-Jahren, »… Und wo sind die Yachten der Kunden?«, von einem Makler aus Texas, der einem Kunden eine Aktie für 760 Dollar verkaufte, als sie für 730 Dollar zu haben war. Als der empörte Kunde das merkte, beschwerte er sich bitterlich bei dem Makler. Doch der fiel ihm ins Wort und erklärte ihm, er habe offenbar keine Ahnung von der Strategie seiner Firma, die Anlagen für ihre Kunden nicht nach ihrem Kurs, sondern nach ihrem Wert auswähle.

In gewisser Hinsicht veranschaulicht diese Geschichte den Unterschied zwischen einem Charttechniker und einem Fundamentalanalysten. Der Techniker interessiert sich ausschließlich für die Kurshistorie einer Aktie, der Fundamentalanalyst vor allem dafür, was sie wirklich wert ist. Fundamentalanalysten versuchen nach Kräften, sich dem Optimismus oder Pessimismus der Masse zu entziehen, und unterscheiden klar zwischen dem aktuellen Kurs einer Aktie und ihrem eigentlichen Wert.

Beim Schätzen der soliden Wertgrundlage einer Aktie ist es die wichtigste Aufgabe des Fundamentalanalysten, die künftigen Ertrags- und Dividendenströme des Unternehmens zu bewerten. Der Wert der Aktie wird zurückgerechnet auf den abgezinsten Gegenwartswert sämtlicher Zahlungsströme, mit denen der Anleger künftig rechnen kann. Der Analyst muss das Umsatzniveau des Unternehmens ebenso einschätzen wie dessen Betriebskosten, Steuersätze, Abschreibungen, Kapitalquellen und -kosten.

Im Grunde muss so ein Wertpapieranalyst ein Prophet sein, nur ohne den Vorteil der göttlichen Eingebung. Sozusagen als dem Propheten für Arme steht dem Analysten nur das Studium des bisherigen Unternehmenserfolgs offen. Er kann die Gewinn- und Verlustrechnungen, Bilanzen und Investitionspläne prüfen, das Unternehmen aufsuchen und sich einen persönlichen Eindruck vom Managementteam verschaffen. Dann muss er die Spreu vom Weizen trennen. Wie Benjamin Graham in *Intelligent Investieren* schrieb, erinnert er ein wenig an den belesenen Generalmajor aus den *Piraten von Penzance* mit seinen vielen erheiternden Fakten über das Quadrat der Hypotenuse.

Weil die allgemeinen Aussichten eines Unternehmens stark von der Wirtschaftslage seiner Branche beeinflusst werden, setzt der Wertpapieranalyst bei der Betrachtung der Aussichten der Branche an. Er spezialisiert sich gewöhnlich sogar auf bestimmte Branchengruppen. Der Fundamentalanalyst hofft, dass er aus einer gründlichen Untersuchung der Bedingungen für die Branche wertvolle Erkenntnisse über die Faktoren gewinnen kann, die sich noch nicht in den Marktkursen niedergeschlagen haben.

Der Fundamentalanalyst zieht vier grundlegende Determinanten heran, die ihm helfen sollen, den wahren Wert einer Aktie zu schätzen.

Determinante 1: die erwartete Wachstumsrate. Den meisten Menschen ist nicht klar, welche Bedeutung das Gesamtwachstum für Finanzentscheidungen hat. Albert Einstein beschrieb den Zinseszinseffekt einmal als »größte mathematische Entdeckung aller Zeiten«. Es heißt, der amerikanische Ureinwohner, der 1626 Manhattan Island für 24 Dollar verkauft hat, sei von einem Weißen übers Ohr gehauen worden. Hätte er seine 24 Dollar mit einer halbjährlich auflaufenden Verzinsung von 6 Prozent angelegt, wären diese mittlerweile über 100 Milliarden Dollar wert – und damit könnten seine Nachkommen einen großen Teil des inzwischen aufgewerteten Landes zurückkaufen. Das ist die Magie des kumulierten Wachstums!

Darunter ist der Prozess zu verstehen, der dafür sorgt, dass 10 plus 10 nicht 20 ergibt, sondern 21. Nehmen wir an, Sie investieren dieses und nächstes Jahr 100 Dollar in eine Anlage, die eine Jahresrendite von 10 Prozent abwirft. Wie viel bringt Ihnen das bis zum Ende des zweiten Jahres? Wenn Sie 21 Prozent antworten, verdienen Sie dafür ein Sternchen und avancieren zum Klassenbesten.

Die Rechnung ist ganz einfach. Ihre 100 Dollar wachsen am Ende des ersten Jahres auf 110 Dollar an. Im Jahr darauf erhalten Sie erneut 10 Prozent, aber für die 110 Dollar, die Sie einsetzen – also verfügen Sie am Ende des zweiten Jahres über 121 Dollar. Die Gesamtrendite über die beiden Jahre beträgt demnach 21 Prozent. Das geht, weil die Zinsen auf Ihre ursprüngliche Anlage ebenfalls Zinsen bringen. Lassen Sie die Anlage noch ein Jahr weiterlaufen, haben Sie 133,10 Dollar. Der Zinseszinseffekt ist tatsächlich sehr effektiv.

Mit einer nützlichen Regel, der sogenannten 72er-Regel, können Sie auf kurzem Weg ausrechnen, wie lange es dauert, bis sich Ihr Geld verdoppelt. Wenn Sie den Zins hernehmen, den Sie erhalten, und 72 durch den Zinssatz teilen, ergibt sich daraus die Anzahl der Jahre, bis sich Ihr Kapital verdoppelt. Beträgt der Zinssatz beispielsweise 15 Prozent, dauert es nicht ganz fünf Jahre, bis sich Ihr Geld verdoppelt hat (72 durch 15 = 4,8 Jahre). Wie sich verschiedene Wachstumsraten auf die Höhe künftiger Dividenden auswirken, verrät die nachstehende Tabelle.

Wachstumsrate der Dividenden	Aktuelle Dividende	Dividende in 5 Jahren	Dividende in 10 Jahren	Dividende in 25 Jahren
5 %	1,00 $	1,28 $	1,63 $	3,39 $
15 %	1,00 $	2,01 $	4,05 $	32,92 $
25 %	1,00 $	3,05 $	9,31 $	264,70 $

Der Haken (und davon muss es wahrscheinlich mindestens einen geben, wenn nicht gar eine echte Zwickmühle): Die Dividenden wachsen nicht unendlich weiter – aus dem einfachen Grund, dass Unternehmen ähnliche Lebenszyklen haben wie die meisten Lebewesen. Denken Sie nur an die führenden US-amerikanischen Unternehmen vor 150 Jahren. Auf einer Fortune-500-Liste hätten damals Namen wie Eastern Buggy Whip Company, La Crosse and Minnesota Steam Packet Company, Savannah and St. Paul Steamboat Line und Hazard Powder Company ganz oben gestanden. Davon gibt es heute keines mehr.

Selbst wenn ein Unternehmen nicht vom Ende seines natürlichen Lebenszyklus eingeholt wird, wird es dennoch immer schwerer, dieselbe prozentuale Steigerung zu erreichen. Ein Unternehmen, das 1 Million Dollar erwirtschaftet, muss seinen Ertrag nur um 100.000 Dollar steigern, um eine Wachstumsrate von 10 Prozent zu erzielen. Ein Unternehmen mit 100 Millionen Dollar Ertrag muss 10 Millionen Dollar zusätzlichen Gewinn vereinnahmen, um denselben Wert zu verbuchen.

Dass es wenig sinnvoll ist, auf sehr hohe langfristige Wachstumsraten zu setzen, lässt sich ganz hervorragend anhand der Hochrechnungen zum Bevölkerungswachstum in den USA illustrieren. Wächst die Bevölkerung im ganzen Land und in Kalifornien weiter mit den zuletzt verzeichneten Raten, leben spätestens im Jahr 2045 120 Prozent der US-amerikanischen Bevölkerung in Kalifornien!

So tückisch solche Projektionen sein mögen – aus Aktienkursen müssen unterschiedliche Wachstumsaussichten hervorgehen, wenn die Marktbewertungen irgendeine Aussagekraft haben sollen. Außerdem ist auch die wahrscheinliche Dauer der Wachstumsphase von großer Bedeutung. Rechnet ein Unternehmen für die nächsten zehn Jahre mit einem rasanten Wachstum von 20 Prozent, ein anderes Wachstumsunternehmen erwartet dagegen, dass es diese Rate nur fünf Jahre lang aufrechterhalten kann, so ist das erstgenannte Unternehmen unter sonst gleichen Voraussetzungen für den Anleger wertvoller als das zweite. Das Problem dabei: Wachstumsraten sind eher Allgemeinplätze, nicht das Evangelium. Das bringt uns zur ersten Grundregel der Wertpapierbewertung:

Regel Nr. 1: Ein rationaler Investor sollte bereit sein, umso mehr für eine Aktie zu bezahlen, je größer die Wachstumsrate von Dividenden und Erträgen ausfällt.

Daraus folgt eine wesentliche Ergänzung:

Ergänzung zu Regel Nr. 1: Ein rationaler Investor sollte bereit sein, für eine Aktie umso mehr zu bezahlen, je länger das außergewöhnliche Wachstum anhalten dürfte.

Ob diese Regel wohl der Praxis entspricht? Formulieren wir die Frage zunächst so um, dass sie sich nicht auf die Marktkurse, sondern auf das Kurs-Gewinn-Verhältnis bezieht. Dieses bietet eine geeignete Messlatte, um Aktien mit unterschiedlichen Kursen und Erträgen miteinander zu vergleichen. Eine Aktie, die zu 100 Dollar gehandelt wird und einen Gewinn je Aktie von 10 Dollar ausweist, hätte dasselbe Kurs-Gewinn-Verhältnis wie eine Aktie, die bei 40 Dollar notiert und 4 Dollar Gewinn je Aktie verbucht. Es ist das Kurs-Gewinn-Verhältnis, nicht der Kurs, der Ihnen sagt, wie eine Aktie auf dem Markt bewertet wird.

Unsere umformulierte Frage lautet: Ist das Kurs-Gewinn-Verhältnis von Aktien tatsächlich höher, wenn für diese eine hohe Wachstumsrate erwartet wird? Es war nicht schwer, die Daten zu Kursen und Gewinnen zu erfassen, die zur Berechnung des Kurs-Gewinn-Verhältnisses erforderlich sind. Nachstehende Grafik zu mehreren repräsentativen Wertpapieren bestätigt Regel Nr. 1. Ein hohes Kurs-Gewinn-Verhältnis steht tatsächlich mit hohen erwarteten Wachstumsraten in Zusammenhang.

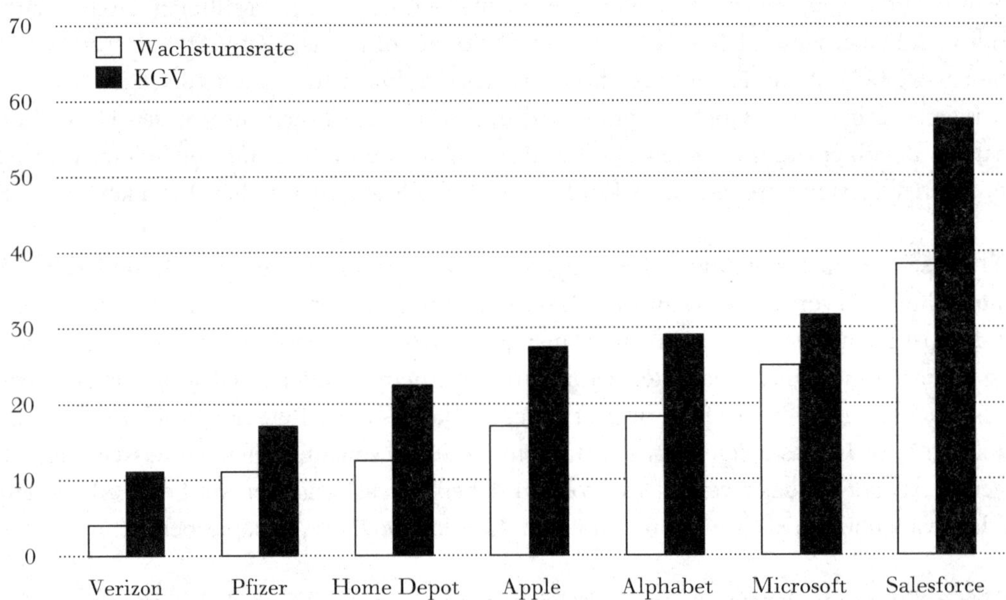

Dieser Chart kann aber nicht nur herangezogen werden, um zu demonstrieren, wie der Markt unterschiedliche Wachstumsraten bewertet, sondern auch als praktische Orientierung bei der Kapitalanlage. Nehmen wir an, Sie überlegen, ob Sie eine Aktie mit einer erwarteten Wachstumsrate von 11 Prozent kaufen sollten, und wissen, dass Aktien mit einer solchen Wachstumsrate (wie Pfizer) im Schnitt ein Kurs-Gewinn-Verhältnis von 17 aufweisen. Würde die Aktie, mit der Sie liebäugeln, mit einem Kurs-Gewinn-Verhältnis von 25 gehandelt, sollten Sie von dieser Idee womöglich Abstand nehmen und lieber zu einem mit Blick auf die derzeitigen Marktnormen vernünftiger bewerteten Titel greifen.

Determinante 2: die erwartete Dividendenausschüttung. Dass die Höhe der ausgezahlten Dividenden – in Gegenüberstellung zu deren Wachstumsrate – ein wesentlicher bestimmender Faktor für den Aktienkurs ist, ist nachvollziehbar. Je höher die Dividendenausschüttung, desto größer unter sonst gleichen Voraussetzungen der Wert der Aktie. Hier liegt der Haken in dem Vorbehalt »unter sonst gleichen Voraussetzungen«. Aktien, die einen hohen Prozentsatz des Gewinns als Dividenden ausschütten, können schlechte Anlagen sein, wenn sie keine guten Wachstumsaussichten haben. Umgekehrt gilt: Viele der dynamischsten Wachstumsunternehmen schütten oft keine Dividenden aus. Manche Unternehmen kaufen lieber eigene Aktien zurück, als ihre Dividenden zu erhöhen. Warten zwei Unternehmen mit gleichen erwarteten Wachstumsraten auf, sind Sie mit demjenigen besser bedient, das mehr Liquidität an die Aktionäre zurückführt.

Regel Nr. 2: Ein rationaler Investor sollte unter sonst gleichen Voraussetzungen umso mehr für eine Aktie bezahlen, je höher der Anteil am Unternehmensgewinn ist, der als Bardividende ausgezahlt oder verwendet wird, um Aktien zurückzukaufen.

Determinante 3: die Höhe des Risikos. Das Risiko spielt auf dem Aktienmarkt eine große Rolle – das macht seine Faszination aus. Risiken wirken sich aber auch auf die Bewertung einer Aktie aus. Manche Menschen meinen sogar, das Risiko sei der einzige Aspekt einer Aktie, den es zu untersuchen gelte.

Je angesehener eine Aktie – je geringer also die damit verbundenen Risiken –, desto höher ihre Qualität. Aktien der sogenannten Blue-Chip-Unternehmen verdienen beispielsweise angeblich eine Qualitätsprämie. (Warum ausgerechnet hochwertige Aktien eine Bezeichnung tragen, die von den Pokertischen stammt, bleibt das Geheimnis der Wall Street.) Die meisten Anleger bevorzugen weniger risikobehaftete Aktien, die ein höheres Kurs-Gewinn-Verhältnis aufweisen können als riskantere Papiere von minderer Qualität.

Wenngleich allgemein der Konsens besteht, dass höhere Risiken durch größere künftige Erträge (und daher niedrigere aktuelle Kurse) aufgewogen werden müssen, ist es praktisch unmöglich, das Risiko zu messen. Die Ökonomen ficht das aber nicht an. Sie widmen der Risikomessung große Aufmerksamkeit.

Einer bekannten Theorie zufolge ist das Risiko umso höher, je stärker der Aktienkurs eines bestimmten Unternehmens (oder sein Jahresertrag inklusive Dividenden) im Vergleich zum Gesamtmarkt schwankt. So erhalten schwankungsarme Titel wie Johnson & Johnson das Gütesiegel zur Eignung für »Witwen und Waisen«, weil ihre Gewinne in Rezessionsphasen relativ stabil sind und ihre Dividenden sicher. Verliert der Markt 20 Prozent, so sind es bei J&J gewöhnlich nur 10. Die Aktie gilt daher als eine mit unterdurchschnittlichen Risiken behaftete. Salesforce.com dagegen hat eine ausgesprochen volatile Historie und sackt gewöhnlich um 30 Prozent ab, wenn der Markt um 20 Prozent zurückgeht. Die Anlage in die Aktien eines solchen Unternehmens ist Glücksspiel – vor allem, wenn ein Anleger womöglich gezwungen ist, sie unter ungünstigen Marktbedingungen zu veräußern.

Laufen die Geschäfte gut, und der Markt tendiert kontinuierlich aufwärts, dürfte Salesforce.com allerdings deutlich besser abschneiden als J&J. Doch wenn Sie ähnlich denken wie die meisten Anleger, dann sind Ihnen stabile Erträge, Sorgenfreiheit und begrenzte Verlustrisiken lieber als spekulative Hoffnungen, schlaflose Nächte und eine mögliche wilde Sturzfahrt. Das führt zu einer dritten Grundregel der Wertpapierbewertung:

Regel Nr. 3: Ein rationaler (risikoscheuer) Anleger sollte unter sonst gleichen Voraussetzungen einen umso höheren Preis für eine Aktie zahlen, je weniger Risiken diese birgt.

Leserinnen und Leser sollten allerdings bedenken, dass eine Messgröße für die »relative Volatilität« die jeweiligen Risiken eines Unternehmens möglicherweise nicht vollständig wiedergibt. Dieses wichtige Risikoelement wird im neunten Kapitel noch ausführlich erörtert.

Determinante 4: das Zinsniveau auf dem Markt. Der Aktienmarkt ist keine Welt für sich. Die Anleger sollten berücksichtigen, wie viel Gewinn sie mit anderen Anlagen erzielen können. Zinsen können, wenn sie denn hoch genug sind, eine solide, rentable Alternative zum Aktienmarkt bieten. Denken Sie nur an Perioden wie die frühen 1980er-Jahre, als die Renditen von Unternehmensanleihen der höchsten Bonitätsstufen auf an die 15 Prozent stiegen. Die erwarteten Erträge aus Aktienkursen hatten Probleme, mit solchen Anleiherenditen mitzuhalten. Kapital floss in Anleihen, während die Aktienkurse stark nachgaben. Am Ende erreichten sie ein so niedriges Niveau, dass genügend Anleger auf den Plan gerufen wurden, um den Abwärtstrend zu stoppen. 1987 kletterten die Zinsen erneut kräftig, was dem großen Aktienmarktcrash vom 19. Oktober vorausging. Anders formuliert: Um Anleger von hochrentierlichen Anleihen wegzulocken, müssen Aktien Schnäppchenpreise bieten.[4]

Sind andererseits die Zinsen ausgesprochen niedrig, wie Anfang der 2020er-Jahre, können festverzinsliche Wertpapiere kaum mit Aktien konkurrieren, und die Aktienkurse sind dann in der Regel vergleichsweise hoch. Das liegt der letzten Grundregel der fundamentalen Analyse zugrunde:

Regel Nr. 4: Ein rationaler Anleger sollte unter sonst gleichen Voraussetzungen für eine Aktie umso mehr bezahlen, je niedriger die Zinsen sind.

---

4 Das ist auch auf andere Weise nachzuweisen – nämlich durch die Feststellung, dass aufgeschobene Erträge stärker »abzuzinsen« sind, weil höhere Zinssätze es uns ermöglichen, aktuell mehr Ertrag zu erzielen. Der Gegenwartswert aller künftigen Dividendenerträge fällt daher niedriger aus, wenn die aktuellen Zinsen vergleichsweise hoch sind. Die Beziehung zwischen Zinsen und Aktienkursen ist aber noch etwas komplexer, als diese Ausführungen vermuten lassen. Nehmen wir an, die Anleger rechnen mit einem Anstieg der Inflationsrate von 5 auf 10 Prozent. Diese Erwartung dürfte die Zinsen um rund 5 Prozentpunkte in die Höhe treiben, sodass Inhaber festverzinslicher Anleihen entschädigt werden, deren Kaufkraft durch die höhere Inflation beeinträchtigt wird. Unter sonst gleichen Voraussetzungen sollte das für fallende Aktienkurse sorgen. Doch bei höheren Inflationserwartungen können die Anleger nach billigem Ermessen davon ausgehen, dass auch die Unternehmensgewinne und Dividenden schneller steigen, was die Aktienkurse anziehen lässt. Eine ausführlichere Erörterung von Inflation, Zinsen und Aktienkursen ist im dreizehnten Kapitel enthalten.

Drei wichtige Vorbehalte

Die vier Bewertungsregeln implizieren, das die solide Wertgrundlage eines Wertpapiers (und dessen Kurs-Gewinn-Verhältnis) umso größer ausfällt, je höher die Wachstumsrate des Unternehmens ist – und je länger sie anhält, je höher die Dividendenausschüttung für das Unternehmen ist, je weniger risikobehaftet seine Aktien, und je niedriger das allgemeine Zinsniveau ist.

Grundsätzlich sind solche Regeln insofern sehr brauchbar, als daraus eine rationale Grundlage für die Aktienkurse hervorgeht und sie den Anlegern einen gewissen Wertstandard liefern. Doch noch bevor wir daran denken, diese Regeln anzuwenden, sollten wir drei maßgebliche Einwände berücksichtigen.

Einwand 1: Die Zukunftserwartungen lassen sich in der Gegenwart nicht nachweisen. Die Prognose künftiger Erträge und Dividenden ist ein ausgesprochen gefährliches Unterfangen. Es ist äußerst schwierig, dabei objektiv zu bleiben. Ungezügelter Optimismus und extremer Pessimismus ringen ständig um die Oberhand. Im Jahr 2008 litt die Wirtschaft unter einer heftigen Rezession und einer globalen Kreditkrise. Damals konnten die Anleger allerhöchstens von bescheidenen Wachstumsraten für die meisten Unternehmen ausgehen. Während der Internetblase Ende der 1990er-Jahre und Anfang 2000 waren die Anleger zu der Überzeugung gelangt, dass selbstverständlich von einem neuen Zeitalter hoher Wachstumsraten und unbegrenzten Wohlstands auszugehen war.

Zu bedenken ist dabei, dass jede Formel zur Prognose der Zukunft stets zu einem gewissen Teil auf der Prämisse der Unbestimmbarkeit beruht. Wie Samuel Goldwyn zu sagen pflegte: »Prognosen sind schwierig – vor allem, wenn sie die Zukunft betreffen.«

Einwand 2: Aus unbestimmten Daten lassen sich keine genauen Zahlen berechnen. Logisch: Anhand unbestimmter Faktoren kann man keine präzisen Werte ermitteln. Doch um zum gewünschten Ziel zu gelangen, tun das Anleger und Wertpapieranalysten ständig.

Denken Sie nur an ein Unternehmen, von dem Sie jede Menge Gutes gehört haben. Sie lesen den Prospekt und folgern, dass es lange Zeit eine hohe Wachstumsrate beibehalten kann. Wie lange? Nun, warum eigentlich nicht zehn Jahre lang?

Dann berechnen Sie anhand der aktuellen Dividendenausschüttung, der voraussichtlichen künftigen Wachstumsrate und des allgemeinen Zinsniveaus, was die Aktie eigentlich »wert« ist. Vielleicht berücksichtigen Sie dabei sogar deren Risikoprofil. Zu Ihrem Leidwesen stellt sich heraus, dass die Aktie etwas weniger wert ist als der Kurs, zu dem sie aktuell notiert.

Nun haben Sie zwei Möglichkeiten. Sie könnten die Aktie als überbewertet betrachten und vom Kauf absehen, oder Sie könnten sagen: »Vielleicht könnte diese Aktie ihre hohe Wachstumsrate ja sogar elf Jahre lang aufrechterhalten, nicht nur zehn. Schließlich waren die zehn Jahre von vornherein nur eine Schätzung – warum also nicht elf?« Dann setzen Sie sich wieder an Ihren Rechner, und siehe da – plötzlich ermitteln Sie für die Aktie einen höheren Wert als den aktuellen Marktkurs.

Die Rechnung ist aufgegangen, weil der Strom künftiger Dividenden umso höher ist, je länger Sie mit außergewöhnlichem Wachstum rechnen. Der Gegenwartswert der Aktie liegt also im Ermessen des Rechners. Und falls 11 Jahre noch nicht reichen, dann klappt es vielleicht mit 12 oder 13. Irgendeine Kombination aus Wachstumsrate und Wachstumsdauer ergibt immer einen bestimmten Kurs. Dabei liegt es in der Natur der Sache, dass sich der innere Wert einer Aktie nicht berechnen lässt. Meines Erachtens ist der Wert einer Aktie grundsätzlich unbestimmbar. Das angemessene Kurs-Gewinn-Verhältnis einer Aktie kennt noch nicht einmal der liebe Gott.

Einwand 3: Wachstum ist nicht gleich Wachstum. Problematisch wird es bei dem Wert, den der Markt bestimmten Fundamentaldaten beimisst. Grundsätzlich gilt, dass der Markt Wachstum würdigt, und je höher die Wachstumsraten, desto höher die Bewertungskennzahlen. Die entscheidende Frage ist aber: Wie viel mehr sollten Sie für höheres Wachstum auf den Tisch blättern?

Darauf gibt es keine schlüssige Antwort. In manchen Phasen, etwa Anfang der 1960er- und 1970er-Jahre, als Wachstum als besonders erstrebenswert galt, war der Markt bereit, für Aktien mit hohen Wachstumsraten sehr hohe Preise zu zahlen. In anderen Zeiten wie Ende der 1980er-Jahre und in den frühen 1990er-Jahren konnten wachstumsstarke Aktien nur einen bescheidenen Aufschlag auf das Kurs-Gewinn-Verhältnis von Aktien im Allgemeinen ausweisen. Anfang 2000 notierten die Wachstumswerte, aus denen sich der NASDAQ 100 Index zusammensetzte, mit dreistelligem Kurs-Gewinn-Verhältnis. Wachstum kann eine ebensolche Modeerscheinung sein wie Tulpenzwiebeln, wie auf Wachstumsaktien spezialisierte Anleger auf die harte Tour lernen mussten.

Aus praktischer Sicht deuten die aufgetretenen raschen Veränderungen der Marktbewertungen an, dass es ausgesprochen riskant sein könnte, die Bewertungsverhältnisse eines Jahres als Indiz für Marktnormen heranzuziehen. Doch indem Anleger die aktuellen Bewertungen von Wachstumsaktien mit ihrer historischen Entwicklung vergleichen, sollten sie zumindest in der Lage sein, die Phasen zu isolieren, in denen die Anleger einem Anflug des Tulpenfiebers erlagen.

Warum die fundamentale Analyse womöglich nicht funktioniert

Obwohl sie so einleuchtend und wissenschaftlich wirkt, hat diese Art der Analyse drei potenzielle Schwachstellen. Erstens können die Informationen und Analysen unzutreffend sein. Zweitens kann der Wertpapieranalyst den »Wert« falsch eingeschätzt haben. Drittens deckt sich der Kurs der Aktie womöglich nie mit der Schätzung ihres Wertes.

So ein Wertpapieranalyst, der sich mit einzelnen Unternehmen befasst und mit Spezialisten aus der Branche berät, erhält eine Menge fundamentaler Informationen. Manche Kritiker behaupten, diese Informationen seien zusammen genommen wertlos. Was Anleger an fundierten Informationen verdienen (vorausgesetzt, der Markt hat diese noch nicht eingepreist), verlieren sie an unzuverlässigen. Dass der Analyst viel Aufwand betreibt, um die Informationen zu beschaffen – und dass der Anleger Transaktionsgebühren zahlt, um entsprechend zu reagieren –, kommt erschwerend hinzu. Überdies sind Wertpapieranalysten nicht unbedingt in der Lage, korrekte Fakten in zutreffende Schätzungen künftiger Erträge umzusetzen. Eine fehlerhafte Analyse stichhaltiger Informationen könnte bewirken, dass die Schätzungen zur Wachstumsrate der Erträge und Dividenden total danebenliegen.

Das zweite Problem: Selbst wenn die Informationen zutreffen und ihre Auswirkungen auf das künftige Wachstum richtig eingeschätzt werden, kann der Analyst den Wert dennoch falsch ansetzen. Es ist praktisch unmöglich, bestimmte Schätzwerte zum Wachstum in eine Schätzung des inneren Wertes zu übersetzen. Tatsächlich kann sich der Versuch, einen Maßstab für den fundamentalen Wert zu erlangen, als wenig einträgliche Suche nach einem Irrlicht erweisen. Sämtliche dem Wertpapieranalysten zugängliche Informationen können bereits in den Kurs eingeflossen sein. Eine Differenz zwischen dem Kurs eines Wertpapiers und seinem »Wert« kann sich aus einem fehlerhaften Schätzwert ergeben.

Schlussendlich ist da noch das Problem, dass die Aktie, die Sie kaufen, trotz korrekter Informationen und Schätzwerte trotzdem nachgeben kann. Nehmen wir beispielsweise an, die Biodegradable Bottling Company hat ein Kurs-Gewinn-Verhältnis von 30 und kann nach Schätzungen des Analysten auf lange Sicht mit einer Rate von 25 Prozent wachsen. Weisen Aktien mit einer voraussichtlichen Wachstumsrate von 25 Prozent ein Kurs-Gewinn-Verhältnis von 40 auf, könnte der fundamentale Analyst daraus schließen, dass es sich bei Biodegradable um ein »Schnäppchen« handelt, und eine Kaufempfehlung erteilen.

Nehmen wir weiter an, dass Aktien mit einer Wachstumsrate von 25 Prozent ein paar Monate später auf dem Markt nur noch ein Kurs-Gewinn-Verhältnis von 20 haben. Selbst wenn der Analyst mit seiner Schätzung zur Wachstumsrate richtig lag, haben seine Kunden vielleicht gar nichts davon, weil der Markt seine Schätzungen zum Wert von Wachstumsaktien – seinen »Fehler« – korrigiert, indem er sämtliche Aktien abwertet, statt den Kurs von Biodegradable Bottling anzuheben.

Derartige Veränderungen der Bewertung sind gar nicht ungewöhnlich – es sind die üblichen Schwankungen der Marktstimmung, wie wir sie in der Vergangenheit erlebt haben. Es kann nicht nur vorkommen, dass sich das durchschnittliche Kurs-Gewinn-Verhältnis für Aktien im Allgemeinen rasch verändert – dasselbe gilt auch für die Wachstumsprämie. Es ist also keinesfalls davon auszugehen, dass die fundamentale Analyse Erfolg bringt.

Die Kombination aus fundamentaler und technischer Analyse

Viele Analysten kombinieren beide Methoden, um zu beurteilen, ob einzelne Aktien eine Kaufempfehlung rechtfertigen. Eines der vernünftigsten Verfahren lässt sich unschwer in den folgenden drei Regeln zusammenfassen. Der aufmerksame, beharrliche Leser wird feststellen, dass diese Regeln auf den vorstehenden aufgestellten Grundsätzen der Aktienbepreisung beruhen.

Regel Nr. 1: Kaufen Sie nur Unternehmen, die voraussichtlich über fünf oder mehr Jahre überdurchschnittliches Gewinnwachstum verbuchen. Eine außergewöhnlich hohe langfristige Gewinnwachstumsrate leistet den wichtigsten Einzelbeitrag zum Erfolg der meisten Aktienanlagen. Amazon, Netflix und praktisch alle anderen wirklich herausragenden Aktien der Vergangenheit waren Wachstumswerte. So schwierig das sein mag – es kommt am Ende darauf an, Einzeltitel herauszupicken, deren Gewinne anwachsen. Beständiges Wachstum steigert nicht nur die Erträge und Dividenden des Unternehmens, sondern kann auch das Kurs-Gewinn-Verhältnis der Aktie in die Höhe treiben. Wer eine Aktie kauft, deren Erträge zum Höhenflug ansetzen, kann damit zwei Fliegen mit einer Klappe schlagen: Gewinn und Kurs-Gewinn-Verhältnis können steigen.

Regel Nr. 2: Zahlen Sie nie mehr für eine Aktie als deren solide Wertgrundlage. Ich habe zwar – hoffentlich überzeugend – behauptet, dass sich der innere Wert einer Aktie nie genau beurteilen lässt, doch viele Analysten sind der Ansicht, dass man grob schätzen kann, wann eine Aktie angemessen bewertet scheint. Eine nützliche Bezugsgröße ist generell das Kurs-Gewinn-Verhältnis für den Gesamtmarkt. Wachstumsaktien, bei denen diese Kennzahl dem Marktdurchschnitt entspricht oder nur leicht darüber liegt, sind oft werthaltig.

Es hat maßgebliche Vorteile, Wachstumsaktien mit einem ausgesprochen vernünftigen Kurs-Gewinn-Verhältnis zu kaufen. Liegen Sie mit Ihrer Wachstumsschätzung richtig, könnte sich das für Sie doppelt auszahlen, wie ich schon im Zusammenhang mit Regel Nr. 1 festgestellt habe: Der Kurs steigt in aller Regel schon deshalb, weil sich der Gewinn erhöht hat, doch das Kurs-Gewinn-Verhältnis nimmt ebenfalls zu. Daher profitiert der Anleger gleich zweimal. Nehmen wir an, Sie kaufen ein

Papier mit einem Gewinn je Aktie von 1 Dollar zu einem Kurs von 7,50 Dollar. Steigert sich der Gewinn auf 2 Dollar je Aktie und das Kurs-Gewinn-Verhältnis von 7 ½ auf 15 (weil das Papier nunmehr als Wachstumsaktie gilt), dann verdoppelt sich Ihr Kapital nicht nur, sondern es vervierfacht sich, denn Ihre zu 7,50 Dollar erworbene Aktie ist dann 30 Dollar wert (das Kurs-Gewinn-Verhältnis von 15 mal 2 Dollar Gewinn je Aktie).

Betrachten wir nun die Kehrseite der Medaille. Mit dem Erwerb von »Wachstumsaktien« sind bestimmte Risiken verbunden, die der Markt bereits erkannt und beim Kurs-Gewinn-Verhältnis mit einem saftigen Aufschlag gegenüber Allerweltsaktien honoriert hat. Das Problem dabei: In einem sehr hohen Kurs-Gewinn-Verhältnis kann das erwartete Wachstum bereits vollständig eingepreist sein, und wenn dieses Wachstum ausbleibt und der Gewinn stattdessen zurückgeht (oder auch nur langsamer zunimmt), erleben Sie eine böse Überraschung. Aus dem Doppelvorteil, der sich ergeben kann, wenn der Gewinn einer Aktie mit niedrigem Kurs-Gewinn-Verhältnis steigt, wird ein zweifacher Nachteil, wenn der Gewinn einer Aktie mit hohem Kurs-Gewinn-Verhältnis sinkt.

Es empfiehlt sich also eine Strategie zum Kauf solcher Wachstumsaktien, die noch nicht als solche gelten und deren Kurs-Gewinn-Verhältnis nicht über dem Marktdurchschnitt liegt. Selbst wenn sich das Wachstum nicht einstellt und der Gewinn schrumpft, dürfte sich daraus zumindest nur in einer Hinsicht ein Nachteil ergeben, wenn das Kurs-Gewinn-Verhältnis ursprünglich niedrig war, während sich der Nutzen verdoppeln kann, wenn sich das Wachstum tatsächlich realisiert. Auf diese Weise können Sie die Chancen noch etwas mehr zu Ihren Gunsten beeinflussen.

Peter Lynch, ausgesprochen erfolgreicher, inzwischen aber nicht mehr aktiver Manager des Magellan Fund, setzte diese Methode in den Anfangsjahren des Fonds höchst produktiv ein. Lynch berechnete das Kurs-Gewinn-Wachstumsverhältnis (die Price/Earnings to Growth-Ratio) jedes potenziellen Portfoliowerts und kaufte für sein Portfolio nur Aktien mit im Verhältnis zu Kurs und Gewinn relativ hohem Wachstum. Mit dieser Strategie setzte er nicht nur auf ein niedriges Kurs-Gewinn-Verhältnis, denn eine Aktie mit einer Wachstumsrate von 50 Prozent und einem Kurs-Gewinn-Verhältnis von 25 (also einer Price/Earnings to Growth-Ratio von ½) galt als deutlich aussichtsreicher als ein Titel mit 20 Prozent Wachstum und einem Kurs-Gewinn-Verhältnis von 20 (was einer Price/Earnings to Growth-Ratio von 1 entspricht). Wer mit seinen Wachstumsprognosen richtig liegt, und das traf auf Lynch zumindest zeitweise zu, kann mit dieser Strategie herausragende Erträge erzielen.

Das bisher Erörterte lässt sich mit den beiden erstgenannten Regeln auf den Punkt bringen: *Achten Sie auf Wachstumsaussichten mit niedrigem Kurs-Gewinn-Verhältnis. Tritt das Wachstum ein, hat das oft zwei Vorteile – der Gewinn und das Kurs-Gewinn-Verhältnis nehmen zu, sodass sich ein hoher Ertrag ergibt. Hüten Sie sich vor Aktien mit sehr hohem Kurs-Gewinn-Verhältnis, deren künftiges Wachstum bereits eingepreist ist. Bleibt dieses Wachstum nämlich aus, trifft Sie das gleich doppelt hart, weil sowohl der Gewinn als auch das Kurs-Gewinn-Verhältnis leiden.*

Regel Nr. 3: Erachten Sie Aktien als interessant, deren erwartetes Wachstum der Stoff ist, aus dem die Anleger Luftschlösser bauen können. Auf die Bedeutung der psychologischen Elemente bei der Bewertung von Aktien habe ich bereits nachdrücklich hingewiesen. Privatanleger und institutionelle Investoren sind keine Computer, die garantierte Kurs-Gewinn-Verhältnisse berechnen und Kauf- und Verkaufsentscheidungen ausspucken können. Sie sind vielmehr Menschen mit Emotionen, deren Entscheidungen auf dem Aktienmarkt von Gier, Spielerinstinkten, Hoffnung und Angst getrieben werden. Aus diesem Grund müssen erfolgreiche Anleger sowohl intellektuell als auch psychisch auf der Höhe sein.

Aktien, die beim Anlegerpublikum »positive Gefühle« wecken, können lange Zeit ein hohes Kurs-Gewinn-Verhältnis aufweisen, selbst bei lediglich durchschnittlichen Wachstumsraten. Andere, für die das nicht gilt, müssen sich mitunter auch längere Zeit mit einem niedrigen Kurs-Gewinn-Verhältnis zufriedengeben, obwohl sie mit überdurchschnittlichen Wachstumsraten aufwarten. Scheint eine Wachstumsrate gesichert, erregt die betreffende Aktie fast immer ein gewisses Kaufinteresse. Der Markt ist schließlich nicht dumm. Doch Aktien sind wie Menschen – was den einen anmacht, lässt den anderen kalt. Das Kurs-Gewinn-Verhältnis kann geringer und langsamer zunehmen, wenn die Story nicht einschlägt.

Regel Nr. 3 besagt daher: Fragen Sie sich, ob die Story, die Ihrer Aktie zugrunde liegt, aller Voraussicht nach die Fantasie der Masse beflügelt. Ist es eine Geschichte, aus der die Anleger Luftschlösser bauen können – wohlgemerkt solche, die auf einem soliden Fundament stehen?

Sie müssen kein Techniker sein, um sich nach der dritten Regel zu richten. Sie könnten schlicht intuitiv oder nach Ihrem persönlichen spekulativen Eindruck entscheiden, ob die »Story« Ihrer Aktie wohl die Fantasie des Publikums fesseln dürfte – insbesondere die Aufmerksamkeit der institutionellen Investoren oder der Einzelspekulanten, die sich für Internet-Memes interessieren. Ein technischer Analyst würde jedoch nach handfesten Belegen Ausschau halten, bevor er sich davon überzeugen ließe, dass eine Anlageidee wirklich einschlägt. Ein überzeugendes Indiz wäre natürlich das Einsetzen eines Aufwärtstrends oder ein technisches Signal, das einen Aufwärtstrend ankündigt.

Obwohl die gerade dargelegten Regeln durchaus vernünftig erscheinen, ist die entscheidende Frage natürlich, ob sie auch greifen. Immerhin beteiligten sich noch eine ganze Menge anderer an dem Spiel, und es ist keinesfalls offensichtlich, dass irgendjemand laufend gewinnen kann.

In den beiden folgenden Kapiteln nehme ich mir die Fakten vor, wie sie aus den bisherigen Aufzeichnungen hervorgehen. Das sechste Kapitel befasst sich mit der Frage: Funktioniert die technische Analyse? Das siebte Kapitel beleuchtet die Erfolgsbilanz der Fundamentalanalysten. Das sollte uns einen Eindruck davon verschaffen, wie viel Vertrauen wir in den Rat der Investmentexperten haben dürfen.

SECHSTES KAPITEL:

DIE TECHNISCHE ANALYSE UND DIE THEORIE VOM ZUFALLSWEG

Things are seldom what they seem.
Skim milk masquerades as cream.

Gilbert and Sullivan, *H.M.S. Pinafore*

Nichts – weder Gewinne noch Dividenden, Risiken, Weltuntergangsstimmung oder hohe Zinsen – kann die Techniker von ihrer ureigenen Aufgabe abbringen: dem Studium der Kursbewegungen von Aktien. Diese unbeirrbare Zahlenergebenheit hat an der Wall Street die schillerndsten Theorien und Redensarten hervorgebracht: »Gewinner halten, Verlierer verkaufen«, »In starke Titel umschichten«, »Verkaufe den Titel, er reagiert nicht gut«, »Der Ticker hat immer recht«. Das alles sind gängige Rezepte technischer Analysten. Sie bauen ihre Strategien auf den Träumen von Luftschlössern auf und erwarten von ihren Werkzeugen, dass sie ihnen verraten, an welchem Schloss gerade gebaut wird und wie man schon im Erdgeschoss den Einstieg findet. Die Frage ist bloß: Funktionieren sie auch?

Löcher in den Schuhen – und in den Prognosen

An der Uni fragen die Studenten ihre Professoren manchmal: »Wenn Sie so schlau sind, warum sind Sie dann nicht reich?« Die Frage wurmt die Professoren, die in ihrer Vorstellung auf weltlichen Reichtum verzichten, um sich einer Beschäftigung von so offensichtlichem gesellschaftlichem Nutzen zu widmen wie der Lehre. Die bessere Adresse für diese Frage wären die Börsentechniker. Da der Sinn der technischen Analyse einzig darin liegt, Geld zu verdienen, müsste man eigentlich erwarten dürfen, dass ihre Befürworter sie auch erfolgreich praktizieren.

Bei näherem Hinsehen laufen die Techniker aber oft mit abgetretenen Schuhen und verschlissenem Hemdkragen herum. Ich kenne keinen einzigen erfolgreichen Techniker, aber gleich mehrere, erfolglose, für die das den Ruin bedeutete. Erstaunlicherweise ist aber auch ein abgebrannter Techniker nicht etwa geläutert. Erlauben Sie sich die ungehörige Frage, warum er finanziell so schlecht dasteht, wird er Ihnen sehr patent erklären, dass er den allzu menschlichen Fehler begangen hätte, nicht an seine eigenen Charts zu glauben. Es ist mir bis heute peinlich, dass ich mich bei einem Abendessen einmal geräuschvoll verschluckt habe, als sich ein Charttechniker so oder ähnlich äußerte. Seither habe ich es mir zur Regel gemacht, nie mit Charttechnikern zu essen. Ist nicht gut für die Verdauung.

Die Techniker werden vielleicht nicht vermögend, wenn sie sich an ihre eigenen Ratschläge halten, doch ihr Wortreichtum ist tatsächlich beeindruckend, wie folgender Rat eines technischen Dienstes veranschaulicht:

> *Dass der Markt nach einer Konsolidierungsphase wieder anzieht, ist ein bullisches Signal. Dessen ungeachtet liegen noch keine klaren Merkmale für einen Wendepunkt vor. Eine Widerstandslinie besteht 40 Punkte über dem Dow. Es ist daher eindeutig noch zu früh, um zu sagen, ob die nächste Etappe des Bullenmarktes einsetzt. Werden die Tiefs in den nächsten Wochen angetestet und haben sie Bestand, und bricht der Markt aus seiner Flagge aus, würde das auf einen weiteren Anstieg hinweisen. Sollten die Tiefs aber nach unten durchbrochen werden, wäre das ein Signal für eine Fortsetzung des mittelfristigen Abwärtstrends. Angesichts der aktuellen Situation besteht definitiv die Möglichkeit, dass Spekulanten abwarten, bis sich ein klarerer Trend abzeichnet, und der Markt in eine enge Handelsspanne übergeht.*

Wenn Sie mich fragen, was das bedeuten soll, dann kann ich Ihnen das auch nicht sagen, vermute aber, dass sich der Techniker dabei etwa Folgendes gedacht hat: »Wenn der Markt weder steigt noch fällt, bleibt er unverändert.« Das können selbst die Meteorologen besser.

Ich bin natürlich voreingenommen – und zwar nicht nur persönlich, sondern auch beruflich bedingt. Die technische Analyse ist für viele Wissenschaftler eine Irrlehre, die wir nur allzu gern attackieren – in erster Linie aus zwei Gründen: (1) Nach Abzug von Transaktionskosten und Steuern bringt die Methode keine besseren Ergebnisse als eine Buy-and-hold-Strategie und (2) sie bietet so herrlich viele Angriffsflächen. Falls Ihnen das nicht ganz fair erscheint, bedenken Sie bitte: Es ist Ihr Geld, das wir zu retten versuchen.

Eine Zeit lang mögen Computer dem Ansehen der Chartanalysten möglicherweise förderlich gewesen sein, doch obwohl im Internet jede Menge Chartdienste angeboten werden, wird die Technologie den Technikern letztlich zum Verhängnis. Sie können gar nicht so schnell Charts erzeugen, die zeigen, wohin sich der Markt entwickelt, wie die Wissenschaft ihrerseits Charts liefert, die zeigen, wie die bisherige Bilanz der Techniker aussieht. Schließlich ist es kinderleicht, all die Börsenregeln der Techniker mit dem Rechner auf die Probe zu stellen. Zu prüfen, ob sie funktionieren, ist in der akademischen Welt zu einem beliebten Zeitvertreib geworden.

Gibt es Momentum auf dem Aktienmarkt?

Die Börsentechniker glauben, dass sich das voraussichtliche künftige Verhalten einer Aktie anhand ihrer bisherigen Entwicklung prognostizieren lässt. Anders formuliert. Die Abfolge der Kursveränderungen vor einem bestimmten Tag hat eine Bedeutung für die Prognose der Kursveränderungen an diesem Tag. Das könnte man auch als »Tapetenprinzip« bezeichnen. Der technische Analyst versucht, künftige Aktienkurse auf dieselbe Weise vorherzusagen, wie wir vorhersagen könnten, dass sich das Muster einer Tapete hinter dem Spiegel ebenso fortsetzt wie darüber. Dem liegt die Annahme zugrunde, dass Raum und Zeit wiederholbare Muster aufweisen.

Die Charttechniker glauben, dass auf dem Markt eine bestimmte Dynamik existiert – das Momentum. Demzufolge werden Aktien, die bisher gestiegen sind, weiter anziehen, und solche, die nachgeben, weiter fallen. Anleger sollten daher Aktien kaufen, die zum Höhenflug ansetzen, und starke Aktien weiter halten. Setzt bei einem Titel aber ein Rückgang ein, sollte die Aktie abgestoßen werden.

Diese technischen Regeln sind anhand von Kursdaten, die bis Anfang des 20. Jahrhunderts zurückreichen, erschöpfend getestet worden. Die Ergebnisse dieser Tests belegen: Die frühere Kursentwicklung liefert keine verlässlichen Hinweise auf künftige Bewegungen. Wenn überhaupt, dann hat der Aktienmarkt höchstens ein schlechtes Gedächtnis. Er zeigt zwar ein gewisses Momentum, aber eben nicht *verlässlich*, und allzu oft versagt dieses auch. Die Kurse entwickeln sich nicht kontinuierlich genug, als dass Trendfolgestrategien beständig Gewinn abwerfen könnten. Der Aktienmarkt weist zwar ein Momentum auf, worauf das elfte Kapitel noch näher eingeht, doch ein Anleger, der Transaktionskosten und Steuern zahlt, wird mit seiner Strategie daraus kaum Kapital schlagen können.

Ökonomen haben auch die These der Börsentechniker untersucht, dass häufig über mehrere Tage (oder auch Wochen oder Monate) Sequenzen von Kursveränderungen in dieselbe Richtung stattfinden. Aktien werden mit Fullbacks im Football verglichen, von denen zu erwarten ist, dass sie noch mehr Raum gewinnen können, wenn sie erst ein gewisses Momentum aufgebaut haben. Wie sich zeigt, ist das jedoch schlicht falsch. Es kommt vor, dass sich die Kurse über mehrere Tage in Folge positiv entwickeln (also ansteigen). Doch kann es ebenso sein, dass Sie beim Werfen einer Münze mehrere Male hintereinander »Kopf« erhalten. Eine Abfolge positiver (oder negativer) Kursveränderungen tritt nicht häufiger auf als zufällige Kopf- oder Zahlserien beim Münzenwerfen. Was gern als »verlässliches Muster« auf dem Aktienmarkt bezeichnet wird, kommt auch nicht häufiger vor als die Glückssträhnen eines Spielers. Nichts anderes meinen die Ökonomen, wenn sie sagen, dass sich das Kursverhalten stark am Zufallsprinzip orientiert.

Was genau ist der Zufallsweg (Random Walk)?

Für viele scheinbar blühender Blödsinn. Selbst wer die Finanzseiten nur flüchtig überfliegt, kann auf dem Markt unschwer Muster entdecken. Schauen Sie sich doch nur den untenstehenden Kurschart an.

Es zeigt doch eindeutig bestimmte Muster! Die Aktie steigt zunächst an, dreht dann nach unten und tendiert beständig abwärts. Später stoppt der Abwärtstrend und es setzt eine weitere nachhaltige Aufwärtsbewegung ein. Das ist nicht von der Hand zu weisen, wenn man einen solchen Kurschart betrachtet. Sind die Ökonomen so kurzsichtig, dass sie nicht sehen, was mit bloßem Auge klar erkennbar ist?

Die hartnäckige Überzeugung von sich wiederholenden Aktienmarktformationen beruht auf einer statistischen Illusion. Um das zu verdeutlichen, möchte ich ein Experiment beschreiben, das ich mit meinen Studierenden durchgeführt habe. Sie wurden aufgefordert, ein Kurschart zu erstellen, aus dem die Bewegungen einer hypothetischen Aktie hervorgehen, die ursprünglich zu 50 Dollar notierte. Für jeden darauffolgenden Handelstag sollte der Schlusskurs durch das Werfen einer Münze bestimmt werden. Bei Kopf gingen die Studierenden davon aus, dass die Aktie ½ Zähler über dem Schlusskurs des Vortages schloss. Bei Zahl wurde der Schlusskurs ½ Punkt darunter angesetzt. Die folgende Grafik zeigt den hypothetischen Kurschart, der sich aus einem dieser Experimente ergab.

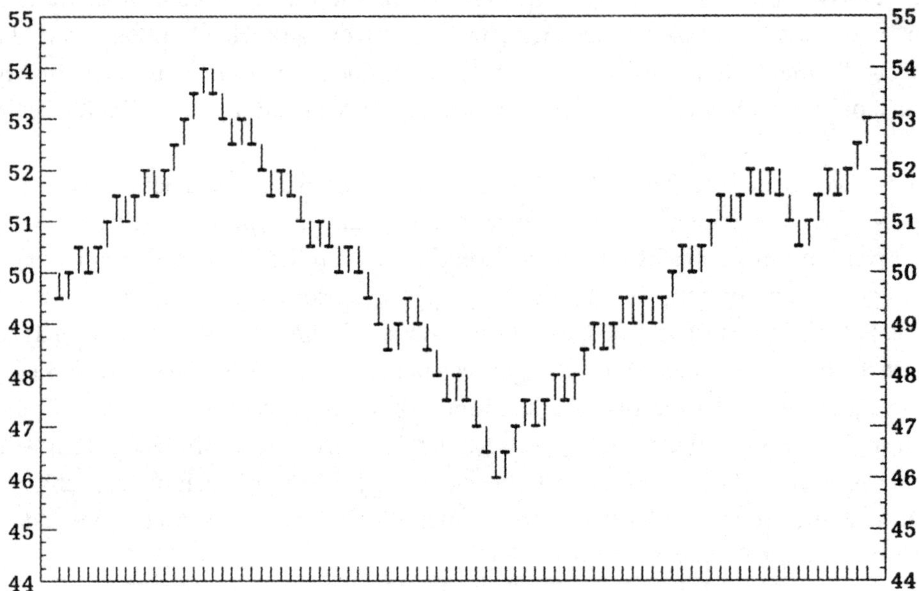

Der von zufälligen Münzwürfen abgeleitete Chart erinnert stark an einen normalen Aktienkurschart und offenbart sogar Zyklen. Die ausgeprägten »Zyklen«, die wir im Münzenwerfen zu erkennen glauben, treten – anders als echte Zyklen – natürlich nicht in regelmäßigen Intervallen auf, doch das gilt für das Auf und Ab auf dem Aktienmarkt ebenfalls.

Gerade diese mangelnde Regelmäßigkeit ist entscheidend. Die »Zyklen« in den Kurscharts sind ebenso wenig echte Zyklen wie die Glücks- oder Pechsträhnen eines Spielers. Dass sich eine Aktie offenbar in einem Aufwärtstrend befindet, der der Aufwärtsbewegung eines früheren Zeitraums gleicht, lieferte keine brauchbaren Informationen über die Verlässlichkeit oder Dauer des laufenden Aufwärtstrends. Sicher, auf dem Aktienmarkt wiederholt sich die Geschichte in aller Regel, doch auf eine so unendlich abwechslungsreiche Art und Weise, dass sie jeden Versuch vereitelt, von der Kenntnis früherer Kursmuster zu profitieren.

Auf anderen simulierten Charts, die Studierende durch Münzwürfe erstellten, gab es Schulter-Kopf-Schulter-Formationen, Dreifachgipfel und -böden und andere esoterischere Muster. Ein Chart zeigte einen Aufwärtsausbruch aus einer umgekehrten Schulter-Kopf-Schulter-Formation (ein ausgesprochen bullisches Signal). Ich legte es einem Freund von mir vor, der Charttechniker ist. Er geriet in helle Aufregung. »Was ist das für ein Unternehmen«, rief er aus. »Da müssen wir gleich zugreifen. Die Formation ist ein Klassiker. Keine Frage, die Aktie hat nächste Woche 15 Punkte zugelegt.« Er reagierte recht ungehalten, als ich ihm erklärte, das Chart sei durch Werfen einer Münze entstanden. Charttechniker haben keinen Sinn für Humor. Die Quittung dafür kriegte ich übrigens, als die *BusinessWeek* einen streitbaren technischen Analysten mit der Rezension der ersten Ausgabe dieses Buches betraute.

Meine Studierenden verwendeten einen ganz und gar zufälligen Prozess, um ihre Aktiencharts zu erstellen. Solange die Münzen nicht manipuliert waren, lag die Wahrscheinlichkeit für »Kopf«, also für einen höheren Schlusskurs der Aktie, für jeden Wurf bei 50 Prozent. Das Gleiche galt umgekehrt für »Zahl«. Selbst wenn die Münze zehnmal in Folge auf der einen Seite gelandet war, war die Wahrscheinlichkeit auch beim nächsten Wurf wieder gleich hoch. Die Mathematiker bezeichnen eine (wie bei unserem simulierten Kurschart) durch einen Zufallsprozess erzeugte Zahlenfolge als »Random Walk« – zu Deutsch Zufallsbewegung oder Zufallsweg. Wie sich der Chart weiter entwickelt, lässt sich auf der Grundlage der bisherigen Zahlen absolut nicht vorhersagen.

Der Aktienmarkt entspricht aber nicht eins zu eins dem Ideal des Mathematikers von einer vollständigen Unabhängigkeit der aktuellen Kursbewegung von den bisherigen. Aktienkurse weisen ein gewisses Momentum auf. Bei guten Nachrichten passen die Anleger ihre Schätzungen vom angemessenen Kurs einer Aktie oft nur zum Teil an. Dieses langsame Anpassungstempo und die Massenpsychologie können dazu führen, dass die Aktienkurse eine Zeit lang stetig steigen und eine gewisse Dynamik ausüben. Dass die Aktienkurse der Definition eines Random Walk nicht perfekt entsprechen, inspirierte die Finanzökonomen Andrew Lo und A. Craig MacKinlay zu ihrem Buch *A Non-Random Walk Down Wall Street.* Neben gewissen Belegen für ein kurzfristiges Momentum hat es bei den meisten Aktienindizes parallel zum langfristigen Wachstum von Gewinnen und Dividenden einen langfristigen Aufwärtstrend gegeben.

Sie sollten sich aber nicht auf das Momentum als Grundlage für eine bombensichere Strategie verlassen, die es Ihnen ermöglicht, den Markt zu schlagen. Zum einen haben Nachrichten nicht immer einen abgeschwächten Einfluss auf die Aktienkurse – mitunter reagieren diese auch über, und dann kann es erschreckend plötzlich zu Trendwenden kommen. Investmentfonds, die in Übereinstimmung mit Momentum-Strategien verwaltet werden, bringen häufig unterdurchschnittliche Ergebnisse. Selbst in Phasen, in denen ein Momentum vorliegt (und sich der Markt nicht nach dem Zufallsprinzip richtet), sind die bestehenden systematischen Beziehungen oft so gering, dass sie für Anleger unbrauchbar sind. Die Transaktionskosten und Steuern, die mit dem Versuch einhergehen, das Momentum auszunutzen, sind weit höher als die eventuell erzielbaren Gewinne. Eine korrekte Aussage zur »schwach ausgeprägten« Form der Hypothese vom Zufallsweg lautet daher wie folgt:

> *Die Kurshistorie einer Aktie enthält keine brauchbaren Informationen, die es einem Anleger ermöglichen, bei der Portfolioverwaltung beständig besser abzuschneiden als mit einer Buy-and-hold-Strategie.*

Sollte diese schwach ausgeprägte Form dieser Hypothese Gültigkeit haben, hieße das meinem Kollegen Richard Quandt zufolge: »Die technische Analyse gleicht der Astrologie und ist um keinen Deut wissenschaftlicher.«

Ich behaupte nicht, dass technische Strategien nie Gewinn bringen. Sehr oft ist das Gegenteil der Fall. Mir geht es vielmehr darum, dass eine einfache Buy-and-hold-Strategie (darunter ist zu verstehen, dass man eine Aktie oder eine Aktiengruppe kauft und langfristig hält) in aller Regel genauso viel oder mehr abwirft.

Wissenschaftler, die die Wirksamkeit eines neuen Medikaments testen wollen, führen gewöhnlich ein Experiment durch, bei dem zwei Patientengruppen Pillen verabreicht werden. Eine Gruppe erhält das betreffende Medikament, die andere ein wirkungsloses Placebo (eine Zuckerpille). Dann werden die Ergebnisse beider Gruppen einander gegenübergestellt. Das Medikament wird nur dann als wirksam befunden, wenn es der Gruppe, die den Wirkstoff erhielt, besser geht als der Placebo-Gruppe. Dabei gilt natürlich: Geht es beiden Gruppen gleichzeitig besser, ist das nicht dem Medikament zugutezuhalten, selbst wenn die Patienten genesen.

Bei Experimenten am Aktienmarkt ist die Buy-and-hold-Strategie das Placebo, mit dem die technischen Strategien verglichen werden. Technische Strategien erzielen häufig Gewinne, aber eine Buy-and-hold-Strategie eben auch. Eine einfache Buy-and-hold-Strategie mit einem Portfolio, das alle Aktien eines breiten Aktienmarktindex enthält, lieferte Anlegern über die vergangenen 100 Jahre eine durchschnittliche Jahresrendite von rund 10 Prozent. Erst wenn die technischen Strategien ein besseres Ergebnis erzielen als der Markt, können sie als wirkungsvoll betrachtet werden. Diesen Test hat bisher keine solche Strategie auf Dauer bestanden.

Verschiedene komplexere technische Systeme

Anhänger der technischen Analyse könnten mir mangelnde Fairness vorwerfen – und dass die einfachen Tests, die ich gerade beschrieben habe, der »Vielfalt« der technischen Analyse nicht gerecht werden. Zum Leidwesen der Techniker sind aber auch komplexere Börsenregeln wissenschaftlich untersucht worden. Mit ein paar der beliebteren wollen wir uns eingehender befassen.

Das Filtersystem

Dem populären Filtersystem zufolge befindet sich eine Aktie, die ein Tief erreicht und dann, sagen wir, 5 Prozent (oder einen Prozentsatz Ihrer Wahl) zugelegt hat, in einem Aufwärtstrend. Eine Aktie, die von einem Gipfel um 5 Prozent zurückgefallen ist, ist im Abwärtstrend. Sie sollen jede Aktie kaufen, die auf ihren Tiefststand 5 Prozent gutgemacht hat, und so lange halten, bis der Kurs nach einem anschließenden Hoch um 5 Prozent absackt. Dann verkaufen Sie und gehen vielleicht sogar short. Die Short-Position halten Sie dann, bis der Kurs von einem nachfolgenden Tief aus um mindestens 5 Prozent anzieht.

Dieses System ist bei Brokern äußerst beliebt. Tatsächlich liegt die Filtermethode den populären »Stop-Loss«-Aufträgen zugrunde, die von den Brokern favorisiert werden: Dem Kunden wird empfohlen, seine Aktie abzustoßen, wenn sie auf seinen Einstandskurs 5 Prozent eingebüßt hat, um »seine potenziellen Verluste zu begrenzen«.

Die verschiedenen Filterregeln sind ausgiebig getestet worden. Der prozentuale Rückgang oder Anstieg, der Kauf- und Verkaufskandidaten herausfiltert, variierte dabei zwischen 1 und 50 Prozent. Die Tests bezogen sich auf verschiedene Zeiträume und auf Einzelaktien ebenso wie auf Aktienindizes. Die Ergebnisse fallen überraschend einheitlich aus. Werden die durch die Anwendung der Filterregeln anfallenden höheren Transaktionskosten berücksichtigt, sind diese Techniken nicht in der Lage, eine Strategie zu schlagen, die einfach darin besteht, die einzelne Aktie (oder den Aktienindex) zu kaufen und über den gesamten Testzeitraum zu halten. Der Privatanleger wäre gut beraten, den Einsatz von Filterregeln grundsätzlich zu meiden – und, wie ich vielleicht hinzufügen darf, auch gleich jeden Broker, der sie ihm ans Herz legt.

Die Dow-Theorie

Die Dow-Theorie ist vergleichbar mit einem kräftigen Tauziehen zwischen Widerstand und Unterstützung. Bildet der Markt einen Gipfel und tendiert er abwärts, stellt dieser Gipfel ein Widerstandsniveau dar, weil alle, denen es nicht gelungen ist, auf dem Hoch zu verkaufen, das unbedingt nachholen wollen, wenn sich noch eine Gelegenheit ergibt. Legt der Markt dann wieder zu und nähert er sich dem letzten Höchststand, wird das als »Antesten« des Widerstands bezeichnet. Jetzt kommt der Moment der Wahrheit. Durchbricht der Markt den Widerstand, dürfte er noch eine Zeit lang weiter zulegen. Aus dem bisherigen Widerstand wird dann eine Unterstützung. Gelingt es dem Markt aber nicht, den Widerstand zu durchbrechen, und er sackt stattdessen unter das vorausgegangene Tief ab, wo er zuvor Unterstützung gefunden hatte, ist das als Baissesignal zu verstehen, das dem Anleger empfiehlt zu verkaufen.

Im Grunde entspricht die Dow-Theorie einer Strategie zu kaufen, wenn der Markt über den letzten Gipfel steigt, und zu verkaufen, wenn er unter den vorausgegangenen Boden fällt. Es gibt da noch die eine oder andere Abwandlung, doch die Grundidee ist das Evangelium der Charttechnik.

Leider haben die vom Dow-Mechanismus erzeugten Signale aber keinerlei Aussagekraft für die Prognose künftiger Kursbewegungen. Der Markt entwickelt sich nach Verkaufssignalen nicht anders als nach Kaufsignalen. Im Vergleich zu einer einfachen Buy-and-hold-Strategie, die auf eine repräsentative Auswahl von Aktien aus den Marktindizes setzt, erzielt ein Anleger, der sich nach der Dow-Theorie richtet, etwas geringere Erträge, weil ihm dadurch zusätzliche Transaktionskosten anfallen.

Das Relative-Stärke-System

Das Relative-Stärke-System verlangt, dass ein Anleger die Aktien kauft und hält, die sich gut entwickeln – also besser als die breiten Marktindizes. Aktien, die sich schlechter entwickeln als der Markt, sollten dagegen gemieden oder sogar leerverkauft werden. In bestimmten Zeiträumen hätte eine Relative-Stärke-Strategie zwar offenbar besser abgeschnitten als eine Buy-and-hold-Strategie, doch es gibt keinen Beleg dafür, dass ihr das dauerhaft gelingt. Wie schon gesagt gibt es gewisse Hinweise auf Momentum im Aktienmarkt. Dessen ungeachtet ergibt ein Computertest der Relative-Stärke-Regeln über einen Zeitraum von 25 Jahren, dass diese Regeln nach Abzug der Kosten und Steuern für Anleger keine Vorteile bringen.

Kurs-Umsatz-Systeme

Kurs-Umsatz-Systemen liegt Folgendes zugrunde: Wenn eine Aktie (oder der ganze Markt) auf hohe oder steigende Umsätze hin anzieht, liegt ein Überhang an unbefriedigtem Kaufinteresse vor, und die Aktie wird weiter steigen. Umgekehrt gilt: Fällt eine Aktie auf hohe Umsätze hin, signalisiert das Verkaufsdruck und es erfolgt ein Verkaufssignal.

Auch Anleger, die sich nach einem solchen System richten, dürften vermutlich enttäuscht werden. Die von der Strategie erzeugten Kauf- und Verkaufssignale enthalten keine brauchbaren Informationen zur Prognose der künftigen Kursentwicklung. Wie bei allen technischen Strategien muss der Anleger jedoch häufig ein- und aussteigen, sodass seine Transaktionskosten und Steuern deutlich höher ausfallen als bei einer Buy-and-hold-Strategie.

Die richtige Interpretation von Chartformationen

Vielleicht können ja manche der komplexeren Chartformationen, wie sie im Vorkapitel beschrieben wurden, über den künftigen Verlauf der Kursentwicklung einer Aktie Aufschluss geben. Ist ein Durchbruch einer Schulter-Kopf-Schulter-Formation nach unten beispielsweise ein zuverlässiges Signal für eine Baisse? In einer Studie wurde ein Rechner darauf programmiert, Charts für 548 Aktien über fünf Jahre zu erstellen und auf das Auftreten von 32 der meistbeachteten Chartformationen zu prüfen. Der Computer achtete auf Schulter-Kopf-Schulter-Formationen, Dreifachgipfel und -böden, Kanäle, Keile und andere mehr.

Stellte der Rechner fest, dass auf eine bärische Formation wie Schulter-Kopf-Schulter eine Abwärtsbewegung durch den Nacken nach unten folgte (ein besonders aussagekräftiges Anzeichen für eine Baisse), verbuchte er das als Verkaufssignal. Dreifachböden, auf die ein Ausbruch nach oben folgte, erzeugten ein Kaufsignal. Wiederum ergab sich scheinbar kein Zusammenhang zwischen dem technischen Signal und der anschließenden Kursentwicklung. Hätten Sie die Aktien gekauft, für die Kaufsignale vorlagen, und bei Verkaufssignalen abgestoßen, so hätten Sie damit keine bessere Wertentwicklung erzielt als mit einer Buy-and-hold-Strategie. Selbst ohne Maklerprovisionen fallen durch den Handel Transaktionskosten an, und eventuelle Veräußerungsgewinne unterliegen der regulären Einkommensteuer. Kaufen und halten Sie Ihre Aktien, unterliegen diese vorerst keiner Besteuerung. (Die in diesem Kapitel getroffenen Aussagen zur Besteuerung gelten allerdings nur in den USA. In Deutschland hingegen ist die Haltedauer für die steuerliche Behandlung unerheblich, A. d. R.)

Der Zufall ist schwer zu akzeptieren

Ordnung entspricht der menschlichen Natur. Den Menschen fällt es schwer, das Zufallsprinzip zu akzeptieren. Ganz gleich, was uns die Gesetze der Wahrscheinlichkeit auch sagen, wir suchen in zufälligen Ereignissen stets nach Mustern, wo auch immer sie uns begegnen – nicht nur auf dem Aktienmarkt, sondern auch, wenn wir Phänomene im Sport interpretieren.

Um die herausragenden Leistungen eines Basketballspielers zu beschreiben, verwenden Reporter und Zuschauer häufig Formulierungen wie »Zion Williamson hat ein glückliches Händchen« oder »LaMello Ball hat eine Glückssträhne«. Wer Basketball spielt, eine Basketballmannschaft trainiert oder Basketball-Fan ist, ist meist felsenfest überzeugt: Hat ein Spieler den letzten Wurf – oder gleich mehrere Würfe – erfolgreich im Korb versenkt, steigen die Chancen, dass er auch beim nächsten Mal trifft. Eine von mehreren Psychologen durchgeführte Studie lässt aber vermuten, dass das Phänomen von der »glücklichen Hand« ins Reich der Mythen gehört.

In einer Studie nahmen die Psychologen sämtliche Würfe der Philadelphia 76ers aus eineinhalb Saisons unter die Lupe. Sie fanden keine positive Korrelation zwischen den Ergebnissen aufeinanderfolgender Würfe. Ganz im Gegenteil: Sie stellten fest, dass ein Treffer, auf den ein Fehlwurf folgte, sogar etwas wahrscheinlicher war als zwei Körbe in Folge. Außerdem analysierten die Forscher auch Sequenzen von mehr als zwei Würfen. Wieder gelangten sie zu dem Schluss, dass die Zahl der langen Strähnen (also mehrere Körbe in Folge) nicht höher ausfiel, als bei einem zufälligen Datensatz zu erwarten (wie beim Werfen von Münzen, bei dem jedes Ereignis vom vorangegangenen unabhängig ist). Obwohl der Umstand, dass die letzten zwei oder drei Würfe getroffen hatten, Einfluss darauf hatte, wie der Spieler seine künftigen Erfolgschancen beurteilte, bescheinigte die Studie eindeutig, dass sich das in keiner Form auswirkte. Zur Bestätigung ihrer Studie untersuchten die Forscher im Anschluss die Freiwurfbilanz der Boston Celtics und führten kontrollierte Wurfexperimente mit den Männern und Frauen der Basketballteams der Cornell University durch.

Ihre Ergebnisse sagen nicht etwa aus, dass es beim Basketball aufs Glück ankommt statt aufs Können. Offensichtlich gibt es Spieler, denen Korbleger und Freiwürfe häufiger gelingen als anderen. Allerdings ist die Wahrscheinlichkeit, einen Treffer zu landen, unabhängig vom Ergebnis der vorausgegangenen Würfe. Die Psychologen mutmaßen, dass der hartnäckige Glaube an die glückliche Hand auf einer kognitiven Verzerrung beruht, die unserem Gedächtnis geschuldet ist: Sind lange Folgen von Treffern oder Fehlwürfen denkwürdiger als alternierende Sequenzen, überschätzt der Beobachter vermutlich die Korrelation zwischen den aufeinanderfolgenden Würfen. Häufen sich bestimmte Ereignisse oder ergeben sich Strähnen, wollen die Menschen nicht an Zufall glauben, obwohl es auch in zufälligen Daten, etwa über das Werfen einer Münze, oft zu derartigen Häufungen oder Strähnen kommt.

Eine Reihe weiterer technischer Theorien, die Sie Geld kosten können

Sobald die Wissenschaft die meisten der technischen Standardregeln entkräftet hatte, wendete sie ihre erhabene Aufmerksamkeit den exotischeren Systemen zu. Ohne die Charttechniker wäre die Welt der Finanzanalysten deutlich stiller und öder, wie die folgenden Techniken hinlänglich belegen.

Der Rocksaum-Indikator

Manche technischen Analysten gaben sich nicht mit Kursbewegungen zufrieden, sondern erweiterten ihre Analysen auf andere Bereiche. Eine der charmanteren Strategien wird von der Autorin Ira Cobleigh als Theorie von »Bullenmärkten und Beinfreiheit« bezeichnet. Dieser Theorie zufolge konnte man aus der Rocklänge in einem bestimmten Jahr Rückschlüsse auf die Richtung der Aktienkurse ziehen. Das folgende Chart weist auf eine leise Tendenz zu einem Zusammenhang zwischen Bullenmärkten und bloßen Knien hin. Bärenmärkte gehen demnach mit schlechten Aussichten für Voyeure einher.

So herrschte etwa Ende des 19. und Anfang des 20. Jahrhunderts Flaute an der Börse – und die Damenwelt zeigte weniger Bein. In den 1920er-Jahren wurden die Röcke kürzer, und die Kurse setzten zum Höhenflug an, gefolgt von längeren Röcken und dem Crash der 1930er-Jahre. (In Wirklichkeit mogelt das Chart ein bisschen: Die Säume wanderten bereits 1927 nach unten, noch vor der dynamischsten Phase der Hausse.)

In der Nachkriegszeit schwächelte der Indikator. Im Sommer 1946 brach der Markt abrupt ein – lange vor der Einführung des »New Look« mit seinen längeren Röcken im Jahr 1947. Ebenso ging der kräftige Kursrutsch, der Ende 1968 einsetzte, der Neuerung des Midirocks voraus, der erst 1969, vor allem aber 1970 so richtig in Mode kam.

Und wie funktionierte die Theorie beim Crash von 1987? Man könnte meinen, da hätte der Rocksaum-Indikator total versagt. Schließlich waren im Frühjahr 1987, als die Designer ihre Herbstkollektionen auslieferten, ultrakurze Röcke angesagt. Doch Anfang Oktober, als der Wind das erste Mal frostig übers Land blies, geschah etwas Seltsames: Die Konsumentinnen konnten sich für die Miniröcke nicht erwärmen. Sie trugen lieber lang, und die Designer beeilten sich, die Nachfrage zu bedienen. Der Rest ist Börsengeschichte. Und wie verhielt es sich während der extremen Bärenmärkte im ersten Jahrzehnt des 21. Jahrhunderts? Sie ahnen es schon: Bedauerlicherweise kamen Röcke aus der Mode. Managerinnen und Politikerinnen zeigten sich gern im Hosenanzug. Doch inzwischen wissen wir, welchen Umständen wir die verheerenden Baissen dieses Zeitraums zu verdanken haben. Der wahre Grund für den Kursrückgang von 2007/2008 war natürlich das Einsetzen der im vierten Kapitel beschriebenen Finanzkrise. Der kräftige Kursrutsch von 2020 war von der COVID-19-Pandemie ausgelöst worden. Beide Ereignisse traten unvorhergesehen ein.

Selbst wenn also gewisse Indizien für diese Theorie sprechen, sollten Sie sich besser nicht darauf verlassen, dass Ihnen der Rocksaum-Indikator noch einmal den idealen Zeitpunkt für den Markteinstieg verrät. Das Rocksaum-Diktat gehört nämlich der Vergangenheit an. Wie es die *Vogue* formulierte: Man kann sich heute als Mann oder als Frau kleiden, und jede Rocklänge geht.

Der Super-Bowl-Indikator

Warum legte der Markt 2021 zu? Für einen technischen Analysten, der mit dem Super-Bowl-Indikator arbeitet, ist die Antwort auf diese Frage klar. Dieser Indikator prognostiziert die Aktienmarktentwicklung danach, welche Mannschaft den Super Bowl gewinnt. Siegt ein Mitglied der National Football League wie die Tampa Bay Buccaneers, so verheißt das eine Hausse. Gewinnt ein Team aus der American Football League, ist das für Aktienmarktanleger eine schlechte Nachricht. Der Indikator lag auch schon daneben, lieferte aber mehr richtige als falsche Ergebnisse. Nachvollziehbar erklären lassen sich diese aber natürlich nicht. Die Bilanz des Super-Bowl-Indikators veranschaulicht lediglich, dass es manchmal Korrelationen zwischen zwei absolut zusammenhanglosen Ereignissen geben kann. Berichten von Mark Hulbert zufolge soll der Aktienmarktforscher David Leinweber herausgefunden haben, dass der am engsten mit dem S&P 500 Index korrelierende Indikator die in Bangladesch produzierte Buttermenge sei.

Die Dogs-of-the-Dow-Strategie

Diese interessante Strategie setzte auf eine generell konträre Überzeugung, dass in Ungnade gefallene Aktien früher oder später ihre Richtung ändern. Wer sich danach richten wollte, musste jedes Jahr die zehn Titel aus dem Dow Jones 30-Stock Industrial Average kaufen, die die höchsten Dividendenrenditen aufwiesen. Dem lag der Gedanke zugrunde, dass diese zehn Aktien die unpopulärsten waren und daher in aller Regel mit einem niedrigen Kurs-Gewinn-Verhältnis und auch mit einem niedrigen Kurs-Buchwert-Verhältnis aufwarteten. Die Theorie wird einem Kapitalverwalter namens Michael O'Higgins zugeschrieben. James O'Shaughnessy testete sie bis zurück in die 1920er-Jahre. Er stellte fest, dass die Dogs of the Dow den Gesamtindex ohne zusätzliche Risiken um über 2 Prozentpunkte pro Jahr übertroffen hatten.

Die Meute der Wall-Street-Analysten nahm prompt Witterung auf und brachte milliardenschwere Investmentfonds heraus, die auf diesem Grundsatz fußten. Erwartungsgemäß blieb der Erfolg auf der Strecke. Die Dogs of the Dow schnitten beständig schlechter ab als der Gesamtmarkt. Der Dogs-Star O'Higgins mutmaßte, »die Strategie wurde zu populär« und habe sich letztlich selbst zerstört. Die Dogs of the Dow haben die Jagd aufgegeben.

Der Januar-Effekt

Gleich mehrere Forscher haben ermittelt, dass der Januar für Aktienmarkterträge ein höchst ungewöhnlicher Monat ist. In den ersten beiden Januarwochen sind die Renditen – vor allem bei kleineren Unternehmen – besonders hoch. Selbst risikobereinigt bieten kleine Unternehmen den Anlegern anscheinend abnorm großzügige Gewinne, wobei die Überrenditen weitgehend auf die ersten Tage des Jahres entfallen. Ein solcher Effekt ist auch für verschiedene Aktienmärkte außerhalb der USA dokumentiert worden. Daraufhin erschien ein Buch mit dem reißerischen Titel *The Incredible January Effect*.

Nur leider sind die Transaktionskosten für Aktien kleiner Unternehmen ungleich höher als bei Titeln größerer Emittenten (was an höheren Geld-Brief-Spannen und geringerer Liquidität liegt). Offensichtlich gibt es für den Normalanleger keine Möglichkeit, aus dieser Anomalie Kapital zu schlagen. Hinzu kommt, dass der Effekt auch nicht zuverlässig in jedem Jahr auftritt. Anders ausgedrückt: Es kommt zu teuer, das Geld aufzuheben, das im Januar auf der Straße liegt – und in manchen Jahren nur ein Trugbild ist.

Verschiedene andere Systeme

Dieser Überblick über technische Strategien ließe sich noch fortsetzen, allerdings mit rasch abnehmenden Renditen. Vermutlich glauben nur wenige Menschen ernsthaft, dass sie mit der Sonnenfleckentheorie zur Aktienmarktentwicklung Geld verdienen können. Aber vielleicht nehmen Sie ja an, dass das Verhältnis steigender zu fallenden Aktien an der New York Stock Exchange ein verlässlicher Frühindikator für Gipfelbildung auf dem Gesamtmarkt ist? Eine eingehende Computeranalyse widerspricht dem. Oder meinen Sie womöglich, das Short Interest (wie viel Stück einer Aktie leerverkauft wurden) sei ein bullisches Signal (weil die Leerverkäufer den Titel irgendwann kaufen müssen, um ihre Positionen glattzustellen)? Ausgiebige Tests ergaben keinen solchen Zusammenhang – weder für den gesamten Aktienmarkt noch für einzelne Emissionen. Glauben Sie, ein auf gleitenden Durchschnitten beruhendes System, wie es von manchen Finanzkanälen propagiert wird (die beispielsweise zum Kauf einer Aktie raten, wenn deren Kurs beziehungsweise der Durchschnittskurs über 50 Tage über ihrem Durchschnittskurs der letzten 200 Tage liegt, und zum Verkauf, wenn er unter diesen Durchschnitt fällt), kann Ihnen außergewöhnlichen Börsenerfolg bescheren? Das ist zumindest dann nicht der Fall, wenn Ihnen – für Ihre Käufe und Verkäufe – Transaktionskosten anfallen. Halten Sie es für klug, im Mai zu verkaufen und sich bis Oktober vom Markt zurückzuziehen – frei nach der Devise »Sell in May and Go Away«? Dazu ist zu sagen, dass der Markt in diesem Zeitraum meist anzieht.

Technische Börsengurus

Die Charttechniker stellen zwar möglicherweise keine zutreffenden Prognosen, waren zumindest anfangs aber zweifellos schillernde Figuren. Besondere Furore machte Elaine Garzarelli, einst Executive Vice President des Investmentunternehmens Lehman Brothers. Garzarelli setzte nicht auf einen Indikator. Sie stürzte sich mit 13 verschiedenen Indikatoren in den Ozean der Finanzdaten, um den Marktverlauf zu prognostizieren. Sie hatte seit jeher ein Faible für die Sektion. Als Kind holte sie sich beim örtlichen Schlachter tierische Organe, um diese zu zerlegen.

Garzarelli war der Roger Babson des Crashs von 1987. Am 13. Oktober erklärte sie *USA Today* in beinahe unheimlicher Voraussicht, dass ein Einbruch des Dow um über 500 Punkte (um 20 Prozent) bevorstehe. Eine Woche später bewahrheitete sich ihre Vorhersage.

Der Crash war allerdings Garzarellis letzter Triumph. Gerade als sie die Medien zum »Guru des schwarzen Montags« krönten und in Zeitschriften von *Cosmopolitan* bis *Fortune* begeisterte Artikel über sie erschienen, wurden ihr ihre eigenen Vorahnungen – oder auch ihr Ruf – zum Verhängnis. Nach dem Kurssturz erklärte sie nämlich, sie werde sich vom Markt fernhalten, und sagte voraus, dass der Dow um weitere 200 bis 400 Zähler nachgeben würde. Dadurch verpasste Garzarelli die einsetzende Erholung und enttäuschte all jene schwer, die der Dame ihr Geld anvertraut hatten. Ihre mangelnde Verlässlichkeit entschuldigte sie mit der üblichen Ausrede der Techniker: »Ich habe meinen eigenen Charts nicht vertraut.«

Zu den spektakulärsten Investmentgurus der 1990er-Jahre zählten die biederen, großmütterlichen Beardstown Ladies, die im Mittel 70 Jahre zählten. Die berühmten Omas, die von den Publizisten als »die großen Investmentgenies unserer Generation« bezeichnet wurden, brachten mit fingierten Gewinnen und großem Hype über eine Million Bücher an den Mann und erschienen häufig im nationalen Fernsehen und in Wochenmagazinen. Ihre Erklärungen für ihren Investmenterfolg (die uramerikanischen Tugenden der harten Arbeit und des Kirchgangs) verbrämten sie mit appetitanregenden Kochrezepten (wie den Börsenmuffins – mit Aufgehgarantie). In ihrem Bestseller aus dem Jahr 1995, *The Beardstown Ladies Common-Sense Investment Guide*, behaupteten sie, sie hätten in den zurückliegenden zehn Jahren Anlageerträge von 23,9 Prozent pro Jahr erzielt – was den Jahresertrag des S&P 500 Index von 14,9 Prozent bei Weitem in den Schatten stellte. Eine tolle Geschichte: Ein paar zierliche alte Damen aus dem Mittleren Westen konnten mit ihrem Hausverstand die überbezahlten Börsenprofis der Wall Street um Längen schlagen und sogar den Indexfonds locker das Wasser reichen.

Leider flog später auf, dass die Ladys ihre Bücher frisierten. Offenbar verbuchten Mitglieder der Beardstown-Gruppe die Gebühren ihres Investmentklubs als Börsengewinne. Die Wirtschaftsprüfer von Price Waterhouse wurden hinzugezogen und korrigierten die Investmenterträge der Damenriege für die betreffenden zehn Jahre auf 9,1 Prozent pro Jahr herunter. Damit schnitten sie um beinahe 6 Punkte schlechter ab als der Gesamtmarkt. So viel zum Thema Reichwerden, indem man Investmentidolen nacheifert.

Die Moral von der Geschichte versteht sich von selbst. Angesichts der großen Zahl von Technikern, die Marktprognosen stellen, wird es immer ein paar geben, die die letzte Trendwende – oder auch die letzten paar Trendwenden – korrekt angekündigt haben, aber keinen, der immer richtig liegt. Um grob nach der Bibel zu sprechen: »Wer auf die Prognosen der Börsengurus hört, wird es bereuen.«

Die Retourkutschen – und was davon zu halten ist

Wie Sie sich sicher vorstellen können, gefällt es den technischen Analysten nicht, dass die Charttechnik von der Random-Walk-Theorie verrissen wird. Wissenschaftler, die diese Theorie vertreten, stoßen an der Wall Street mitunter auf ähnlich wenig Gegenliebe wie Andrew Cuomo bei der #MeToo-Bewegung. Technische Analysten halten die Theorie für »akademisches Geschwurbel in Reinkultur«. Nehmen wir uns daher die Zeit, auf die Gegenargumente der in Bedrängnis geratenen Techniker einzugehen.

Die häufigsten Hinweise auf die Schwächen der Random-Walk-Theorie beruhen womöglich auf einem Misstrauen gegenüber Mathematikern und auf einer irrigen Auffassung von der Theorie. Der Markt werde nicht vom Zufall regiert, so der Einwand, und »das kann auch ein Mathematiker niemandem einreden. Langfristig müssen sich die künftigen Erträge auf den Gegenwartswert auswirken, und kurzfristig ist die Stimmung der Massen der dominante Faktor«.

Natürlich wirken sich Erträge und Dividenden auf die Marktkurse aus – und die Stimmung des Publikums ebenfalls. Dafür haben die ersten Kapitel dieses Buches reichlich Belege geliefert. Doch selbst wenn die Börse in bestimmten Zeiten von irrationalem Massenverhalten beherrscht wurde, könnte der Aktienmarkt dennoch annähernd einer Zufallsbewegung entsprechen. Die ursprüngliche, zur Veranschaulichung gedachte Analogie vom Zufallsweg bezog sich auf einen Betrunkenen, der auf einem freien Feld herumwankt. Er handelt nicht rational, aber seine Bewegungen lassen sich auch nicht prognostizieren.

Darüber hinaus sind auch neue fundamentale Informationen über ein Unternehmen (wie ein großer Streik in der Bergbaubranche, das Ableben des CEO etc.) nicht vorhersehbar. De facto müssen aufeinanderfolgende Nachrichten dem Zufallsprinzip unterliegen, denn käme eine Nachricht nicht zufällig – gäbe es also einen Zusammenhang mit einer vorausgegangenen Nachricht –, dann wäre sie ja keine solche. Die Random-Walk-Theorie besagt lediglich, dass sich die Aktienkurse nicht anhand früherer Notierungen vorhersagen lassen.

Der technische Analyst wird Stein und Bein schwören, dass die Wissenschaft bestimmt nicht alle technischen Strategien geprüft hat, die je entwickelt wurden. Niemand kann schlüssig nachweisen, dass technische Methoden grundsätzlich nicht funktionieren können. Feststellen lässt sich nur, dass die wenigen in den Kursformationen am Aktienmarkt enthaltenen Informationen nachweislich nicht reichen, um die Transaktionskosten und Steuern zu kompensieren, die mit einer Reaktion auf diese Informationen verbunden sind.

Jedes Jahr finden sich etliche begierige Besucher in den Spielhallen von Las Vegas und Atlantic City ein und studieren die letzten Hunderte von Zahlen auf der Roulettescheibe auf der Suche nach einem wiederkehrenden Muster. Gewöhnlich finden sie ein solches. Am Ende verlieren sie dennoch alles, weil sie das Muster nicht wiederholt testen.[5] Das Gleiche gilt für die Techniker.

Wer die Aktienkurse in einem beliebigen Zeitraum untersucht, kann fast immer irgendein System entdecken, das in einer bestimmten Periode funktioniert hätte. Probiert man genügend verschiedene Kriterien zur Auswahl von Aktien durch, wird man irgendwann einen Treffer landen. Die wesentliche Frage ist aber natürlich, ob die Strategie auch in einem anderen Zeitraum funktioniert. Die meisten Verfechter der technischen Analyse versäumen es in aller Regel, ihre Strategien anhand von Marktdaten zu überprüfen, die aus anderen Zeiträumen bezogen wurden als demjenigen, für den die jeweilige Strategie entwickelt wurde.

Doch auch wenn der Techniker meinen Rat befolgen, seine Strategie in vielen verschiedenen Zeiträumen testen und feststellen würde, dass sie die Aktienkurse verlässlich prognostiziert, halte ich die technische Analyse letztlich dennoch für wertlos. Unterstellen wir zu Argumentationszwecken, der Techniker hatte eine verlässliche Jahresendrally ermittelt. Das heißt, dass die Aktienkurse jedes Jahr zwischen Weihnachten und dem Neujahrstag anziehen. Das Problem dabei: Sobald sich die Marktteilnehmer einer solchen Regelmäßigkeit bewusst werden, handeln sie so, dass diese künftig nicht mehr eintreten kann.

Jede erfolgreiche technische Strategie trägt daher letztlich den Keim für ihre Zerstörung in sich. Sobald ich weiß, dass die Kurse nach Neujahr höher sein werden als vor Weihnachten, decke ich mich noch vor Weihnachten mit Aktien ein. Wissen die Leute, dass eine Aktie morgen im Wert steigt, können Sie sicher sein, dass sie bereits heute zulegt. Jede Regelmäßigkeit, die sich auf dem Aktienmarkt feststellen und gewinnbringend nutzen lässt, zerstört sich notgedrungen selbst. Aus diesem triftigen Grund bin ich überzeugt, dass es keinem je gelingen wird, mit technischen Methoden an der Börse überdurchschnittliche Renditen zu erzielen.

---

5 Edward O. Thorp ermittelte tatsächlich eine Methode, beim Blackjack zu gewinnen. Thorp schrieb das alles in *Beat the Dealer* nieder. Seither verwenden die Kasinos aber mehrere Kartensätze oder automatische Mischmaschinen, um es Kartenzählern schwerer zu machen – und als letztes Mittel werden diese von den Spieltischen verbannt.

Was das für Anleger bedeutet

Anhand der Kurshistorie lässt sich die künftige Entwicklung nicht verlässlich prognostizieren. Technische Strategien sind in aller Regel amüsant und oft nervenberuhigend, aber im Grunde wertlos. Das ist die schwache Form der Effizienzmarkthypothese. Technische Theorien machen nur die Menschen reicher, die technische Dienste bereitstellen und vermarkten, oder aber die Broker, die in der Hoffnung Techniker beschäftigten, dass deren Analysen die Anleger dazu animieren könnten, ihnen mehr Aufträge zu erteilen.

Der Einsatz der technischen Analyse zur Bestimmung des richtigen Zeitpunkts für den Ein- oder Ausstieg ist besonders gefährlich. Befindet sich der Aktienmarkt in einem langfristigen Aufwärtstrend, kann ein hoher Barbestand äußerst riskant sein. Ein Anleger, der oft und viel Liquidität vorhält, um Marktphasen mit fallenden Kursen zu meiden, dürfte vermutlich in manchen Perioden nicht engagiert sein, in denen der Markt rasant zulegt. Professor H. Nejat Seyhun von der University of Michigan stellte fest, dass die maßgeblichen Marktgewinne über einen Zeitraum von 30 Jahren auf 90 der rund 7500 Handelstage entfielen. Wer diese 90 Tage verpasst, die nur etwas mehr als 1 Prozent ausmachen, hätte nichts von den hohen langfristigen Aktienmarkterträgen des betreffenden Zeitraums. Laszlo Birinyi, der in seinem Buch *Master Trader* einen längeren Zeitraum untersuchte, hat ausgerechnet, dass 1 Dollar, den ein Buy-and-hold-Anleger 1900 in den Dow Jones Industrial Average investiert hätte, Anfang 2013 auf 290 Dollar angewachsen wäre. Hätte der betreffende Anleger jedes Jahr die fünf besten Börsentage verpasst, wäre sein angelegter Dollar bis 2013 auf weniger als 1 Cent abgeschmolzen. Das heißt, dass Spekulanten, die versuchen, den richtigen Zeitpunkt zu erwischen, Gefahr laufen, die seltenen großen Kurssprünge zu verpassen, die die größten Beiträge zur Wertentwicklung leisten.

Daraus folgt eindeutig: Enthalten vergangene Kurse wenig bis keine brauchbaren Informationen zur Prognose künftiger Kurse, hat es keinen Sinn, technische Tradingregeln zu befolgen. Eine einfache Buy-and-hold-Strategie ist mindestens so gut wie jedes technische Verfahren. Hinzu kommt, dass Käufe und Verkäufe, soweit sie Gewinn bringen, in aller Regel steuerpflichtige Kapitalerträge erzeugen (in den USA, nicht in Deutschland, A. d. R.). Wenn Sie sich nach einer technischen Strategie richten, realisieren Sie aller Voraussicht nach kurzfristige Veräußerungsgewinne und zahlen mehr (und früher) Steuern als mit einer Buy-and-hold-Strategie. Kaufen und halten Sie dagegen einfach ein diversifiziertes Portfolio, können Sie Investmentaufwendungen, Transaktionskosten und Steuern sparen.

SIEBTES KAPITEL:

WAS TAUGT DIE FUNDAMENTALANALYSE? DIE EFFIZIENZMARKTHYPOTHESE

Wie konnte ich nur den Fehler begehen, den Experten zu vertrauen?

John F. Kennedy nach dem Schweinebucht-Flasko

Anfangs war er Statistiker. Er trug ein gestärktes weißes Hemd und einen fadenscheinigen blauen Anzug. Er setzte seine grüne Augenklappe auf, nahm an seinem Schreibtisch Platz und zeichnete akribisch die historischen Finanzdaten über die Unternehmen auf, die er verfolgte. Das Ergebnis: ein Schreibkrampf. Dann begann die Metamorphose. Er erhob sich von seinem Tisch, kaufte sich blaue Button-down-Hemden und graue Flanellanzüge, warf seine Augenklappe weg und begann, die Unternehmen aufzusuchen, die er zuvor nur als Sammlung statistischer Finanzdaten kannte. Offiziell bezeichnete er sich jetzt als Wertpapieranalyst.

Nach und nach erregten sein Gehalt und die Nebenleistungen die Aufmerksamkeit seiner Kolleginnen, und sie warfen sich ebenfalls in Schale. Quasi jeder, der etwas auf sich hielt, flog mittlerweile erster Klasse und redete ständig von Geld. Die neue Generation war auch modisch auf der Höhe: Anzüge waren out. Man trug Gucci-Schuhe und Armani-Hosen. Während der COVID-19-Pandemie sah man die Herrschaften auf Zoom sogar in Designerpullis. Sie waren so unglaublich genial und kenntnisreich, dass sich die Portfoliomanager ganz auf ihre Empfehlungen verließen und die Wall-Street-Firmen immer häufiger auf sie zurückgriffen, um ihre Investmentbankkunden bei Laune zu halten. Sie waren zu Aktien-Research-Stars avanciert. Aber ein paar böse Stimmen flüsterten, dass sie sich in Wirklichkeit bei den Investmentbankern prostituierten.

Die Blickwinkel der Wall Street und der Wissenschaft

Ganz gleich, wie man diese Leute – abwertend oder auch nicht – betitelt, die allermeisten von ihnen sind Fundamentalanalysten. Studien, die Zweifel an der Effektivität der technischen Analyse wecken, würden die meisten Profis daher nicht überraschen. Im Herzen sind die Wall-Street-Profis Fundamentalisten. Die wirklich wichtige Frage ist aber, ob die fundamentale Analyse auch taugt.

Zur Effektivität der fundamentalen Analyse gibt es zwei konträre Standpunkte. An der Wall Street geht die Meinung dahin, dass die fundamentale Analyse laufend an Bedeutung gewinnt. Ein Privatanleger habe gegen den professionellen Portfoliomanager und sein Team von Fundamentalanalysten kaum eine Chance.

Dieses großspurige Auftreten wird in der akademischen Welt spöttisch belächelt. Manche Wissenschaftler gehen sogar so weit zu behaupten, dass ein Affe, der mit verbundenen Augen Dartpfeile auf eine Liste mit Aktien wirft, ein erfolgreicheres Portfolio zusammenstellen kann als ein professioneller Portfoliomanager. Ihrer Ansicht nach schneiden Fondsmanager und ihre Analysten bei der Einzeltitelauswahl nicht besser ab als absolute Amateure. Das vorliegende Kapitel gibt die Entscheidungsschlacht im laufenden Krieg zwischen Wissenschaft und Börsenprofis wieder, erklärt, was unter »Effizienzmarkthypothese« zu verstehen ist, und verrät Ihnen, was diese für Ihren Geldbeutel bedeutet.

Sind Wertpapieranalysten im Grunde Hellseher?

Die Prognose künftiger Gewinne ist der Daseinszweck des Wertpapieranalysten. Wie es der *Institutional Investor* formulierte: »Es geht um Gewinne, und so wird es immer sein.«

Um die künftige Marktrichtung vorherzusagen, setzen die Analysten im Allgemeinen bei der Untersuchung vergangener Entwicklungen an. »Eine nachweisliche bisherige Erfolgsbilanz bei den Ertragssteigerungen«, so verriet mir ein Analyst, »ist ein äußerst zuverlässiger Indikator für künftiges Gewinnwachstum.« Versteht das Management sein Handwerk, gibt es keinen Grund zu der Annahme, es könne seine Midas-Fähigkeiten künftig einbüßen. Bleibt das kompetente Managementteam am Ruder, sollten sich die Erträge weiterhin so steigern wie bisher, heißt es. Das erinnert zwar verdächtig an die Argumentation der technischen Analysten, doch ihre fundamentalen Kollegen brüsten sich gern damit, dass sie sich dabei auf konkreten, nachweislichen Unternehmenserfolg stützen.

Eine solche Denke fällt in der Forschung und Lehre aber mit Pauken und Trompeten durch. Berechnungen zu vergangenen Ertragssteigerungen sind keine Hilfe bei der Prognose künftigen Wachstums. Selbst wenn Ihnen die Wachstumsraten sämtlicher Unternehmen im Zeitraum von, sagen wir, 2000 bis 2010 bekannt gewesen wären, hätte Ihnen das bei der Vorhersage, welches Wachstum sie im

Zeitraum von 2010 bis 2020 erzielen werden, nicht weitergeholfen. Dieses verblüffende Ergebnis meldeten erstmals britische Forscher für Unternehmen aus dem Vereinigten Königreich in einem Artikel mit dem zauberhaften Titel »Higgledy Piggledy Growth« (»Wachstum wie Kraut und Rüben«, Anmerkung der Übersetzerin). Koryphäen an den Universitäten Princeton und Harvard übertrugen die britische Studie auf US-Unternehmen, und – Überraschung! – auch dort bestätigten sie sich.

Eine eklatante Ausnahme bildete eine Zeit lang IBM. Ab Mitte der 1980er-Jahre gelang es aber auch diesem Unternehmen nicht mehr, sein verlässliches Wachstumsmuster fortzusetzen. Polaroid, Kodak, Nortel Networks, Xerox und Dutzende anderer Unternehmen wiesen beständig hohe Wachstumsraten aus, bis der Einbruch kam. Ich hoffe, Sie werden nicht die aktuellen Ausnahmen im Gedächtnis behalten, sondern lieber die Regel: An der Wall Street weigern sich viele, die Tatsache zu akzeptieren, dass sich aus historischen Daten kein zuverlässiges Muster erkennen lässt, welches Analysten hilft, künftiges Wachstum zu prognostizieren. Selbst in den Boomjahren der 1990er schaffte es nur jedes achte Großunternehmen, jedes Jahr beständig Wachstum zu erzielen. Und keinem einzigen gelang es, in den ersten Jahrzehnten des neuen Jahrtausends weiter zu wachsen. Die Analysten können fortlaufendes langfristiges Wachstum nicht prognostizieren, weil es das gar nicht gibt.

Ein guter Analyst wird jedoch einwenden, das zur Prognose mehr gehört, als die zurückliegende Entwicklung zu untersuchen. Manche räumen sogar ein, die bisherige Bilanz sei kein idealer Maßstab, doch ein versierter Portfolioanalyst habe da ganz andere Möglichkeiten. Bedauerlicherweise liefern die sorgfältigen Schätzungen der Wertpapieranalysten (auf der Grundlage von Branchenstudien, Werksbesuchen und dergleichen) kaum ein besseres Bild als die Ergebnisse einer einfachen Extrapolation vergangener Trends, die, wie wir bereits festgestellt haben, gar keine Hilfe sind. Gleicht man sie mit den tatsächlich erzielten Wachstumsraten ab, so sind die Wachstumsschätzungen der Wertpapieranalysten sogar schlechter ausgefallen als die Vorhersagen verschiedener naiver Prognosemodelle. Diese Erkenntnisse sind von mehreren wissenschaftlichen Studien erhärtet worden. Die Finanzprognose ist offenbar eine Wissenschaft, neben der die Astrologie regelrecht seriös erscheint.

In diesen Anwürfen steckt eine todernste Aussage: Wertpapieranalysten haben größte Probleme, ihre eigentliche Aufgabe zu erfüllen – nämlich die Ertragsaussichten von Unternehmen zu prognostizieren. Anleger, die bei ihren Anlageentscheidungen blind auf derartige Prognosen vertrauen, müssen sich auf herbe Enttäuschungen gefasst machen.

Warum die Kristallkugel so trübe ist

Es ist immer etwas irritierend zu erfahren, dass hochqualifizierte und gut bezahlte Profis ihre beruflichen Aufgaben nicht besonders kompetent erfüllen. Leider ist das aber gar nicht so selten der Fall. Ähnliche Erkenntnisse liegen für die meisten Berufsgruppen vor. Ein klassisches Beispiel ist die Medizin. Als Mandeloperationen noch en vogue waren, führte die American Child Health Association eine Erhebung über eine Gruppe von 1000 Elfjährigen an öffentlichen Schulen in der Stadt New York durch und fanden heraus, dass 611 von ihnen die Mandeln entfernt worden waren. Die übrigen 389 wurden einer Gruppe Ärzte vorgestellt, die sie untersuchten, für 174 Kinder Mandeloperationen anordneten und erklärten, alle anderen hätten keine Probleme mit den Mandeln. Die verbleibenden 215 Kinder wurden erneut von einem anderen Ärzteteam untersucht, die in 99 Fällen eine Mandelentfernung empfahlen. Als die 116 »gesunden« Kinder ein drittes Mal untersucht wurden, fanden die Ärzte bei einem ähnlichen Prozentsatz dennoch, dass die Mandeln entfernt werden sollten. Nach drei weiteren Untersuchungen blieben lediglich 65 Kinder übrig, denen keine Mandeloperation nahegelegt wurde. Diese Gruppe wurde nicht noch einmal untersucht, weil allmählich die Ärzte ausgingen.

Zahlreiche Studien brachten ähnliche Ergebnisse. Radiologen übersahen bei rund 30 Prozent der ihnen vorgelegten Röntgenaufnahmen Lungenerkrankungen, obwohl diese auf den Röntgenbildern eindeutig erkennbar waren. Ein weiteres Experiment belegte, dass die Fachkräfte in psychiatrischen Kliniken nicht in der Lage waren, Geisteskranke von Gesunden zu unterscheiden. Was ich damit sagen will: Wir sollten nie selbstverständlich davon ausgehen, dass ein Urteil, ganz gleich wie fachkundig, verlässlich und richtig ist. In Anbetracht des so oft mangelhaften Urteilsvermögens überrascht es kaum, dass die Wertpapieranalysten bei ihren besonders schwierigen Prognoseaufgaben da keine Ausnahme bilden.

Meiner Ansicht nach können fünf Faktoren erklären, warum es den Wertpapieranalysten so schwerfällt, die Zukunft zu prognostizieren. Dabei handelt es sich um (1) den Einfluss zufälliger Ereignisse, (2) den Ausweis zweifelhafter Gewinne durch »kreative« Bilanzierungsmethoden, (3) Fehler, die den Analysten selbst unterlaufen, (4) den Umstand, dass die besten Analysten in den Vertrieb oder ins Portfoliomanagement wechseln und (5) die Interessenkonflikte, mit denen Wertpapieranalysten in Unternehmen mit großen Investmentbanking-Sparten konfrontiert sind. Jeder dieser Faktoren sollte im Einzelnen erörtert werden.

1. Der Einfluss zufälliger Ereignisse

Viele der maßgeblichen Veränderungen, die sich auf die grundlegenden Aussichten für die Unternehmensgewinne auswirken, sind im Grunde zufällig – also unvorhersehbar. Die Versorgungsbranche gehört zu den stabilsten, zuverlässigsten Gruppen von Unternehmen. Doch viele wesentliche unvorhersehbare Ereignisse machen es selbst für diese Branche enorm schwierig, Gewinne zu prognostizieren. Unerwartete Entscheidungen staatlicher Regulierungsbehörden zu Ungunsten der Versorgungsbetriebe und unvorhersehbare Steigerungen der Brennstoffkosten machten es den Versorgern oftmals unmöglich, rasant steigende Nachfrage in höhere Gewinne zu übersetzen.

In anderen Branchen sind die Prognoseprobleme noch größer. Wie wir aus dem vierten Kapitel wissen, waren die Anfang 2000 für zahlreiche Hightech- und Telekommunikationsunternehmen erstellten Prognosen absolut falsch. In den USA können sich Haushaltsentscheidungen der Regierung, vertragliche, rechtliche und aufsichtsrechtliche Vorgaben ganz gewaltig auf das Schicksal einzelner Unternehmen auswirken. Das Gleiche gilt beispielsweise für die Handlungsunfähigkeit von Spitzenmanagern, die Entdeckung eines maßgeblichen neuen Produkts, eine Ölpest, Terroranschläge, das Auftauchen neuer Konkurrenten, Preiskriege oder Naturkatastrophen wie Überschwemmungen und Wirbelstürme. Die Biotech-Branche ist notorisch schwer prognostizierbar. Potenzielle neue Blockbuster-Medikamente versagen häufig in Phase-III-Studien, weil sie die Sterblichkeit nicht verbessern oder unerwartete toxische Nebenwirkungen auftreten. Die Liste der Beispiele für unvorhersehbare Ereignisse, die sich auf die Erträge auswirken, ließe sich endlos fortsetzen.

2. Zweifelhafte Gewinnausweise durch »kreative« Bilanzierungsmethoden

Die Erfolgsrechnung eines Unternehmens gleicht einem Bikini – sie gibt zwar interessante Einblicke, verbirgt aber das Wesentliche. Ein Paradebeispiel dafür ist Enron, das zu den raffiniertesten Bilanzbetrügern zählt, die mir je untergekommen sind. Leider war Enron beileibe kein Einzelfall. Während des großen Bullenmarktes Ende der 1990er-Jahre bedienten sich Unternehmen aggressiv der Fiktion, um die explodierenden Umsätze und Gewinne vorweisen zu können, die sie brauchten, um ihre Aktienkurse in die Höhe zu treiben.

In dem Musical-Hit *The Producers* gelangt Leo Bloom zu dem Schluss, dass sich an einem Flop mehr verdienen lässt als an einem Erfolg. Es sei alles eine Frage kreativer Buchführung, sagt er. Blooms Kunde Max Bialystock erkennt sofort das Potenzial. Er zieht reichen Witwen massenhaft Geld aus der Tasche, um ein Broadway-Musical mit dem Titel *Springtime for Hitler* zu finanzieren. Dabei hofft er auf einen totalen Reinfall, damit niemand nachfragt, wohin das Geld verschwunden ist.

Verglichen mit den Tricks, mit denen Unternehmen ihre Gewinne aufblähten und Anleger ebenso hinters Licht führten wie Wertpapieranalysten, ist Bloom ein Waisenknabe. Im dritten Kapitel habe ich beschrieben, wie Barry Minkow Ende der 1980er-Jahre sein Teppichreinigungsimperium ZZZZ Best auf einem Konstrukt aus gefälschten Kreditkartenabrechnungen und fingierten Verträgen aufbaute. Im 21. Jahrhundert war Bilanzfälschung allem Anschein nach sogar noch mehr an der Tagesordnung. Scheiternde Dotcom-Unternehmen, führende Hightech-Anbieter und auch Blue-Chip-Vertreter der Old Economy versuchten allesamt, ihre Erträge zu schönen und die Investmentwelt irrezuführen.

Hier ein paar wenige Beispiele dafür, wie großzügig viele Unternehmen die Bilanzierungsregeln auslegten, um die Analysten und die Öffentlichkeit über ihre wahre Verfassung hinwegzutäuschen.

- Im September 2001 mussten Enron und Qwest dringend beweisen, dass Umsatz und Gewinn nach wie vor rasch anzogen. Sie dachten sich eine geniale Methode aus, um Abschlüsse so zu frisieren, dass es aussah, als brummte das Geschäft. Sie tauschten untereinander Glasfasernetzkapazitäten zu einem überzogenen Wert von 500 Millionen Dollar, und beide Unternehmen verbuchten die Transaktion als Verkauf. Dadurch blähten sie ihre Gewinne auf und verschleierten, dass sich die Lage in beiden Fällen verschlechtert hatte. Qwest verfügte bereits über Überkapazitäten, und angesichts der gewaltigen Glasfaserschwemme auf dem Markt entbehrte die Bewertung dieser Transaktion jeder Grundlage.
- Motorola, Lucent und Nortel trieben Umsatz und Gewinn künstlich in die Höhe, indem sie großzügige Kredite an ihre Kunden vergaben. Diese erwiesen sich später vielfach als uneinbringlich und mussten abgeschrieben werden.
- Xerox blähte seinen Gewinn kurzfristig auf, indem es ausländischen Niederlassungen in Europa und Lateinamerika und auch in Kanada erlaubte, alle für langfristiges Kopierer-Leasing über mehrere Jahre zahlbaren Beträge als einmalige Umsätze zu verbuchen.
- Dann ist da noch der kluge Schachzug mit den Pensionen. Viele Unternehmen setzten die Rückstellungen für die betriebliche Altersversorgung zu hoch an, strichen daher ihre Beiträge entsprechend zusammen und steigerten so den Gewinn. Als der Markt 2007 und 2008 dann abrupt einknickte, stellten diese Unternehmen fest, dass ihre betriebliche Altersversorgung in Wirklichkeit unterfinanziert war. Was die Anleger für nachhaltige Gewinne gehalten hatten, entpuppte sich als Strohfeuer.

Ein schwerwiegendes Problem für Analysten beim Interpretieren der laufenden und prognostizierten künftigen Gewinne besteht in der Neigung der Unternehmen, sogenannte Pro-forma- oder bereinigte Ergebnisse auszuweisen – anstelle der tatsächlichen Erträge, die gemäß den allgemein anerkannten Rechnungslegungsgrundsätzen berechnet wurden. Bei einem Pro-forma-Ergebnis beschließt das Unternehmen, bestimmte Kosten, die als außergewöhnlich betrachtet werden, zu ignorieren. Dafür gelten de facto keine Regeln oder Leitlinien. Das bereinigte Ergebnis wird oft auch als »Ergebnis vor allen negativen Effekten« bezeichnet und erlaubt den Unternehmen, sämtliche Aufwendungen auszuklammern, die sie als »besondere«, »außerordentliche« und »einmalige« Faktoren betrachten. Je nachdem, welche Kosten als ignorierbar erachtet und welche Umsätze bilanziert werden, können Unternehmen deutlich überhöhte Gewinne ausweisen. Kein Wunder also, wenn es den Wertpapieranalysten so schwerfällt, die künftigen Gewinne zu taxieren.

3. Fehler der Analysten

Um es ganz deutlich zu sagen: Viele Wertpapieranalysten sind nicht besonders scharfsichtig oder kritisch. Ihnen unterlaufen gar nicht selten ungeheuerliche Fehler. Das wurde mir bereits als jungem Trainee an der Wall Street klar. Damals versuchte ich, Analysen unseres Metallspezialisten Louie nachzuvollziehen. Louie hatte sich ausgerechnet, dass sich der Gewinn eines bestimmten Kupferproduzenten mit jedem Anstieg des Kupferpreises um 10 Cent um einen ganzen Dollar erhöhen würde. Weil er für Kupfer mit einer Preissteigerung um 3 Dollar rechnete, folgerte er, dass es sich bei der betreffenden Aktie um einen »ungewöhnlich attraktiven Kaufkandidaten« handelte.

Ich rechnete nach und stellte fest, dass Louie ein Kommafehler passiert war. Ein um 10 Cent höherer Kupferpreis würde den Gewinn nicht um 1 Dollar steigern, sondern um 10 Cent. Als ich Louie darauf hinwies (in der Annahme, er würde sich unverzüglich korrigieren), zuckte der nur mit den Achseln und meinte: »Na ja, aber die Empfehlung hört sich viel überzeugender an, wenn wir den Bericht so stehen lassen.« Liebe zum Detail war nicht Louies Stärke.

Doch Louies mangelnde Detailtreue offenbarte seine Unkenntnis der Branche, für die er zuständig war. Und da war er in guter Gesellschaft. In einem für *Barron's* verfassten Artikel untersuchte der plastische Chirurg Dr. Lloyd Krieger ein paar Berichte von Biotech-Analysten. Kriegers besonderes Augenmerk galt dabei den Aussagen der Analysten über die Biotech-Unternehmen, die künstliche Haut zur Behandlung chronischer Wunden und von Verbrennungen erzeugten – eine Sparte, in der er sich auskannte. Er stellte fest, dass die Wertpapieranalysten mit ihren Diagnosen zu den Aktien total daneben lagen. Zunächst addierte er die Annahmen, die sie zu den für konkurrierende Unternehmen prognostizierten Marktanteilen getroffen hatten. Demzufolge hätten sich die prognostizierten Marktanteile der fünf auf dem Markt für künstliche Haut im Wettbewerb stehenden Biotech-Unternehmen auf weit über 100 Prozent belaufen. Überdies wies die Prognose der Analysten zur absoluten Größe des potenziellen Marktes kaum Zusammenhänge mit den Daten zur Zahl der tatsächlichen Verbrennungsopfer auf, obwohl die genauen Daten problemlos verfügbar waren. Des Weiteren stellte Dr. Krieger bei der Untersuchung der verschiedenen Analystenberichte über die Unternehmen fest: »Sie haben ganz offensichtlich keinen blassen Schimmer von der Branche.« Da fühlt man sich an die Worte erinnert, die dem legendären Baseballmanager Casey Stengel zugeschrieben werden: »Kann denn hier keiner dieses Spiel spielen?«

Viele Analysten machen es wie Louie. Weil die meisten zu faul sind, eigene Gewinnprognosen zu erstellen, schreiben sie lieber die Prognosen anderer Analysten ab oder schlucken kritiklos die »Vorgaben«, die die Geschäftsleitung herausgibt. Dann weiß man jedenfalls genau, wem man die Schuld geben kann, wenn man falschliegt. Und das ist ohnehin weniger schlimm, wenn sich alle in der Branche einig waren. Wie es Keynes formulierte: »Die Lebenserfahrung lehrt: Es ist besser für die eigene Reputation, auf konventionellem Wege zu versagen, als mit unkonventionellen Methoden Erfolg zu haben.«

Den Wertpapieranalysten unterlaufen auch weiterhin verheerende Prognosefehler. Die Apollo Group, Eigentümerin der University of Phoenix, war Anfang 2012 ein Lieblingskind der Wall Street. Die Analysten überschlugen sich förmlich mit ihren Lobeshymnen über das gewaltige Gewinnpotenzial dieses Marktführers in der gewinnorientierten Hochschulbranche und prognostizierten den Investoren satte Renditen. Berichte über hohe Ausfallquoten bei Studienkrediten, niedrige Absolventenquoten und fragwürdigen Praktiken bei der Anwerbung von Studierenden wurden ignoriert. Dabei bestätigte ein breit verfügbarer Kongressbericht diese Probleme. Die schlechte Publicity und die resultierenden neuen staatlichen Auflagen führten zu einem drastischen Rückgang der Immatrikulationen und einem noch drastischeren Einbruch des Aktienkurses von Apollo um 80 Prozent.

Die Fehlbarkeit der Prognosen von Wertpapieranalysten wurde auch deutlich, als es diesen nicht gelang, während des Industriewertebooms 2017 General Electric richtig zu bewerten. GE ist eine US-amerikanische Ikone. Das Unternehmen zählte zu den ursprünglichen Mitgliedern des Dow Jones Industrial Average und galt Ende des 20. Jahrhunderts jahrelang als eine der ganz großen Wachstumsaktien des Landes.

Ende 2016 stuften die meisten Wall-Street-Analysten die GE-Aktie als »strong buy« ein – eine uneingeschränkte Kaufempfehlung. Das Unternehmen hatte seinen Finanzbereich weitgehend abgestoßen. »Die mit der Finanzkrise verbundenen Probleme, die den hoch verschuldeten Finanzbereich extrem belasteten, sind nunmehr vom Tisch«, schrieb ein Analyst, und setzte hinzu, dass »künftiges Wachstum garantiert« sei. Die Gewinnentwicklung werde nicht länger durch schlechte Ergebnisse der ausgegliederten Unternehmensteile gelähmt. Das Unternehmen sei inzwischen »einfacher und agiler« und ausgesprochen liquide. Die Analysten waren voll des Lobes über den neuen geschäftlichen Schwerpunkt, den GE jetzt mit 90 Prozent auf Hightech-Industrieprodukte legte.

Die Anfang 2017 vorliegenden konjunkturellen Rahmenbedingungen stützten die optimistische Argumentation. Es stand anziehendes Wirtschaftswachstum ins Haus, und GE war auf bestem Weg zum »größten digitalen Industrieunternehmen der Welt«. Die Aktie, die von ihrem historischen Hoch zwischen 50 und 60 abgefallen war, dümpelte damals zwischen 30 und 35. Das Sahnehäubchen war eine attraktive Dividendenrendite von über 3 Prozent. »Die Aktie stellt für konservative Anleger ein hervorragendes Wertangebot dar.«

Doch es kam anders als erwartet. Das Unternehmen war in vielen Sparten aktiv, mischte jedoch in keiner einzigen ganz vorne mit. Es gab keinen Vorzeigebereich, der mit herausragenden Leistungen glänzte. Der Gewinn erhöhte sich nicht, sondern schmolz weiter ab. Der CEO wurde ersetzt und die »sichere« Dividende halbiert. Zu allem Überfluss musste das Unternehmen auch noch rückwirkend Anpassungen an der Rechnungslegung vornehmen, die die historischen Gewinnzahlen weiter verringerten. Im Juni 2018 flog GE aus dem Dow Jones Average. Die Aktie notierte bei 13 Dollar. 2021 nahm GE eine Aktienzusammenlegung vor und gab für jeweils acht alte eine neue Aktie aus. Die neue GE-Aktie notierte über 100 Dollar, um Anpassungen bereinigt aber nach wie vor bei 13 Dollar. So viel zu den Prognosen der Analysten.

Ich möchte damit nicht sagen, dass Wall-Street-Analysten grundsätzlich inkompetent sind und einfach nachplappern, was ihnen die Managementteams vorsagen. Ich möchte aber durchaus unterstellen, dass der durchschnittliche Analyst ein gut bezahlter, gewöhnlich hochintelligenter Mensch ist, der eine unglaublich schwierige Aufgabe hat und sie eher mittelmäßig erfüllt – nicht mehr und nicht weniger. Analysten sind häufig fehlgeleitet, manchmal nachlässig und ansonsten demselben Druck ausgesetzt wie andere auch. Kurz, sie sind ganz normale Menschen.

4. Die besten Analysten wechseln in den Vertrieb, ins Portfoliomanagement oder zu Hedgefonds

Mein viertes Argument gegen die Zunft ist durchaus paradox: Viele der besten Wertpapieranalysten werden nicht dafür bezahlt, Wertpapiere zu analysieren. Sie sind oft Leistungsträger im institutionellen Vertrieb oder werden auf den lukrativen Posten eines Portfoliomanagers befördert.

Investmentgesellschaften, die für kompetentes Research bekannt sind, stellen dem regulären Vertriebsmitarbeiter für einen Besuch bei einem institutionellen Kunden gern einen Wertpapieranalysten als Aufsichtsperson zur Seite. Institutionelle Investoren informieren sich gern aus erster Hand über neue Anlageideen. Der eigentliche Kundenbetreuer sitzt gewöhnlich dabei und überlässt das Reden dem Analysten. Die wortgewandtesten Analysten stellen fest, dass sie mehr Zeit mit institutionellen Kunden verbringen als mit Finanzberichten.

In den 2000er-Jahren wurden viele Analysten aus dem Research abgeworben, um hochbezahlte Positionen im Portfoliomanagement von Hedgefonds oder Private-Equity-Fonds zu übernehmen. Es ist viel aufregender, prestigeträchtiger und einträglicher, in der Linienposition eines Portfoliomanagers Kapital zu verwalten, als in der Stabsposition eines Wertpapieranalysten Empfehlungen auszusprechen. Kein Wunder, wenn viele der angesehensten Wertpapieranalysten nach kurzer Zeit abwandern.

5. Die Interessenkonflikte zwischen der Research-Abteilung und dem Investmentbanking

Ziel des Analysten ist, dass die Kasse klingelt. Und am lautesten klingelt die Kasse für große Maklerhäuser in ihren Investmentbanking-Sparten. Das war nicht immer so. In den 1970er-Jahren, als es noch fixe Provisionen gab und Discount-Broker Zukunftsmusik waren, zahlte das klassische Depotgeschäft einer Bank die Rechnung, und die Analysten arbeiteten tatsächlich noch für ihre Kunden –

die Privatanleger und institutionellen Investoren. Doch als die Provisionen auf null heruntergefahren wurden, verlor dieses Profit-Center an Bedeutung. Als Goldminen blieben nur die Gewinne aus dem Trading-Geschäft und aus der Übernahme von Neuemissionen für neue oder bestehende Unternehmen übrig (mit Honoraren, die in die Hunderte Millionen gehen) sowie die Beratung von Unternehmen zur Aufnahme von Fremdkapital, zur Umstrukturierung, zu Übernahmen und dergleichen mehr. So kam es, dass man dem Unternehmen zu Bankgeschäftskunden verhelfen und diese bei Laune halten musste, wenn die Kasse klingeln sollte. Daraus ergaben sich die Konflikte. Die Gehälter und Boni von Analysten richteten sich zum Teil nach ihrer Funktion bei der Unterstützung der Emissionsabteilung. Bestanden solche Geschäftsbeziehungen, wurden Analysten auf die Rolle als Handlanger der Investmentbanking-Sparte reduziert.

Ein Indiz für die enge Beziehung zwischen Wertpapieranalysten und ihren Investmentbanking-Abteilungen ist die traditionell geringe Zahl von Verkaufsempfehlungen. Zwischen Kauf- und Verkaufsempfehlungen besteht seit jeher ein gewisses Missverhältnis, weil die Analysten die Unternehmen, die sie betreuen, nicht vor den Kopf stoßen möchten. Doch als die Einnahmen aus dem Investmentbanking zum Haupttreiber der Gewinne großer Maklerhäuser wurden, wurden die Research-Analysten immer häufiger dafür bezahlt, sich nicht unbedingt zutreffend, aber auf jeden Fall bullisch zu äußern. In einem aufsehenerregenden Fall wurde ein Analyst, der die Chuzpe hatte, zum Verkauf der Trump'schen Taj-Mahal-Bonds zu raten, weil nicht damit zu rechnen war, dass sie Zinsen abwerfen würden, von seinem Arbeitgeber fristlos entlassen, nachdem »The Donald« höchstpersönlich mit rechtlichen Schritten gedroht hatte. (Die Anleihen fielen übrigens später tatsächlich aus.) Es ist daher kein Wunder, wenn die meisten Analysten jede negative Äußerung aus ihren Berichten streichen, die bei den aktuellen oder potenziellen Investmentbanking-Kunden Anstoß erregen könnten. Während der Internetblase kletterte das Verhältnis zwischen Kauf- und Verkaufsempfehlungen auf 100 zu 1.

Selbstverständlich kann ein Analyst, wenn er »kaufen« sagt, »halten« meinen. Und eine »Halteempfehlung« ist vermutlich als Euphemismus für »sieh zu, dass du den Schrott so schnell wie möglich loswirst« zu verstehen. Doch Anleger sollten nicht erst einen Kurs in Dekonstruktionssemantik belegen müssen, um Anlageempfehlungen zu verstehen – und die meisten Privatanleger nahmen die Analysten während der Internetblase betrüblicherweise beim Wort.

Es liegen stichhaltige Belege dafür vor, dass die Analystenempfehlungen durch die ausgesprochen lukrativen Geschäftsbeziehungen der Maklerhäuser im Investmentbanking unbillig beeinflusst werden. Mehrere Studien haben geprüft, wie treffsicher die Analysten bei der Einzeltitelauswahl sind. Brad Barber von der University of California untersuchte die Wertentwicklung der Titel mit einer »Strong-buy«-Empfehlung der Wall-Street-Analysten – mit geradezu »vernichtendem« Ergebnis. Tatsächlich schnitten die Strong-buy-Empfehlungen der Analysten insgesamt um monatlich 3 Prozent schlechter ab als der Markt, während ihre Verkaufsempfehlungen die Märkte um 3,8 Prozent pro Monat überrundeten. Schlimmer noch, Forscher an den Universitäten Dartmouth und Cornell stellten fest, dass die Aktienempfehlungen der Wall-Street-Firmen ohne Investmentbanking-Beziehungen deutlich gelungener ausfielen als die Empfehlungen der Maklerhäuser, die zu den analysierten Unternehmen profitable Investmentbanking-Beziehungen unterhielten. Eine von Investors.com durchgeführte Studie ergab, dass Anleger über 50 Prozent einbüßten, wenn sie auf den Rat eines Analysten hörten, der bei einem Wall-Street-Unternehmen beschäftigt war, das den Börsengang der empfohlenen Aktie allein oder mit anderen betreute. Die Research-Analysten wurden im Grunde dafür bezahlt, die Aktien der Emissionskunden ihres Arbeitgebers anzupreisen. Und Analysten lecken die Hand, die sie füttert.

Heute hat sich die Lage leicht verbessert. Klare Verkaufsempfehlungen werden häufiger, wenngleich die Tendenz zu Kaufempfehlungen noch vorhanden ist. Das Sarbanes-Oxley-Gesetz, das im Nachgang zu den Skandalen im Zusammenhang mit der Internetblase erlassen wurde, macht den Analysten ihre Aufgaben noch schwerer, indem es begrenzte, in welchem Umfang die Finanzmanager von Unternehmen mit Wall-Street-Analysten sprechen durften. Die US-Börsenaufsicht SEC hat eine »Fair Disclosure«-Richtlinie herausgegeben, derzufolge alle maßgeblichen Unternehmensinformationen unverzüglich zu veröffentlichen und so dem gesamten Markt zugänglich zu machen sind. Solche Vorgaben können zwar dazu beitragen, die Effizienz des Aktienmarktes noch zu erhöhen, doch viele erzürnte Wertpapieranalysten sprachen von einem Informationsdefizit. Die Wertpapieranalysten hatten nicht länger früher als andere Zugang zu vertraulichen Informationen. Es gibt daher keinen Grund zu der Annahme, dass ihre Empfehlungen künftig mehr taugen.

Interessenkonflikte und die mangelnde Unabhängigkeit der Analysten bei ihrer Arbeit bestanden auch nach Sarbanes-Oxley fort. 2010 sackte der Kurs von British Petroleum unmittelbar nach der Meldung von der Explosion und der Ölkatastrophe auf der BP-Bohrinsel Deepwater Horizon um 10 Zähler von 60 auf 50 Dollar je Aktie ab. Dessen ungeachtet waren die Wall-Street-Analysten einhellig der Ansicht, der Kurs habe überreagiert und BP bleibe auf jeden Fall eine Kaufempfehlung wert. Wie es ein Analyst formulierte, stehe der Rückgang in »keinem Verhältnis zu den voraussichtlichen Kosten für das Unternehmen (die auf 450 Millionen Dollar geschätzt werden), selbst unter der Annahme, dass Schadenersatz gefordert werden kann«. Von den 34 Analysten, die sich zu der Aktie äußerten, stuften sie 27 als »Kauf« ein. Die übrigen sieben rieten dazu, sie zu halten. Es gab keine einzige Verkaufsempfehlung. Selbst der hyperaktive Fernsehmoderator Jim Cramer erklärte seinem Publikum, seine wohltätige Stiftung kaufe BP-Aktien. Der Titel rutschte letztlich auf Werte zwischen 20 und 30 ab – ein Marktwertverlust von fast 100 Milliarden Dollar. (Im Januar 2018 schätzte BP die explodierten Kosten im Zusammenhang mit der Ölpest auf 65 Milliarden Dollar – mit steigender Tendenz.)

Dass hier so viele Analysten demselben Irrtum erlagen, deutet darauf hin, dass noch immer Interessenkonflikte bestehen. BP ist ein maßgeblicher Wertpapieremittent, und an dem Emissionsgeschäft verdient die Wall Street nicht schlecht. Die Analysten leiden nach wie vor unter der Angst, ausgesprochen negative Äußerungen über ein Unternehmen könnten künftig Emissionsaufträge kosten.

Abschließend ist festzustellen, dass die Fähigkeiten der professionellen Fondsmanager, bei der Umschichtung von Liquidität oder Anleihen in Aktien richtige Entscheidungen zu treffen, erschreckend dürftig sind. Besonders hohe Barpositionen von Investmentfonds fallen in der Regel mit Markttiefs zusammen. Umgekehrt gilt: Bildete der Markt einen Gipfel aus, waren die Barbestände regelmäßig gering.

Haben Wertpapieranalysten ein gutes Händchen bei der Auswahl der Gewinner? Die Wertentwicklung von Investmentfonds

Während ich diese Zeilen schreibe, klingen mir förmlich die Ohren von Sprüchen wie diesen: Die echte Nagelprobe für den Analysten ist die Wertentwicklung der Aktien, die er empfiehlt. Unser Kupferanalyst, der »schlampige Louie«, mag seine Gewinnprognose durch das falsch gesetzte Komma versaubeutelt haben, doch wenn die von ihm empfohlenen Aktien seinen Kunden Geld einbrachten, dann sei seine mangelnde Liebe zum Detail doch sicherlich entschuldbar. »Nicht auf die Gewinnprognosen, sondern auf die Anlageperformance kommt es an«, schallt es im Chor.

Glücklicherweise sind die Erfolgsbilanzen für eine Gruppe von Börsenprofis – die Verwalter von Investmentfonds nämlich – öffentlich verfügbar. Was meiner Argumentation noch mehr entgegenkommt: Die bei den Fonds beschäftigten Männer und Frauen gehören zu den besten Fachleuten der Branche für Analyse- und Portfoliomanagement. Wie es ein Investmentmanager unlängst formulierte: »Es wird viele Jahre dauern, bis das allgemeine Kompetenzniveau an den verblüffenden Vorsprung der aggressiven Investmentmanager von heute herankommt.«

Solche Aussagen stellten für die edel gesinnten Vertreter der akademischen Welt eine unwiderstehliche Versuchung dar. Angesichts der Fülle verfügbarer Daten, der für solche Analysen zur Verfügung stehenden Zeit und des übermächtigen Wunsches, die Überlegenheit der Wissenschaft in solchen Dingen zu beweisen, war es nur folgerichtig, dass sich die Forschung auf die Wertentwicklung von Investmentfonds fokussierte.

Wieder sind die Ergebnisse gleich mehrerer Studien bemerkenswert deckungsgleich. Mit dem durchschnittlichen Investmentfonds sind Anleger nicht besser gefahren, als hätten sie einen unverwalteten breiten Aktienindex gekauft und gehalten. Mit anderen Worten: Die Portfolios von Investmentfonds haben über lange Zeiträume nicht besser abgeschnitten als der Markt. Obwohl manche Fonds für bestimmte Zeiträume ausgesprochen imposante Erfolgsbilanzen vorweisen können, haben sie sich keinesfalls durchgehend überdurchschnittlich entwickelt – und es ist nicht möglich, vorherzusagen, wie sie sich in einer bestimmten künftigen Periode schlagen werden.

Die folgende Tabelle zeigt die Rendite des durchschnittlichen Aktienfonds für einen 20-Jahreszeitraum bis zum 31. Dezember 2021. Zum Vergleich wird der Standard & Poor's 500 Index stellvertretend für den breiten Markt herangezogen. Für verschiedene Zeiträume und für Pensionskassen ebenso wie für andere Investoren wurden ähnliche Ergebnisse ermittelt. Die einfache Strategie, die Aktien eines breiten Marktindex zu kaufen und zu halten, ist für professionelle Portfoliomanager ausgesprochen schwer zu übertrumpfen.

Investmentfonds und Marktindex im Vergleich	
20 Jahre bis zum 31. Dezember 2021	
S&P Composite 1500	9,68 %
Durchschnittlicher Aktienfonds	8,70 %
Indexvorsprung (Prozentpunkte)	0,98 %

Quellen: SPIVA (R) U.S. Scorecard 2021

Neben den vorliegenden wissenschaftlichen Erkenntnissen wurde dieses Ergebnis auch durch mehrere weniger förmliche Tests bestätigt. So lancierte beispielsweise das *Wall Street Journal* Anfang der 1990er-Jahre einen Dart-Wettbewerb, bei dem jeden Monat die Einzeltitelauswahl von vier Experten der Auswahl durch vier Dartpfeile gegenübergestellt wurde. Das *Journal* war so freundlich, mir die ersten Würfe im Wettbewerb zu überlassen. Anfang der 2000er-Jahre schienen die Experten knapp vor den Dartpfeilen zu liegen. Legte man jedoch die Wertentwicklung der Fachleute ab dem Tag zugrunde, an dem ihre Auswahlentscheidungen mit der entsprechenden Publicity im *Journal* veröffentlicht wurden (nicht ab dem Vortag), dann hatten die Dartpfeile einen hauchdünnen Vorsprung. Bedeutet das, das Handgelenk kann mehr als das Gehirn? Nicht unbedingt, doch meiner Ansicht nach hat die Zeitschrift *Forbes* eine sehr berechtigte Frage aufgeworfen, als ein Journalist feststellte: »Wie es scheint, kommt man mit einer Kombination aus Glück und Faulheit weiter als mit Gehirnschmalz.«

Wie kann das sein? Alle Jahre wieder ist nachzulesen, wie welcher Investmentfonds abgeschnitten hat. Regelmäßig übertreffen dabei viele Fonds die Indizes – manche sogar deutlich. Das Problem ist bloß, dass diese Wertentwicklung nicht kontinuierlich erzielt wird. So wenig Aussagekraft das bisherige Gewinnwachstum für die künftigen Gewinne hat, so wenig sagt die bisherige Wertentwicklung eines Fonds über seine künftigen Ergebnisse aus. Auch die Fondsverwaltungen unterliegen zufälligen Ereignissen: Sie werden fett, faul oder lösen sich auf. Ein Investmentansatz, der in einem Zeitraum sehr gut funktioniert, kann schon in der Folgeperiode versagen. Da liegt die Vermutung nahe, dass Fortuna beim Performance-Ranking eine große Rolle spielt.

Diese Schlussfolgerung ist nicht neu. Sie hat schon seit 50 Jahren Bestand – ein Zeitraum, in dem sich auf dem Markt und beim Anteil der Aktionäre an der breiten Bevölkerung viel verändert hat.

Wieder und wieder stellte sich heraus, dass unter den Fonds der Star von gestern der größte Totalausfall von heute ist. In den späten 1960er-Jahren erzielten die Go-go-Fonds mit ihren jungen wilden Managern spektakuläre Erfolge, und über diese wurde ähnlich viel geschrieben wie über Sportstars. Als dann 1969 eine Baisse einsetzte, die bis 1976 anhielt, kam das dicke Ende nach. Die Spitzenfonds von 1968 entwickelten sich im Anschluss verheerend.

Ähnliche Ergebnisse gab es auch in anschließenden Dekaden. Überdurchschnittliche Performance war nie von Dauer. Die besten 20 Investmentfonds der 1970er-Jahre wiesen in den 1980er-Jahren klar unterdurchschnittliche Ergebnisse aus, und viele der Spitzenreiter der 70er fanden sich im Folgejahrzehnt ganz unten in der Rangfolge wieder. Ebenso fuhren die besten Fonds der 80er-Jahre in den 90ern unterirdische Zahlen ein, und die Überflieger der 90er-Jahre, die sich mit brandheißen Internetaktien eingedeckt hatten, erlitten in den ersten Jahrzehnten des neuen Jahrtausends nach dem Platzen der Blase katastrophale Verluste. Der von Cathie Wood gemanagte ARK Innovation Fund konnte seinen Wert 2020 mehr als verdoppeln, indem er sich auf Unternehmen konzentrierte, die mit disruptiven Innovationen zu tun hatten. Auf diese spektakuläre Performance folgte 2021 ein drastischer Einbruch. Während der S&P 500 für 2021 ein Plus von 27 Prozent auswies, verlor der ARK 23,5 Prozent seines Wertes. Wood weist gern darauf hin, dass ihre Anleger aufgrund der 2020 erzielten Zuwächse trotzdem noch Gewinn verbuchen. In Wirklichkeit war aber vor der aufsehenerregenden Performance im Jahr 2020 nur sehr wenig Kapital in den Fonds investiert. Erst nach den atemberaubenden Renditen konnte der ARK neue Investoren in größerer Zahl anwerben, und all jene, die auf eine Performance setzten, wie sie die hohen Renditen von 2020 brachten, verloren de facto Geld. Bloomberg schätzte bereits im März 2022, dass die Kosten für das Halten des ARK Innovation ETF dessen Marktkurs um 50 Prozent überstiegen.

Anleger mussten die Erfahrung machen: Wer in einem Jahr 100 Prozent gewann und im darauffolgenden 50 Prozent verlor, stand wieder ganz am Anfang. Natürlich gibt es auch Fonds, die über zwei Jahrzehnte in Folge überdurchschnittliche Renditen verbuchten. Die sind aber selten – und ihre Anzahl so gering, wie es nach den Gesetzen des Zufalls zu erwarten wäre.

Vielleicht sollten diese Gesetze anschaulicher gemacht werden. Starten wir also einen Wettbewerb im Münzwurf. Wer einen Kopf nach dem anderen werfen kann, gewinnt. Der Wettbewerb beginnt, und 1000 Teilnehmer werfen Münzen. Wie nach dem Zufallsgesetz zu erwarten, werfen 500 davon Kopf und dürfen in die zweite Runde. Sie werfen erneut – und erwartungsgemäß 250 von ihnen wieder Kopf. Nach dem Zufallsgesetz wird es in der dritten Runde 125 Gewinner geben, in der vierten 63, in der fünften 32, in der sechsten 16 und in der siebten 8.

Inzwischen hat sich eine Menschentraube gebildet, um das erstaunliche Können dieser geschickten Münzwerfer zu bewundern. Die Gewinner werden mit Lob überschüttet. Sie werden als Genies in der Kunst des Münzwurfs gefeiert, in Biografien verewigt und eifrig um Rat gefragt. Schließlich sind 1000 Teilnehmer angetreten, und nur 8 davon ist es gelungen, immer wieder Kopf zu werfen. Das Spiel geht weiter, und manche Teilnehmer werfen tatsächlich auch zum neunten und zehnten Mal in

Folge Kopf.[6] Diese Analogie soll nicht aussagen, dass Investmentfondsmanager ihre Entscheidungen treffen können oder sollten, indem sie eine Münze werfen, sondern vielmehr, dass die Gesetze des Zufalls am Werk sind und die eine oder andere atemberaubende Erfolgsgeschichte erklären können.

Es liegt in der Natur eines Durchschnittswerts, dass ihn manche Anleger übertreffen. Angesichts der hohen Zahl von Investmentmanagern erklärt der Zufall den einen oder anderen spektakulären Erfolg. Die große Aufmerksamkeit, die gelegentliche Triumphe erregen, lässt mich an die Geschichte von dem Arzt denken, der behauptete, er könne Krebs bei Hühnern heilen. Er verkündete voller Stolz, dass in 33 Prozent der Fälle eine bemerkenswerte Besserung eingetreten sei. In einem weiteren Drittel der Fälle habe sich der Zustand offenbar nicht verändert, räumte er ein. Dann setzte er kleinlaut hinzu: »Ich fürchte, das dritte Huhn ist weggerannt.«

Das *Wall Street Journal* brachte 2009 eine interessante Story, aus der hervorging, wie flüchtig außergewöhnlicher Anlageerfolg sein dürfte. Das Blatt gab an, dass 14 Investmentfonds den S&P über neun Jahre in Folge bis einschließlich 2007 geschlagen hätten. Nur einem einzigen davon ist das aber auch 2008 wieder gelungen, wie die folgende Tabelle zeigt. Man kann einfach nicht davon ausgehen, dass ein Fonds oder ein Investmentmanager den Markt zuverlässig schlägt – selbst wenn die bisherige Erfolgsbilanz auf ungewöhnliche Investmentkompetenzen schließen lässt.

Nur noch einer	
Ertrag 2008 (%)	
–35	M&N Pro Blend Max S
–37	S&P 500 (Dividenden reinvestiert)
–40	Amer Funds Fundamental A
–40	Target Gr Alloc A
–41	Lord Abbett Alpha Strat A
–42	T. Rowe Price Spect Grth
–43	JPMorgan Small Cap Gr A
–46	Hartsford Cap App HLS 1A
–47	AIM Capital Development A
–49	T. Rowe Price New Era
–50	Columbia Acorn Select Z

6 Hätten wir die Verlierer weiterspielen lassen (wie es bei Fondsmanagern der Fall ist – auch nach einem schlechten Jahr), hätten wir festgestellt, dass noch ein paar Teilnehmer bei acht oder neun von zehn Versuchen Kopf warfen und daher als besonders fähige Münzwerfer betrachtet worden wären.

Nur noch einer	
–52	Fidelity Select Natural Res
–53	Jennison Natural Res B
–54	Fidelity Adv Energy T
–61	Ivy Global Natural Res A

Datenquelle: The Wall Street Journal, 5. Januar 2009

Im Zeitverlauf spricht immer mehr für Index-Investing. Standard & Poor's veröffentlicht jedes Jahr Berichte, die alle aktiv verwalteten Fonds verschiedenen Standard & Poor's-Aktienindizes gegenüberstellen. Den Bericht für 2022 finden Sie nachstehend. Bei Betrachtung eines Zwanzigjahreszeitraums werden rund 90 Prozent der aktiven Manager von ihren Referenzindizes überflügelt. Und die Berichte für die Einzeljahre nehmen sich nicht viel. Bei jeder erneuten Überarbeitung dieses Buches gleichen sich die Ergebnisse. Die Wertentwicklung des Index ist nicht zu verachten – er wirft mehr ab, als der typische aktive Manager erwirtschaften kann. Und das gilt für Large- und Small-Caps und für US-amerikanische wie internationale Aktien gleichermaßen. Und zwar nicht nur für den Aktienmarkt, sondern auch für Anleihen. Index-Investing ist die intelligentere Lösung.

Standard & Poor's-Indizes und aktive Fonds im Vergleich			
Prozentsatz aktiver Fonds, die von ihren Referenzindizes überflügelt werden			
	1 Jahr	**5 Jahre**	**20 Jahre**
Alle Large-Cap-Fonds / S&P 500	85,1	67,9	94,1
Alle Small-Cap-Fonds / S&P Small Cap 600	70,5	62,5	93,6
Globale Fonds / S&P Global 1200	84,1	69,2	85,3
Emerging-Market-Fonds / S&P IFCI Composite	64,6	74,7	93,4

Quelle: S&P SPIVA Report – 2022

Ich behaupte nicht, dass es unmöglich ist, den Markt zu schlagen. Es ist aber höchst unwahrscheinlich. Das lässt sich sehr aufschlussreich demonstrieren, wenn man die Erfolgsbilanz *sämtlicher* Aktienfonds beleuchtet, die 1970 auf dem Markt waren (als ich erstmals an diesem Buch arbeitete) und ihre Wertentwicklung bis einschließlich 2017 verfolgt. Dieses Experiment, das 2018 durchgeführt wurde, gibt die Abbildung auf der nächsten Seite wieder.

1970 gab es 358 Aktienfonds. (Heute sind es Tausende.) Eine solche Langzeitbilanz lässt sich nur für 78 Prozent dieser ursprünglichen Fonds aufstellen, weil 280 im Jahr 2017 bereits nicht mehr existieren. Die für die Abbildung herangezogenen Daten unterliegen daher einem »Survivorship Bias« – einer Verzerrung der Ergebnisse aufgrund der Tatsache, dass so viele Fonds vom Markt verschwunden sind. Überlebt haben die Fonds mit den besten Bilanzen. Es ist ein garstiges Geheimnis der Investmentfondsindustrie: Fonds mit dürftiger Wertentwicklung werfen kein gutes Licht auf den Investmentfondskomplex. Deshalb werden Fonds, die sich unzulänglich entwickeln, gewöhnlich mit Fonds verschmolzen, die mit besseren Ergebnissen aufwarten, um ihre peinlichen Einflüsse zu tilgen. Übrig bleiben die Fonds mit besserer Wertentwicklung. Doch trotz dieser Verzerrung fällt auf, wie wenige der ursprünglichen Fonds tatsächlich überdurchschnittliche Ergebnisse aufweisen. Wie viele der ursprünglichen 358 Fonds den Marktindex tatsächlich um 2 Prozentpunkte oder mehr übertroffen haben, lässt sich an einer Hand abzählen. Und nur elf der Fonds (3 Prozent) erzielten einen Vorsprung von 1 Prozent oder mehr.

DIE ERFOLGSAUSSICHTEN: ERTRÄGE DER FORTBESTEHENDEN FONDS

Investmentfonds 1970 bis 2017 – im Vergleich zur Rendite des S&P 500

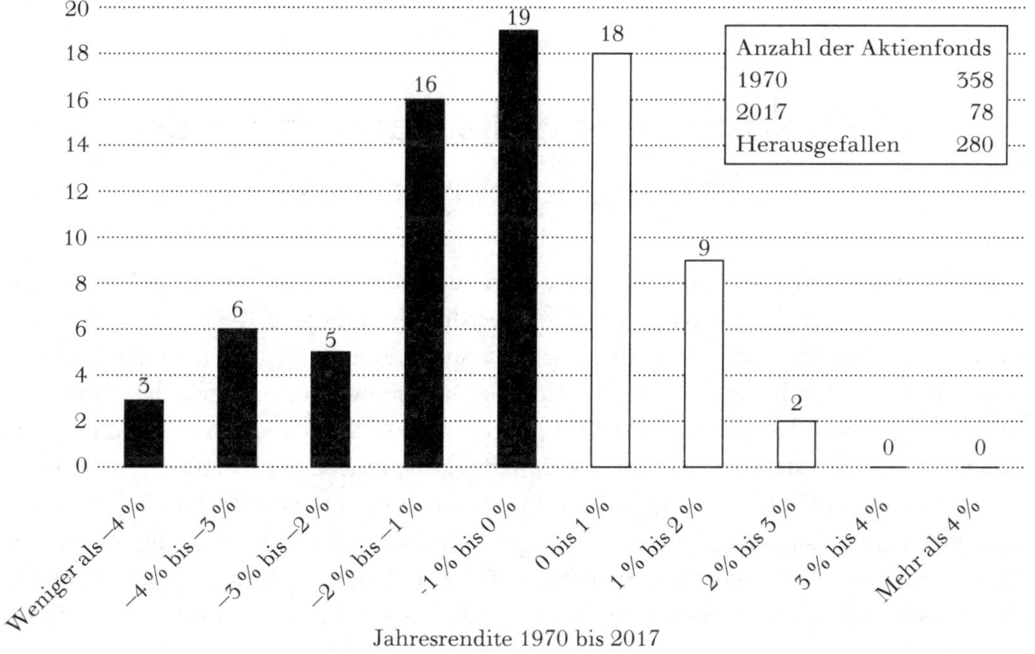

Quelle: Vanguard und Lipper

Alles läuft darauf hinaus, dass es höchst unwahrscheinlich ist, den Markt zu schlagen. Das kommt so selten vor, dass es an die sprichwörtliche Suche nach der Stecknadel im Heuhaufen erinnert. Eine mit weitaus größerer Wahrscheinlichkeit optimale Strategie ist, gleich den ganzen Heuhaufen zu kaufen: will heißen, einen Indexfonds, der einfach alle in einem breiten Aktienmarktindex vertretenen Titel kauft und hält. Zum Glück tun das auch immer mehr Anleger. Inzwischen investieren Privatanleger und institutionelle Investoren mehr Geld in Indexfonds und börsennotierte Indexfonds (sogenannte ETFs) als in aktiv gemanagte Fonds. Und dieser Anteil steigt mit jedem Jahr.

Obwohl bisher überwiegend von Investmentfonds und ETFs die Rede war, soll das nicht heißen, dass diese Fonds im Vergleich zur gesamten Vermögensverwaltungsbranche die schlechteste Figur machen. Tatsächlich schneiden die Investmentfonds bei der Wertentwicklung etwas besser ab als viele andere professionelle Investoren. Unter die Lupe genommen wurden die Erfolgsbilanzen von Lebensversicherungen, Sach- und Unfallversicherern, Pensionskassen, Stiftungen, staatlichen und kommunalen Treuhandfonds, von Banken verwalteten privaten Treuhandfonds und diskretionär verwalteten Einzelportfolios, die von Anlageberatern betreut werden. Bei der Anlageperformance von Aktienportfolios gibt es unter diesen professionellen Investoren oder zwischen diesen Gruppen und dem Gesamtmarkt kaum nennenswerte Unterschiede. Ausnahmen sind ausgesprochen selten. Als Gruppe weisen professionell verwaltete Portfolios schlechtere Anlageergebnisse aus als ein breit aufgestellter Index.

Die halbstarke und die starke Form der Effizienzmarkthypothese

Das Urteil der Wissenschaft steht fest. Die fundamentale Analyse ist auch nicht besser als die technische Analyse, wenn es darum geht, Anlegern überdurchschnittliche Renditen zu liefern. Doch weil die Welt der Wissenschaft bekanntlich zur Haarspalterei neigt, gab es bald ein Hickhack um die genaue Definition fundamentaler Informationen. Manche meinten, es ginge dabei um alles, was jetzt bekannt ist, andere vertraten die Ansicht, es erstrecke sich auch auf die Zukunft. An diesem Punkt spaltete sich die starke Form der Effizienzmarkthypothese. Die »halbstarke« Ausprägung besagt, dass keinerlei öffentlich zugängliche Informationen dem Analysten helfen können, unterbewertete Wertpapiere ausfindig zu machen. Argumentativ untermauert wird das damit, dass die Struktur der Marktkurse alle öffentlich verfügbaren Informationen, die in Bilanzen, Erfolgsrechnungen, Dividenden und dergleichen enthalten sein können, bereits berücksichtigt. Eine professionelle Analyse dieser Daten bringt daher nichts. Die »starke« Form besagt, dass absolut nichts, was über ein Unternehmen bekannt ist oder bekannt sein könnte, für den Fundamentalanalysten von Nutzen ist. Der starken Form der Theorie zufolge profitieren die Anleger noch nicht einmal von »Insiderinformationen«.

Die starke Form der EMH ist ganz offensichtlich überzogen. Sie schließt aus, dass man aus Insiderinformationen Vorteile ziehen kann. Dabei verdiente Nathan Rothschild an der Börse Millionen, weil ihm seine Brieftauben die ersten Meldungen vom Sieg Wellingtons bei Waterloo brachten, als andere Spekulanten noch nichts davon ahnten. Doch die Informationsautobahnen von heute übermitteln Nachrichten um ein Vielfaches schneller als Brieftauben. Und die Regulation FD (Fair Disclosure) verlangt von Unternehmen, alle wesentlichen Meldungen, die sich auf den Kurs ihrer Aktie auswirken könnten, unverzüglich öffentlich bekanntzugeben. Mehr noch: Insider, die an der Börse aufgrund nichtöffentlicher Informationen Gewinne machen, verstoßen gegen das Gesetz. Der Nobelpreisträger Paul Samuelson brachte die Situation folgendermaßen auf den Punkt:

> *Interessieren sich intelligente Menschen laufend für werthaltige Aktien, stoßen Titel ab, von denen sie annehmen, dass sie sich als überbewertet erweisen, und kaufen andere, die nach ihren Erwartungen aktuell unterbewertet sind, so führt das Verhalten der intelligenten Anleger dazu, dass die Zukunftsaussichten von Aktien in den vorliegenden Kursen bereits eingepreist sind. Dem passiven Investor, der selbst nicht auf Unter- und Überbewertungen achtet, bietet sich ein Kursmuster, demzufolge eine Aktie kein besserer oder schlechterer Kaufkandidat ist als eine andere. Für diesen passiven Investor wäre das Glück allein eine ebenso gute Auswahlmethode wie jede andere.*

Das beschreibt die EMH – die Effizienzmarkthypothese. Die »eng gefasste« (schwache) Form der EMH besagt, dass die technische Analyse, also die Betrachtung der bisherigen Aktienkurse, den Anlegern nicht weiterhilft. Die Kurse entwickeln sich von Zeitraum zu Zeitraum sehr stark nach dem Zufallsprinzip. Die »breite« (halbstarke und starke) Form besagt, dass den Anleger auch die fundamentale Analyse nicht weiterbringt. Alles, was über das voraussichtliche Wachstum der Gewinne und Dividenden des Unternehmens bekannt ist, sämtliche potenziellen vorteilhaften und unvorteilhaften Entwicklungen, die sich auf das Unternehmen auswirken und von den Fundamentalanalysten ausgewertet werden könnten, sind bereits in den Kurs der betreffenden Aktie eingeflossen. Wer also einen Fonds kauft, der alle Aktien hält, die in einem breit angelegten Index vertreten sind, verfügt über ein Portfolio, dass sich erwartungsgemäß nicht schlechter entwickelt als ein von professionellen Wertpapieranalysten verwaltetes.

Die Effizienzmarkthypothese besagt aber nicht, wie manche Kritiker behaupten, dass Aktien stets korrekt bepreist sind. In Wirklichkeit ist das fast nie der Fall. Die EMH unterstellt lediglich, dass keiner sicher weiß, ob die Aktienkurse gerade zu hoch oder zu niedrig sind. Die EMH sagt auch nicht aus, dass sich die Aktienkurse ziellos und unberechenbar bewegen und nicht auf Veränderungen fundamentaler Informationen reagieren. Es ist genau umgekehrt: Das Gegenteil ist der Grund für die Zufälligkeit der Kursentwicklung. Der Markt ist so effizient – die Preise reagieren so rasant, wenn Informationen bekannt werden –, dass kein Privatanleger schnell genug kaufen oder verkaufen kann, um daraus Kapital zu schlagen. Und echte Nachrichten entwickeln sich zufällig – also unvorhersehbar. Sie lassen sich nicht durch das Studium bisher vorliegender technischer oder fundamentaler Informationen prognostizieren.

Selbst der legendäre Benjamin Graham, der als Vater der fundamentalen Wertpapieranalyse gilt, kam widerstrebend zu dem Schluss, dass man sich auf diese nicht mehr verlassen konnte, um überdurchschnittliche Anlageerträge zu erzielen. Kurz vor seinem Tod 1976 wurde er in einem Interview im *Financial Analysts Journal* mit den Worten zitiert: »Ich vertrete nicht länger die Ansicht, dass sich mit ausgeklügelten Methoden zur Wertpapieranalyse überdurchschnittliche Wertchancen ermitteln lassen. Das war vor, sagen wir, 40 Jahren eine lohnende Beschäftigung, als Graham und Dodd erstmals aufgelegt wurden. Doch die Situation hat sich verändert. … [Heute] bezweifle ich, ob solche aufwendigen Bestrebungen zu einer Auswahl führen, die ausreichende Überrenditen erzielt, um ihre Kosten zu rechtfertigen. … Ich bekenne mich zur Lehrmeinung vom ›effizienten Markt‹.« Peter Lynch kurz nach seinem Rückzug als Manager des Magellan Fund und auch der legendäre Warren Buffett räumten ein, dass die meisten Anleger mit einem Indexfonds besser beraten wären als mit einer Anlage in einen aktiv verwalteten Aktienfonds. Buffett hat testamentarisch verfügt, dass liquide Mittel aus seinem Nachlass ausschließlich in Indexfonds investiert werden sollen.

DRITTER TEIL:

DIE NEUE INVESTMENTTECHNOLOGIE

ACHTES KAPITEL:

EIN NEUER WANDERSCHUH – DIE MODERNE PORTFOLIOTHEORIE

... Praktiker, die sich ganz frei von intellektuellen Einflüssen glauben, sind gewöhnlich die Sklaven irgendeines verblichenen Ökonomen. Verrückte in hoher Stellung, die Stimmen in der Luft hören, zapfen ihren wilden Irrsinn aus dem, was irgendein akademischer Schreiberling ein paar Jahre vorher verfasste.

J. M. Keynes, *Allgemeine Theorie der Beschäftigung, des Zinses und des Geldes*

In diesem Buch versuche ich, die Theorien zu erklären, die von Fachleuten herangezogen werden, um die Bewertung von Aktien zu prognostizieren – vereinfacht als die Solide-Grundlagen- und die Luftschlosstheorie bezeichnet. Bekanntlich haben sich viele Vertreter aus Forschung und Lehre einen Namen gemacht, indem sie diese Theorien kritisieren und behaupten, diese seien keine verlässliche Grundlage für außergewöhnlich hohe Gewinne.

Da die Universitäten immer mehr blitzgescheite junge Finanzökonomen hervorbrachten, schwoll die Zahl der kritischen Akademiker dermaßen an, dass offensichtlich eine neue Strategie gebraucht wurde. Entsprechend eifrig machte sich die Wissenschaft daran, eigene Theorien zur Aktienmarktbewertung aufzustellen. Darum geht es im folgenden Teil des Buches: um die exklusive Welt der »neuen Investmenttechnologie«, die in den Elfenbeintürmen der Wissenschaft entstand. Eine Erkenntnis – nämlich die moderne Portfoliotheorie (MPT) – ist so grundlegend, dass man sich an der Wall Street inzwischen auf breiter Front danach richtet. Die übrigen bieten genügend Konfliktstoff, um auch weiterhin Themen für Master- und Doktorarbeiten zu liefern – und ihren Vertretern hohe Vortragshonorare.

Dieses Kapitel dreht sich um die moderne Portfoliotheorie, deren Erkenntnisse Sie in die Lage versetzen, Risiken zu reduzieren und dabei möglicherweise höhere Erträge zu erzielen. Im neunten Kapitel befasse ich mich mit Wissenschaftlern, die die Ansicht vertreten, dass Anleger ihre Erträge steigern können, indem sie bestimmte Risiken in Kauf nehmen. Im elften und zwölften Kapitel gehe ich auf die Argumente mancher Theoretiker und Praktiker ein, deren Resümee lautet, dass der

Markt nicht von der Vernunft, sondern von der Psychologie regiert wird und dass es so etwas wie einen Zufallsweg gar nicht gibt. Sie behaupten, die Märkte seien nicht effizient und man könne sich nach einer Reihe von Investmentstrategien richten, um seine Anlageergebnisse zu verbessern. Dazu gehören nicht nur etliche »Smart-Beta-« und »Risikoparitätsstrategien«, die sich an der Wall Street einiger Beliebtheit erfreuen, sondern auch die Überzeugung, dass man durch Investitionen in sozialverantwortliche Unternehmen gleichzeitig Gutes tun und Gewinn erzielen kann. Abschließend zeige ich auf, dass klassische Indexfonds aller Kritik zum Trotz die unbestrittenen Spitzenreiter für gewinnbringende Ausflüge an die Börse sind und daher den Kern eines jeden Portfolios bilden sollten.

Die Rolle der Risiken

Die Effizienzmarkthypothese erklärt, warum der Zufallsweg möglich ist. Ihr zufolge kann sich der Aktienmarkt so gut an neue Informationen anpassen, dass niemand seinen künftigen Kurs besser vorhersagen kann als andere. Aufgrund des Vorgehens der Profis schlagen sich sämtliche verfügbaren Nachrichten rasch in den Kursen einzelner Wertpapiere nieder. Deshalb haben bei der Auswahl überdurchschnittlicher Aktien oder der Prognose der allgemeinen Marktrichtung grundsätzlich alle die gleichen Chancen. Ihr persönlicher Tipp ist demnach nicht schlechter oder besser als der eines Schimpansen, der Ihres Brokers oder der meiner Wenigkeit.

Hmmm. »Ich wittre Mäuse!«, wie es Samuel Butler vor langer Zeit so griffig formulierte. An der Börse wird Geld verdient. Manche Aktien entwickeln sich besser als andere. Manchen Menschen gelingt es, den Markt zu schlagen. Es ist nicht nur eine Frage des Glücks. Soweit sind sich viele Wissenschaftler einig. Doch die richtige Methode ist ihrer Ansicht nach nicht mehr Hellsichtigkeit, sondern vielmehr das Eingehen höherer Risiken. Das Risiko ganz allein bestimmt, wie stark die Erträge über oder unter dem Durchschnitt liegen.

Wie Risiko zu definieren ist: die Ertragsstreuung

Risiko ist ein ausgesprochen schlüpfriger Begriff, der sich dem Zugriff entzieht. Anlegern – von Ökonomen ganz zu schweigen – fällt es schwer, sich auf eine präzise Definition festzulegen. Das *American Heritage Dictionary* definiert Risiko als »die Möglichkeit, Schaden oder Verlust zu erleiden«. Wenn ich einjährige US-Schatzanweisungen kaufen kann, die 2 Prozent Zinsen abwerfen, und sie bis zur Endfälligkeit halte, ist mir eine monetäre Rendite von 2 Prozent vor Einkommenssteuern praktisch gewiss. Die Möglichkeit eines Verlustes ist so gering, dass man sie als nicht existent erachten könnte.

Halte ich ein Jahr lang Aktien meines lokalen Stromversorgers in der Erwartung einer Dividendenrendite von 5 Prozent, ist die Verlustwahrscheinlichkeit schon größer. Das Unternehmen könnte seine Dividenden kürzen. Vor allem aber könnte der Marktkurs am Ende des Jahres deutlich niedriger liegen, was mir einen Nettoverlust eintragen würde. Das Anlagerisiko ist demnach die Möglichkeit, dass sich der erwartete Ertrag eines Wertpapiers nicht einstellt und insbesondere, dass die gehaltenen Wertpapiere Kursverluste erleiden.

Sobald sich die Akademiker mit der Vorstellung angefreundet hatten, dass das Risiko für Anleger mit der Möglichkeit einer Enttäuschung zusammenhängt, weil ein Wertpapier nicht den erwarteten Ertrag bringt, bietet sich dafür quasi als logischer Maßstab die wahrscheinliche Streuung künftiger Erträge an. Das finanzielle Risiko wird daher generell als die Varianz oder Standardabweichung der Erträge definiert. In unserer Umständlichkeit verwenden wir nachstehende Abbildung, um zu veranschaulichen, was wir damit meinen. Ein Wertpapier, dessen Erträge höchstwahrscheinlich – wenn überhaupt – nur unwesentlich von ihrem durchschnittlichen (oder erwarteten) Ertrag abweichen, ist demzufolge nur mit geringen oder gar keinen Risiken behaftet. Ein Wertpapier, dessen Erträge von Jahr zu Jahr stärker schwanken dürften (und das in manchen Jahren drastische Verluste verzeichnet), gilt als riskant.

Illustration: erwarteter Ertrag und Varianz als Maßstab für Ertrag und Risiko

Dieses einfache Beispiel verdeutlicht das Konzept des erwarteten Ertrags und der Varianz und zeigt, wie diese gemessen werden. Angenommen, Sie kaufen eine Aktie, von der Sie sich unter unterschiedlichen Wirtschaftsbedingungen den folgenden Gesamtertrag erwarten (Dividenden und Kursänderungen eingeschlossen):

Wirtschaftslage	**Eintrittsmöglichkeit**	**Erwarteter Ertrag**
»Normale« wirtschaftliche Rahmenbedingungen	1 zu 3	10 %
Rasantes reales Wachstum ohne Inflation	1 zu 3	30 %
Rezession mit Inflation (Stagflation)	1 zu 3	–10 %

Verliefen im Schnitt ein Drittel der vergangenen Jahre »normal«, ein weiteres Drittel zeichnete sich durch rasches Wachstum ohne Inflation aus und das verbleibende Drittel durch »Stagflation«, könnte man diese relativen Häufigkeiten früherer Ereignisse nach billigem Ermessen als beste Tipps (Wahrscheinlichkeiten) für voraussichtliche künftige Wirtschaftsbedingungen heranziehen. Dann könnten wir sagen, der erwartete Ertrag eines Anlegers betrüge 10 Prozent. In einem Drittel der Zeit erhält der Anleger 20 Prozent, in einem weiteren Drittel 10 Prozent und in der übrigen Zeit erleidet er 10 Prozent Verlust. Das bedeute, im Durchschnitt erzielt er eine Rendite von 10 Prozent pro Jahr.

$$\textit{Erwarteter Ertrag} = 1/3\,(0{,}30) + 1/3\,(0{,}10) + 1/3(-0{,}10) = 0{,}10.$$

Die jährlichen Erträge schwanken jedoch ziemlich – zwischen plus 30 Prozent und minus 10 Prozent. Die »Varianz« ist ein Maßstab für die Streuung der Erträge. Sie ist definiert als quadrierte durchschnittliche Abweichung eines jeden möglichen Ertrags von seinem Durchschnitts- (oder Erwartungs-)wert, der, wie wir gerade gesehen haben, bei 10 Prozent liegt.

$$\begin{aligned} \textit{Varianz} &= 1/3\,(0{,}30 - 0{,}10)2 + 1/3\,(0{,}10 - 0{,}10)2 + 1/3(-0{,}10 - 0{,}10)2 \\ &= 1/3\,(0{,}20)2 + 1/3\,(0{,}00)2 + 1/3\,(-0{,}20)2 = 0{,}0267. \end{aligned}$$

Die Quadratwurzel der Varianz wird als Standardabweichung bezeichnet. In diesem Beispiel entspricht die Standardabweichung 0,1634.

Die Streuungsmaße für Risiken wie Varianz und Standardabweichung konnten aber nicht alle Beteiligten zufriedenstellen. »Sicherlich steht der Risikograd nicht mit der Varianz als solcher in Zusammenhang«, meinen die Kritiker. »Ergibt sich die Streuung aus positiven Überraschungen – also aus Ergebnissen, die besser ausfallen als erwartet –, würde kein vernünftiger Anleger das als Risiko bezeichnen.«

Es trifft natürlich absolut zu, dass lediglich die Möglichkeit einer Enttäuschung ein Risiko darstellt. Dessen ungeachtet gilt: In der Praxis taugt ein Streuungs- oder Varianzmaßstab als Risikomaß, solange die Ertragsverteilung symmetrisch ist – also, solange die Chancen auf außergewöhnliche Gewinne ungefähr so groß sind wie die Wahrscheinlichkeit enttäuschender Ergebnisse und Verluste. Je stärker die Streuung oder Varianz, desto größer die Aussicht auf eine Enttäuschung.

VERTEILUNG DER MONATLICHEN ERTRÄGE FÜR EIN IN DEN S&P-500-AKTIENINDEX INVESTIERTES PORTFOLIO, JANUAR 1970 BIS MÄRZ 2020

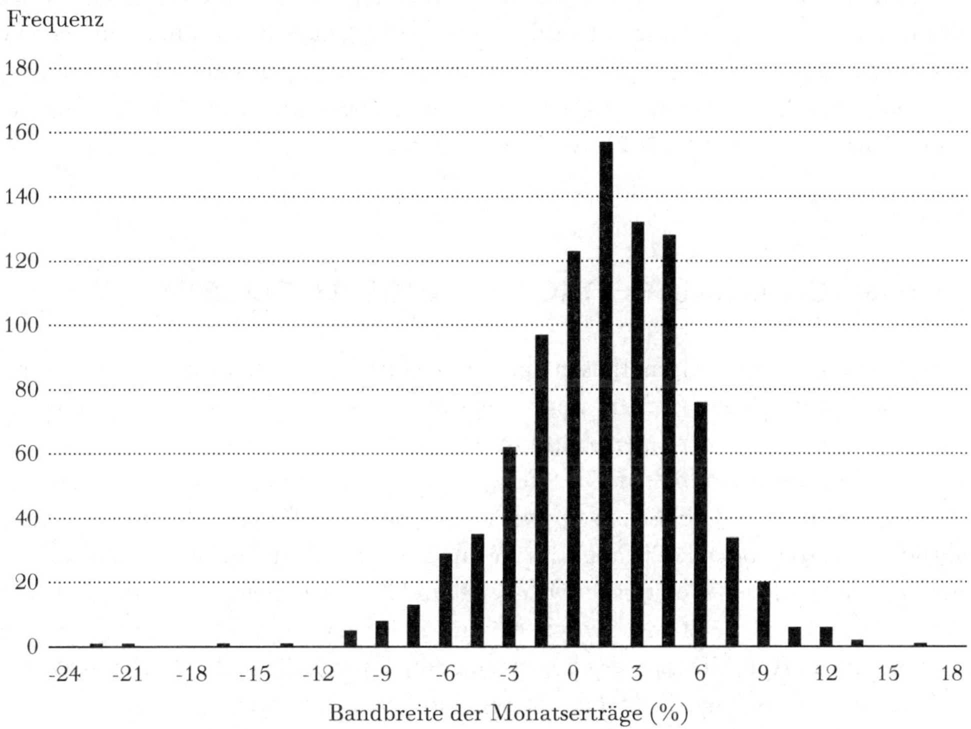

Quelle: Bloomberg

Das Muster der historischen Erträge einzelner Wertpapiere ist zwar in aller Regel nicht symmetrisch, aber für die Erträge breit gestreuter Aktienportfolios gilt das zumindest einigermaßen. Die obenstehende Grafik zeigt die Verteilung der monatlichen Wertpapiererträge eines über 50 Jahre in den S&P-500-Aktienindex investierten Portfolios. Erstellt wurde sie, indem die Ertragsbandbreite in gleiche Intervalle (von rund 1 ¼ Prozent) aufgeteilt und anschließend die Frequenz (die Anzahl der Monate) ermittelt wurde, mit der die Erträge in die einzelnen Intervalle fielen. Im Durchschnitt brachte das Portfolio etwa 1 Prozent pro Monat beziehungsweise rund 11 Prozent pro Jahr. In Zeiträumen, in denen der Markt stark einbrach, sackte aber auch das Portfolio ab und verlor in nur einem Monat über 20 Prozent.

Eine nützliche Faustregel für einigermaßen symmetrische Verteilungen wie diese lautet, dass zwei Drittel der monatlichen Erträge in aller Regel innerhalb einer Standardabweichung von 1 vom Durchschnittsertrag liegen und 95 Prozent der Erträge innerhalb einer Standardabweichung von

2. Die Standardabweichung (unsere Messgröße für Portfoliorisiken) liegt bei 4 ½ Prozent pro Monat. Daher erzielt dieses Portfolio in zwei Drittel aller Monate Erträge zwischen +5 ½ Prozent und -3 ½ Prozent und 95 Prozent der Erträge lagen zwischen 10 Prozent und -8 Prozent. Offensichtlich ist es umso wahrscheinlicher (und damit das Risiko umso größer), dass Sie zumindest in manchen Zeiträumen am Markt Geld verlieren, je höher die Standardabweichung ausfällt (also je breiter gestreut die Erträge sind). Aus diesem Grund wird eine Variabilitätsmessgröße wie die Standardabweichung verwendet und als begründetes Indiz für Risiken angesehen.

Risiken dokumentieren: eine Langzeitstudie

Eine der am besten dokumentierten Thesen auf dem Gebiet des Finanzwesens ist, dass Anleger im Durchschnitt höhere Renditen erzielten, wenn sie größere Risiken eingingen. Die gründlichste Studie dazu untersuchte Daten über einen Zeitraum von 1926 bis einschließlich 2020. Die Ergebnisse sind in der folgenden Tabelle enthalten. Die Studie zog mehrere unterschiedliche Anlageinstrumente heran – Aktien, Anleihen und US-Schatzanweisungen – und maß für jedes Instrument den prozentualen jährlichen Anstieg oder Rückgang. Ein Rechteck oder Balken auf der Grundlinie zeigte die Anzahl der Jahre an, in denen die Erträge zwischen 0 und 5 Prozent fielen, ein weiteres Rechteck die Anzahl der Jahre, in denen die Erträge zwischen 5 und 10 Prozent zurückgingen, und so weiter – für positive und negative Erträge. Daraus ergibt sich eine Reihe von Balken, die die Ertragsstreuung anzeigen und auf deren Grundlage die Standardabweichung berechnet werden kann.

Basisreihe: Statistische Übersicht über die jährlichen Gesamtrenditen von 1926 bis 2018				
Reihe	**Geometrisches Mittel (%)**	**Arithmetisches Mittel (%)**	**Standardabweichung**	**Verteilung (%)**
Large-Caps	10,3	12,2	18,7	
Small Caps*	11,9	18,5	28,2	
Langfristige Unternehmensanleihen	5,9	6,3	8,4	
Langfristige Staatsanleihen	5,7	6,1	8,5	
Mittelfristige Staatsanleihen	5,1	5,2	5,6	
US-Schatzanweisungen	3,3	3,3	3,1	
Inflation	2,9	2,9	4,0	
				−90 % 0 % 90 %

**Die Gesamtrendite von Aktien kleinerer Unternehmen betrug 1933 142,9 Prozent.*

Quelle: Ibbotson, Duff & Phelps SBBI Yearbook

Auf einen Blick ist zu erkennen, dass Aktien über lange Zeit im Durchschnitt relativ hohe Gesamtrenditen lieferten. Diese Erträge einschließlich Dividenden und Veräußerungsgewinne übersteigen deutlich die Renditen von langfristigen Anleihen, US-Schatzanweisungen und die Inflationsrate, gemessen an der jährlichen Steigerungsrate der Verbraucherpreise. Aktien haben daher in aller Regel positive »reale« Renditen erwirtschaftet – also um die Inflationseffekte bereinigte Erträge. Die langfristigen Daten belegen jedoch, dass die Erträge von Aktien höchst variabel sind, wie die in den anschließenden Spalten der Tabelle ausgewiesene Standardabweichung und die Bandbreite der Jahresrendite anzeigen. Die Aktienerträge reichen von einem Plus von über 50 Prozent (im Jahr 1933) bis zu einem ebenso großen Minus (im Jahr 1931). Die Überrenditen, die Aktien Anlegern bescherten, sind eindeutig mit der Übernahme erheblich höherer Risiken erkauft worden. Wohlgemerkt brachten die Aktien kleinerer Unternehmen seit 1926 sogar eine noch höhere Rendite, doch die Streuung (Standardabweichung) dieser Erträge war noch größer als bei Aktien im Allgemeinen. Wieder sehen wir, dass höhere Erträge mit höheren Risiken einhergehen.

Investoren haben mehrere Zeiträume von fünf oder mehr Jahren durchlitten, in denen Aktien negative Renditen verzeichneten. Der Zeitraum von 1930 bis 1932 war für Aktienmarktanleger besonders unbefriedigend. Auch in den frühen 1970er-Jahren wiesen Aktien ein Minus aus. Der Rückgang der breiten Aktienmarktindizes um ein Drittel im Oktober 1987 stellt die drastischste Veränderung der Aktienkurse innerhalb eines kurzen Zeitraums seit den 1930er-Jahren dar. Und Aktienanleger wissen nur zu gut, wie schlecht Aktien im ersten Jahrzehnt des 21. Jahrhunderts und beim Ausbruch der COVID-19-Pandemie 2020 abschnitten. Dennoch hat es sich für Anleger auf lange Sicht gelohnt, höhere Risiken einzugehen. Es gibt jedoch Wege, wie Anleger Risiken reduzieren können. Das bringt uns zum Thema der modernen Portfoliotheorie, die revolutioniert hat, wie die Profis über Kapitalanlage denken.

Risikominderung: moderne Portfoliotheorie (MPT)

Die Portfoliotheorie geht von der Prämisse aus, dass alle Anleger so sind wie meine Frau: nämlich risikoscheu. Sie wünschen sich hohe Erträge und garantierte Ergebnisse. Die Theorie sagt Anlegern, welche Kombination von Aktien sie in ihre Portfolios aufnehmen sollten, um im Einklang mit dem angestrebten Ertrag möglichst geringe Risiken einzugehen. Sie liefert auch eine stringente mathematische Begründung für die bewährte Investmentmaxime, dass Diversifizierung eine sinnvolle Strategie für alle Privatanleger ist, die ihre Risiken gern mindern möchten.

Die Theorie wurde in den 1950er-Jahren von Harry Markowitz erdacht, der für seinen Beitrag 1990 mit dem Wirtschaftsnobelpreis ausgezeichnet wurde. Sein Buch *Portfolio Selection: Effiziente Diversifikation von Anlagen* entwickelte sich aus seiner Doktorarbeit an der University of Chicago. Sein Erfahrungsspektrum reicht von der Lehre an der UCLA bis zur Entwicklung einer Computersprache bei der RAND Corporation. Er hat auch schon einen Hedgefonds gemanagt. Markowitz entdeckte Folgendes: Portfolios mit riskanten (volatilen) Aktien ließen sich so zusammenstellen, dass das Portfolio insgesamt geringere Risiken aufwies als die darin enthaltenen Einzeltitel.

Die mathematischen Grundlagen der modernen Portfoliotheorie (auch MPT genannt) sind ebenso tiefgründig wie abschreckend. Sie füllen die wissenschaftlichen Fachblätter und beschäftigen nebenbei auch viele Akademiker. Das allein ist schon eine Leistung. Glücklicherweise gibt es keinen Grund, Sie durch das Labyrinth der quadratischen Programmierung zu schleusen, um Ihnen die Theorie im Kern begreiflich zu machen. Das lässt sich auch mit einer einzigen Illustration erreichen.

Nehmen wir an, wir haben eine »Inselwirtschaft« mit nur zwei Unternehmen. Bei dem ersten handelt es sich um eine große Hotelanlage mit Stränden, Tennisplätzen und einem Golfplatz. Das zweite ist ein Regenschirmhersteller. Beide sind vom Wetter abhängig. Scheint die Sonne, floriert der Hotelbetrieb und der Regenschirmabsatz bricht ein. Regnet es, wird es für den Hotelbetreiber eng, während der Regenschirmhersteller hohe Gewinne einfährt. Die folgende Tabelle zeigt die hypothetischen Erträge der beiden Unternehmen je nach Saison:

	Regenschirmproduzent	Hotelbetreiber
Regnerische Saison	50 %	–25 %
Sonnige Saison	–25 %	50 %

Angenommen, die sonnigen und regnerischen Saisons halten sich im Durchschnitt die Waage (das heißt, die Wahrscheinlichkeit einer sonnigen oder regnerischen Saison beträgt 50 Prozent). Ein Anleger, der Aktien des Regenschirmherstellers gekauft hat, würde feststellen, dass er mit seiner Anlage die Hälfte der Zeit über 50 Prozent Rendite erzielt und die andere Hälfte der Zeit 25 Prozent Verlust. Im Schnitt läge sein Ertrag bei 12,5 Prozent. Das haben wir als erwarteten Ertrag des Anlegers bezeichnet. Dieselben Ergebnisse würde eine Investition in den Hotelbetreiber bringen. Doch eine Anlage in nur eines der beiden Unternehmen wäre riskant, weil die Ergebnisse variabel sind und weil es mehrere sonnige oder regnerische Saisons in Folge geben könnte.

Nehmen wir jedoch an, ein Investor würde, statt nur eines der Wertpapiere zu kaufen, sein Anlagekapital von 2 Dollar diversifizieren und hälftig in Aktien des Schirmherstellers und Aktien des Hotelbetreibers stecken. In sonnigen Saisons würde der in die Hotelanlage investierte Dollar 50 Cent Gewinn bringen, der in den Regenschirmproduzenten investierte dagegen 25 Cent Verlust. Der Anleger hätte einen Gesamtertrag von 25 Cent (50 Cent minus 25 Cent). Das entspricht 12,5 Prozent seiner Gesamtanlage von 2 Dollar.

Beachten Sie bitte, dass das in einer regnerischen Saison genauso gilt – nur umgekehrt. Dann wirft die Anlage in den Schirmhersteller 50 Prozent ab, die Hotelaktie verbucht 25 Prozent Verlust. Wieder erwirtschaftet der diversifizierte Anleger auf sein Gesamtinvestment 12,5 Prozent Rendite.

Dieses einfache Beispiel belegt den grundlegenden Vorteil der Diversifizierung. Wie sich das Wetter – und damit die Inselwirtschaft – auch entwickelt: Indem der Anleger sein Kapital auf beide Unternehmen aufgeteilt – sprich, diversifiziert – hat, sind ihm 12,5 Rendite jedes Jahr sicher. Der Trick, der dafür sorgt, dass die Strategie aufgeht, beruht darauf, dass zwar beide Unternehmen risikobehaftet sind (weil die Erträge von Jahr zu Jahr schwanken), aber von den Witterungsbedingungen unterschiedlich beeinflusst werden. (Statistisch ausgedrückt haben die beiden Unternehmen eine negative Kovarianz.)[7] Solange es in gewisser Hinsicht keine Parallelen zwischen dem Schicksal der einzelnen Unternehmen in der Wirtschaft gibt, kann Diversifizierung Risiken mindern. Im vorliegenden Fall gibt es eine vollkommene negative Beziehung zwischen den Geschicken der Unternehmen (dem einen geht es immer dann gut, wenn das andere kriselt), sodass sich das Risiko durch Diversifizierung komplett ausschalten lässt.

Natürlich hat jede Sache einen Haken. Bei dieser ist es der Umstand, dass sich die meisten Unternehmen meist im Gleichtakt bewegen. Gibt es eine Rezession, und die Menschen verlieren ihre Arbeit, leisten sie sich vielleicht weder einen Sommerurlaub noch einen Regenschirm. Rechnen Sie daher in der Praxis lieber nicht damit, dass sich Risiken so problemlos ausmerzen lassen, wie gerade vorgeführt. Doch weil solche Entwicklungen nicht immer ganz parallel verlaufen, ist die Anlage in ein diversifiziertes Aktienportfolio aller Wahrscheinlichkeit nach weniger riskant, als wenn Sie nur in ein oder zwei Einzeltitel investieren.

Die Lehren aus dieser Illustration sind ganz leicht auf den tatsächlichen Portfolioaufbau übertragbar. Nehmen wir an, Sie denken daran, die Ford Motor Company und ihren größten Zulieferer für Neureifen in einem Aktienportfolio zu kombinieren. Würde diese Diversifizierung Ihre Risiken wohl spürbar mindern? Eher nicht. Bricht bei Ford der Umsatz ein, bestellt das Unternehmen weniger Neureifen beim Reifenhersteller. Generell bringt eine Diversifizierung nicht so viel, wenn eine hohe Kovarianz (eine starke Korrelation) zwischen den Erträgen der beiden Unternehmen vorliegt.

Wird die Ford-Aktie dagegen mit einem staatlichen Auftragnehmer aus einem angeschlagenen Sektor kombiniert, könnte eine solche Diversifizierung die Risiken erheblich mindern. Gehen die Verbraucherausgaben zurück, dürfte das Umsatz und Ertrag von Ford belasten und die Arbeitslosigkeit landesweit in die Höhe treiben. Vergibt die Regierung in Zeiten mit hoher Arbeitslosigkeit üblicherweise Aufträge an das schwächelnde Segment (um gewisse durch die Arbeitslosigkeit bedingte Härten abzufedern), könnte es gut sein, dass sich die Erträge der beiden Unternehmen nicht im

7 Die Statistiker verwenden den Begriff »Kovarianz«, um zu messen, was ich als Grad der Parallelität zwischen den Erträgen der beiden Wertpapiere bezeichnet habe. Wenn R für den Ist-Ertrag aus der Hotelanlage steht, und $\bar{R}$ für den erwarteten oder durchschnittlichen Ertrag, während U für den Ist-Ertrag des Schirmherstellers steht und $\bar{U}$ für den Durchschnittsertrag, definieren wir die Kovarianz zwischen U und R (beziehungsweise COVUR) folgendermaßen:
COV_{UR} = Regenwahrscheinlichkeit (U, bei Regen – $\bar{U}$) (R, bei Regen - $\bar{R}$) + Sonnenwahrscheinlichkeit (U, bei Sonne – $\bar{U}$) (R, bei Sonne – $\bar{R}$).
Wir können aus der vorausgegangenen Tabelle zu den Erträgen und angenommenen Wahrscheinlichkeiten die betreffenden Zahlen übernehmen:
COV_{UR} = ½ (0,50 – 0,125) (-0,25 – 0,125) + ½ (-0,25 – 0,125) (0,50 – 0,125) = – 0,141.
Bewegen sich die Renditen zweier Wertpapiere im Gleichtakt (wenn das eine steigt, steigt auch das andere), so nimmt die Kovarianz einen hohen positiven Wert an. Korrelieren die Erträge überhaupt nicht, wie beim vorliegenden Beispiel, so wird das als negative Kovarianz der beiden Wertpapiere bezeichnet.

Gleichtakt entwickeln. Die beiden Aktien weisen womöglich nur eine geringe Kovarianz oder, besser noch, eine negative Kovarianz auf.

Das Beispiel mag ein bisschen an den Haaren herbeigezogen erscheinen, und den meisten Anlegern wird klar sein, dass so gut wie alle Aktien fallen, wenn der Markt unter Beschuss gerät. Dennoch entwickeln sich zumindest zu bestimmten Zeiten manche Aktien und Anlageklassen gegenläufig zum Markt. Das bedeutet, sie haben eine negative Kovarianz oder (was dasselbe ist) sie korrelieren negativ miteinander.

DER KORRELATIONSKOEFFIZIENT UND DIE MÖGLICHKEIT, DURCH DIVERSIFIZIERUNG RISIKEN ZU REDUZIEREN	
Korrelationskoeffizient	**Effekt der Diversifizierung auf die Risiken**
+ 1,0	Keine Risikominderung möglich
+ 0,5	Moderate Risikominderung möglich
0	Erhebliche Risikominderung möglich
– 0,5	Das Risiko kann weitgehend ausgeschaltet werden.
- 1,0	Das Risiko kann komplett ausgeschaltet werden.

Und jetzt kommt's: Eine negative Korrelation ist nicht unbedingt die Voraussetzung dafür, dass sich durch Diversifizierung Risikominderungsvorteile erzielen lassen. Markowitz' großartiger Beitrag für den Geldbeutel der Anleger war sein Nachweis, dass sich Risiken potenziell durch jede Korrelation mindern lassen, die nicht perfekt positiv ist. Seine Forschung brachte die Ergebnisse, die in der obenstehenden Tabelle dargestellt sind. Wie angegeben demonstriert sie die entscheidende Rolle des Korrelationskoeffizienten für die Antwort auf die Frage, ob die Aufnahme eines Wertpapiers oder einer Anlageklasse Risiken verringern kann.

Diversifizierung in der Praxis

Um mit Shakespeare zu sprechen: Kann man des Guten zu viel haben? Anders gefragt: Gibt es den Punkt, ab dem Diversifizierung nicht mehr das Wundermittel ist, mit dem sich Erträge sichern lassen? Das belegen zumindest zahlreiche Studien. Wie folgende Grafik zeigt, liegt die goldene Zahl für xenophobe Amerikaner (also all jene, die sich nicht über den nationalen Tellerrand hinauszublicken trauen) bei mindestens 50 gleich großen, breit diversifizierten US-Aktien. (Ganz klar: 50 Ölaktien oder 50 Stromversorgungswerte würden keine entsprechende Risikominderung bewirken.) Mit einem solchen Portfolio verringert sich das Gesamtrisiko um über 60 Prozent. So weit, so gut. Erhöht man die Anzahl der Positionen aber weiter, so nimmt der risikomindernde Effekt nicht mehr stark zu.

DIE VORZÜGE DER DIVERSIFIZIERUNG

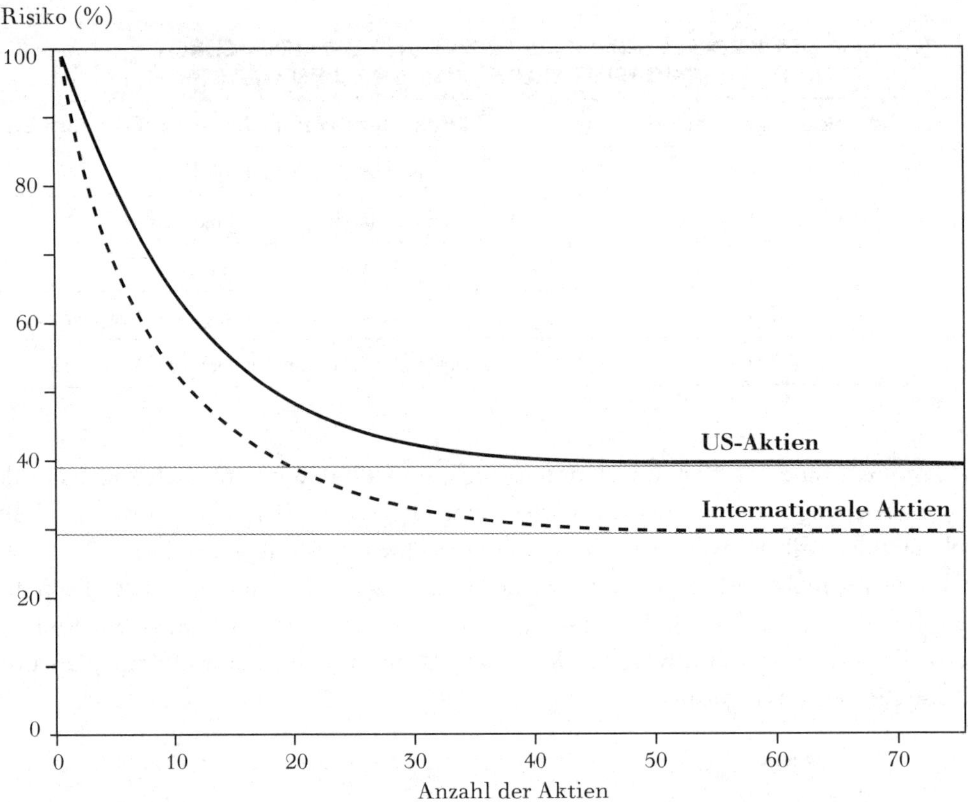

Anleger mit einem breiteren Horizont – solche, die wissen, dass sich die Welt erheblich verändert hat, seit Markowitz seine Theorie vorstellte – können sich sogar noch besser schützen, weil sich die Volkswirtschaften anderer Länder nicht immer synchron mit der US-Wirtschaft entwickeln. Das gilt ganz besonders für Schwellenländer. So wirken sich etwa steigende Öl- und Rohstoffpreise auf Europa und Japan negativ aus, und sogar auf die eigentlich autarken USA. Andererseits haben höhere Ölpreise ausgesprochen positive Effekte auf Indonesien und die ölproduzierenden Länder im Nahen

Osten. Ebenso haben steigende Preise für Mineralien und andere Rohstoffe positive Auswirkungen auf Länder mit reichen Vorkommen an Bodenschätzen wie Australien und Brasilien.

Wie sich zeigt, ist die 50 auch für global orientierte Anleger die goldene Zahl. Solche Anleger können ihr Kapital noch besser schützen, wie die oben gezeigte Grafik zeigt. Ihre Aktien stammen nicht nur aus dem US-Aktienmarkt, sondern auch aus internationalen Märkten. Erwartungsgemäß weisen international diversifizierte Portfolios geringere Risiken auf als reine US-Portfolios.

Die Vorteile einer internationalen Diversifizierung sind gut dokumentiert. Die Abbildung auf der nächsten Seite zeigt die Gewinne, die über die mehr als 50 Jahre seit 1970 realisiert wurden. In diesem Zeitraum lieferten Nicht-US-Aktien (gemessen vom MSCI EAFE [Europa, Australasien und Fernost] Index der Nicht-US-Industrieländer) durchschnittlich einen etwas höheren Jahresertrag als die US-Aktien im S&P 500 Index. US-Aktien boten allerdings insofern mehr Sicherheit, als ihre Renditen von Jahr zu Jahr nicht so stark schwankten. Die Korrelation zwischen den Erträgen der beiden Indizes betrug in diesem Zeitraum rund 0,5 – war also positiv, aber nur mäßig hoch. Die Abbildung zeigt die unterschiedlichen Kombinationen von Ertrag und Risiko (Volatilität), die sich einem Anleger geboten hätten, der US- und EAFE-Aktien (aus anderen Industrieländern) in unterschiedlicher Zusammensetzung gehalten hätte. Rechts in der Abbildung sehen wir das höhere Ertrags- und das höhere Risikoniveau (größere Volatilität), das ein Portfolio nur aus EAFE-Aktien mit sich gebracht hätte. Auf der linken Seite der Abbildung findet sich das Ertrags- und Risikoniveau eines reinen US-Aktienportfolios. Die durchgezogene dunkle Linie zeigt die unterschiedlichen Ertrags- und Volatilitätskombinationen an, die sich aus verschiedenen Portfolioallokationen in US- und Nicht-US-Aktien ergeben würden.

Beachten Sie bitte, dass der Ertrag aufwärts tendiert, während sich die 100-prozentige Allokation des Portfolios in US-Werte durch die Aufnahme von Nicht-US-Aktien nach und nach verschiebt, weil EAFE-Aktien in diesem Zeitraum etwas höhere Erträge abwarfen als US-Titel. Entscheidend ist aber, dass sich das Risikoniveau auf Portfolioebene durch die Aufnahme mancher dieser riskanteren Wertpapiere de facto verringert – zumindest zeitweilig. Früher oder später steigt das Gesamtrisiko jedoch angesichts des wachsenden Anteils riskanterer EAFE-Aktien im Portfolio mit dem Gesamtertrag an.

DIVERSIFIZIERUNG VON US-AKTIEN DURCH AKTIEN AUS ANDEREN INDUSTRIELÄNDERN, JANUAR 1970 BIS DEZEMBER 2019

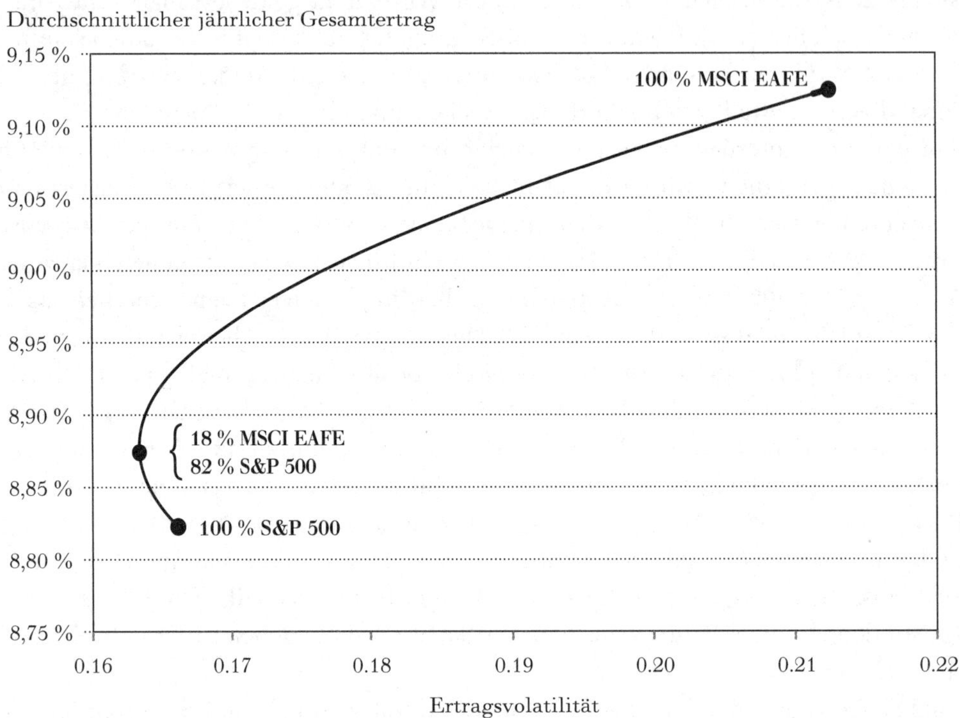

Quelle: Bloomberg

Das paradoxe Ergebnis dieser Analyse: Das Gesamtrisiko des Portfolios verringert sich durch die Aufnahme einer kleinen Zahl riskanterer Nicht-US-Papiere. Die hohen Erträge japanischer Autohersteller wogen die enttäuschenden Ergebnisse US-amerikanischer Autowerte auf, als der japanische Anteil am US-Markt zunahm. Andererseits wurden kräftige Gewinne von US-Produktionsunternehmen durch die schwachen Ergebnisse ausländischer Hersteller belastet, als der Dollar wettbewerbsfähiger wurde und Japan und Europa noch in einer Rezession steckten, während die US-Wirtschaft boomte. Genau diese ausgleichenden Entwicklungen waren es, die die Gesamtvolatilität des Portfolios dämpften.

Wie sich zeigt, setzte sich das risikoärmste Portfolio zu 18 Prozent aus Nicht-US-Wertpapieren und zu 82 Prozent aus US-Papieren zusammen. Das um 18 Prozent EAFE-Aktien aufgestockte US-Portfolio wies tendenziell auch höhere Portfolioerträge aus. Internationale Diversifizierung kam offenbar dem am Nächsten, was man als eine Gratiszugabe unserer globalen Wertpapiermärkte bezeichnen könnte. Lassen sich durch die Beimischung internationaler Aktien bei niedrigeren Risiken höhere Erträge erzielen, sollte das kein Anleger ignorieren.

Manche Portfoliomanager behaupten, Diversifizierung biete auf Dauer nicht mehr dieselben Vorteile wie früher. Die Globalisierung führte zu steigenden Korrelationseffizienten zwischen US-amerikanischen und internationalen Märkten und ebenso zwischen Aktien und Rohstoffen. Der folgende Chart gibt an, wie sich die Korrelationskoeffizienten in den ersten Dekaden des 21. Jahrhunderts entwickelt haben. Der Chart weist die über alle 24-Monatszeiträume berechneten Korrelationskoeffizienten zwischen US-Aktien (gemessen vom S&P-500-Aktienindex) und dem EAFE-Index für andere Industrieländer aus. Besonders beunruhigend für Anleger ist, dass die Korrelationen dann besonders hoch ausfallen, wenn die Märkte nachgeben. Während der globalen Kreditkrise von 2007 bis 2009 erlitten alle Märkte Einbußen. Das Gleiche galt Anfang 2020, als sich die COVID-19-Pandemie rasch in der ganzen Welt ausbreitete. Offenbar gab es kein Entrinnen. Kein Wunder also, wenn manche Anleger zu der Überzeugung gelangten, dass die Diversifizierung keine so effektive Strategie zur Risikominderung mehr darstellte. Portfoliomanager sagen oft, das Einzige, was in einer Finanzmarktpanik ansteige, sei der Korrelationskoeffizient zwischen verschiedenen Anlageklassen.

KORRELATION ZWISCHEN DEM S&P 500 UND DEM MSCI EAFE INDEX ÜBER ROLLIERENDE ZWEIJAHRESZEITRÄUME

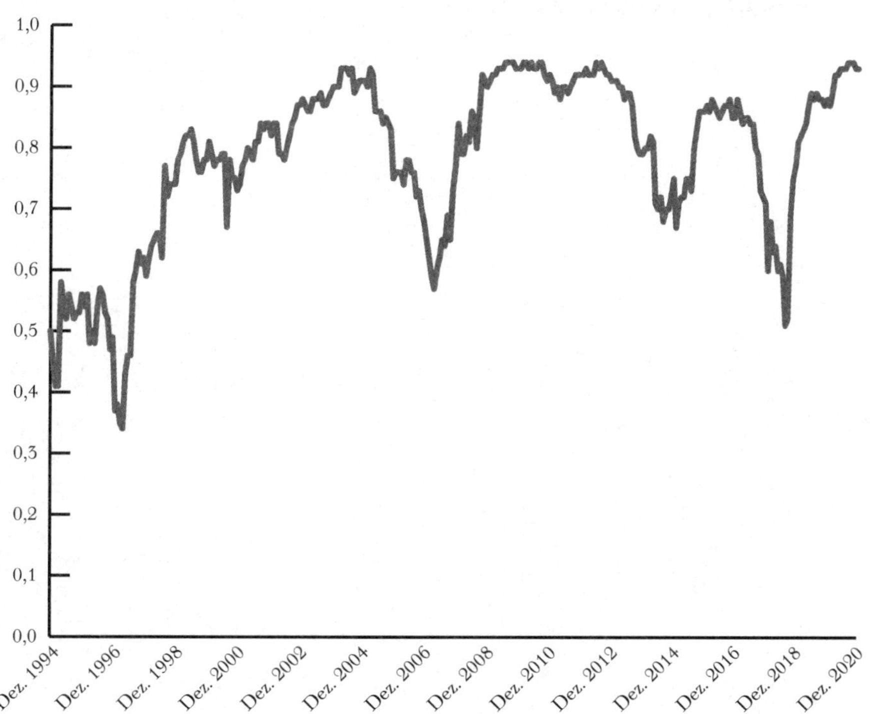

Die Korrelationen haben sich im Zeitverlauf verstärkt – allerdings in etwas geringerem Maße zwischen dem US-Aktienmarkt und dem MSCI-Schwellenländerindex sowie zwischen Aktien und dem Rohstoffindex von Goldman Sachs (GSCI), der Öl, Metalle und dergleichen erfasst. Doch trotz zunehmender Korrelationen zwischen Märkten besteht noch lange keine perfekte Korrelation. Eine breite Diversifizierung wird die Volatilität eines Portfolios tendenziell nach wie vor mindern. Und selbst in Zeiträumen, in denen unterschiedliche Aktienmärkte in aller Regel im Gleichschritt schwankten, bot eine Diversifizierung nach wie vor erhebliche Vorteile. Nehmen wir die erste Dekade des 21. Jahrhunderts, die für US-Aktienanleger gemeinhin als »verlorenes Jahrzehnt« bezeichnet wird. Die Märkte in Industrieländern – den USA, Europa und Japan – beschlossen die Dekade auf oder unter ihrem Ausgangsniveau. Anleger, die ihre Portfolios auf Aktien aus Industrieländern beschränkten, verbuchten enttäuschende Ergebnisse. Doch im selben Jahrzehnt erfreuten sich Anleger, die auch Aktien aus Schwellenländern beigemischt hatten (was durch kostengünstige, breit diversifizierte Schwellenländer-Aktienindexfonds problemlos möglich war), einer recht zufriedenstellenden Wertentwicklung ihrer Aktienanlagen.

Die folgende Grafik belegt, dass eine Anlage in den S&P 500 von 2000 bis 2010 keinen Gewinn abwarf. Eine Investition in einen breiten Schwellenländerindex lieferte dagegen recht befriedigende Ergebnisse. Eine breite internationale Diversifizierung wäre für US-Anleger ausgesprochen vorteilhaft gewesen – selbst im »verlorenen Jahrzehnt«.

DIVERSIFIZIERUNG IN SCHWELLENLÄNDER IN DER »VERLORENEN DEKADE« VON VORTEIL: GESAMTRENDITE ALTERNATIVER MÄRKTE

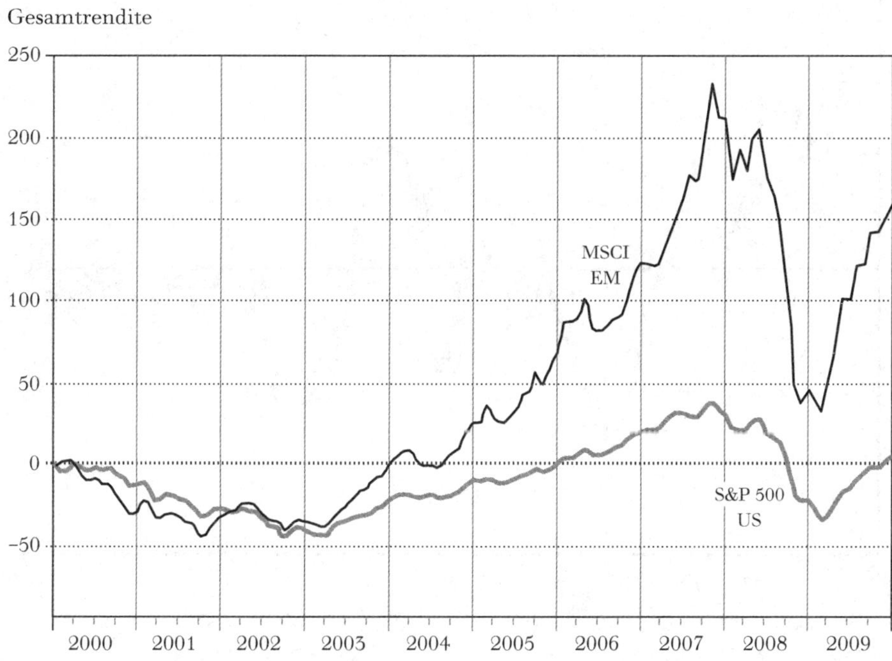

Quelle: Vanguard, Datastream, Morningstar

Überdies bewährten sich auch sichere Anleihen als Risikominderer. Die Grafik auf der nächsten Seite zeigt, wie die Korrelationskoeffizienten zwischen US-Staatsanleihen und US-Aktien mit hoher Marktkapitalisierung in der Finanzkrise 2008/2009 zurückgingen. Selbst während der verheerenden Aktienmarktentwicklungen im Jahr 2008 brachte ein stark diversifiziertes, in den breiten Anleihenindex von Barclay's Capital investiertes Anleihenportfolio noch 5,2 Prozent. Es gab also doch ein Entrinnen. Anleihen (und anleiheähnliche Wertpapiere, über die im vierten Teil noch gesprochen wird) bieten sich nachweislich als effektive Diversifizierungsmöglichkeiten an.

ZEITLICH VERÄNDERLICHE KORRELATION ZWISCHEN AKTIEN UND ANLEIHEN

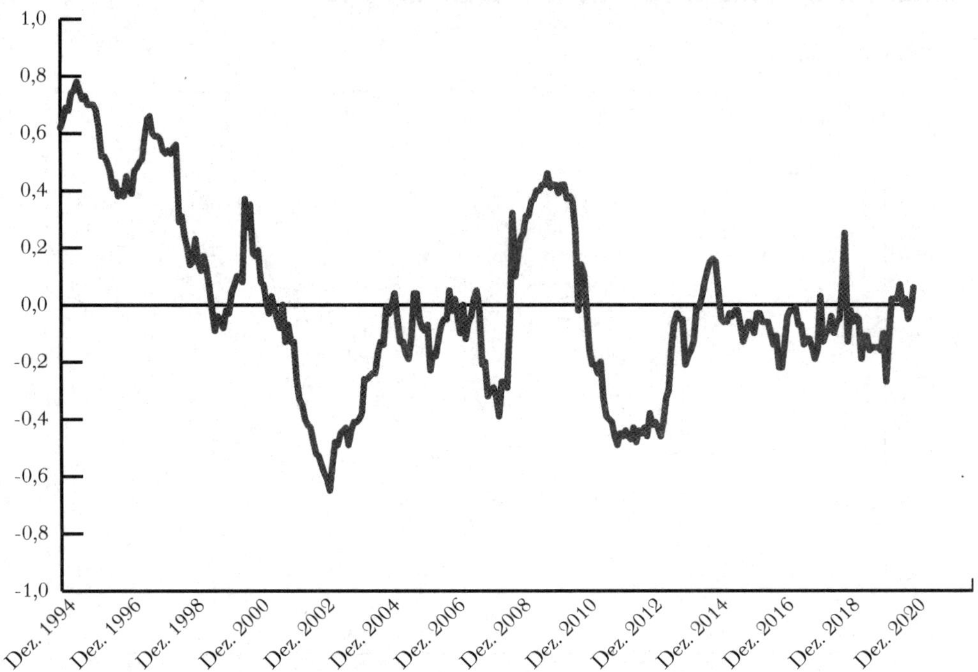

Quelle: Vanguard

Kurz, die zeitlosen Lehren der Diversifizierung sind heute noch ebenso überzeugend wie damals. Im vierten Teil werde ich auf der Grundlage der Portfoliotheorie passende Asset-Allokationen für Privatanleger aus verschiedenen Altersgruppen mit unterschiedlichen Risikotoleranzen entwickeln.

NEUNTES KAPITEL:

WIE ES SICH AUSZAHLEN KANN, MEHR RISIKEN EINZUGEHEN

Eine Theorie, die nur in 50 Prozent aller Fälle greift, ist unwirtschaftlicher, als eine Münze zu werfen.

George J. Stigler, *The Theory of Price*

Wie jeder Leserin und jedem Leser inzwischen klar sein sollte, kann es sich lohnen, Risiken einzugehen. Prompt begann ein Wettlauf zwischen Wissenschaft und Wall Street, um herauszufinden, wie man Risiken nutzen konnte, um Erträge zu steigern. Darum geht es im vorliegenden Kapitel: nämlich um die Entwicklung von Analysewerkzeugen zur Risikomessung und um die Erzielung höherer Renditen durch die daraus gewonnenen Erkenntnisse.

Setzen wir bei einer Weiterentwicklung der modernen Portfoliotheorie an. Wie schon im vorigen Kapitel angesprochen, lassen sich Risiken – anders als in meiner mythischen Inselwirtschaft – nicht restlos wegdiversifizieren, weil Aktien dazu neigen, gemeinsam auf- und abwärts zu tendieren. In der Praxis mindert Diversifizierung manche, aber nicht alle Risiken. Drei Wissenschaftler – der ehemalige Stanford-Professor William Sharpe und die inzwischen verstorbenen Finanzspezialisten John Lintner und Fischer Black – fokussierten ihre intellektuellen Kapazitäten darauf zu ermitteln, welcher Teil des mit einem Wertpapier verbundenen Risikos sich durch Diversifizierung eliminieren lässt und welcher nicht. Das Ergebnis ist ein Preismodell für Kapitalgüter: das sogenannte Capital-Asset Pricing Model. Für seinen Beitrag dazu erhielt Sharpe im gleichen Jahr einen Nobelpreis wie Markowitz: 1990.

Dem Capital-Asset Pricing Model liegt im Prinzip zugrunde, dass es keine Prämie für das Eingehen von solchen Risiken gibt, die sich wegdiversifizieren lassen. Um also eine höhere langfristige Durchschnittsrendite zu erzielen, muss man das Niveau der Risiken im Portfolio erhöhen, die nicht durch Diversifizierung zu eliminieren sind. Dieser Theorie zufolge können clevere Anleger den Gesamtmarkt schlagen, indem sie ihre Portfolios mit Hilfe eines Risikomaßes anpassen, das Beta genannt wird.

Beta und das systematische Risiko

Beta? Wer hat denn einen griechischen Buchstaben ins Spiel gebracht? Sicher kein Börsenmakler. Oder können Sie sich vorstellen, dass so einer sagt: »Wir können das Gesamtrisiko eines Wertpapiers (oder Portfolios) nach vernünftigem Ermessen als Gesamtvariabilität (Varianz oder Standardabweichung) der Erträge aus dem Wertpapier bezeichnen?« Derartige Formulierungen stammen doch eher von uns Vertretern der Forschung und Lehre. Ebenso wie der Zusatz, dass ein Teil des Gesamtrisikos beziehungsweise der Variabilität als *systematisches Risiko* des Wertpapiers bezeichnet werden kann, das aus der grundlegenden Variabilität der Aktienkurse im Allgemeinen sowie der Tendenz aller Aktien entsteht, sich zumindest in gewissem Maße im Einklang mit dem allgemeinen Markt zu bewegen. Die verbleibende Variabilität der Erträge einer Aktie wird als *unsystematisches Risiko* betitelt und resultiert aus spezifischen Faktoren des bestimmten Unternehmens – wie etwa ein Streik, die Entwicklung eines neuen Produkts und so weiter.

Das systematische Risiko, auch Marktrisiko genannt, erfasst die Reaktion einzelner Aktien (oder Portfolios) auf allgemeine Marktbewegungen. Manche Aktien und Portfolios reagieren ausgesprochen empfindlich auf das Marktverhalten, andere sind stabiler. Diese relative Volatilität oder Sensibilität für Marktentwicklungen lässt sich anhand historischer Daten schätzen und wird gemeinhin – Sie ahnen es schon – mit dem griechischen Buchstaben Beta bezeichnet.

Im Folgenden erfahren Sie alles, was Sie je über Beta wissen wollten, sich aber nicht zu fragen trauten. Im Grunde ist Beta die numerische Beschreibung des systematischen Risikos. Trotz der damit verbundenen mathematischen Prozesse ist die Grundidee, die hinter dieser Messgröße steckt, dass den subjektiven Gefühlen, die Kapitalverwalter schon seit Jahren umtreiben, ein genauer Zahlenwert zugeordnet werden soll. Beta wird im Wesentlichen berechnet durch einen Vergleich der Bewegungen einer Einzelaktie (oder eines Portfolios) mit den Bewegungen des Gesamtmarktes.

Die Berechnung setzt an bei der Zuordnung eines Betawerts von 1 für einen breiten Marktindex. Beträgt das Beta einer Aktie 2, so schwankt sie im Durchschnitt doppelt so stark wie der Markt. Legt der Markt 10 Prozent zu, sind es bei der Aktie 20 Prozent. Eine Aktie mit einem Beta von 0,5 gewinnt oder verliert dagegen 5 Prozent, wenn der Markt um 10 Prozent steigt oder fällt. Die Profis bezeichnen Aktien mit hohen Betawerten als aggressive Investments und solche mit niedrigem Beta als defensiv.

Dabei ist unbedingt zu beachten, dass sich das systematische Risiko durch Diversifizierung nicht ausschalten lässt. Weil sich nun einmal alle Aktien mehr oder minder im Gleichtakt bewegen (und ein Großteil ihrer Variabilität systematisch bedingt ist), weisen selbst diversifizierte Aktienportfolios gewisse Risiken auf. Sogar wenn Sie perfekt diversifizieren, indem Sie sich in einem Index engagieren, der den gesamten Aktienmarkt abbildet (und per definitionem ein Beta von 1 aufweist), müssten Sie sich dennoch mit ziemlich veränderlichen (sprich: risikobehafteten) Erträgen abfinden, weil der

Markt insgesamt starken Schwankungen unterliegt.

Das unsystematische Risiko (auch spezifisches oder idiosynkratisches Risiko genannt) beschreibt die Variabilität der Aktienkurse (und somit der Erträge aus Aktien), die sich aus Faktoren ergibt, welche sich spezifisch auf ein einzelnes Unternehmen beziehen. Der Zuschlag für einen großen Neuauftrag, die Entdeckung von Mineralvorkommen, Spannungen mit Arbeitnehmern, Bilanzfälschung, die Meldung, dass der Finanzchef des Unternehmens Gelder veruntreut hat – all das kann dafür sorgen, dass sich der Kurs einer Aktie unabhängig vom Markt bewegt. Und genau dieses mit einer solchen Variabilität verbundene Risiko ist es, dass sich durch Diversifizierung verringern lässt.

Sinn und Zweck der Portfoliotheorie ist es, soweit sich Aktien nicht sowieso im Gleichtakt entwickeln, Ertragsvariationen eines Wertpapiers durch die komplementären Variationen der Erträge anderer Wertpapiere auszumerzen.

Die Grafik auf der nächsten Seite gibt ähnlich wie die Grafik auf der Seite 160 den bedeutsamen Zusammenhang zwischen Diversifizierung und Gesamtrisiko wieder. Angenommen, wir wählen nach dem Zufallsprinzip Wertpapiere für unser Portfolio aus, die im Durchschnitt so volatil sind wie der Markt. (Der durchschnittliche Betawert für die Wertpapiere in unserem Portfolio entspricht demnach 1.) Die Grafik zeigt, dass das Gesamtrisiko unseres Portfolios abnimmt, je mehr Wertpapiere wir beimischen – zumindest anfangs.

Haben wir 30 Wertpapiere für unser Portfolio ausgewählt, ist das unsystematische Risiko zum großen Teil eliminiert. Eine weitere Diversifizierung bringt nur noch wenig zusätzliche Risikominderung. Sobald das Portfolio 60 breit gestreute Wertpapiere enthält, ist das unsystematische Risiko im Wesentlichen ausgeschaltet. Unser Portfolio (mit einem Beta von 1) bewegt sich mehr oder minder im Gleichschritt mit dem Markt. Natürlich könnten wir das gleiche Experiment mit Aktien durchführen, deren durchschnittlicher Betawert 1,5 beträgt. Auch dann würden wir feststellen, dass sich das unsystematische Risiko durch Diversifizierung rasch verringert, doch das verbleibende systematische Risiko würde sich in diesem Fall erhöhen. Ein Portfolio aus 60 oder mehr Aktien mit einem durchschnittlichen Beta von 1,5 wäre um 50 Prozent volatiler als der Markt.

WIE DIVERSIFIZIERUNG RISIKEN MINDERT: PORTFOLIORISIKO (STANDARDABWEICHUNG DES ERTRAGS)

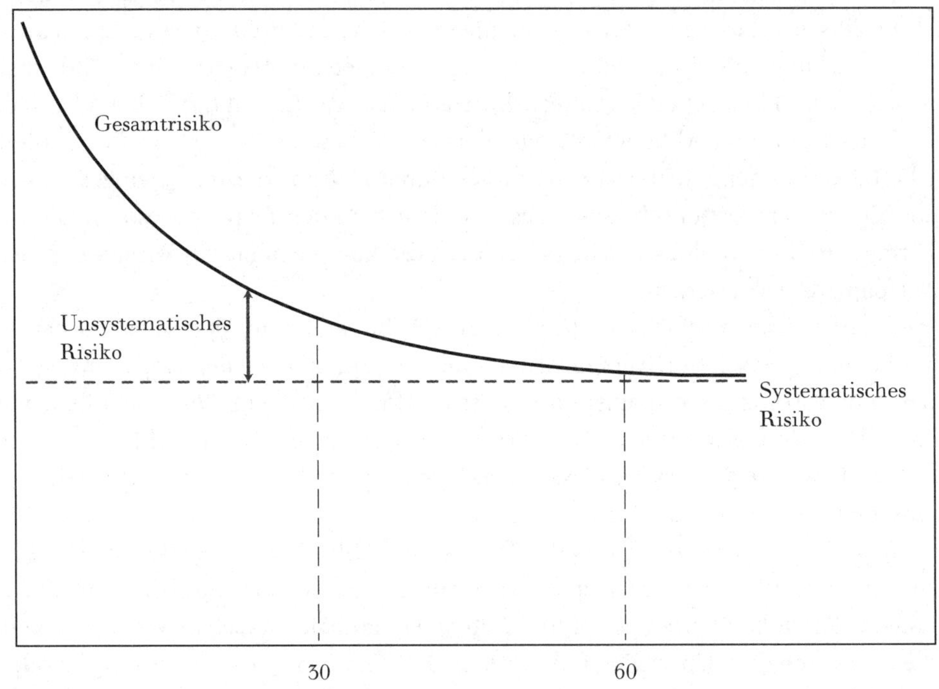

Jetzt kommt der wichtigste Schritt in unserer Argumentation. Finanztheoretiker und -praktiker sind sich darin einig, dass Anleger für das Eingehen höherer Risiken mit einem höheren erwarteten Ertrag entschädigt werden sollten. Daher müssen sich die Aktienkurse anpassen, um für solche Titel höhere Erträge zu bieten, die vermeintlich höhere Risiken mit sich bringen, um sicherzustellen, dass auch alle Wertpapiere einen Abnehmer finden. Risikoscheue Anleger würden natürlich kein Wertpapier kaufen, das zusätzliche Risiken birgt, wenn sie sich davon nicht größeren Nutzen versprechen. Doch für die Bestimmung der Risikoprämie sind nicht alle mit einem einzelnen Wertpapier verbundenen Risiken relevant. Der unsystematische Anteil am Gesamtrisiko lässt sich ohne Weiteres durch entsprechende Diversifizierung ausschalten. Es gibt folglich keinen Grund anzunehmen, dass Anleger für die Übernahme unsystematischer Risiken besonders honoriert werden. Die Anleger werden ausschließlich für den systematischen Anteil am Gesamtrisiko entschädigt – also für die Risiken, die sich durch Diversifizierung nicht eliminieren lassen. Das Capital-Asset Pricing Model besagt daher, dass die Erträge (also die Risikoprämien) einer Aktie (oder eines Portfolios) mit Beta in Zusammenhang stehen – mit dem systematischen Risiko, das nicht wegdiversifiziert werden kann.

Das Capital-Asset Pricing Model (CAPM)

Die These, dass Risiko und Ertrag in Zusammenhang stehen, ist nicht neu. Finanzfachleute sind sich seit Jahren einig, dass Anleger entschädigt werden müssen, wenn sie höhere Risiken in Kauf nehmen. Das Neuartige an der neuen Investmenttechnologie ist die Definition und Messung der Risiken. Bevor es das Capital-Asset Pricing Model gab, ging man davon aus, dass der Ertrag eines jeden Wertpapiers mit dem Gesamtrisiko in Zusammenhang stand, das mit diesem Wertpapier einherging. Man nahm an, dass der Ertrag eines Wertpapiers mit der Variabilität oder Standardabweichung der daraus erzielten Erträge variierte. Die neue Theorie besagt, dass es nicht auf das Gesamtrisiko des jeweiligen Einzeltitels ankommt. Für die Mehrerträge zählt nur die systematische Komponente.

Obwohl der mathematische Beweis für diese Aussage unglaublich komplex ist, steckt eine ganz einfache Logik dahinter. Nehmen Sie zwei Gruppen von Wertpapieren – Gruppe I und Gruppe II –, die jeweils 60 Einzeltitel umfassen. Angenommen, das systematische Risiko (sprich: Beta) für jedes einzelne Wertpapier beträgt 1. Das bedeutet jedes der Wertpapiere aus den beiden Gruppen entwickelt sich im Gleichtakt mit dem Markt auf und ab. Nehmen wir nun an, dass das Gesamtrisiko für jedes Papier aus Gruppe I aufgrund von für diese Papiere typischen Faktoren erheblich höher ist als das Gesamtrisiko für jedes Papier aus der Gruppe II. Stellen Sie sich beispielsweise vor, dass die Wertpapiere aus Gruppe I neben allgemeinen Marktfaktoren auch besonders anfällig für Klimaschwankungen, Wechselkursveränderungen und Naturkatastrophen sind. Das spezifische Risiko für die einzelnen Wertpapiere aus der Gruppe I ist daher ausgesprochen hoch. Für die Wertpapiere der Gruppe II ist es dagegen vermutlich sehr gering, weshalb das Gesamtrisiko für jeden dieser Titel ausgesprochen niedrig ist. Schematisch lässt sich dieser Sachverhalt folgendermaßen darstellen:

Gruppe I (60 Wertpapiere)	**Gruppe II (60 Wertpapiere)**
Das systematische Risiko (Beta) = 1 für jedes Wertpapier.	Das systematische Risiko (Beta) = 1 für jedes Wertpapier.
Das spezifische Risiko für jedes Wertpapier ist hoch.	Das spezifische Risiko für jedes Wertpapier ist gering.
Das Gesamtrisiko für jedes Wertpapier ist hoch.	Das Gesamtrisiko für jedes Wertpapier ist gering.

Gemäß der alten Theorie, die vor der Einführung des Capital-Asset Pricing Model allgemein anerkannt war, sollte ein Portfolio, das sich aus Wertpapieren der Gruppe I zusammensetzt, höhere Erträge abwerfen, weil die einzelnen Wertpapiere aus der Gruppe I ein höheres Gesamtrisiko bergen als die einzelnen Papiere aus der Gruppe II – und Risiko bringt bekanntlich Ertrag. Dann wedelten die Akademiker einmal mit ihrem intellektuellen Zauberstab und veränderten diese Denkweise. Dem

Capital-Asset Pricing Model zufolge sollten beide Portfolios gleich viel Ertrag erwirtschaften. Aus welchem Grund?

Erinnern Sie sich bitte zunächst an die vorausgegangene Grafik auf Seite 170. (Die Vergesslicheren unter Ihnen dürfen gern kurz zurückblättern.) Daraus ging hervor: Als die Anzahl der Wertpapiere im Portfolio 60 erreichte, reduzierte sich das Gesamtrisiko auf Portfolioebene auf das systematisch bedingte Niveau. Einem aufmerksamen Leser wird auffallen, dass die Zahl der Wertpapiere in den beiden Portfolios der schematischen Darstellung 60 beträgt. Alle unsystematischen Risiken sind im Grunde wegdiversifiziert: Unerwartet schlechtem Wetter steht ein günstiger Wechselkurs gegenüber und so weiter. Es bleibt lediglich das systematische Risiko der einzelnen Aktien im Portfolio, das von ihrem Beta vorgegeben wird. Doch in diesen beiden Gruppen beträgt das Beta für jede Aktie 1. Ein Portfolio aus Wertpapieren der Gruppe I entwickelt sich mit Blick auf die Risiken (Standardabweichung) daher genauso wie ein Portfolio aus Wertpapieren der Gruppe II, obwohl die Aktien der Gruppe I ein höheres Gesamtrisiko aufweisen als die Aktien der Gruppe II.

An dieser Stelle kollidiert die neue Sichtweise mit der alten. Nach dem früheren Bewertungssystem galten Wertpapiere der Gruppe I als renditeträchtiger, weil sie höhere Risiken bargen. Laut dem Capital-Asset Pricing Model ist es aber nicht riskanter, Wertpapiere der Gruppe I zu halten, wenn dies in einem diversifizierten Portfolio geschieht. Würden die Wertpapiere der Gruppe I tatsächlich höhere Erträge bieten, würde jeder Anleger, der einigermaßen bei Verstand ist, lieber in sie investieren als in Wertpapiere der Gruppe II – und versuchen, sein Engagement so umzugestalten, dass er sich die höheren Erträge aus Gruppe I sichern kann. Doch genau dadurch würde er die Kurse von Wertpapieren der Gruppe I in die Höhe treiben und die Kurse von Wertpapieren der Gruppe 2 drücken, bis die Portfolios für beide Gruppen beim Erreichen eines Gleichgewichts (wenn Anleger nicht mehr länger von einem Wertpapier auf ein anderes umsteigen wollen) genau gleich viel Ertrag abwerfen würden, bezogen auf die systematische Komponente ihres Risikos (Beta), nicht auf ihr Gesamtrisiko (einschließlich der unsystematischen beziehungsweise einzeltitelspezifischen Anteile). Weil Aktien in Portfolios so kombiniert werden können, dass das spezifische Risiko ausgeschaltet wird, kann nur für das nicht wegdiversifizierbare oder systematische Risiko eine Risikoprämie verlangt werden. Anleger werden nicht dafür honoriert, dass sie Risiken auf sich nehmen, die sich durch Diversifizierung verhindern lassen. Das ist die Logik, die dem Capital-Asset Pricing Model zugrunde liegt.

Nicht ganz so kurz gesagt, lässt sich der Beweis für das Capital-Asset Pricing Model (das im Folgenden als CAPM bezeichnet werden soll, denn wir Ökonomen haben bekanntlich eine besondere Vorliebe für Buchstabenkürzel) folgendermaßen formulieren: Gäbe es für Anleger einen Mehrertrag (eine Risikoprämie), wenn sie unsystematische Risiken übernehmen, so würde sich herausstellen, dass diversifizierte Portfolios aus Aktien, die in größerem Umfang mit unsystematischen Risiken behaftet sind, höhere Erträge bringen als Aktienportfolios mit gleichem Risikoniveau, aber einem geringeren Anteil an unsystematischen Risiken. Anleger würden sich die Chance auf diese höheren Renditen nicht entgehen lassen, die Kurse der Aktien mit hohen unsystematischen Risiken durch ihre Nachfrage in die Höhe treiben und Aktien mit gleich hohen Betawerten, aber geringeren unsystematischen Risiken abstoßen. Dieser Prozess würde sich solange fortsetzen, bis sich die potenziellen Erträge von Aktien mit denselben Betawerten angleichen und keine Risikoprämie für die Übernahme unsystematischer Risiken mehr zu haben wäre. Kein anderes Ergebnis wäre mit dem Vorhandensein eines effizienten Marktes vereinbar.

Der wesentliche Zusammenhang der Theorie geht aus folgendem Diagramm hervor. Steigt das systematische Risiko (Beta) einer Einzelaktie (oder eines Portfolios), so gilt das gleichermaßen für den Ertrag, den ein Anleger erwarten kann. Weist das Portfolio eines Anlegers ein Beta von null aus, was der Fall sein könnte, wenn er seine gesamte Barschaft in staatlich garantierte Sparbriefe von Banken investiert hat (mit einem Beta gleich null, weil sich die Erträge aus den Sparbriefen ungeachtet aller Schwankungen am Aktienmarkt nicht verändern würden), würde er damit einen bescheidenen Ertrag erwirtschaften, der normalerweise als risikoloser Zinssatz bezeichnet wird. Je höher die Risiken, die er eingeht, desto höher sollte allerdings auch der Ertrag ausfallen. Hält der Anleger ein Portfolio mit einem Beta von 1 (beispielsweise in Form eines Anteils an einem breit aufgestellten Aktienindexfonds), wird sein Ertrag der allgemeinen Rendite aus Aktien entsprechen. Dieser liegt über lange Zeiträume bisher über dem risikolosen Zinssatz, doch eine solche Anlage birgt gewisse Risiken. In manchen Phasen liegt sein Ertrag deutlich unter dem risikolosen Satz, und er kann empfindliche Verluste verursachen. Nichts anderes ist unter Risiko zu verstehen.

Das Diagramm zeigt, dass der erwartete Ertrag unterschiedlich ausfallen kann, wenn einfach das Beta des Portfolios verändert wird. Nehmen wir zum Beispiel an, der Anleger steckt die Hälfte seines Kapitals in Sparbriefe und die andere Hälfte in Anteile an einem Indexfonds, der den breiten Aktienmarkt repräsentiert. In diesem Fall würde sein Ertrag genau zwischen dem risikolosen Zinssatz und der Marktrendite liegen. Das durchschnittliche Beta seines Portfolios betrüge dann 0,5.[8] Dem CAPM zufolge müssen Sie einfach das Beta Ihres Portfolios erhöhen, um auf lange Sicht eine höhere Durchschnittsrendite zu erzielen. Anleger können ein Portfolio mit einem Betawert über 1 aufbauen, indem sie Aktien mit hohem Beta kaufen oder, indem sie ein Portfolio mit durchschnittlicher Volatilität auf Kredit finanzieren (siehe das Diagramm und die Tabelle auf den beiden folgenden Seiten).

8 Generell entspricht das Beta eines Portfolios schlicht dem gewichteten Durchschnitt der Betas seiner Komponenten.

RISIKO UND ERTRAG GEMÄSS DEM CAPITAL-ASSET PRICING MODEL*

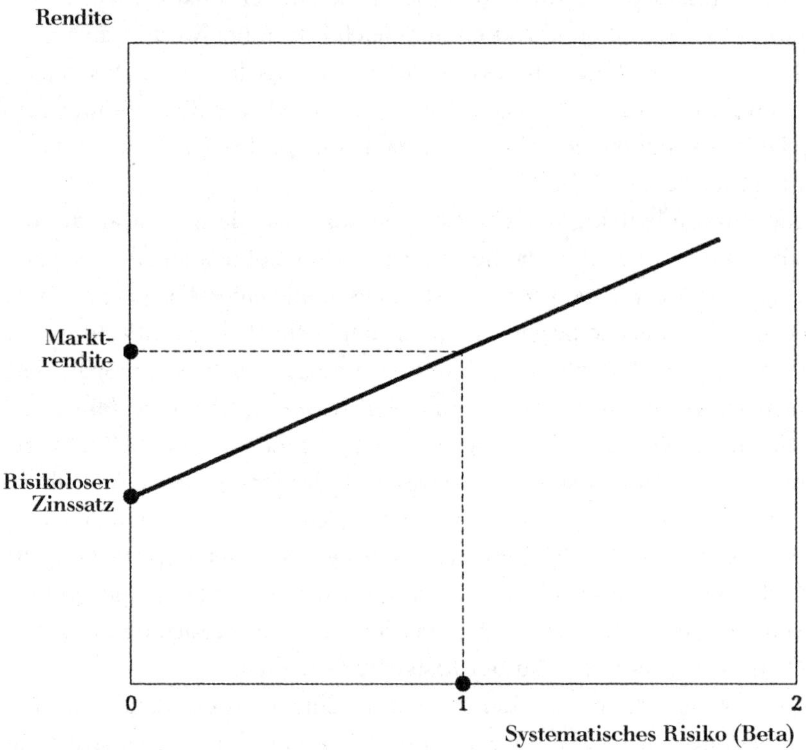

** Wer sich noch an den Algebraunterricht in der Schule erinnert, weiß, dass sich jede Gerade als Gleichung beschreiben lässt. Die Gleichung für die Gerade in diesem Diagramm lautet:*

Rendite = risikoloser Zinssatz + Beta (Marktrendite – risikoloser Zinssatz).

Alternativ kann die Gleichung auch so umgeschrieben werden, dass sie die Risikoprämie wiedergibt, also die Rendite eines Aktienportfolios oder einer Einzelaktie, die über den risikolosen Zinssatz hinausgeht:

Rendite – risikoloser Zinssatz = Beta (Marktrendite – risikoloser Zinssatz).

Die Gleichung sagt aus, dass sich die Risikoprämie, die Sie für eine Aktie oder ein Portfolio erhalten, direkt proportional zum angenommenen Betawert erhöht. Manche Leserinnen und Leser fragen sich womöglich, in welcher Beziehung Beta zu dem Konzept der Kovarianz steht, das in unserer Diskussion der Portfoliotheorie eine so entscheidende Rolle spielte. Das Beta eines Wertpapiers ist im Grunde dasselbe wie die Kovarianz zwischen dem Wertpapier und dem Marktindex, gemessen auf der Grundlage bisheriger Erfahrungen.

Illustration des Portfolioaufbaus*		
Angestrebtes Beta	**Portfoliozusammensetzung**	**Erwartete Portfoliorendite**
0	1 $ in risikolose Anlagen	10 %
½	0,50 $ in risikolose Anlagen 0,50 $ in ein Marktportfolio	½ (0,10) + ½ (0,15) = 0,125 oder 12 ½ %**
1	1 $ in ein Marktportfolio	15 %
1 ½	1,50 $ in ein Marktportfolio, wobei 0,50 % zu einem unterstellten Zinssatz von 10 Prozent aufgenommen werden	1 ½ (0,15) – ½ (0,10) = 0,175 oder 17 ½ %

** Unter Annahme einer erwarteten Marktrendite von 15 Prozent und eines risikolosen Zinssatzes von 10 Prozent.*

*** Den Zahlenwert für die erwartete Rendite können wir auch herleiten, indem wir direkt die Formel zur vorausgegangenen Grafik verwenden: Rendite = 0,10 + ½ (0,15 – 0,10) = 0,125 oder 12 ½ %.*

Wie zuvor schon bestimmte Aktien, so kam auch das Beta Anfang der 1970er-Jahre ganz groß in Mode. Das angesehene Fachblatt *Institutional Investor*, das vornehmlich über die Leistungen der professionellen Kapitalverwalter berichtet, legitimierte diese Strömung, indem es auf dem Titelblatt einen Tempel abbildete, über dem der Buchstabe Beta prangte. Der zugehörige Leitartikel trug den Titel »Der Beta-Kult! Die neue Methode der Risikomessung«. Die Zeitschrift berichtete, dass Finanzleute, deren Rechenkünste kaum über die schriftliche Division hinausreichten, nunmehr »so eifrig mit Betas hantierten wie sonst nur promovierte Statistiktheoretiker«. Selbst die SEC gab Beta in ihrem *Institutional Investors Study Report* als Risikomaß ihren Segen.

An der Wall Street verkündeten die ersten Beta-Fans, sie könnten ganz einfach höhere langfristige Renditen erzielen, indem sie ein paar Aktien mit hohem Beta kauften. Diejenigen unter ihnen, die sich zutrauten, auf dem Markt den richtigen Ein- und Ausstiegszeitpunkt zu erwischen, glaubten, eine noch bessere Idee zu haben. Sie wollten Aktien mit hohem Beta kaufen, wenn sie mit einem Aufwärtstrend rechneten, und in Titel mit niedrigem Beta umschichten, wenn sie einen Abwärtstrend kommen sahen. Um der Begeisterung für diese neue Investmentidee gerecht zu werden, lancierten die Broker reihenweise Betamessdienste. Es galt als Zeichen für Progressivität, wenn eine Investmentfirma eigene Betaschätzwerte bereitstellte. Heute kann man Betaschätzungen von Maklerhäusern wie Merrill Lynch und Anlageberatungsdiensten wie Value Line und Morningstar beziehen. Die Beta-Booster an der Wall Street überschwemmten den Markt mit einer Hingabe, die selbst die enthusiastischsten akademischen Schreiberlinge verblüffte, die das Beta-Evangelium verkünden wollten.

Ein Blick auf die Bilanz

In Shakespeares *König Heinrich IV. – 1. Teil, Akt III, Szene 1,* brüstet sich Glendower vor »Vetter Heißsporn« Percy: »Ich rufe Geister aus der wüsten Tiefe.« Der entgegnet unbeeindruckt: »Ei ja, das kann ich auch, das kann ein jeder: Doch kommen sie, wenn Ihr nach ihnen ruft?« Ein jeder kann eine Theorie darüber aufstellen, wie die Wertpapiermärkte funktionieren. Das CAPM ist nichts anderes als eine weitere solche Theorie. Die entscheidende Frage ist aber: Funktioniert es auch?

Auf jeden Fall haben viele institutionelle Investoren das Konzept von Beta für sich entdeckt. Immerhin ist Beta eine wissenschaftliche Entwicklung. Was könnte seriöser sein? Ein schlichter Wert, der ermittelt wurde, um die Risiken einer Aktie zu beschreiben, wirkt von der Sache her nahezu steril. Ein gefundenes Fressen für die verkappten Charttechniker. Selbst wer nicht an Beta glaubt, muss seine Sprache sprechen, weil meine Kollegen und ich in den Universitäten des Landes scharenweise Doktoren und MBAs herangezogen haben, die diese Terminologie verbreiten. Sie verwenden Beta inzwischen als Methode zur Bewertung der Leistung eines Portfoliomanagers. Ist der realisierte Ertrag höher als der vom Beta des Portfolios vorgegebene, so heißt es, der Manager habe positives Alpha erzeugt. An der Börse floss eine Menge Kapital den Managern zu, die die höchsten Alphawerte vorweisen konnten.

Doch ist Beta wirklich ein brauchbares Risikomaß? Trifft es zu, dass Portfolios mit hohen Betawerten auf lange Sicht höhere Renditen abwerfen als solche mit niedrigerem Beta, wie es das Capital-Asset Pricing Model vermuten lässt? Erfasst Beta allein tatsächlich das gesamte systematische Risiko eines Wertpapiers – oder müssen wir noch andere Faktoren berücksichtigen? Kurz, verdient Beta wirklich ein Alpha? Diese Fragen werden unter Praktikern und Theoretikern derzeit heiß diskutiert.

In einer 1992 veröffentlichten Studie teilten Eugene Fama und Kenneth French alle börsengehandelten Aktien gemäß ihren Betawerten im Zeitraum von 1963 bis 1990 in Dezile ein. Dezil 1 umfasste die 10 Prozent aller Aktien mit dem niedrigsten Beta, Dezil 10 die 10 Prozent mit dem höchsten Beta. Der folgenden Grafik ist folgendes erstaunliche Ergebnis zu entnehmen: Es bestand im Grunde kein Zusammenhang zwischen dem Ertrag dieser Dezilportfolios und ihren Betawerten. Ich bin zu ähnlichen Ergebnissen gelangt für die Beziehung zwischen dem Ertrag und dem Beta von Investmentfonds. Es war kein Zusammenhang zwischen den Erträgen von Aktien oder Portfolios und ihrem Beta-Risikomaß zu erkennen.

DURCHSCHNITTLICHE MONATSRENDITE UND BETA IM VERGLEICH: 1963 BIS 1990
(STUDIE VON FAMA UND FRENCH)

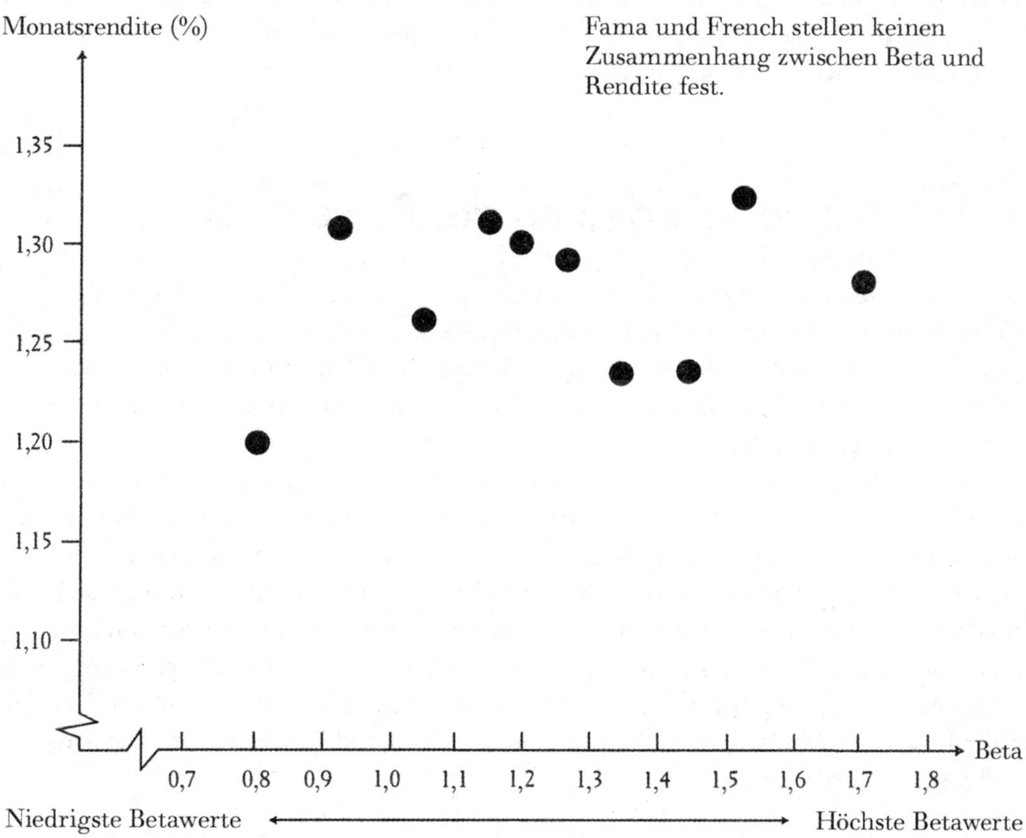

Weil ihre umfassende Studie einen Zeitraum von fast 30 Jahren abdeckte, schlossen Fama und French, dass die Beziehung zwischen Beta und Rendite im Wesentlichen unverändert blieb. Beta als zentrales Analysewerkzeug des Capital-Asset Pricing Model ist kein taugliches Einzelmaß, um die Beziehung zwischen Risiko und Rendite zu erfassen. Daher waren Mitte der 1990er-Jahre nicht nur die Praktiker, sondern auch viele Theoretiker bereit, Beta dem Müllplatz der Geschichte zu überantworten. Die Finanzpresse, die zuvor über den Siegeszug von Beta berichtet hatte, brachte jetzt Artikel mit Titeln wie »Der Tod von Beta«, »Bye, Beta« oder »Beta ist geschlagen«. Ganz typisch für diese Zeit war ein Brief eines Autors, der nur unter dem Pseudonym »Deep Quant«[9] schrieb, zitiert im *Institutional*

9 Als »Quants« werden an der Wall Street die quantitativ orientierten Finanzanalysten bezeichnet, die sich überwiegend mit der neuen Investmenttechnologie befassen.

Investor. Der Brief begann folgendermaßen: »Eine Sensation in der Kapitalverwaltung: Das Capital-Asset Pricing Model ist tot.« Im Anschluss zitierte die Zeitschrift einen »Wendehals« unter den Quants wie folgt: »Höhere Mathematik wird für die Anleger, was die Titanic für die Seefahrt war.« So geriet das komplette Instrumentarium der neuen Investmenttechnologie – sogar einschließlich der modernen Portfoliotheorie – unter Generalverdacht.

Eine Würdigung der Beweislage

Ich würde sagen, der abtrünnige Quant hat Unrecht. Dass im CAPM schwerwiegende Mängel entdeckt wurden, wird nicht dazu führen, dass mathematische Tools in der Finanzanalyse keine Rolle mehr spielen und alle zur klassischen Wertpapieranalyse zurückkehren. Die Finanzwelt ist vorerst noch nicht bereit, einen Nachruf auf Beta zu verfassen. Meiner Ansicht nach sollten wir aus vielen Gründen nicht vorschnell urteilen.

Erstens ist unbedingt zu bedenken, dass stabile Erträge ausgesprochen volatilen Erträgen vorzuziehen sind, da sie mit geringeren Risiken verbunden sind. Ließen sich mit Ölbohrungen keine höheren Erträge erzielen als mit risikolosen Staatspapieren, wäre ganz klar, dass nur noch Glücksspieler um den Reiz des Spielens willen nach Öl bohren würden. Würden sich Anleger tatsächlich keine Gedanken um die Volatilität machen, gäbe es den mehrere Billionen Dollar schweren florierenden Derivatemarkt nicht. Der Maßstab Beta für die relative Volatilität erfasst daher zumindest manche Aspekte dessen, was wir gemeinhin als Risiko ansehen. Und anhand bisheriger Betawerte von Portfolios lässt sich die relative künftige Volatilität einigermaßen verlässlich prognostizieren.

»Stört es Sie eigentlich gar nicht, dass MPT – schnell ausgesprochen – genauso klingt wie ›empty‹?«
© Milt Priggee / Pensions & Investments. www.miltpriggee.com. Nachgedruckt mit freundlicher Genehmigung.

Zweitens, wie Professor Richard Roll von der UCLA zu bedenken gab, dürfen wir nicht vergessen, dass es ausgesprochen schwierig (wenn nicht gar unmöglich) ist, Beta einigermaßen genau zu messen. Der S&P 500 Index ist nicht »der Markt«. Der gesamte Aktienmarkt umfasst viele Tausend weiterer Aktien aus den Vereinigten Staaten und Tausende mehr aus anderen Ländern. Überdies gehören zum Gesamtmarkt auch noch Anleihen, Immobilien, Rohstoffe und alle möglichen Vermögenswerte, darunter auch einer der wertvollsten überhaupt: das Humankapital, das durch Bildung, Arbeit und Lebenserfahrung aufgebaut wird. Je nachdem, welches Maß man für den Markt anlegt, erhält man ganz unterschiedliche Betawerte. Die Schlussfolgerungen zum Capital-Asset Pricing Model und zu Beta als Risikomaß hängen stark davon ab, wie Beta gemessen wird. Zwei Ökonomen von der University of Minnesota, Ravi Jagannathan und Zhenyu Wang, meinen dazu: Definiert man den Marktindex (an dem Beta gemessen wird) neu, sodass er auch Humankapital einschließt, und lassen wir Beta mit den zyklischen Schwankungen der Konjunktur variieren, sind die Belege für das CAPM und Beta als Ertragsindikatoren recht überzeugend.

Abschließend sollten sich Anleger darüber im Klaren sein, dass Beta auch dann noch ein nützliches Werkzeug für Investmentmanager sein kann, wenn langfristig kein Zusammenhang zwischen Beta und dem Ertrag bestünde. Wäre es tatsächlich so, dass Aktien mit niedrigen Betawerten verlässlich mindestens so hohe Renditen brächten wie Aktien mit hohen Betawerten (und das ist ausgesprochen fraglich), wäre Beta als Investmentwerkzeug sogar noch wertvoller, als wenn das Capital-Asset Pricing Model Bestand hätte. Dann könnten Anleger zu Aktien mit niedrigem Beta greifen und damit genauso attraktive Renditen erzielen, wie sie der Gesamtmarkt ausweist – allerdings bei deutlich geringeren Risiken. Anleger, die höhere Erträge erzielen möchten, indem sie mehr Risiko eingehen, sollten Aktien mit niedrigem Beta auf Kredit kaufen und halten und so ihre Risiken und Renditen erhöhen. Wie wir im elften Kapitel noch sehen werden, ist das genau die Strategie, die manche »Smart Beta-« und »Risikoparitätsstrategien« verfolgen. Fest steht jedoch, dass Beta, wie es gewöhnlich gemessen wird, kein Ersatz für den gesunden Menschenverstand ist – und auch kein zuverlässiger Indikator für langfristige künftige Erträge.

Die Quants auf der Suche nach besseren Risikomaßen: die Arbitrage-Pricing-Theorie

Wenn Beta als effektives quantitatives Risikomaß ramponiert ist, gibt es dann einen geeigneten Ersatz? Einer der Pioniere auf dem Gebiet der Risikomessung war Stephen Ross. Ross entwickelte eine Theorie zur Preisbildung an den Kapitalmärkten, die sogenannte Arbitrage-Pricing-Theorie (APT). Um die APT zu verstehen, muss man die richtige Erkenntnis im Kopf haben, die dem CAPM zugrunde liegt: Die einzigen Risiken, für die Anleger entschädigt werden sollten, sind solche, die sich nicht wegdiversifizieren lassen. Eine Risikoprämie fällt demnach nur für systematische Risiken an. Doch die systematischen Risikoelemente bestimmter Aktien und Portfolios können zu komplex sein, als dass sie von Beta zu erfassen wären – wie die Tendenz von Aktien, stärker auszuschlagen als der Markt. Das gilt umso mehr, als jeder bestimmte Aktienindex den allgemeinen Markt nur unvollständig repräsentiert. Daher gelingt es Beta nicht immer, etliche maßgebliche systematische Risikoelemente zu erfassen.

Betrachten wir mehrere dieser weiteren systematischen Risikoelemente. Verändert sich das gesamtwirtschaftliche Einkommen, so wirkt sich das zweifellos systematisch auf die Erträge einzelner Aktien aus. Das geht aus unserer Illustration zu einer einfachen Inselwirtschaft im achten Kapitel hervor. Außerdem schlagen sich in Veränderungen des Nationaleinkommens auch Veränderungen des persönlichen Einkommens Einzelner nieder. Die systematische Beziehung zwischen Wertpapiererträgen und Erwerbseinkommen dürfte erwartungsgemäß erhebliche Auswirkungen auf das persönliche Verhalten haben. So sieht der Arbeiter eines Ford-Werks eine Ford-Aktie womöglich als besonders riskante Anlage an, weil Entlassungswellen und schwache Erträge der Ford-Aktie mit hoher Wahrscheinlichkeit zeitlich zusammenfallen.

Auch Zinsänderungen haben einen systematischen Einfluss auf die Erträge einzelner Aktien und stellen maßgebliche Risikoelemente dar, die durch Diversifizierung nicht zu eliminieren sind. Soweit Aktien tendenziell unter steigenden Zinsen leiden, stellen sie eine riskante Anlage dar. Besonders hoch sind die Risiken für Aktien, die sehr empfindlich auf das allgemeine Zinsniveau reagieren. So kommt es, dass sich manche Aktien und festverzinslichen Anlagen parallel zueinander entwickeln. Solche Aktien eignen sich nicht zur Minderung der Risiken eines Anleiheportfolios. Weil festverzinsliche Wertpapiere einen maßgeblichen Anteil der Portfolios vieler institutioneller Investoren ausmachen, ist dieser systematische Risikofaktor für manche der größten Investoren am Markt besonders bedeutsam.

Auch die Inflationsentwicklung übt in aller Regel einen systematischen Einfluss auf die Rendite von Aktien aus – und zwar aus mindestens zwei Gründen. Erstens führen steigende Inflationsraten tendenziell zu höheren Zinsen und drücken damit in aller Regel die Kurse bestimmter Aktien, wie eben erläutert. Zweitens kann der Inflationsanstieg die Gewinnmargen gewisser Gruppen von Unternehmen unter Druck bringen – beispielsweise Versorgungsunternehmen, die oft feststellen, dass steigende Kosten höhere Zinsen nach sich ziehen. Im Rohstoffsektor kann die Inflation die Kurse von Aktien dagegen positiv beeinflussen. Erneut liegen daher maßgebliche systematische Zusammenhänge zwischen Aktienrenditen und wirtschaftlichen Variablen vor, die von einem einfachen Beta als Risikomaß nicht angemessen erfasst werden.

Statistische Tests zum Einfluss mehrerer systematischer Risikovariablen auf Wertpapiererträge bringen einigermaßen vielversprechende Ergebnisse. Bessere Erklärungen für die Ertragsunterschiede zwischen verschiedenen Wertpapieren als das CAPM finden sich, wenn zusätzlich zu Beta als klassischem Risikomaß eine Reihe von systematischen Risikovariablen angewandt werden wie die Sensibilität für Veränderungen des gesamtwirtschaftlichen Einkommens, der Zinsen und der Inflationsrate. Natürlich unterliegen die APT-Risikomaßstäbe manchen derselben Probleme wie das CAPM-Risikomaß Beta.

Das Fama-French-Dreifaktorenmodell

Eugene Fama und Kenneth French haben ein Faktorenmodell wie die Arbitrage-Pricing-Theorie vorgeschlagen, um den Risiken Rechnung zu tragen. Neben Beta werden zur Beschreibung der Risiken noch zwei weitere Faktoren herangezogen. Diese Faktoren entstammen ihrer empirischen Arbeit, die belegt, dass Erträge mit der Größe eines Unternehmens zusammenhängen (gemessen an der Marktkapitalisierung) und mit dem Verhältnis seines Marktkurses zum Buchwert. Fama und French behaupten, kleinere Unternehmen seien im Vergleich riskanter. Eine Erklärung dafür könnte sein, dass es ihnen schwerer fällt, sich in Rezessionsphasen zu behaupten, und sie daher höhere systematische Risiken im Zusammenhang mit BIP-Schwankungen aufweisen. Fama und French behaupten auch, Aktien, deren Marktkurse im Vergleich zu ihrem Buchwert niedrig sind, können gewissen »finanziellen Belastungen« unterliegen. Diese Einschätzungen sind Gegenstand heißer Diskussionen. Es besteht keine Einigkeit darüber, ob die Fama-French-Faktoren Risiken messen. Ganz gewiss ließ sich aber nur schwer aufrechterhalten, dass die Aktien großer Banken, als sie Anfang 2009 zu im Verhältnis zu ihrem Buchwert sehr niedrigen Kursen gehandelt wurden, von den Anlegern als insolvenzgefährdet angesehen wurden. Und selbst all jene, die die Ansicht vertreten, dass Aktien mit niedrigem Kurs-Buchwert-Verhältnis höhere Renditen versprechen, weil die Anleger nicht rational handeln, finden die Risikofaktoren von Fama und French hilfreich.

Die Fama-French-Risikofaktoren	
Beta:	aus dem Capital-Asset Pricing Model
Größe:	gemessen an der Gesamtkapitalisierung des Aktienmarktes
Wert:	gemessen am Kurs-Buchwert-Verhältnis

Der Multi-Faktor-Ansatz zur Erklärung der Aktienkurse

Die Erkenntnisse von Fama und French brachten eine noch breitere Palette an Faktoren hervor, die herangezogen werden können, um unterschiedliche Aktienrenditen zu erklären – und die zur Entwicklung von Anlagestrategien verwendet werden könnten. So entwickeln sich beispielsweise hochrentable Unternehmen mit stabilen Gewinnmargen in aller Regel auch künftig erfolgreich. Mit der »Rentabilität« steht ein Faktor »Qualität« in Zusammenhang, der solide Erträge und geringe operative und finanzielle Hebelwirkung beinhaltet. Zwar sind weder die Rentabilität noch die Qualität als Risikokenngrößen zu erachten, können aber beide viel über den Querschnitt der Aktienerträge aussagen. Ein weiterer nützlicher Faktor ist das Momentum: die Tendenz vergleichsweise starker Aktien, auch weiterhin hohe Erträge abzuwerfen. Es wurden zwar noch mehrere weitere Faktoren ins Spiel gebracht, doch fast alle Ertragsunterschiede diversifizierter Portfolios lassen sich durch die vorstehend beschriebenen Faktoren erklären. Faktormodelle werden inzwischen umfassend genutzt, um die Anlageperformance zu messen und »Smart Beta«-Portfolios zu entwickeln, wie im elften Kapitel noch näher erläutert.

Ein Resümee

Das achte und das neunte Kapitel stellen eine theoretische Übung in moderner Kapitalmarkttheorie dar. Der Aktienmarkt ist offenbar ein effizienter Mechanismus, der sich rasch auf neue Informationen einstellt. Weder die technische Analyse, die die bisherigen Kursbewegungen von Aktien untersucht, noch die fundamentale Analyse, die grundlegendere Informationen über die Aussichten einzelner Unternehmen und der Wirtschaft beleuchtet, scheinen zuverlässig Vorteile zu bringen. Allem Anschein nach gibt es nur einen Weg, langfristig höhere Anlageerträge zu erzielen: nämlich, mehr Risiken einzugehen.

Das perfekte Risikomaß gibt es leider nicht. Beta, die Risikokenngröße des Capital-Asset Pricing Model, wirkt auf den ersten Blick vielversprechend. Es handelt sich dabei um einen einfachen, eingängigen Maßstab für die Marktsensitivität. Doch leider hat auch Beta Haken und Ösen. Der tatsächliche Zusammenhang zwischen Beta und Rendite entspricht nicht dem über lange Zeiträume des 20. Jahrhunderts theoretisch prognostizierten. Außerdem sind die Betawerte einzelner Aktien im Zeitverlauf nicht stabil und reagieren äußerst empfindlich auf die Stellvertretergröße für den Markt, der sie gegenübergestellt werden.

Ich habe in diesem Buch die These aufgestellt, dass es kaum das eine Maß geben dürfte, welches die verschiedenen systematischen Risikoeinflüsse auf Einzeltitel und Portfolios angemessen erfasst. Die Erträge reagieren vermutlich auf allgemeine Marktschwankungen, Zinsänderungen und Inflationsentwicklungen, Veränderungen des gesamtwirtschaftlichen Einkommens und zweifellos auch auf andere wirtschaftliche Faktoren wie Wechselkurse. Darüber hinaus bringen Aktien mit niedrigerem Kurs-Buchwert-Verhältnis und geringerer Größe nachweislich höhere Erträge. Weitere Faktoren wie Rentabilität und Momentum spielen offenbar ebenfalls eine Rolle. Der mystische perfekte Risikomaßstab entzieht sich uns daher nach wie vor.

Zur großen Erleichterung für Nachwuchswissenschaftler, die publizieren müssen, wenn sie weiterkommen wollen (Stichwort »publish or perish«, übersetzt also in etwa »Veröffentliche oder verschwinde«, A. d. R.), wird in der Welt der Wissenschaft über Risikomessung nach wie vor rege diskutiert, und es sind noch weit mehr empirische Tests erforderlich. Zweifelsohne werden sich die Methoden der Risikoanalyse noch in vieler Hinsicht verbessern, und die quantitative Analyse zur Risikomessung ist noch lange nicht tot. Persönlich gehe ich davon aus, dass künftige Risikomaße und Faktoren eher noch raffinierter werden dürften. Dessen ungeachtet müssen wir uns davor hüten, Beta oder eine andere Kenngröße kritiklos als einfache Methode zur Risikobewertung und zur verlässlichen Prognose künftiger Erträge zu übernehmen. Sie sollten die besten modernen Methoden der neuen Investmenttechnologie kennen, denn diese können durchaus nützliche Hilfsmittel sein. Doch die gute Fee, die erscheint und all unsere Investmentprobleme löst, wird es nicht geben. Und selbst wenn, würden wir ihr vermutlich ins Handwerk pfuschen – ganz wie die alte Dame in folgender Lieblingsgeschichte Robert Kirbys vom Capital Guardian Trust:

Sie saß in ihrem Schaukelstuhl auf der Veranda der Seniorenresidenz, als ihr ein guter Geist erschien und versprach: »Du hast drei Wünsche frei.«
Darauf die alte Dame: »Verschwinde, du halbe Portion. Ich habe in meinem Leben schon zu viele Windbeutel erlebt.«
Der Geist versicherte ihr: »Hör doch, das ist kein Trick. Ich kann wirklich Wünsche erfüllen. Stell mich ruhig auf die Probe.«
Sie zuckte die Achseln und meinte: »Na gut, dann wünsche ich mir, dass mein Schaukelstuhl aus purem Gold besteht.«
Es stieg eine Rauchwolke auf, und der Schaukelstuhl war aus Gold. Da betrachtete die alte Dame den Geist mit neu erwachtem Interesse und forderte ihn auf: »Verwandle mich in eine schöne Jungfrau.«
Wieder rauchte es, und ihr Wunsch war erfüllt. Als Letztes wünschte sie sich: »Nun mache aus meinem Kater einen gutaussehenden jungen Prinzen.«
Im Handumdrehen stand der junge Prinz vor ihr und fragte: »Na? Tut es dir jetzt leid, dass du mich hast kastrieren lassen?«

ZEHNTES KAPITEL:

DIE VERHALTENSÖKONOMIE (BEHAVIORAL FINANCE)

Die verhaltensorientierte Finanztheorie ist kein Teilbereich der herkömmlichen Finanzwissenschaft: Vielmehr ersetzt sie diese durch ein besseres Menschenbild.

Meir Statman

Bisher habe ich Börsentheorien und -techniken beschrieben, die auf der Annahme beruhen, dass Anleger grundsätzlich rational handeln. Sie treffen Entscheidungen mit dem Ziel, ihr Vermögen zu maximieren, und werden lediglich durch ihre Risikotoleranz eingeschränkt. Weit gefehlt, erklärt eine neue Schule von Finanzökonomen, die in der ersten Hälfte des 21. Jahrhunderts Bedeutung erlangt hat. Die Verhaltenstheoretiker glauben, dass sich viele (vielleicht sogar die meisten) Anleger am Aktienmarkt alles andere als rational verhalten. Denken Sie bloß an das Verhalten Ihres Freundes-, Bekannten- und Kollegenkreises, Ihrer Vorgesetzten, Ihrer Eltern und (wenn ich das sagen darf) Ihres Partners oder Ihrer Partnerin. (Kinder stehen noch auf einem ganz anderen Blatt.) Wer von ihnen verhält sich rational? Lautet Ihre Antwort auf diese Frage »niemand« oder »jedenfalls nicht immer alle«, dann werden Sie unseren Ausflug in die weniger rationalen Seitenwege der Verhaltensökonomie sicherlich genießen.

Die Effizienzmarkttheorie, die moderne Portfoliotheorie und verschiedene Asset-Pricing-Zusammenhänge zwischen Risiko und Ertrag fußen samt und sonders auf der Prämisse, dass Aktienmarktanleger rational vorgehen. Insgesamt schätzen sie den Gegenwartswert von Aktien vernünftig ein und stellen durch ihre Käufe und Verkäufe sicher, dass die Kurse der Aktien mehr oder minder ihren Zukunftsaussichten entsprechen.

Inzwischen sollte klar geworden sein, dass der Zusatz »insgesamt« das Hintertürchen der Ökonomen darstellt. Will heißen, sie dürfen durchaus zugestehen, dass der eine oder andere Marktteilnehmer auch mal nicht ganz rational handelt. Sie ziehen sich jedoch prompt auf die Aussage zurück, dass die Transaktionen irrationaler Anleger zufällig sind und sich daher gegenseitig aufheben, ohne die Kurse zu beeinflussen. Und selbst wenn sich Anleger auf ähnliche Weise irrational verhalten, so wenden die Verfechter der Effizienzmarkttheorie ein, dass clevere rationale Trader eventuelle Fehlbewertungen, die sich aus dem Vorhandensein irrationaler Spekulanten ergeben, umgehend korrigieren.

Von diesem Ökonomengeschwätz wollen die Psychologen nichts wissen. Ganz besonders zwei Vertreter dieser Zunft – Daniel Kahneman und Amos Tversky – räumten gründlich auf mit den Einschätzungen der Ökonomen zum Anlegerverhalten und machten sich dadurch einen Namen als Väter einer ganz neuen wirtschaftswissenschaftlichen Fachrichtung, der sogenannten Verhaltensökonomie oder »Behavioral Finance«.

Die beiden behaupteten schlicht, dass die Menschen gar nicht so rational seien, wie von wirtschaftswissenschaftlichen Modellen unterstellt. Diese These war für die Öffentlichkeit und die Nichtökonomen zwar naheliegend, doch es dauerte über 20 Jahre, bis sie sich in der wissenschaftlichen Welt durchsetzen konnte. Tversky starb 1996, als sie gerade begann, mehr Glaubwürdigkeit zu genießen. Sechs Jahre später wurde Kahneman dafür der Alfred-Nobel-Gedächtnispreis für Wirtschaftswissenschaften verliehen. Das Besondere daran war, dass er nicht an einen Ökonomen vergeben wurde. Kahneman kommentierte die Nachricht folgendermaßen: »Der Preis … bezieht sich ganz eindeutig auf ein Gemeinschaftswerk, wird aber leider nicht posthum verliehen.«

Die von Kahneman und Tversky erläuterten Erkenntnisse betrafen sämtliche gesellschaftswissenschaftlichen Fachrichtungen, die sich mit Entscheidungsprozessen befassen, hatten aber besonderen Einfluss auf die wirtschaftswissenschaftlichen Fakultäten und die Business Schools in den USA. Sie müssen sich das als gänzlich neues Fachgebiet vorstellen, über das man wissenschaftliche Arbeiten publizieren, für satte Honorare Vorträge halten und Bachelor-, Master- und Doktorarbeiten schreiben konnte.

Für die Professoren und Studierenden mag das schön und gut sein – doch was ist mit all den anderen Leuten, die gern in Aktien investieren möchten? Oder noch genauer: Wie kann Ihnen die Verhaltensökonomie weiterhelfen? Was genau bringt sie Ihnen? Tatsächlich einiges.

Die Verhaltenstheoretiker gehen davon aus, dass die Marktkurse ausgesprochen ungenau sind. Hinzu kommt, dass die Menschen auf systematische Weise von der Rationalität abweichen und dass die irrationalen Handelsentscheidungen von Anlegern in aller Regel korrelieren. Die verhaltensorientierte Finanztheorie geht noch einen Schritt weiter und behauptet, dass es möglich ist, dieses irrationale Verhalten zu quantifizieren beziehungsweise zu klassifizieren. Im Grunde sind es vier Faktoren, die irrationales Marktverhalten auslösen: Selbstüberschätzung, Voreingenommenheit, Herdentrieb und Verlustaversion.

Okay, sagen dazu die Anhänger der Effizienzmarkttheorie, aber – und für uns gibt es da immer ein Aber – die durch solche Faktoren ausgelösten Verzerrungen werden doch konterkariert durch die Arbitrageure. Mit diesem hochtrabenden Begriff werden Menschen bezeichnet, die Kapital daraus schlagen, wenn die Marktkurse von ihrem rationalen Wert abweichen.

Streng genommen bedeutet »Arbitrage«, von Preisunterschieden für ein und dieselbe Ware auf zwei verschiedenen Märkten zu profitieren. Nehmen wir an, in New York können Sie ein britisches

Pfund für 1,50 Dollar kaufen oder verkaufen, während es in London 2,00 Dollar kostet. Der Arbitrageur würde für 1,50 Dollar in New York zugreifen und gleichzeitig in London für 2,00 Dollar verkaufen – und 50 Cent Gewinn einstreichen. Nach derselben Logik könnte man eine Aktie, die in New York und London zu unterschiedlichen Kursen notiert, auf dem billigeren Markt kaufen und auf dem teureren verkaufen. Die Bezeichnung »Arbitrage« wird generell auch auf Sachverhalte ausgedehnt, wenn zwei sehr ähnliche Titel zu unterschiedlichen Bewertungen gehandelt werden oder wenn eine Aktie voraussichtlich zu einem höheren Kurs gegen eine andere getauscht werden dürfte, wenn eine geplante Fusion zwischen zwei Unternehmen genehmigt wird. Im weitesten Sinne des Wortes wird »Arbitrage« auch verwendet, um den Vorgang zu beschreiben, wenn Aktien gekauft werden, die »unterbewertet« wirken, und andere verkauft, die »überbewertet« sind. Auf diese Weise können tüchtige Arbitrageure irrationale Fluktuationen der Aktienkurse glätten und für einen effizient bepreisten Markt sorgen.

Die Verhaltenstheoretiker glauben dagegen an erhebliche Barrieren für eine effiziente Arbitrage. Ihrer Ansicht nach können wir nicht darauf zählen, dass die Arbitrage die Preise mit rationalen Bewertungen in Einklang bringt. Es ist davon auszugehen, dass die Marktpreise deutlich von den Kursen abweichen, die von einem effizienten Markt zu erwarten wären.

Im verbleibenden Teil dieses Kapitels werden die Hauptthesen beleuchtet, mit denen die Verhaltensökonomen erklären, warum Märkte nicht effizient sind und warum es so etwas wie das Zufallsprinzip an der Wall Street nicht gibt. Ich werde auch erläutern, wie sich Privatanleger durch Einblick in diese Arbeit vor systematischen Fehlern schützen können, wie sie Anlegern allzu leicht unterlaufen.

Das irrationale Verhalten von Einzelanlegern

Wie im ersten Teil des Buches ausführlich geschildert, gibt es immer Phasen, in denen sich die Anleger irrational verhalten. Die verhaltensorientierte Finanztheorie besagt jedoch, dass ein solches Verhalten eher nicht episodisch auftritt, sondern permanent.

Selbstüberschätzung

Forscher aus der kognitiven Psychologie dokumentieren, dass Menschen auf systematische Art und Weise von der Rationalität abweichen, wenn sie unter unsicheren Rahmenbedingungen urteilen müssen. Eine der häufigsten derartigen kognitiven Verzerrungen ist die Neigung zur Selbstüberschätzung in Bezug auf eigene Überzeugungen und Fähigkeiten sowie eine übermäßig optimistische Einschätzung der Zukunft.

Eine Klasse von Experimenten, die dieses Syndrom illustrieren, besteht in Umfragen unter einer großen Teilnehmergruppe zu deren autofahrerischem Können im Vergleich zum Durchschnittsfahrer der Gruppe oder zu Autofahrern im Allgemeinen. Autofahren ist eindeutig eine gefährliche Sache, bei der es sehr auf die persönliche Kompetenz ankommt. Die Antworten auf diese Frage offenbaren eindeutig, ob jemand sein eigenes Können im Vergleich zu anderen realistisch einschätzt. Werden Collegestudenten befragt, geben 80 bis 90 Prozent der Teilnehmer unweigerlich an, sie könnten besser und sicherer Autofahren als andere aus ihrem Jahrgang. Getreu dem Lake-Wobegon-Effekt halten sich (fast) alle Studierenden für überdurchschnittliche Autofahrer.

In einem weiteren Experiment unter Beteiligung Studierender wurden diese nach ihren Zukunftsaussichten im Vergleich zu ihren Mitbewohnern gefragt. In aller Regel sahen sie ihre eigene Zukunft ausgesprochen rosig – sie rechneten mit beruflichem Erfolg, einer glücklichen Ehe und guter Gesundheit. Sollten sie über die Zukunft ihrer Mitbewohner spekulieren, fielen ihre Antworten jedoch weitaus realistischer aus. Sie fanden es viel wahrscheinlicher, dass diese dem Alkohol verfallen, erkranken, geschieden werden oder verschiedene andere negative Erfahrungen machen würden.

Derartige Experimente sind vielfach und in ganz unterschiedlichem Kontext durchgeführt worden. So berichten Peters und Waterman im Wirtschaftsbestseller *Auf der Suche nach Spitzenleistungen: Was man von den bestgeführten US-Unternehmen lernen kann*, dass eine zufällig ausgewählte Stichprobe erwachsener Männer gebeten wurde, die eigene Umgänglichkeit zu bewerten. 100 Prozent der Befragten stuften sich in der oberen Hälfte der Bevölkerung ein. 25 Prozent waren überzeugt, zum obersten 1 Prozent der Bevölkerung zu zählen. Selbst bei der Beurteilung ihrer sportlichen Fähigkeiten – ein Bereich, in dem es ungleich schwieriger erscheint, sich selbst zu betrügen – sahen sich mindestens 60 Prozent der befragten Männer im obersten Quartil. Lediglich 6 Prozent der Teilnehmer hielten sich für unterdurchschnittlich sportlich.

Daniel Kahneman zufolge ist dieser Hang zur Selbstüberschätzung unter Anlegern besonders ausgeprägt. Mehr als die meisten anderen Bevölkerungsgruppen stellen Anleger ihre Kompetenzen überzogen dar und negieren die Rolle des Glücks. Sie überschätzen ihre Kenntnisse, unterschätzen die mit ihren Entscheidungen verbundenen Risiken und beurteilen ihre Fähigkeit, die Ereignisse zu beeinflussen, zu positiv.

Kahnemans Tests weisen nach, wie gut die Wahrscheinlichkeitsbewertungen von Anlegern kalibriert sind, indem Probanden nach Konfidenzintervallen gefragt werden. Er formuliert die Frage folgendermaßen:

> *Bitte geben Sie eine möglichst genaue Schätzung zum Wert des Dow Jones heute in einem Monat ab. Wählen Sie im Anschluss einen hohen Wert aus, bei dem Sie zu 99 Prozent (aber nicht absolut) sicher sind, dass der Dow Jones in einem Monat darunter liegen wird. Wählen Sie dann einen tiefen Wert aus, bei dem sie zu (höchstens) 99 Prozent sicher sind, dass der Dow Jones in einem Monat darüber liegen wird.*

Werden die Anweisungen genau befolgt, sollte die Wahrscheinlichkeit, dass der Dow über (unter) dem von Ihnen geschätzten Hoch (Tief) liegt, nur 1 Prozent betragen. Anders formuliert: Der Anleger sollte sich zu 98 Prozent sicher sein, dass der Dow innerhalb der angegebenen Bandbreite liegt. Ähnliche Experimente sind mit Schätzungen zu Zinssätzen, Inflationsraten, Kursen einzelner Aktien und Ähnlichem durchgeführt worden.

De facto sind nur wenige Anleger in der Lage, exakte Konfidenzintervalle anzugeben. Korrekte Intervalle würden zur Folge haben, dass die Ist-Ergebnisse nur in 2 Prozent aller Fälle außerhalb des prognostizierten Bandes liegen. Zu echten Überraschungen kommt es in beinahe 20 Prozent der Fälle. Das meinen die Psychologen mit Selbstüberschätzung. Sagt ihnen ein Anleger, er sei sich seiner Sache zu 99 Prozent sicher, wäre er auf jeden Fall besser beraten, von nur 80 Prozent auszugehen. Derart präzise Angaben implizieren, dass die Menschen mehr Geld auf ihre Prognosen setzen, als eigentlich gerechtfertigt. Männer neigen in aller Regel weit häufiger zu Selbstüberschätzung als Frauen – vor allem, wenn es um ihre Kompetenz in Geldangelegenheiten geht.

Was sollten wir aus diesen Studien herausnehmen? Eindeutig setzen die Probanden für ihre Prognosen viel zu präzise Konfidenzintervalle an. Sie stellen ihre Fähigkeiten übertrieben dar und schätzen die Zukunft in aller Regel viel zu optimistisch ein. Diese Verzerrungen manifestieren sich an der Börse auf unterschiedliche Weise.

Vor allem anderen sind viele Privatanleger zu Unrecht davon überzeugt, dass sie den Markt schlagen können. Infolgedessen spekulieren sie mehr, als sie sollten, und kaufen und verkaufen zu häufig. Die beiden Verhaltensökonomen Terrance Odean und Brad Barber untersuchten die Depots bei einem großen Discount Broker über einen längeren Zeitraum. Sie stellten fest: Je häufiger Privatanleger handeln, desto niedriger ihre Renditen. Und die Handelsfrequenz von Männern war deutlich höher als bei Frauen – mit entsprechend schlechteren Ergebnissen. In einer neueren Studie untersuchten Barber, Huang, Odean und Schwarz das Verhalten von Privatanlegern auf der Plattform Robinhood. Es zeigte sich, dass die von Robinhood-Kunden meistgekauften Aktien absolut wie relativ negative Renditen brachten. Sie büßten im darauffolgenden Monat gegenüber dem Gesamtmarkt rund 5 Prozent ein.

Die Illusion von Finanzkompetenz könnte ohne Weiteres von einem weiteren von Psychologen ermittelten Denkfehler herrühren, dem sogenannten Rückschaufehler. Solche Fehler entstehen durch ein selektives Erfolgsgedächtnis. Man erinnert sich an Anlageerfolge. Im Rückblick ist es leicht, sich einzureden, dass man »gleich wusste, dass sich der Google-Kurs unmittelbar nach dem Börsengang verfünffachen würde«. Der Mensch neigt dazu, alle guten Ergebnisse den eigenen Fähigkeiten zuzuschreiben. Geht etwas schlecht aus, erklärt er sich das gern durch ungewöhnliche äußere Ereignisse. Von ein paar Erfolgsanekdoten lassen wir uns deutlich mehr beeindrucken als von historischen Fakten. Die Rückschau fördert die Selbstüberschätzung und leistet der Illusion Vorschub, die Welt wäre weit besser prognostizierbar, als sie es in Wirklichkeit ist. Leute, die nutzlose Finanzempfehlungen verkaufen, glauben vielleicht sogar, dass sie ihre Kunden gut beraten. Steve Forbes, langjähriger Herausgeber der Zeitschrift *Forbes*, gab gern einen Rat zum Besten, den er auf dem Schoß seines Großvaters erhielt: »Es lohnt sich weit mehr, Ratschläge zu verkaufen, als sie anzunehmen.«

Viele Verhaltensökonomen sind davon überzeugt, dass die Überschätzung der eigenen Fähigkeiten, das künftige Wachstum von Unternehmen vorherzusagen, zur Folge hat, dass sogenannte Wachstumsaktien tendenziell überbewertet werden. Beflügelt eine aufregende neue Computertechnologie oder ein sensationelles Medizintechnikunternehmen die Fantasie des Publikums, extrapolieren die Anleger gewöhnlich Erfolg und projizieren hohe Wachstumsraten für die betreffenden Unternehmen – und zwar mit weitaus festerer Überzeugung, als eigentlich gerechtfertigt. Die prognostizierte Wachstumsdynamik beschert Growth-Aktien höhere Bewertungen. Doch oft laufen die rosigen Prognosen ins Leere. Der Gewinn kann zurückgehen, und damit möglicherweise auch das Kurs-Gewinn-Verhältnis der Aktien, was wiederum schwache Anlageergebnisse nach sich zieht. Zu viel Optimismus bei der Prognose der Wachstumsraten spannender Unternehmen könnte eine Erklärung für die langfristige Neigung von »Growth-Werten« sein, schlechter abzuschneiden als »Value-Aktien«.

Voreingenommenheit (Bias)

Ich begegne täglich Anlegern, die überzeugt sind, dass sie ihre Anlageergebnisse »steuern« können. Das gilt vor allem für Charttechniker, die sich zutrauen, anhand der bisherigen Kurse die zukünftige Entwicklung zu prognostizieren.

Larry Swedroe illustriert in seinem Buch *Rational Investing in Irrational Times* mustergültig, wie Glückssträhnen weit häufiger auftreten, als viele annehmen.

> *Eine Statistikprofessorin bittet ihre Studierenden am Anfang jedes Kurses, die Reihenfolge einer Serie von 100 imaginären Münzwürfen zu notieren. Ein Student wird dazu ausersehen, eine echte Münze zu werfen und das Ergebnis grafisch darzustellen. Die Professorin verlässt den Raum. Als sie 15 Minuten später zurückkommt, liegen die Ergebnisse auf ihrem Pult. Sie erklärt dem Kurs, sie könne auf Anhieb erraten, welche der 30 vorliegenden Bilanzen die echte sei. Ein ums andere Mal verblüfft sie ihre Kursteilnehmer, indem sie das richtige Papier herauspickt. Wie gelingt ihr dieses Kunststück? Sie weiß, dass die Tabelle mit der längsten Kopf- oder Zahlsträhne in Folge mit größter Wahrscheinlichkeit das Ergebnis des realen Münzwurfs ist. Der Grund dafür: Auf die Frage, welche der folgenden Sequenzen wahrscheinlicher ist – KKKKKZZZZZ oder KZKZKZKZKZ –, entscheiden sich die meisten für das zweite »zufälligere« Ergebnis, obwohl statistisch nachgewiesen ist, dass beide Sequenzen mit gleicher Wahrscheinlichkeit auftreten. Daher entsprechen die imaginären Sequenzen der Studierenden weit häufiger KKZZKZKZZZ statt KKKZZZKKKK.*

Von der langfristigen positiven Entwicklung des Aktienmarktes einmal abgesehen sind Strähnen mit übermäßig hohen Aktienerträgen nicht von Dauer – gewöhnlich folgen darauf niedrigere künftige Erträge. Es gibt da nämlich die sogenannte Rückkehr zum Mittelwert. Und ebenso gelten die Gesetze der finanziellen Schwerkraft auch umgekehrt. Zumindest für den gesamten Aktienmarkt ist zu sagen: Was fällt, steigt irgendwann auch wieder. Doch die gängige Meinung geht in jeder Phase normalerweise davon aus, dass außergewöhnlich positive Marktentwicklungen noch besser werden und außergewöhnlich negative noch schlechter.

Die Psychologen haben längst eine Tendenz Einzelner erkannt, sich der Illusion hinzugeben, dass sie gewissen Einfluss auf Situationen haben, die sich in Wirklichkeit ihrer Kontrolle entziehen. In einer Studie wurden die Teilnehmer vor einen Computerbildschirm gesetzt, der durch eine horizontale Linie unterteilt war. Ein Ball flog zufällig zwischen beiden Hälften hin und her. Die Probanden erhielten einen Knopf, auf den sie drücken mussten, um den Ball nach oben zu bewegen. Sie wurden aber darauf hingewiesen, dass der Ball überdies nach dem Zufallsprinzip Impulsen ausgesetzt war, die seine Bahn beeinflussen würden. Sie hatten also nicht die absolute Kontrolle. Dann wurden die Studienteilnehmer aufgefordert, ein Spiel zu spielen, bei dem es darum ging, den Ball so lange wie möglich in der oberen Bildschirmhälfte zu halten. In einer Versuchsreihe war der Knopf gar nicht angeschlossen, sodass die Probanden die Bewegungen des Balls überhaupt nicht steuern konnten. Dessen ungeachtet waren die Teilnehmer, nachdem sie das Spiel eine Zeit lang gespielt hatten, nach eigenen Angaben überzeugt, erheblichen Einfluss auf die Bahn des Balls genommen zu haben. (Die einzigen Probanden, die sich dieser Illusion nicht hingaben, litten unter einer klinisch diagnostizierten schweren Depression, wie sich herausstellte.)

Bei einem weiteren Experiment wurde mit zwei identischen Sätzen Baseball-Karten eine Bürolotterie durchgeführt. Ein Satz Karten kam in einen Korb, aus dem nach dem Zufallsprinzip eine Karte ausgewählt werden sollte. Der andere Satz Karten wurde an die Teilnehmer verteilt. Die Hälfte der Probanden konnte sich eine Karte auswählen, die andere Hälfte bekam eine Karte zugeteilt. Den Teilnehmern wurde gesagt, dass die Person mit der Karte gewinnen würde, die der zufällig aus dem Korb ausgewählten entsprach. Dann wurde den Teilnehmern noch mitgeteilt, dass zwar alle Karten verteilt worden seien, ein neuer Mitspieler aber gern eine Karte kaufen würde. Die Probanden hatten die Wahl – sie konnten ihre Karte zu einem vereinbarten Preis verkaufen oder sie behalten und auf den Gewinn hoffen. Offensichtlich hatte jede Karte die gleichen Gewinnchancen. Dessen ungeachtet fielen die Preise, die diejenigen Spieler forderten, die ihre Karten selbst ausgesucht hatten, systematisch höher aus als in der Gruppe, deren Mitgliedern einfach eine Karte in die Hand gedrückt worden war. Erkenntnisse wie diese führten zu der Entscheidung, die Teilnehmer staatlicher Lotterien ihre Gewinnzahlen selbst festlegen zu lassen – obwohl es nur das Glück ist, das bestimmt, wer gewinnt.

Dieser illusorische Einfluss ist es, der Anleger dazu verleiten kann, Trends wahrzunehmen, die gar nicht existieren, oder Kursformationen zu ermitteln, die künftige Kursentwicklungen prognostizieren. De facto – und obwohl alles Mögliche unternommen wurde, um den Kursdaten irgendeine

Form von Vorhersagbarkeit abzuringen – erinnert die Entwicklung der Aktienkurse von einem Zeitraum zum nächsten stark an einen Zufallsweg, bei dem die Kursveränderungen in der Zukunft mehr oder minder unabhängig vom bisherigen Verlauf sind.

Verstärkt werden solche voreingenommenen Urteile noch von der Neigung der Menschen, irrtümlich eine »Ähnlichkeit« oder »Repräsentativität« stellvertretend für fundierte wahrscheinlichkeitstheoretische Überlegungen heranzuziehen (und ich fürchte, es kommt noch mehr Fachchinesisch). Diese »Heuristik« lässt sich am besten durch ein berühmtes Experiment von Kahneman und Tversky veranschaulichen. Dabei wird den Teilnehmern folgende Beschreibung von Linda vorgelegt:

> *Linda ist 31 Jahre alt, Single, aufgeschlossen und hochintelligent. Sie hat im Hauptfach Philosophie studiert. Als Studentin beschäftigte sie sich intensiv mit Themen wie Diskriminierung und soziale Gerechtigkeit und nahm auch an Demonstrationen gegen Atomkraft teil.*

Dann wurden die Probanden aufgefordert, nach relativer Wahrscheinlichkeit einzustufen, welche von acht unterschiedlichen Aussagen über Linda zutrafen. Zwei Aussagen auf der Liste lauteten »Linda ist Bankangestellte« und »Linda ist Bankangestellte und in der feministischen Bewegung aktiv«. Über 85 Prozent der Teilnehmer hielten es für wahrscheinlicher, dass Linda bei der Bank arbeitete und sich feministisch engagierte, als dass sie lediglich Bankangestellte war. Diese Antwort verstößt aber gegen das grundlegende Axiom der Wahrscheinlichkeitstheorie (die Konjunktionsregel): Die Wahrscheinlichkeit, dass jemand sowohl Kategorie A als auch Kategorie B zuzuordnen ist, ist kleiner oder gleich der Wahrscheinlichkeit, dass die betreffende Person nur in Kategorie A fällt. Offensichtlich verstanden die wenigsten Teilnehmer etwas von Wahrscheinlichkeitstheorie.

Wie Linda beschrieben wurde, ließ sie als Feministin erscheinen, weshalb eher zu ihr zu passen schien, dass sie bei der Bank arbeitete und sich nebenbei feministisch betätigte, als dass sie nur Bankangestellte war. Dieses Experiment wurde viele Male nachvollzogen – mit unbedarften Teilnehmern ebenso wie mit hoch gebildeten (auch solchen, die mit Wahrscheinlichkeitstheorie vertraut waren, wenngleich sie sie nicht gründlich studiert hatten).

Kahneman und Tversky prägten den Begriff »Repräsentativitätsheuristik« für diese Erkenntnis. Ihre Anwendung führt zu etlichen weiteren vorbelasteten Urteilen – beispielsweise zum Prävalenzfehler. Eine Grundregel der Wahrscheinlichkeitstheorie (der Satz von Bayes) besagt, dass unsere Einschätzung der Wahrscheinlichkeit, dass jemand einer bestimmten Gruppe angehört, die »Repräsentativität« mit den Basisdaten verknüpfen sollte (also dem Prozentsatz der Bevölkerung, der den einzelnen Gruppen zuzurechnen ist). Unwissenschaftlich formuliert heißt das, wenn wir jemanden sehen, der wie ein Verbrecher aussieht (also unserer Vorstellung von einem Kriminellen zu entsprechen scheint), erfordert unsere Einschätzung der Wahrscheinlichkeit, mit der es sich um einen Verbrecher handelt, auch Kenntnisse der Basisdaten – also des Prozentsatzes der Bevölkerung, der kriminell ist. Doch in einem Experiment nach dem anderen haben die Probanden bei ihren Prognosen nachweislich zu wenig auf ihre Kenntnis der Basisdaten zurückgegriffen. So obskur Ihnen dies vorkommen mag, die Repräsentativitätsheuristik dürfte für eine ganze Reihe von falschen Anlageentscheidungen verantwortlich sein, beispielsweise für die rege Nachfrage nach heißen Fonds oder für die übermäßige Extrapolation aus jüngsten Indizien.

Herdentrieb

Es ist generell wissenschaftlich erwiesen, dass Gruppen in aller Regel bessere Entscheidungen treffen als Einzelne. Werden mehr Informationen ausgetauscht und unterschiedliche Gesichtspunkte berücksichtigt, so verbessert ein fundiertes Gruppengespräch den Entscheidungsprozess.

Das Verhalten, das sich aus der Weisheit der Vielen ergibt, wird in der Gesamtwirtschaft möglicherweise am besten durch das marktwirtschaftliche Preissystem veranschaulicht. Eine Vielzahl von Einzelentscheidungen von Konsumenten und Produzenten führt dazu, dass die Wirtschaft die Waren und Dienstleistungen produziert, die die Menschen kaufen wollen. Das Preissystem reagiert auf die Kräfte von Angebot und Nachfrage und leitet die Wirtschaft durch Adam Smiths unsichtbare Hand zur Herstellung der richtigen Menge von Produkten an. Wie kommunistische Volkswirtschaften zu ihrem Leidwesen feststellen mussten, kann auch eine noch so einflussreiche Zentralplanung in keiner Weise ähnliche Markteffizienz bei der Entscheidung bewirken, welche Güter produziert und wie die Ressourcen zugeteilt werden sollten.

Gleichermaßen gilt: Millionen von Privatanlegern und institutionellen Investoren erzeugen durch ihre kollektiven Kauf- und Verkaufsentscheidungen ein Preistableau des Aktienmarktes, demzufolge eine Aktie ein ebenso guter Kaufkandidat ist wie jede andere. Und während die Marktprognosen zu künftigen Erträgen häufig fehlerhaft sind, scheinen sie als Gruppe häufiger zuzutreffen als die Vorhersagen einzelner Anleger. Für die meisten Manager aktiv verwalteter Fonds ist es blamabel, wenn ihre Renditen mit den Ergebnissen einer Anlage in einen kostengünstigen, breit aufgestellten Aktienindexfonds verglichen werden.

Wie allen Lesern dieses Buches bekannt ist, trifft der Gesamtmarkt nicht immer fraglos richtige Preisentscheidungen. Manchmal verfällt die Masse dem Wahn, wie wir schon so oft erlebt haben, vom Tulpenfieber im 17. Jahrhundert bis zu den Internet- und Meme-Aktien des 21. Jahrhunderts. Es ist dieses gelegentliche pathologische Massenverhalten, das das Interesse der Verhaltensökonomen auf sich zieht.

Ein anerkanntes Phänomen für das Studium des Massenverhaltens ist die Existenz des »Gruppendenkens«. In der Gruppe bestätigen sich Einzelne manchmal in ihrer Ansicht, dass eine falsche Sichtweise eigentlich richtig ist. Die absolut überoptimistischen Gruppenprognosen zum Ertragspotenzial des Internets und die Fehlbewertungen von New-Economy-Aktien Anfang dieses Jahrtausends sind zweifellos Beispiele für die Pathologie des Herdenverhaltens.

Der Sozialpsychologe Solomon Asch gehörte zu den Ersten, die untersuchten, wie Gruppenverhalten zu Fehlentscheidungen führen kann. In den 1950er-Jahren führte er ein berühmtes Laborexperiment durch, bei dem eine Gruppe von Probanden aufgefordert wurde, eine kinderleichte Frage zu beantworten. Den Teilnehmern wurden zwei Karten mit vertikalen Linien vorgelegt, ähnlich wie sie nachstehend abgebildet sind. Die linke Karte zeigte eine vertikale Linie. Die Probanden wurden gefragt, welche Linie auf der rechten Karte gleich lang war wie die Linie auf der ersten Karte. Sieben Personen nahmen an dem Experiment teil. Ihnen wurde eine Reihe solcher Fragen gestellt.

Doch Asch gab dem Experiment eine diabolische Wendung. Bei manchen Experimenten wies er sechs der sieben Teilnehmer an, bewusst falsch zu antworten, und zwar noch bevor der siebte Proband Gelegenheit hatte, seine Meinung zu äußern. Das Ergebnis war frappierend. Häufig gab der siebte Teilnehmer dann ebenfalls die falsche Antwort. Asch schloss, dass sozialer Druck die Teilnehmer dazu veranlasste, die falsche Linie auszuwählen, obwohl sie es eigentlich besser wussten.

FÜR DAS ASCH-EXPERIMENT VERWENDETE KARTEN

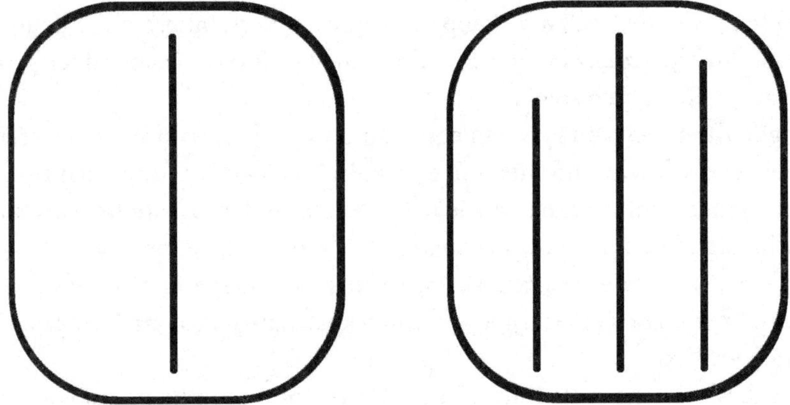

Abbildung angelehnt an: Solomon E. Asch, Social Psychology *(Oxford, 1987) , http://www.oup.com*

Eine Studie des Neurowissenschaftlers Gregory Berns aus dem Jahr 2005 verwendete Kernspintomografen, um die Prozesse im Gehirn zu untersuchen und festzustellen, ob Probanden dem Gruppendruck nachgaben in dem Bewusstsein, dass ihre eigenen Antworten falsch waren, oder ob sich ihre Wahrnehmung tatsächlich geändert hatte. War es der soziale Druck, der dazu führte, dass die Gruppenmeinung übernommen wurde, sollten der Studie zufolge im Vorderhirn Veränderungen in dem Bereich wahrnehmbar sein, der an der Konfliktüberwachung beteiligt ist. Ergab sich die Konformität jedoch aus echten Veränderungen der eigenen Wahrnehmung, so wären Veränderungen im hinteren Teil des Gehirns zu erwarten – in den Arealen, die für das Sehen und die räumliche Wahrnehmung zuständig sind. Tatsächlich ergab die Studie, dass bei Menschen, die sich der falschen Meinung der Gruppe anschlossen, die Aktivität in dem Gehirnbereich zunahm, der der räumlichen Wahrnehmung gewidmet ist. Anders formuliert: Wie es schien, veränderten die Äußerungen anderer, was die Probanden wahrzunehmen meinten. Offenbar wirken sich die Fehler anderer tatsächlich darauf aus, wie ein Mensch seine Umwelt wahrnimmt.

In einer weiteren Studie stellten Sozialpsychologen eine Person an eine Straßenecke und wiesen sie an, 60 Sekunden lang zum leeren Himmel hinaufzublicken. Dann beobachteten die Psychologen, dass ein kleiner Teil der Passanten auf der Straße stehenblieb und nachsah, was die betreffende Person so faszinierte. Die meisten gingen aber sang- und klanglos vorbei. Als Nächstes stellten die Psychologen fünf Menschen an die Ecke und ließen sie in den Himmel schauen. Diesmal blieben viermal so viele Fußgänger stehen und richteten den Blick nach oben. Als die Psychologen ihre Probandengruppe auf 15 Personen aufstockten, die an der Ecke standen und in den Himmel schauten, blieb beinahe die Hälfte der Passanten stehen. Je mehr Menschen nach oben guckten, desto mehr andere taten es ihnen nach.

Die Internetblase von 1999 bis Anfang 2000 lieferte ein eindeutiges klassisches Beispiel für Fehlentscheidungen von Anlegern, die zu einem Massenwahn führten. Privatanleger, die sich den großen Reibach durch Aktien versprachen, die mit der New Economy in Verbindung standen, ließen sich von einem unvernünftigen Herdentrieb anstecken. Durch Mundpropaganda verbreiteten Freunde im Golfklub, Kollegen und Kartler höchst effektiv, dass das Wachstum des Internets großen Reichtum versprach, und die sozialen Medien erleichterten die Weitergabe von Gerüchten und Falschinformationen. Dann begannen die Anleger, schon allein deshalb Aktien zu kaufen, weil die Kurse anzogen und andere daran verdienten, obwohl die Kursgewinne fundamental – also durch Steigerungen der Erträge und Dividenden – nicht zu rechtfertigen waren. Wie der Wirtschaftshistoriker Charles Kindleberger es formulierte: »Nichts stört das persönliche Wohlbefinden und Urteilsvermögen so sehr, wie mitzuerleben, dass ein Freund reich wird.« Und wie Robert Shiller, Autor des Bestsellers *Irrationaler Überschwang*, festgestellt hat, verselbständigt sich dieser Prozess in einer positiven Rückkopplungsschleife. Der anfängliche Kursanstieg animiert mehr Anleger zum Kauf, was wiederum höhere Gewinne nach sich zieht und immer größere Gruppen von Marktteilnehmern zum Kaufen verleitet. Das Phänomen ist ein weiteres Beispiel für das Schneeballsystem, das ich im vierten Kapitel im Zusammenhang mit der Internetblase beschrieben habe. Nur leider gehen irgendwann die neuen Dummköpfe aus.

Doch dem Herdentrieb erliegen nicht etwa nur unbedarfte Privatanleger. Auch Investmentfondsmanager verfolgen tendenziell dieselben Strategien und kaufen scharenweise dieselben Aktien wie ihre Kollegen. Eine Studie von Harrison Hong, Jeffrey Kubik und Jeremy Stein, dreier führender Verhaltensökonomen, ergab sogar, dass Investmentfondsmanager mit größerer Wahrscheinlichkeit ähnliche Aktien hielten, wenn andere Manager in derselben Stadt ähnliche Portfolios verwalteten. Diese Ergebnisse decken sich mit einem epidemischen Modell, in dem Anleger durch Mundpropaganda Informationen über Aktien rasch und irreversibel verbreiten. Dieser Nachahmungstrieb hatte schon verheerende Folgen für einzelne Anleger. Zwar liefert der Aktienmarkt langfristig üppige Renditen, doch sind die Erträge des Durchschnittsanlegers deutlich magerer ausgefallen. Der Grund dafür: Anleger neigen dazu, genau dann Aktienfonds zu kaufen, wenn der Überschwang zur Gipfelbildung auf dem Markt geführt hat. In den zwölf Monaten bis einschließlich März 2000 floss mehr neues Kapital in Aktienfonds als in jedem früheren Zeitraum. Doch als der Markt im Herbst 2002 und 2008 Tiefststände verzeichnete, zogen Anleger viel Kapital aus ihren Aktienanlagen ab. Einer Studie von Dalbar Associates zufolge erzielen Anleger im Durchschnitt womöglich eine um 5 Prozentpunkte geringere Rendite als der Aktienmarkt, weil sie für schlechtes Timing abgestraft werden.

Außerdem investieren Anleger ihr Geld gern in solche Investmentfonds, die zuletzt gute Ergebnisse meldeten. So entfielen die hohen Zuflüsse in Aktienfonds im ersten Quartal von 2000 fast ausschließlich auf Hightech-Growth-Fonds. Sogenannte Value-Fonds verzeichneten kräftige Abflüsse. Im Verlauf der beiden Folgejahre verloren die Growth-Fonds drastisch an Wert, während die Value-Fonds tatsächlich positive Renditen abwarfen. Zusätzlich zur beschriebenen Abstrafung für schlechtes Timing gibt es also auch noch Strafpunkte für die Produktauswahl. Eine der wichtigsten Lehren aus der Verhaltensökonomie besagt, dass man sich als Privatanleger auf keinen Fall von der Masse mitreißen lassen darf.

Verlustaversion

Der bedeutendste Beitrag von Kahneman und Tversky trägt die Bezeichnung »Prospect Theory« (im Deutschen auch Prospect-Theorie, Prospekt-Theorie oder neue Erwartungstheorie genannt). Sie beschreibt das persönliche Verhalten in riskanten Situationen, wenn Aussichten auf Gewinne und Verluste bestehen. Generell entwickelten Finanzökonomen wie Harry Markowitz Modelle, in denen Einzelne ihre Entscheidungen auf deren voraussichtliche Auswirkungen auf ihre Vermögenslage stützten. Die Prospect Theory stellt diese Annahme infrage. Die Entscheidungen von Menschen werden ihr zufolge vielmehr von dem Wert motiviert, den die Betreffenden den Gewinnen und Verlusten zuordnen. Stehen gleich hohe Verluste und Gewinne im Raum, ist die Scheu vor Verlusten weitaus größer als der Wunsch nach Gewinn. Aber auch die Sprache, die verwendet wird, um potenzielle Gewinne und Verluste darzustellen, beeinflusst letztlich die Entscheidung. In der Psychologie wird das als »Framing« (»Einordnung in einen Deutungsrahmen«) bezeichnet.

Ein Beispiel: Für Sie soll eine Münze geworfen werden. Bei Kopf erhalten Sie 100 Dollar. Bei Zahl müssen Sie 100 Dollar abgeben. Würden Sie auf ein solches Angebot eingehen? Die meisten Menschen würden das nicht tun, obwohl es insofern fair ist, als Sie bei wiederholten Versuchen am Ende punktgleich dastehen. Sie würden in 50 Prozent der Fälle 100 Dollar gewinnen und in den anderen 50 Prozent 100 Dollar verlieren. Mathematisch betrachtet hat eine solches Spiel einen »Erwartungswert« von null, der folgendermaßen berechnet wird:

Wahrscheinlichkeit für Kopf x entsprechende Zahlung + Wahrscheinlichkeit für Zahl x entsprechende Zahlung = Erwartungswert.
Erwarteter Wert = ½ (100 $) + ½ (-100 $) = 0.

Kahneman und Tversky führten dieses Experiment mit vielen verschiedenen Testpersonen und unterschiedlichen Beträgen im Falle einer Gewinnauszahlung durch, um herauszufinden, unter welchen Voraussetzungen die Probanden die Wette annehmen würden. Sie stellten fest, dass das bei einer Auszahlung von rund 250 Dollar der Fall ist. Der Erwartungswert des Gewinns aus einer solchen Wette beträgt wohlgemerkt 75 Dollar – die Aussichten sind also ausgesprochen günstig.

Erwarteter Wert = ½ (250 $) + ½ (- 100 $) = 75 $.

Kahneman und Tversky folgerten daraus, dass der Schmerz im Falle eines Verlusts zweieinhalbmal so stark empfunden wird die Freude über einen Gewinn. Die Verlustaversion ist äußerst ausgeprägt, obwohl die meisten einigermaßen wohlhabenden Menschen eine Veränderung ihres Vermögens um 100 Dollar kaum wahrnehmen würden. Wie diese Verlustscheu viele Anleger zu kostspieligen Fehlern veranlasst, klären wir an anderer Stelle.

Interessant ist dabei folgende Feststellung der Psychologen: Sehen sich Menschen mit einer Situation konfrontiert, die sichere Verluste birgt, ist die Wahrscheinlichkeit enorm groß, dass sie auf Risiko spielen. Nehmen wir an, es bieten sich die beiden folgenden Optionen:

1. ein sicherer Verlust von 750 Dollar,
2. eine 75-prozentige Chance auf 1000 Dollar Verlust und eine 25-prozentige Chance, ungeschoren davonzukommen.

Beachten Sie dabei bitte, dass der Erwartungswert in beiden Fällen gleich ist – nämlich ein Verlust von 750 Dollar. Doch fast 90 Prozent der Testpersonen entschieden sich für die zweite Alternative – fürs Zocken. Angesichts sicherer Verluste reagieren die Menschen offenbar risikofreudiger.

Kahneman und Tversky entdeckten darüber hinaus noch einen verwandten maßgeblichen Effekt der Einordnung in einen Deutungsrahmen. Wie der Deutungsrahmen für den Entscheider aussieht, kann zu unterschiedlichen Ergebnissen führen. Die beiden Forscher stellten Probanden vor folgende Aufgabe:

Stellen Sie sich vor, die USA bereiten sich auf den Ausbruch einer ungewöhnlichen asiatischen Krankheit vor, die erwartungsgemäß 600 Todesopfer fordern wird. Es werden zwei alternative Programme zur Seuchenbekämpfung vorgeschlagen. Gehen Sie davon aus, dass die exakten wissenschaftlichen Schätzungen zu den Auswirkungen der Programme folgendermaßen aussehen:

Wird Programm A eingeführt, werden 200 Menschen gerettet.

Wird Programm B eingeführt, besteht eine Wahrscheinlichkeit von einem Drittel, dass 600 Menschen gerettet werden, aber eine Wahrscheinlichkeit von zwei Dritteln, dass niemand gerettet wird.

Beachten Sie dazu zunächst, dass der erwartete Wert für die Anzahl der Geretteten bei beiden Programmen 200 beträgt. Der Prospekt Theory zufolge müssten die Menschen risikoscheu vorgehen, wenn sie den potenziellen Nutzen aus den beiden Programmen bewerten. Erwartungsgemäß fanden rund zwei Drittel der Befragten Programm A attraktiver.

Nehmen wir weiter an, wir verändern den Deutungsrahmen für das Problem.

Wird Programm A eingeführt, sterben 400 Menschen.*

Wird Programm B eingeführt, liegt die Wahrscheinlichkeit, dass niemand stirbt, bei einem Drittel, die Wahrscheinlichkeit, dass 600 Menschen sterben, bei zwei Dritteln.*

Wohlgemerkt sind die Optionen A und A* sowie B und B* identisch. Im zweiten Fall wird das Problem jedoch unter dem Aspekt des Risikos dargestellt, dass Menschen sterben müssen. Wird das Problem so formuliert, entscheiden sich 75 Prozent der Teilnehmer für Programm B*. Das macht deutlich, wie bedeutsam der »Deutungsrahmen« und die Risikobereitschaftspräferenzen für Verlustszenarien sind. Stehen Ärzte vor Entscheidungen über Behandlungsmöglichkeiten für Krebspatienten, fallen diese in aller Regel anders aus, wenn das Problem unter dem Aspekt der Überlebenswahrscheinlichkeit dargestellt wird, nicht unter dem der Sterbewahrscheinlichkeit.

Stolz und Reue

Die Verhaltensforscher betonen auch die Bedeutung der Emotionen Stolz und Reue als Einflüsse auf das Anlegerverhalten. Es fällt Anlegern ungeheuer schwer, auch nur vor sich selbst zuzugeben, dass sie an der Börse Fehlentscheidungen getroffen haben. Gefühle der Reue können noch verstärkt werden, wenn man sich solche Fehler im Freundeskreis oder gegenüber dem Partner oder der Partnerin eingestehen muss. Andererseits berichten Anleger gewöhnlich sehr stolz von erfolgreichen Investments, die ihnen hohe Gewinne eintrugen.

Möglicherweise glauben viele Anleger, wenn sie nur lang genug an einer Verlustposition festhalten, wird sich diese schon irgendwann erholen, und sie können sich die Reue sparen. Womöglich sind es die Gefühle des Stolzes und der Reue, die der Tendenz von Anlegern zugrunde liegen, Verlustpositionen weiterzuführen und gewinnbringende Positionen abzustoßen. Die Studie, die Barber und Odean an den Handelsdaten von 10.000 Kunden großer Discount-Broker durchführten, ergab einen ausgeprägten »Dispositionseffekt«. Die Anleger neigten eindeutig dazu, Aktien zu verkaufen, die im Wert gestiegen waren, und Positionen zu halten, deren Wert gefallen war. Wer eine Aktie verkauft, deren Kurs angezogen hat, kann Gewinne realisieren und Selbstachtung aufbauen. Wer Titel verkauft, deren Wert gesunken ist, realisiert dagegen die schmerzhaften Effekte der Reue und des Verlusts.

Die Abneigung dagegen, Verluste mitzunehmen, ist einer rationalen Investmenttheorie zufolge eindeutig suboptimal – beziehungsweise dumm, wie es der Küchenpsychologe formulieren würde. Werden Aktien mit Gewinn verkauft (sofern das nicht im Rahmen steuerbegünstigter Sparpläne zur Altersvorsorge geschieht), fallen dafür Kapitalertragssteuern an. Veräußern Sie dagegen Aktien und realisieren Sie dabei Verluste, so mindern diese die Steuern auf andere Kapitalerträge oder sind in gewissen Grenzen absetzbar. Selbst wenn ein Anleger überzeugt ist, dass sich seine Verlustaktie wieder erholt, wäre es ein besseres Geschäft, den Titel abzustoßen und das Geld in eine andere Aktie aus derselben Branche mit ähnlichen Aussichten und Risikomerkmalen zu investieren. Ähnlich gering ist die Bereitschaft, Verluste zu realisieren, offenbar auf dem Markt für Wohnimmobilien. Steigen die Hauspreise, erhöht sich das Umsatzvolumen. Häuser werden dann in kürzester Zeit zum geforderten oder einem noch höheren Preis verkauft. In Phasen mit rückläufiger Preisentwicklung nimmt das Umsatzvolumen dagegen ab. Die Anbieter lassen ihre Eigenheime lange Zeit auf dem Markt und fordern Summen, die deutlich über den Marktpreisen liegen. Extreme Verlustaversion ist eine Erklärung dafür, dass die Verkäufer ihre Immobilien so ungern mit Verlust veräußern.

Verhaltensökonomie und Sparverhalten

Die verhaltenstheoretischen Ansätze der Finanzwissenschaft liefern auch Erklärungen dafür, warum so viele Menschen nicht an betrieblichen Altersvorsorgeprogrammen teilnehmen (in den USA: 401(k)), selbst wenn der Arbeitgeber ihre Beiträge aufs Doppelte aufstockt. Wird ein Beschäftigter, der daran gewöhnt ist, einen bestimmten Nettolohn zu erhalten, aufgefordert, seinen Beitrag zur betrieblichen Altersversorgung um 1 Dollar zu erhöhen, betrachtet er den daraus resultierenden

Abzug (der sich auf weniger als 1 Dollar beläuft, weil solche Beträge bis zu bestimmten großzügigen Grenzen steuerlich geltend gemacht werden können) als Minderung seiner aktuellen Kaufkraft. Und solche Verluste wiegen für den Einzelnen deutlich schwerer als Gewinne. Gepaart mit der schwierigen Übung der Selbstbeherrschung und der Neigung zur Verschleppung und zur Ablehnung von Veränderungen (Tendenz zum Status quo) macht diese Risikoaversion absolut verständlich, warum die Leute so wenig sparen, wie uns die Psychologen lehren.

Zwei Impulse sollten diesen Widerwillen gegen das Sparen überwinden helfen: Zunächst müssen die Trägheit und die Tendenz zum Status quo überwunden werden, indem der Deutungsrahmen für die Entscheidung verändert wird. Wir wissen: Der aktiven Aufforderung, sich zur betrieblichen Altersvorsorge (410(k)) anzumelden, kommen viele Beschäftigte nicht nach. Wird aber der Deutungsrahmen verändert, sodass man sich aktiv gegen die Teilnahme entscheiden muss, fällt die Beteiligung viel höher aus. Bei Unternehmen, die den Deutungsrahmen ihrer 401(k)-Sparpläne durch eine automatische Anmeldung erweitern (bei der bewusst eine Entscheidung gegen die Teilnahme getroffen und eigens eine »Opt-out«-Erklärung ausgefüllt werden muss), ist die Beteiligung deutlich höher als bei Plänen, die ein aktives »Opt-in« der Beschäftigten verlangen.

Ein weiterer genialer Schachzug stammt von den Ökonomen Richard Thaler und Shlomo Benartzi. Manche Beschäftigten weigern sich auch, an Programmen mit automatischer Beteiligung teilzunehmen, weil sie von ihren laufenden Bezügen kaum leben können. Das »Save-More-Tomorrow«-Programm von Thaler-Benartzi sieht im Grunde vor, dass sich Beschäftigte dazu verpflichten, einen Teil jeder künftigen Lohnerhöhung auf die Altersvorsorge zu verwenden. Melden sich Beschäftigte dazu an, so steigt ihr Beitrag zur betrieblichen Altersvorsorge ab der ersten Gehaltszahlung nach der Erhöhung. Dieser Mechanismus dämpft die Aversion gegen vermeintliche Verluste durch ein geringeres Netto. Der Beitrag steigert sich mit jeder planmäßigen Lohnerhöhung bis auf den Höchstbetrag, der nach aktueller Gesetzeslage steuerlich berücksichtigt werden kann. Auf diese Weise fördern die Trägheit und die Tendenz zum Status quo die künftige Beteiligung von Beschäftigten an dem Programm. Dabei können diese auf Wunsch jederzeit aussteigen.

Thaler und Benartzi setzten ihr System erstmals 1998 in einem Produktionsbetrieb mittlerer Größe um. Das Unternehmen litt damals unter geringer Beteiligung an seinem Altersvorsorgeprogramm. Der »Save-More-Tomorrow«-Plan fand großen Anklang. Über drei Viertel der Beschäftigten wollten mitmachen. Und davon blieben mehr als 80 Prozent über mehrere aufeinanderfolgende Lohnerhöhungen dabei. Selbst diejenigen, die nicht mehr weitermachen wollten, fuhren ihre Beiträge nicht auf das Ausgangsniveau zurück, sondern entschieden sich nur dagegen, sie weiter aufzustocken, sodass auch sie deutlich mehr ansparten als vor ihrer Beteiligung an dem Programm.

Die Grenzen der Arbitrage

Bislang haben wir uns mit den kognitiven Verzerrungen befasst, die sich auf Anleger und damit auf die Kurse von Wertpapieren auswirken. Einzelne Anleger verhalten sich häufig irrational oder zumindest nicht so, wie es dem Ideal der Ökonomen von der optimalen Entscheidungsfindung entspricht. Im vielleicht pathologischsten Fall werden sie von einem Herdenwahn erfasst und treiben manche Aktienkategorien in Höhen, die jeder Grundlage entbehren. Da sich die Fehler irrationaler Anleger nicht gegenseitig ausmerzen, sondern oft noch verstärken – vor allem im Zeitalter der sozialen Medien –, wie lassen sich Aktien da noch effizient bepreisen? Dazu sagen die Verfechter der Markteffizienz gewöhnlich, dass der Markt durch »Arbitrage« effizient wird, selbst wenn viele einzelne Anleger irrational handeln. Arbitrageure wie Hedgefondsmanager gehen ausgleichende Positionen ein – indem sie überbewertete Aktien leerverkaufen und unterbewertete kaufen –, sodass durch irrationale Anleger ausgelöste Fehlbewertungen rasch korrigiert werden. Es wird davon ausgegangen, dass rationale Trader die Effekte verhaltensökonomisch beeinflusster Marktteilnehmer kompensieren. Daher stützen manche Verhaltenstheoretiker ihre Argumente gegen effiziente Märkte als zweite wichtige Säule darauf, dass eine solche Arbitrage von Haus aus stark eingeschränkt ist. Verhaltensökonomen sind überzeugt: Für Arbitrage gelten klare Grenzen, die verhindern, dass aus den Fugen geratene Preise korrigiert werden.

Angenommen, irrationale Anleger sorgen dafür, dass das Wertpapier einer Ölgesellschaft im Verhältnis zu seinem fundamentalen Wert und zu anderen Gesellschaften aus derselben Branche überbewertet ist. Dann können Arbitrageure das Papier mit der überhöhten Bewertung einfach leerverkaufen und stattdessen ein ähnliches Wertpapier einer anderen Ölgesellschaft erwerben. Damit ist der Arbitrageur insofern abgesichert, als günstige oder ungünstige Entwicklungen, die sich auf die Ölindustrie auswirken, beide Unternehmen gleichermaßen beeinflussen. Ein Anstieg der Ölpreise, der bewirkt, dass das leerverkaufte Papier im Kurs steigt, treibt auch die Long-Position des Arbitrageurs in die Höhe.

Doch Arbitrage dieser Art ist ausgesprochen riskant. Angenommen, zu dem »überbewerteten« Wertpapier gehen ungewöhnlich gute Nachrichten ein, etwa ein unerwarteter größerer Streik in der Ölbranche. Oder das »angemessen bewertete« Wertpapier erleidet einen unvorhergesehenen Rückschlag wie die Explosion einer Bohrinsel, sodass der Kurs nachgibt. Es ist denkbar, dass der Arbitrageur mit beiden Positionen Verluste einfährt. Das leerverkaufte Papier könnte steigen, das in Long-Position gehaltene fallen.

Für Trader, die versuchen, vermeintliche Fehlbewertungen zu »korrigieren«, besteht aber auch die Gefahr, dass die Anleger die »überbewertete« Aktie sogar noch stärker nachfragen. Angenommen, ein Arbitrageur wäre 1999 überzeugt gewesen, dass Internetaktien viel zu hoch bewertet waren, und hätte die Internet-Favoriten leerverkauft in der Hoffnung, sie später zu niedrigeren Kursen zurückkaufen zu können. Mit wachsender Begeisterung für die New Economy stiegen die Kurse dieser Aktien aber immer weiter – viele davon auf das Doppelte und das Vierfache. Dass die Blase 2000 platzte, wissen wir erst im Rückblick. Bis dahin verloren viele Trader ihr letztes Hemd. Der Markt kann länger irrational bleiben als der Arbitrageur flüssig. Das gilt umso mehr, wenn der Arbitrageur Kreditzwängen unterliegt. Long-Term Capital Management, ein Hedgefonds, dessen Strategien von Nobelpreisträgern ersonnen wurden, fand sich in einer unhaltbaren Position wieder, als sich die Kurse seiner Hedgepositionen ungünstig entwickelten und das Kapital fehlte, um sie aufrechtzuerhalten. Der Hedgefonds Melvin Capital büßte im Meme-Aktienfieber 2021 durch seine Position in GameStop die Hälfte seines Kapitals von 13 Milliarden Dollar ein.

Natürlich sind globale Hedgefonds, die Billionen von Dollar investieren müssen, im Spiel, wenn es um den Leerverkauf überbewerteter Papiere und den Aufkauf unterbewerteter geht. Man sollte annehmen, solche Fonds hätten erkennen müssen, dass die Kurse von Internetaktien jenseits von Gut und Böse waren, und diese Fehlbewertungen durch Leerverkäufe ausnutzen können. Eine Studie von Markus Brunnermeier und Stefan Nagel untersuchte das Verhalten von Hedgefonds im Zeitraum von 1998 bis 2000, um zu prüfen, ob diese Fonds den Anstieg der beliebtesten Spekulationsobjekte bremsten.

Das Ergebnis überraschte. Mit allen Wassern gewaschene Spekulanten wie Hedgefondsmanager waren während der Blase kein Korrektiv. Sie trugen sogar dazu bei, dass die Blase noch anschwoll, indem sie nicht etwa dagegen arbeiteten, sondern ebenfalls darauf setzten. Im Zeitraum von 1998 bis Anfang 2000 kauften Hedgefonds per saldo Internetaktien. Aus ihrer Strategie sprach die Überzeugung, dass ansteckende Begeisterung und der Herdentrieb unbedarfter Anleger die Fehlbewertung noch weitertreiben würde. Sie spielten das zuvor beschriebene Spiel aus Keynes' berühmter Schönheitskonkurrenz. Eine zu 30 Dollar notierende Aktie könnte zwar nur 15 Dollar »wert« sein, sei aber dennoch ein interessanter Kauf, wenn sich künftig ein noch größerer Dummkopf bereitfände, dafür 60 Dollar hinzublättern.

Allem Anschein nach spielten Hedgefonds auch auf dem Ölmarkt in den Jahren 2005 und 2006 eine destabilisierende Rolle. Von 2004 bis 2006 stieg der Preis eines Barrels Rohöl um mehr als das Doppelte. Zwar lieferten konjunkturelle Faktoren wie das Wachstum der Weltwirtschaft gewisse fundamentale Gründe für den Aufwärtsdruck auf die Preise, doch diese wurden von den Aktivitäten der Spekulanten, insbesondere der Hedgefonds, zusätzlich in die Höhe getrieben. Und die wenigen Hedgefonds, die auf dem Markt für Öl-Futures short gingen, erlitten empfindliche Verluste. Ganz offensichtlich sind Arbitrage-Transaktionen, um eine vermeintliche Preisblase zu korrigieren, per se ein riskantes Geschäft.

Außerdem sind Leerverkäufe manchmal gar nicht oder nur stark eingeschränkt möglich. Bei Short-Transaktionen wird das leerverkaufte Wertpapier in aller Regel geliehen, um es an den Käufer zu liefern. Will ich beispielsweise 100 IBM-Aktien leerverkaufen, muss ich mir die Papiere leihen und an den Käufer übermitteln. (Außerdem muss ich dem Käufer auch sämtliche für die Aktien in dem Zeitfenster meines Short-Engagements festgesetzten Dividenden auszahlen.) Manchmal gelingt es nicht, Aktien aufzutreiben, um sie auszuleihen, und es ist daher technisch unmöglich oder viel zu teuer, einen Leerverkauf durchzuführen. In manchen der eklatantesten Beispiele für ineffiziente Preisbildung verhinderten Engpässe für Leerverkäufe, dass Arbitrageure die Fehlbewertungen korrigieren konnten.

Arbitragegeschäfte sind möglicherweise auch schwer ausführbar, wenn für das überbewertete Papier kein einigermaßen exakter Ersatz aufzutreiben ist. Um effektiv zu arbitragieren, muss es ein ähnliches, angemessen bewertetes Wertpapier geben, das gekauft werden kann, um die Short-Position auszugleichen. Dieses steigt aber voraussichtlich, wenn vorteilhafte Entwicklungen eintreten, die den Gesamtmarkt oder den Sektor beeinflussen, aus dem das Wertpapier stammt.

Eines der Paradebeispiele der Verhaltensökonomen, um aufzuzeigen, dass die Marktpreise nicht effizient sind, betrifft zwei identische Aktien, die nicht zu identischen Kursen gehandelt werden. So gelten Royal Dutch Petroleum und Shell Transport als Zwillingsunternehmen. Die beiden Unternehmen beschlossen 1907, eine Allianz zu bilden und ihren Gewinn nach Steuern zu 60 Prozent auf Royal Dutch und zu 40 Prozent auf Shell aufzuteilen. In einem effizienten Markt müsste der Marktwert von Royal Dutch stets das 1 ½-Fache des Marktwerts von Shell betragen. Tatsächlich notiert Royal Dutch häufig mit einem Aufschlag von bis zu 20 Prozent über dem angemessenen Wert auf Shell. In effizienten Märkten müssten die gleichen Cashflows eigentlich zu gleichen Bewertungen gehandelt werden.

Das Problem mit diesem Beispiel ist aber, dass die beiden Wertpapiere auf unterschiedlichen Landesmärkten mit unterschiedlichen Regeln und möglicherweise unterschiedlichen künftigen Auflagen notieren. Doch selbst wenn Royal Dutch und Shell in jeder Hinsicht als gleichwertig zu betrachten wären, wäre die Arbitrage zwischen beiden Wertpapieren dennoch von Haus aus riskant. Notiert Royal Dutch mit einem Aufschlag von 10 Prozent auf Shell, müsste ein Arbitrageur die überbewerteten Royal-Dutch-Papiere leerverkaufen und die billigen Shell-Aktien kaufen. Doch dieses Arbitragemanöver ist mit Risiken verbunden. Ein überbewertetes Wertpapier kann ohne Weiteres noch stärker überbewertet werden, sodass der Leerverkäufer Verluste macht. Was heute ein Schnäppchen ist, kann morgen ein noch größeres Schnäppchen sein. Man kann sich also keinesfalls voll und ganz darauf verlassen, dass die Arbitrageure Abweichungen der Marktpreise von ihrem fundamentalen Wert stets glätten. Engpässe bei Leerverkäufen spielten zweifellos eine Rolle, als sich Ende der 2010er-Jahre auf dem Häusermarkt eine Blase bildete. Wenn es praktisch unmöglich ist, in bestimmten Regionen des Landes Wohnimmobilien leerzuverkaufen, dann zählen nur noch die Stimmen der Optimisten. Sind diese in der Lage, problemlos Hypotheken aufzunehmen, ist leicht erkennbar, warum eine Blase bei Wohnimmobilien nicht durch Arbitrage gedämpft wird.

Was können Anleger aus der Verhaltensökonomie lernen?

Nachteulen wie ich verfolgen oft Late-Night-Sendungen im Fernsehen. Eine der amüsanteren Rubriken aus David Lettermans früherer Sendung war »Stupid Pet Tricks« – dabei ging es um alle möglichen albernen Kunststücke, die Haustierbesitzer ihren Lieblingen abverlangten. Bedauerlicherweise verhalten sich Anleger oft ganz wie die Tiere und ihre Besitzer in dieser Sendung – nur, dass das nicht komisch ist. Sie überschätzen sich selbst, werden von der Herde überrannt, geben sich der Illusion hin, alles im Griff zu haben, und wollen ihre Investmentfehler nicht einsehen. Im Vergleich wirken die Haustiere da sogar noch relativ intelligent.

Wir haben gerade erfahren, wie verschiedene Aspekte des menschlichen Verhaltens die Geldanlage beeinflussen. Im Investmentgeschäft sind wir oft selbst unser schlimmster Feind. Wie es Pogo formulierte: »Wir haben den Feind gestellt – wir sind es selbst.« Zu wissen, wie schnell wir unserer eigenen Psychologie zum Opfer fallen, kann uns helfen, die dummen Irrtümer zu meiden, die uns unsere finanzielle Sicherheit kosten können. Es gibt da ein altes Sprichwort über das Pokern: Wer sich an den Tisch setzt und nicht merkt, wer der Verlierer ist, sollte aufstehen und gehen – denn er ist es selbst. Diese Erkenntnisse über die Anlegerpsychologie können Ihnen diese Erfahrung ersparen.

Charles Ellis, langjähriger Beobachter der Aktienmärkte und Autor des brillanten Investmentbuches *Winning the Loser's Game*, stellt fest, dass im Amateurtennis die meisten Punkte nicht durch spielerische Kompetenz gewonnen werden, sondern durch Fehler des Gegners. Genauso ist es im Investmentgeschäft. Ellis behauptet, die meisten Anleger schlagen sich selbst aus dem Spiel, indem sie irrige Börsenstrategien verfolgen, statt den in diesem Buch empfohlenen passiven Buy-and-hold-Ansatz zu übernehmen. So, wie sich die meisten Anleger verhalten, wird das Börsengeschäft zu einem Spiel für Verlierer.

Wie leicht war es doch Anfang 2000 – als jede Tech-Aktie, die man kaufte, nur eine Richtung kannte –, sich einzureden, man sei ein Investmentgenie. Wie einfach war es, sich vorzumachen, es sei eine bombensichere Erfolgsstrategie, auf den stärksten Fonds der Vorperiode zu setzen. Und wie berauschend war es für die paar Leute, die während der Blase ihre Jobs kündigten, um sich künftig ganz dem Day-Trading zu widmen, um 10 Uhr eine Aktie zu kaufen und bis zum Mittag 10 Prozent Kursanstieg zu verbuchen. Ausnahmslos alle dieser Strategien endeten verheerend. Wer viel handelt, erwirtschaftet am Ende unweigerlich niedrigere Renditen als solide Buy-and-hold-Anleger.

Der erste Schritt zur Bekämpfung der schädlichen Effekte unserer Verhaltensmarotten ist, sie zu erkennen. Beugen Sie sich der Weisheit des Marktes. Im Amateurtennis gewinnt gewöhnlich der Spieler das Match, der einfach versucht, ganz ohne spektakuläre Manöver den Ball zurückzuspielen. Dasselbe gilt auch für den Anleger, der ein diversifiziertes Portfolio aus allen Aktien hält, die auf dem

Markt gehandelt werden. Werden Sie nicht selbst Ihr schlimmster Feind: Tappen Sie nicht in plumpe Anlegerfallen. Hier die wichtigsten Erkenntnisse aus der Verhaltensökonomie.

1. Hüten Sie sich vor dem Herdentrieb

Verhaltensökonomen kennen die Rückkopplungsmechanismen, die Anleger zu Gruppenverhalten veranlassen. Als Internet- oder Meme-Aktien immer höher stiegen, war es nicht so einfach, sich der Euphorie zu entziehen – vor allem, wenn sich im Freundeskreis alle mit ihren spektakulären Börsengewinnen brüsteten. In der Literatur ist ausführlich dokumentiert, welchen maßgeblichen Einfluss Freunde auf Anlageentscheidungen ausüben. Robert Shiller und John Pound befragten 131 Privatanleger, wie sie auf ihre zuletzt erworbene Aktie aufmerksam geworden seien. Im Regelfall lautete die Antwort, über die Empfehlung eines persönlichen Kontakts aus dem Freundes- oder Familienkreis. Hong, Kubik und Stein lieferten systematischere Belege für die Bedeutung des persönlichen Umfelds als Einflussfaktor auf Anlageentscheidungen. Sie stellen fest, dass die Wahrscheinlichkeit, sich an der Börse zu engagieren, bei Haushalten mit aktivem Sozialleben – also Menschen, die mit Nachbarn interagieren oder in die Kirche gehen – ungleich größer war.

Gehen Sie getrost davon aus, dass jede Anlage, die in aller Munde ist, eine potenzielle Bedrohung für ihr Vermögen darstellt. Das galt für Gold Anfang der 1980er-Jahre und für japanische Immobilien und Aktien am Ende derselben Dekade. Es traf Ende der 1990er-Jahre auf Aktien aus dem Themenfeld Internet und im ersten Jahrzehnt des neuen Jahrtausends auf Wohnanlagen in Kalifornien, Nevada und Florida zu. Und ebenso 2021 auf Bitcoin, GameStop und AMC Entertainment.

Die heißesten Aktien oder Fonds des einen Zeitraums sind prompt die Schlusslichter des darauffolgenden. Und wie der Herdentrieb die Anleger dazu verleitet, in euphorischen Phasen immer größere Risiken einzugehen, so steckt das gleiche Verhalten hinter der häufig zu beobachtenden Tendenz, dass alle Anleger gleichzeitig das Handtuch werfen, wenn Pessimismus um sich greift. Die Medien befeuern dieses selbstzerstörerische Verhalten gewöhnlich noch, indem sie Marktrückgänge besonders dramatisieren und bestimmte Entwicklungen überzogen darstellen, um höhere Quoten zu erreichen. Doch auch ohne übersteigerte Berichterstattung in den Medien fördern kräftige Bewegungen auf dem Aktienmarkt Kauf- und Verkaufsentscheidungen, die nicht auf logischen Überlegungen beruhen, sondern auf Emotionen.

Durch schlechtes Timing muss sich der typische Investmentfondsanleger auf dem Aktienmarkt mit Renditen zufriedengeben, die deutlich unter dem liegen, was er vereinnahmen könnte, wenn er einfach einen marktbreiten Indexfonds kaufen und halten würde. Der Grund dafür: Anleger stecken ihr Geld in aller Regel dann in Investmentfonds, wenn der Markt gerade einen Gipfel ausbildet oder diesen bereits erreicht hat (sprich, wenn Enthusiasmus herrscht), und stoßen sie ab, wenn der Markt am Boden ist (und der Pessimismus regiert). Das veranschaulicht die Abbildung unten. Der Grafik ist zu entnehmen, dass sich die Nettokapitalflüsse in Investmentfonds auf dem Höhepunkt befanden, als der Markt Anfang 2000 ein Hoch verzeichnete. Auf dem Markttief im Herbst 2002 zogen die Anleger ihr Kapital ab. Die Grafik zeigt, dass 2008 und Anfang 2009, genau auf dem Tiefpunkt des Marktes während der Finanzkrise, mehr Geld aus dem Markt abfloss als je zuvor. Welche Effekte solche »Zeitstrafen« haben, können Sie aus der Grafik ersehen.

VERSUCHEN SIE NICHT, AN DER BÖRSE DEN RICHTIGEN ZEITPUNKT ZU ERWISCHEN: KAPITALFLÜSSE IN AKTIENFONDS IN RELATION ZUR KURSENTWICKLUNG

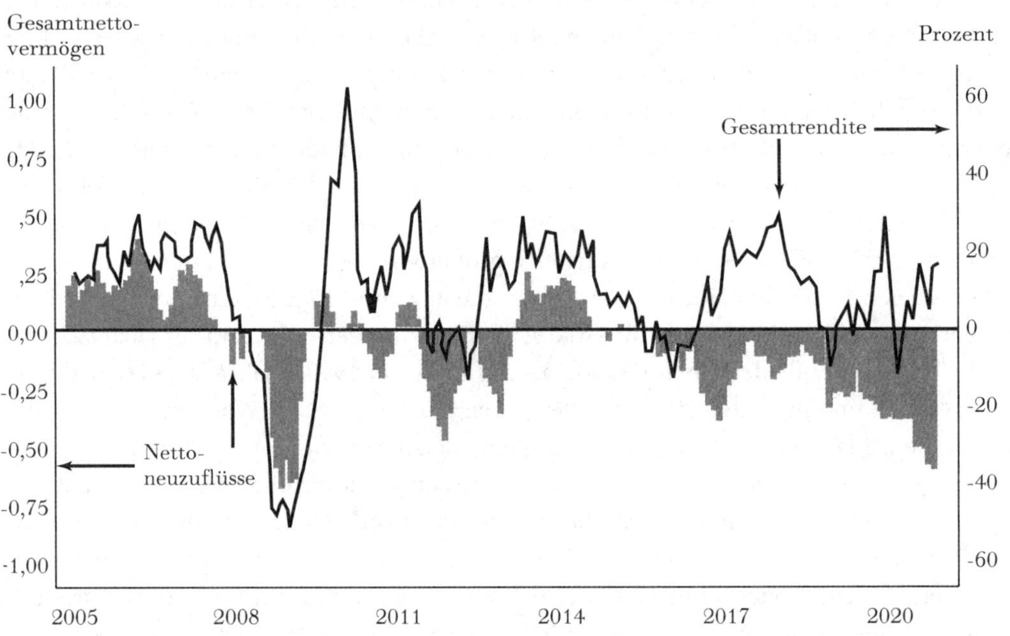

Quelle: 2021 Investment Company Institute Fact Book

Aber auch für die Einzeltitelauswahl können Anleger abgestraft werden. Auf dem Markthoch Anfang 2000 floss Kapital in Growth-orientierte Investmentfonds, die in der Regel mit Hightech und Internet in Zusammenhang standen. Abflüsse verzeichneten dagegen Value-Fonds, die Aktien der Old Economy hielten, welche mit niedrigem Kurs-Buchwert- und Kurs-Gewinn-Verhältnis gehandelt wurden. In den drei Folgejahren lieferten die Value-Fonds ihren Anlegern kräftige positive Renditen, während die Growth-Fonds stark nachgaben. Im dritten Quartal 2002, nachdem der NASDAQ-Index von seinem Gipfel 80 Prozent eingebüßt hatte, verzeichneten Growth-Fonds hohe Rücknahmen. Der Sturm auf die heißesten Anlagen von heute mündet gewöhnlich in der Marktflaute von morgen.

2. Vermeiden Sie einen zu hohen Umschlag

Spezialisten für Verhaltensökonomie haben festgestellt, dass Anleger ihr Urteilsvermögen überschätzen und ausnahmslos häufiger handeln, als aus finanzieller Sicht gut für sie wäre. Viele Anleger steigen von einer Aktie oder einem Investmentfonds auf einen anderen Titel oder Fonds um, als würden sie in einer Partie Gin-Rummy-Karten aufnehmen oder abwerfen. Damit erzielen sie nicht nur keinen Gewinn, sondern sie müssen außerdem noch Transaktionskosten tragen und mehr Steuern zahlen[10]. Kurzfristige Gewinne werden mit den üblichen Einkommenssteuersätzen belegt. Buy-and-hold-Anleger schieben Steuern auf Gewinne hinaus und können sie manchmal ganz vermeiden, wenn sie die Papiere so lange halten, bis sie im Rahmen einer Nachlassregelung verteilt werden. Denken Sie an den Rat des legendären Investors Warren Buffett: An Faulheit grenzende Lethargie ist und bleibt der beste Anlagestil. Die richtige Haltedauer für Aktienanlagen ist ewig.

Ein zu hoher Umschlag verursacht erhebliche Kosten. Anhand von Daten zum Handelsverhalten von rund 66.000 Haushalten im Zeitraum von 1991 bis 1996 ermittelten Barber und Odean, dass der durchschnittliche Haushalt in der Stichprobe eine Jahresrendite von 16,4 Prozent erzielte, während der Markt 17,9 Prozent abwarf. Der Jahresportfolioertrag der Haushalte, die am aktivsten handelten, betrug lediglich 11,4 Prozent. Anders formuliert: Die Portfolios derjenigen Haushalte mit dem höchsten Portfolioumschlag schnitten schlechter ab als eher passive Referenzwerte. Außerdem neigten Männer stärker zur Selbstüberschätzung und agierten deutlich aktiver als Frauen. Odeans Rat an Anleger: Wer über Aktiengeschäfte nachdenkt (und verheiratet ist), sollte auf seine Frau hören.

Fidelity Investments wiederholte die Studie 2021. Die Fidelity-Analyse berücksichtigte 5,2 Millionen Kundendepots im Zeitraum von 2011 bis 2020. Das Ergebnis: Frauen erzielten im Schnitt deutlich höhere Erträge als Männer. Die Überrenditen der Kundinnen waren ihrem Handelsstil zu verdanken – genauer gesagt ihrer Tendenz, gar nicht zu handeln. Die männlichen Fidelity-Kunden handelten doppelt so viel. Vanguard erkannte im selben Jahrzehnt ganz ähnliche Muster. Es deutet viel darauf hin, dass eine zu hohe Handelsfrequenz Ihren Wohlstand gefährdet.

---

10 Diese Aussage und die folgenden Ausführungen zum Thema Steuern gelten in den USA, aber nicht in Deutschland. In Deutschland ist die Besteuerung unabhängig von der Haltedauer, während in den USA ein niedrigerer Steuersatz greift, wenn die Aktien länger gehalten werden. A. d. R.

3. Wenn Sie schon handeln, verkaufen Sie bitte Verlierer und keine Gewinner

Wie wir wissen, berührt es die Menschen emotional ungleich stärker, wenn sie Verluste verkraften müssen, als wenn sie sich über Gewinne freuen können. Daher gehen Anleger paradoxerweise größere Risiken ein, um Verluste zu vermeiden, als um entsprechende Gewinne zu erzielen. Darüber hinaus meiden es Anleger in aller Regel, Aktien oder Investmentfonds abzustoßen, deren Kurse gefallen sind, weil sie keine Verluste realisieren möchten – denn dann müssten sie zugeben, dass sie falschgelegen haben. Andererseits sind Anleger generell dazu bereit, sich von Gewinnern zu trennen, weil sie sich dadurch in dem Gefühl sonnen können, den richtigen Riecher gehabt zu haben.

Manchmal ist es durchaus sinnvoll, an einer Aktie festzuhalten, die im Zuge eines Markteinbruchs an Wert verloren hat – vor allem, wenn Sie Grund haben anzunehmen, dass das Unternehmen auch weiterhin erfolgreich sein wird. Außerdem würde es Sie doppelt so sehr reuen, wenn Sie sich davon trennen und der Kurs anschließend anzieht. Es ist aber nicht sinnvoll, an verlustbringenden Titeln wie Enron oder WorldCom festzuhalten in der irrigen Meinung, solange Sie nicht verkaufen, erleiden Sie auch keinen Verlust. Ein »Verlust auf dem Papier« ist ebenso real wie realisierte Einbußen. Entscheiden Sie sich gegen einen Verkauf, so ist das, als würden Sie sich für einen Kauf der Aktie zum aktuellen Kurs entscheiden. Hinzu kommt: Halten Sie die Aktie auf einem steuerpflichtigen Konto, können Sie den Verkauf steuerlich als Verlust geltend machen.[11] Dann hilft Ihnen der Staat, den Schlag abzumildern, indem er Ihre Steuerlast senkt. Verkaufen Sie aber Aktien mit Gewinn, so erhöht das Ihre Steuerverbindlichkeiten.

4. Andere alberne Anlegertricks

Lassen Sie die Finger von Neuemissionen. Sie sind der Meinung, Sie könnten richtig viel Geld verdienen, wenn Sie gleich zu Anfang beim Börsengang eines Unternehmens einsteigen? Vor allem während der gewaltigen Internetblase, die 2000 platzte, waren Neuemissionen allem Anschein nach der sichere Weg zum Reichtum. Bei erfolgreichen Börsengängen kam es vor, dass Aktien zum Doppelten, Dreifachen und (in einem Fall) sogar zum Siebenfachen des Kurses in den Handel gingen, zu dem sie dem Publikum eingangs angeboten worden waren. Kein Wunder, dass manche Anleger zu der Überzeugung gelangten, ein Einstieg beim Börsengang sei der leichteste Weg, an der Börse reich zu werden.

---

11 Das gilt für die USA. In Deutschland ist eine Verrechnung des Verlusts dann möglich, wenn Sie im gleichen Jahr steuerpflichtige Kursgewinne oberhalb des Sparerpauschbetrags erzielt haben, A. d. R.

Mein Rat: Kaufen Sie Neuemissionen nie zu ihrem Ausgabepreis und auch nie kurz nach der Aufnahme des Handels zu Kursen, die generell höher sind als der Erstemissionspreis. Historisch betrachtet sind Neuemissionen kein gutes Geschäft. Bei der Bewertung aller Neuemissionen fünf Jahre nach der Erstausgabe stellten Forscher fest, dass sie rund 4 Prozentpunkte pro Jahr hinter dem gesamten Aktienmarkt zurücklagen. Die schlechte Wertentwicklung setzt rund sechs Monate nach dem Börsengang ein. Sechs Monate werden generell als »Sperrfrist« angesetzt, in der Insider ihre Aktien dem Publikum nicht verkaufen dürfen. Fällt diese Einschränkung weg, geht der Aktienkurs oft in den Keller.

Für Privatanleger sieht das Anlageergebnis sogar noch schlechter aus. Als solcher haben Sie nie Zugriff auf wirklich interessante Erstemissionen zum Ausgabepreis. Die heißen Neuemissionen werden von den großen institutionellen Investoren oder den erlesenen vermögenden Kunden des Emissionshauses abgegriffen. Ruft Sie Ihr Makler an und erzählt Ihnen, er könne Ihnen eine Neuemission anbieten, handelt es sich dabei hundertprozentig um einen Rohrkrepierer. Nur wenn es dem Maklerhaus nicht gelingt, die Papiere den großen institutionellen Investoren und den besten Privatkunden schmackhaft zu machen, kriegen Sie eine Chance, einen Titel zum Erstausgabepreis zu erwerben. Sie werden daher feststellen, dass Sie systematisch nur die schwächsten Neuemissionen kaufen. Ich kenne keine Strategie, mit der Sie noch sicherer Geld verlieren – außer vielleicht auf der Rennbahn oder am Spieltisch in Las Vegas.

Bewahren Sie bei heißen Tipps einen kühlen Kopf. Solche Tipps haben wir alle schon bekommen. Da ist zum Beispiel Onkel Gene, der Ihnen von einer Diamantenmine in Zaire erzählt – eine bombensichere Sache. Bedenken Sie aber bitte: Eine Mine ist gewöhnlich ein Loch im Boden, und davor steht ein Lügner. Oder Gertrude, die Schwägerin ihrer Cousine, erzählt Ihnen unter der Hand von einem noch unentdeckten Biotech-Unternehmen. »Ein Schnäppchen, wie es im Buche steht. Ist für nur 1 Dollar die Aktie zu haben, und die sind drauf und dran, ein Heilmittel gegen Krebs zu präsentieren. Stell dir mal vor – für 2000 Dollar kriegst du 2000 Aktien.« Tipps bekommen Sie von allen Seiten – von Freunden, Verwandten, übers Telefon und aus dem Internet. Lassen Sie sich davon bitte nicht beeinflussen. Hören Sie grundsätzlich nicht auf heiße Tipps. Sie führen mit größter Wahrscheinlichkeit zu den schlechtesten Investments Ihres Lebens. Sie wissen ja: Kaufen Sie nie bei jemandem, der außer Atem ist.

Misstrauen Sie idiotensicheren Systemen. Amateure wie Profis werden Ihnen erzählen, dass es Systeme gibt, um die besten Fondsmanager auszuwählen oder um den Absprung zu schaffen, bevor die Kurse bröckeln. Die traurige Wahrheit: Das geht nicht. Sicher gibt es Portfoliostrategien, die im Rückblick überdurchschnittliche Renditen brachten – doch mit der Zeit untergraben sie ihre eigene Effektivität. Es gibt sogar Strategien zur Ermittlung der richtigen Ein- und Ausstiegszeitpunkte auf dem Markt, die über Jahre oder gar Jahrzehnte erfolgreich funktioniert haben. Doch auf lange Sicht halte ich es mit Bernard Baruch, einem legendären Investor des frühen 20. Jahrhunderts, der sagte: »Nur Lügner erwischen auf dem Markt den richtigen Zeitpunkt.« Jack Bogle, Investmentlegende des späten 20. Jahrhunderts, meinte dazu: »Ich kenne keinen, dem das auf Dauer gelungen ist.«

Anleger sollten stets die alte Redensart beherzigen: »Wenn etwas zu schön ist, um wahr zu sein, ist es zu schön, um wahr zu sein.« Anleger, die nach dieser Devise gehandelt hätten, wären nicht auf das größte aller Schneeballsysteme hereingefallen: den 2008 aufgedeckten Schwindel, mit dem Bernard L. Madoff Verluste in Höhe von 50 Milliarden Dollar verursacht haben soll. Der eigentliche Betrug bei der Madoff-Affäre bestand darin, dass Leute auf das Märchen hereingefallen sind, dass Madoff für die Anleger seines Fonds beständig zwischen 10 und 12 Prozent im Jahr erwirtschaften konnte.

Das »Geniale« an Madoffs Coup war, dass er allem Anschein nach eine moderate und sichere Rendite bot. Wäre er mit 50 Prozent Ertrag hausieren gegangen, hätten derart astronomische Zahlen möglicherweise Misstrauen erregt. Doch kontinuierliche Renditen von 10 bis 12 Prozent pro Jahr schienen im Bereich des Möglichen. Dabei ist es absolut nicht unmöglich, auf dem Aktienmarkt (oder einem anderen Markt) Jahr um Jahr solche Erträge zu erzielen. Der US-Aktienmarkt mag auf lange Sicht im Schnitt durchaus mehr als 9 Prozent abwerfen, jedoch nur bei erheblicher Volatilität und mit Jahren, in denen Anleger ganze 40 Prozent ihres Kapitals einbüßen. Solche Zahlen konnte Madoff daher nur ausweisen, indem er die Bücher fälschte. Und verlassen Sie sich bloß nicht darauf, dass die Aufsichtsbehörden Sie vor solchem betrügerischen Verhalten schützen. Die SEC wurde darauf hingewiesen, dass Madoffs Ergebnisse absolut unrealistisch waren, unternahm aber nichts. Sie können sich nur schützen, indem Sie begreifen, das etwas unwahr sein muss, wenn es zu schön ist, um wahr zu sein.

Verrät die Verhaltensökonomie, wie man den Markt schlagen kann?

Manche Verhaltensökonomen glauben, dass die systematischen Fehler von Anlegern objektiven, rationalen Investoren Chancen eröffnen, den Markt zu schlagen. Sie sind der Überzeugung, dass irrationaler Handel vorhersehbare Muster auf dem Aktienmarkt erzeugt, die clevere Anleger nutzen können. Diese Vorstellungen sind jedoch weitaus umstrittener als die vorstehenden Lehren. Ein paar davon beleuchten wir im nächsten Kapitel genauer.

ELFTES KAPITEL:

NEUE METHODEN DES PORTFOLIOAUFBAUS – SMART BETA, RISIKOPARITÄT UND ESG-INVESTMENTS

Ergebnisse? Mann, Ergebnisse habe ich jede Menge erzielt. Ich kenne jetzt mehrere tausend Dinge, die nicht funktionieren.

Thomas A. Edison

Gegen Ende des zweiten Quartals des 21. Jahrhunderts bezweifelten immer mehr Anleger, dass sich mit klassischem Stockpicking ein Portfolio aufbauen ließ, das besser abschnitt als ein kostengünstiger, steuerlich effizienter, breit aufgestellter Indexfonds. Hunderte Milliarden Dollar wurden von aktiv verwalteten Investmentfonds in passiv gemanagte Indexfonds umgeschichtet. Doch eine neue Gattung von Portfoliomanagern behauptete, man müsse gar kein Stockpicker sein, um den Markt zu schlagen. Man könne vielmehr ein relativ passives Portfolio (mit geringem Umschlag) verwalten, um verlässlichere Ergebnisse ohne zusätzliche Risiken zu erzielen.

Die drei neuen Investmentstrategien heißen Smart Beta, Risikoparität und ESG-Investing. Mit der impliziten Zusage, dass sie die Portfolio-Performance verbessern können, konnten sie sich Hunderte Milliarden Dollar Anlagekapital sichern. Dieses Kapitel dreht sich um folgende Fragen: Ist Smart Beta wirklich intelligent? Ist Risikoparität zu riskant? Können ESG-Fonds finanziellen Erfolg mit gesellschaftlichem Wohlergehen verbinden?

Was ist eigentlich »Smart Beta«?

Eine allgemein akzeptierte Definition für »Smart Beta«-Anlagestrategien gibt es nicht. Die meisten, die den Begriff verwenden, denken dabei an die Möglichkeit, höhere Erträge als der Markt zu erwirtschaften, indem sie verschiedene relativ passive regelgestützte Investmentstrategien anwenden, die nicht mit höheren Risiken verbunden sind als eine Anlage in einen kostengünstigen Indexfonds, der den gesamten Aktienmarkt abbildet.

Ich habe mich schon in früheren Kapiteln dafür ausgesprochen, dass kostengünstige, Steuern sparende und breit aufgestellte Indexfonds das Herzstück eines jeden Anlageportfolios bilden sollten. Wer ein Portfolio hält, das alle Aktien auf dem Markt proportional zu ihrer relativen Größe oder Marktkapitalisierung (also der Anzahl ausstehender Aktien mal dem Aktienkurs) umfasst, erwirtschaftet damit garantiert dieselbe Rendite wie der Markt. Indexfonds haben Anlegern generell höhere Nettoerträge beschert als aktiv verwaltete Fonds, die versuchen, den Markt zu schlagen.

Kauft sich ein Anleger einen kostengünstigen Indexfonds, der den gesamten (US-)Aktienmarkt repräsentiert, so erzielt er damit die Marktrendite und nimmt die Risiken der charakteristischen Auf- und Abbewegungen des US-Aktienmarktes in Kauf. Dabei gilt: Das Marktrisiko kann von Beta gemessen werden, und das Markt-Beta ist definiert als ein Wert von 1, wie im neunten Kapitel beschrieben. Indem der Anleger das Risiko auf sich nimmt, sich am Aktienmarkt zu engagieren, hat er Anspruch auf eine Risikoprämie, die als Überrendite des Marktes über den sicheren Ertrag definiert ist, den eine Position in US-Schatzanweisungen bringt.

Dieser Risikoaufschlag für die Inkaufnahme der volatilen Kursschwankungen ist erheblich. Seit 1927 haben Aktien für Anleger Renditen (einschließlich Dividenden und Kursgewinnen) erwirtschaftet, die rund 7 Prozentpunkte pro Jahr über den Erträgen von US-Schatzanweisungen lagen.

Es hat aber auch lange Phasen gegeben, in denen sich Aktien schwach entwickelten und im Vergleich zu sicheren Anlagen unterdurchschnittliche Erträge brachten. In den neun Jahren von März 2000 bis März 2009 gaben die Aktienkurse de facto nach. Als Aktienanleger muss man daher lange Perioden mit unterdurchschnittlicher Wertentwicklung verkraften können.

Um zu bewerten, wie viel es bringt, einem Portfolio eine bestimmte oder gleich mehrere Richtungen zu geben, ziehen wir einen statistischen Wert heran, der von Theoretikern und Praktikern als Sharpe Ratio bezeichnet wird. Diese Kennzahl wurde vom gleichnamigen William Sharpe entwickelt, einem der Väter des Capital-Asset Pricing Model (CAPM). Anleger interessieren sich bekanntlich für einen hohen Nutzen (hohe Erträge) und geringe Risiken (niedrige Volatilität). Die Sharpe Ratio fasst diese beiden Elemente in einem Kennwert zusammen. Den Zähler bildet der Ertrag aus der jeweiligen Strategie oder, was häufiger verwendet wird, die Überrendite über den Zinssatz der dreimonatigen US-Schatzanweisung. Im Nenner steht das Risiko oder die Volatilität einer Strategie, gemessen von der Standardabweichung der Erträge (also ihrer Variabilität im Zeitverlauf). Liefert Strategie A eine Überrendite von 10 Prozent bei einer Volatilität von 20 Prozent und Strategie B dieselbe Rendite bei einer Volatilität von 30 Prozent, so können wir sagen, dass Strategie A zu bevorzugen ist, weil sie eine höhere Sharpe Ratio aufweist – also höhere Erträge je Risikoeinheit.

$$\text{Sharpe Ratio}A = \frac{\text{Ertrag}}{\text{Risiko}} = \frac{0{,}10}{0{,}20} = 0{,}50$$

$$\text{Sharpe Ratio}B = \frac{\text{Ertrag}}{\text{Risiko}} = \frac{0{,}10}{0{,}30} = 0{,}33$$

Die auf »Smart Beta« spezialisierten Investmentmanager möchten uns gern glauben machen, dass reines Index-Investing, bei dem jedes Unternehmen im Portfolio eine von der Höhe seiner Marktkapitalisierung vorgegebene Gewichtung erhält, keine optimale Strategie sei. Es sei ein besseres Risiko-Rendite-Verhältnis (das heißt, eine höhere Sharpe Ratio) erzielbar. Man müsse lediglich dem Portfolio eine bestimmte Orientierung (quasi eine Geschmacksrichtung) geben, etwa »Value« statt »Growth«, kleinere statt größerer Unternehmen oder vergleichsweise starke Titel statt schwächerer.

Zu anderen vorgeschlagenen Orientierungen oder Geschmacksrichtungen zählen »Qualität« (ein Faktor, der Attribute wie stabile Umsätze und Ertragssteigerungen und geringe Verschuldung berücksichtigt), Rentabilität, geringe Volatilität, Momentum und Liquidität. Wie beim Kochen verschiedene Aromen kombiniert werden, so mischen auch manche »Smart-Beta«-Portfolios zwei oder mehr solcher Geschmacksrichtungen zusammen. Es gibt Portfolios, die »Value« mit »geringer Größe« verknüpfen, aber auch solche, die gleich mehrere der oben beschriebenen Geschmacksrichtungen wählen.

»Smart-Beta«-Strategien erinnern an die im neunten Kapitel erörterten Multifaktor-Modelle. Diese Methode wird sogar oft als faktorgestützte Anlage bezeichnet. Gehen wir davon aus, dass das Beta des Capital-Asset Pricing Model ein unvollständiges Risikomaß ist, so könnte man die aufgeführten Richtungen oder Orientierungen auch als zusätzliche Risikofaktoren betrachten. Indem das Portfolio beispielsweise auf kleinere Unternehmen ausgerichtet wird, setzt der Anleger darauf, dass die von den sogenannten Small-Caps gebotenen Risikoaufschläge für höhere Renditen sorgen können. Damit wird »Smart Beta« aber natürlich als Methode interpretiert, den Ertrag durch die Übernahme zusätzlicher Risiken zu steigern.

Vier interessante Geschmacksrichtungen und ihre Vor- und Nachteile

1. Value gewinnt

1934 veröffentlichten David L. Dodd und Benjamin Graham ein Manifest für Anleger, das großen Anklang fand – unter anderem bei Warren Buffett. Sie behaupteten, dass »Value« langfristig erfolgreicher ist. Um sich Substanzwert zu sichern, sollten Anleger nach Aktien Ausschau halten, deren Bewertungskennzahlen (Kurs-Gewinn-Verhältnis, Kurs-Buchwert-Verhältnis) niedrig sind. »Value« fußt auf der aktuellen Realität, nicht auf hochgerechneten künftigen Wachstumsraten. Die Theorie geht insofern mit verhaltensökonomischen Ansichten konform, als Anleger dazu neigen, ihre Fähigkeit zur Prognose von Ertragssteigerungen zu überschätzen und deshalb für Growth-Aktien zu viel zu bezahlen.

Aus intellektueller Sicht ist mir diese Ansicht durchaus nicht unsympathisch. Eine meiner Kardinalregeln für die Einzeltitelauswahl lautet, auf Unternehmen mit guten Wachstumsaussichten zu achten, die der Markt noch nicht entdeckt hat und die mit vergleichsweise niedrigen Gewinnkennzahlen gehandelt werden. Dieser Ansatz wird auch gern mit dem Kürzel GARP bezeichnet – für »growth at a reasonable price« (Wachstum zu einem vernünftigen Preis). Ich warne Anleger immer wieder vor den Gefahren von Aktien mit hohem Kurs-Gewinn-Verhältnis. Weil Gewinnwachstum so schwer zu prognostizieren ist, sind sie besser beraten, wenn sie sich in Aktien mit niedrigen Gewinnkennzahlen engagieren. Stellt sich Wachstum ein, steigen Gewinn und Gewinnkennzahlen voraussichtlich an – ein doppelter Vorteil. Doch die Aktien mit hohem Kurs-Gewinn-Verhältnis, deren Ertragssteigerungen ausbleiben, versetzen Anlegern gleich einen doppelten Schlag. Dann können Gewinn und Kennzahlen zurückgehen.

In der Vergangenheit war es nachweislich so, dass ein Portfolio aus Aktien mit vergleichsweise niedrigen Gewinnkennzahlen (sowie niedrigen Buchwert-, Cashflow- und/oder Umsatzkennzahlen) nach Maßgabe des Capital-Asset Pricing Model risikobereinigt überdurchschnittliche Renditen brachten. Folgender Abbildung sind beispielsweise die Renditen von zehn gleich großen Aktiengruppen zu entnehmen, geordnet nach ihrem Kurs-Gewinn-Verhältnis. Gruppe 1 hatte das niedrigste Kurs-Gewinn-Verhältnis, Gruppe 2 das zweitniedrigste, und so weiter. Die Abbildung zeigt, dass sich der Ertrag einer Aktiengruppe bei steigendem Kurs-Gewinn-Verhältnis verringert.

DURCHSCHNITTLICHE JAHRESRENDITE IM VERGLEICH ZUM KURS-GEWINN-VERHÄLTNIS

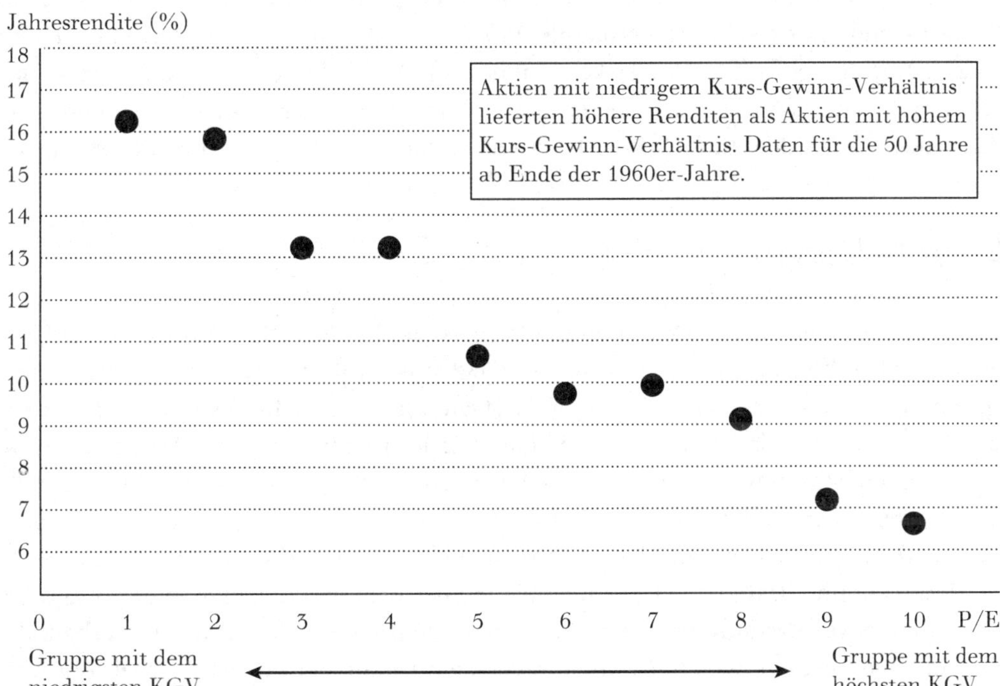

Quelle: Stern School of Business, New York University

In einem niedrigen Kurs-Gewinn-Verhältnis und einem niedrigen Kurs-Buchwert-Verhältnis können sich Risikofaktoren niederschlagen. In finanzielle Schieflage geratene Unternehmen dürften diesbezüglich niedrigere Werte aufweisen. So notierten beispielsweise die großen Geschäftsbanken wie die Citigroup und die Bank of America 2009 zu Kursen, die deutlich unter ihrem ausgewiesenen Buchwert lagen, als es ganz so aussah, als könnten diese Institute vom Staat übernommen werden und die Aktionäre in die Röhre schauen.

Das Standardmaß für den Faktor Value wird als HML (High minus Low) bezeichnet – als Ertrag der 30 Prozent aller Aktien, die mit dem höchsten Verhältnis von Buch- zu Marktwert gehandelt werden, abzüglich des Ertrags der 30 Prozent, die mit dem niedrigsten Verhältnis von Buch- zu Marktwert notieren. Von 1927 bis 2020 betrug der jährliche Risikoaufschlag durch den Value-Faktor 4,0 Prozent.

Eine weitere Möglichkeit, die Value-Prämie zu messen, besteht in der Berechnung ihrer Sharpe Ratio. Seit 1927 liegt die Sharpe Ratio des Value-Faktors (gemessen vom HML) bei 0,34 – ein beachtliches Nutzen-Risiko-Verhältnis, das beinahe so hoch ist wie das für den oben erwähnten Beta-Marktfaktor.

Man kann Portfolios erwerben, die das breite Aktienmarktportfolio in die beiden Komponenten »Value« und »Growth« unterteilen. Die Value-Komponente umfasst die Aktien mit dem niedrigsten Kurs-Gewinn- und Kurs-Buchwert-Verhältnis. Ein von der Vanguard Group errichteter repräsentativer Value-ETF notiert unter dem Tickersymbol VVIAX und bildet den CRSP Large-Cap Value Index ab. Der Vanguard VIGAX ETF bildet die Performance der Growth-Komponente des CRSP Large-Cap Index ab.[12] Value- und Growth-ETFs gibt es auch für breite Nebenwerte-Indizes.

2. Kleiner ist besser

Ein weiteres Muster, dass die Forscher erkannt haben, ist die Tendenz, dass Aktien kleiner Unternehmen auf lange Sicht höhere Erträge abwerfen als die Aktien großer Unternehmen. Seit 1926 liefern die sogenannten Small-Caps in den Vereinigten Staaten laut Roger Ibbotson um rund 2 Prozentpunkte höhere Renditen als Large-Caps. Das folgende Diagramm zeigt die Arbeit von Fama und French, die Aktien der Größe nach in Dezile unterteilten. Sie stellten fest, dass das erste Dezil, nämlich die 10 Prozent aller Aktien mit der geringsten Gesamtkapitalisierung, die höchsten Renditen erzielte, während das zehnte Dezil aus den am höchsten kapitalisierten Aktien die niedrigsten Erträge auswies. Hinzu kommt, dass kleine Unternehmen in aller Regel besser abschneiden als größere mit demselben Beta-Niveau. Während andere Studien tendenziell Zweifel an der Dauerhaftigkeit des Größenphänomens wecken, scheint es, als sei Größe ein Faktor, der die historischen Ergebnisse erklärt.

Dessen ungeachtet gilt zu bedenken, dass kleine Unternehmen mit höheren Risiken behaftet sein können als große und Anlegern daher höhere Renditen schulden. Größe ist demnach ein Risikofaktor, der durch Zusatzerträge kompensiert werden sollte – keine Ineffizienz.

12 Diese beiden Fonds sind in der EU allerdings nicht zum Vertrieb zugelassen, es gibt jedoch vergleichbare ETFs von Vanguard auch diesseits des Atlantiks, A. d. R.

DURCHSCHNITTLICHE MONATSRENDITE UND GRÖSSE IN DER GEGENÜBERSTELLUNG: 1963 BIS 1990

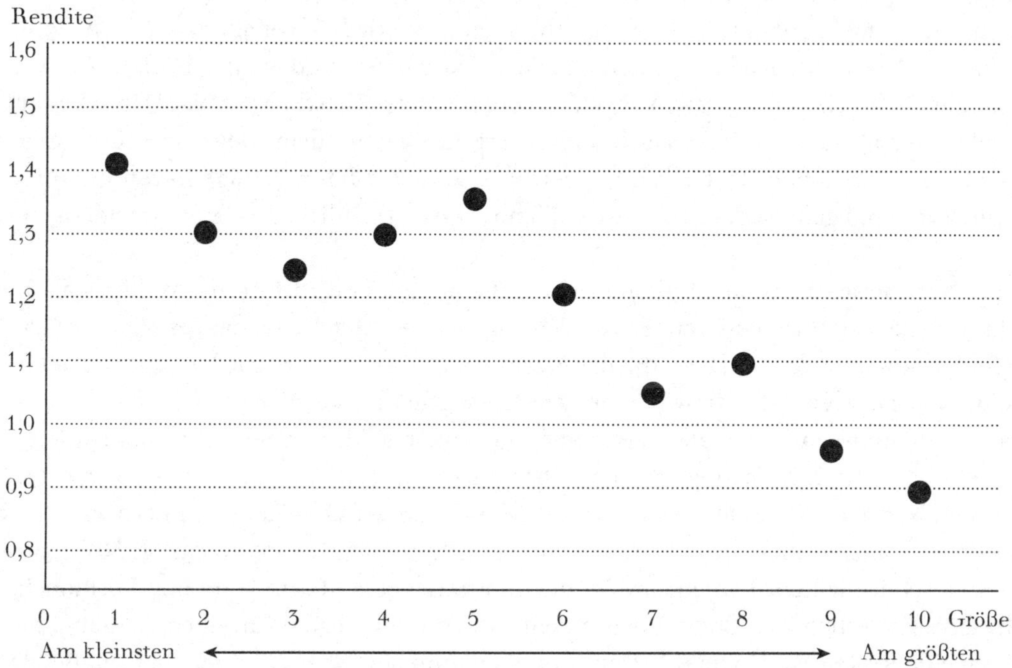

Portfolios aus kleineren Unternehmen werfen tendenziell höhere Renditen ab als Portfolios aus größeren Unternehmen.
Quelle: Fama und French, »The Cross-Section of Expected Stock Returns«, Journal of Finance *(Juni 1992)*

3. Auf dem Aktienmarkt gibt es ein Momentum

Die ersten empirischen Arbeiten zum Verhalten von Aktienkursen bis zurück ins frühe 20. Jahrhundert ergaben, dass eine Sequenz nach dem Zufallsprinzip ausgewählter Zahlen in gleicher Häufigkeit vorkommt wie eine Zeitreihe von Aktienkursen. Aktuellere Arbeiten weisen jedoch darauf hin, dass sich das Random-Walk-Modell streng genommen nicht aufrechterhalten lässt. Offenbar gibt es in der Entwicklung der Aktienkurse doch gewisse Muster. Über kurze Zeiträume liegen Indizien für ein Momentum auf dem Aktienmarkt vor. Dass auf einen Kursanstieg ein weiterer Kursanstieg folgt, ist etwas wahrscheinlicher als das Eintreten eines Kursrückgangs. Das Muster, das sich über eine längere Haltedauer ergibt, ist jedoch eine Rückkehr zum Mittelwert. Hat es über Monate oder Jahre größere Kurssteigerungen gegeben, so folgt darauf oftmals eine abrupte Trendwende.

Für die Existenz eines Momentums gibt es zwei Erklärungsansätze: Der Erste stützt sich auf verhaltenstheoretische Überlegungen, der Zweite auf eine verzögerte Reaktion auf neue Informationen. Der führende Verhaltensökonom Robert Shiller verwies auf einen psychologischen Rückkopplungsmechanismus, der Aktienkursen ein gewisses Momentum verleiht – vor allem in extrem enthusiastischen Phasen. Die Menschen beobachten steigende Aktienkurse und werden in einer Art Mitläufereffekt an die Börse gezogen. Die zweite Erklärung fußt auf der These, dass Anleger ihre Erwartungen nicht sofort anpassen, wenn neue Nachrichten eingehen – vor allem Meldungen über unerwartet hohe (oder enttäuschende) Unternehmensgewinne. Abnorm hohe Erträge folgen oft auf positive Gewinnüberraschungen, da die Marktkurse offenbar erst allmählich auf Gewinnmeldungen reagieren.

Doch Nachweise für Momentum auf dem Aktienmarkt sind nicht ohne Weiteres als Entsprechung für Risiken zu interpretieren. Es ist allerdings sehr wohl der Fall, dass es häufig zu »Momentum-Crashs« kommt, wenn Aktien, die der Markt gerade noch favorisiert hat, durch Trendwenden abgestraft werden. Trendfolgestrategien bergen daher sicherlich gewisse Risiken.

Das Momentum wird normalerweise anhand des Ertrags der letzten zwölf Monate unter Ausschluss des allerletzten Monats gemessen. (Dieser wird ausgenommen, weil es darin oft zu einer Trendwende kommt.) Maßstab für den Faktor Momentum ist der Durchschnittsertrag der stärksten 30 Prozent aller Aktien abzüglich des Durchschnittsertrags der schwächsten 30 Prozent. Von 1927 bis einschließlich 2020 ergab eine Momentum-Strategie in Form von Long-Positionen in den ertragsstärksten Aktien und Short-Engagement in den schwächsten für einen Zeitraum von über 90 Jahren eine Risikoprämie von 9,1 Prozentpunkten und eine Sharpe Ratio von 0,59. Bei der Messung aller Faktoren gilt natürlich die Annahme, dass der Anleger in den Aktien mit dem stärksten Momentum, dem größten inneren Wert und der kleinsten Größe long und in den Aktien am anderen Ende des Spektrums short engagiert ist. Handelskosten, Steuern und weitere potenzielle Kosten der Umsetzung sind bei dieser Rechnung nicht berücksichtigt.

4. Aktien mit niedrigem Beta können so viel Ertrag bringen wie Aktien mit hohem Beta

Denken Sie bitte an die Diskussion im neunten Kapitel mit dem empirischen Ergebnis, dass kein Zusammenhang zwischen Beta und Rendite besteht. Aktien mit hohen Betawerten bringen nicht die höheren Renditen, die der Hypothese des Capital-Asset Pricing Model entsprechen würden. Doch da Aktien mit niedrigeren Betawerten weniger volatil sind, kann ein Anleger seine Sharpe Ratio verbessern, indem er Portfolios mit niedrigem Beta hält. Eine geringe Volatilität ist daher als weiterer Faktor zu betrachten, der das Risiko-Ertrags-Verhältnis eines Anlegers optimieren kann.

Diesen Umstand können sich Anleger zunutze machen, indem sie verschiedene Portfoliostrategien entwickeln, um »gegen Beta zu wetten«. Nehmen wir beispielsweise an, Portfolios mit ausgesprochen niedrigem Beta weisen einen Betawert von 0,5 auf (und sind damit halb so volatil wie das breite Marktportfolio), erzielen aber denselben Ertrag wie der Markt, der per definitionem ein Beta von 1 aufweist. Angenommen, die Marktrendite beträgt 10 Prozent. Ein Anleger, der ein Portfolio mit niedrigem Beta auf Kredit kauft (und dabei für jeden Dollar Marktwert 50 Cent einsetzt), könnte das Beta – und damit die Rendite eines Portfolios mit niedrigem Beta – verdoppeln. Wie wir an anderer Stelle in diesem Kapitel noch ersehen werden, bildet eine solche Methode die Grundlage für sogenannte Risikoparität-Investments.

5. Weitere Faktoren

Noch zahlreiche weitere Faktoren sollen der »Erklärung« historischer Aktienrenditen dienen. Zwei der am häufigsten herangezogenen sind statistische Daten zur Messung der »Rentabilität« und der »Qualität« eines Unternehmens.

Was könnte schiefgehen?

Funktionieren die Strategien auch mit echtem Geld? Historisch betrachtet liefern vier der oben berücksichtigten Faktoren – Value, Unternehmensgröße, Momentum und niedriges Beta – ordentliche risikobereinigte Erträge. In der Praxis kann es für Anleger aber unmöglich sein, die scheinbar vorhandenen zusätzlichen Risikoprämien zu realisieren.

Sie dürfen nicht vergessen, dass die Analysten, die die faktischen Risiko- und Ertragsergebnisse berechnet haben, davon ausgehen, dass das Portfolio in einem Faktor eine Long-Position hält und in dem anderen eine Short-Position (zum Beispiel long in Value und short in Growth). In der Praxis kann eine solche Strategie mit erheblichen Transaktionskosten verbunden sein und ist unter Umständen nicht ohne Weiteres umsetzbar. Es kann ausgesprochen teuer werden, sich die Aktien für Leerverkäufe zu leihen, und vielleicht stehen auch nur begrenzt Aktien für die Leihe zur Verfügung. Gehen die Faktorrenditen eher auf verhaltensbedingte Fehler zurück als auf Risiken, lassen sie sich möglicherweise wegarbitragieren – vor allem, wenn mehr Anlagekapital in Smart-Beta-Produkte fließt. Tatsächlich sind Faktor-Prämien in aller Regel zurückgegangen, nachdem sie allgemein bekannt wurden.

Es sind Investmentfonds und ETFs auf dem Markt, die es Anlegern ermöglichen, ein auf jeden einzelnen der vier angesprochenen Faktoren konzentriertes Portfolio zu kaufen. Der ETF VVIAX, ein Produkt der Vanguard Group, ist ein repräsentativer »Value«-Fonds, der die Wertentwicklung des CRSP U.S. Large-Cap Value Index nachbildet – ein breit diversifizierter Index, der überwiegend aus »Value«-Aktien großer US-Unternehmen besteht. Der Vanguard VSMAX ETF vollzieht die Wertentwicklung eines Index für kleine Unternehmen nach – sogenannte Small-Caps. (Beide sind in der EU nicht zum Vertrieb zugelassen, A. d. R.) Dann gibt es noch ETFs, die dem Portfolio einen Schwerpunkt auf solchen Aktien verleihen, die im Vergleich zum Gesamtmarkt relative Stärke aufweisen. Der AMOMX, aufgelegt von dem Investmentunternehmen AQR, investiert in Large- und Mid-Caps, denen positives Momentum zugeschrieben wurde. Und schließlich ist da noch ein Einzelfaktor-ETF, der SPLV, der Aktien mit geringer Volatilität repräsentiert. (Auch für diese ETFs fehlt die Vertriebszulassung in der EU.)

In der Tabelle vergleichen wir die Ergebnisse von vier Einzelfaktor-ETFs mit denen einfacher Indexfonds. Zum Vergleich ziehen wir den Gesamtmarkt-Indexfonds von Vanguard (mit dem Tickersymbol VTSAX) heran. Die Ergebnisse sind folgender Tabelle zu entnehmen. Die Einzelfaktor-Fonds haben entweder mehr oder minder ähnliche Erträge abgeworfen wie breit aufgestellte Indexfonds, oder sie haben schlechter abgeschnitten. Momentum-Aktien haben sich in dieser Dekade etwas stärker gezeigt als der breite Markt. Doch Substanzwerte, Small-Caps und Aktien mit geringer Volatilität lagen in Rückstand. Ausnahmslos alle Einzelfaktorfonds haben längere Zeiträume mit im Vergleich schwächeren Ergebnissen verzeichnet. Überdies war keine Verbesserung ihrer risikobereinigten Renditen festzustellen. Smart-Beta-Portfolios aus Einzelfaktor-Fonds sind nachweislich keine überdurchschnittlich erfolgreiche Anlagemöglichkeit.

Auswertung von Einzelfaktor-Fonds (10 Jahre bis 2022)		
Faktor (Fonds)	**Überrendite über den Gesamtaktienmarkt-Index VTSAX**	**Sharpe Ratio gegenüber dem Gesamtaktienmarkt-Index VTSAX**
Value Vanguard VVIAX	−2,55	−0,15
Größe Vanguard VSMAX	−2,13	−0,30
Momentum AQR AMOMX	0,23	0,02
Geringe Volatilität Power Shares 500 SPLV	−3,48	−0,08

Gemischte Faktorstrategien

Bislang haben wir eine Faktororientierung (auf bestimmte Geschmacksrichtungen) wie »Value«, »Größe« und »Momentum« einzig beim Portfolioaufbau in Betracht gezogen. Nun können wir noch untersuchen, ob gemischte Strategien, die zeitgleich verschiedene Orientierungen oder Geschmacksrichtungen berücksichtigen, möglicherweise beständigere Ergebnisse bringen. Vielleicht kann eine breitere Streuung über die verschiedenen Faktoren für höhere Erträge oder bei einem bestimmten Ertragsniveau für geringere Risiken sorgen. Die Faktor-Diversifizierung sollte eigentlich etwas bringen, wenn die Korrelation zwischen den Faktoren gering ist. Fällt die Korrelation zwischen manchen Faktoren de facto negativ aus, dürften wir sogar mit höheren risikobereinigten Renditen rechnen.

Tatsächlich sind die Korrelationen zwischen den Faktoren schwach oder negativ. So korreliert beispielsweise der Faktor »Momentum« negativ mit den Faktoren »Marktbeta«, »Value« und »Größe«. Folglich sollten die Ergebnisse besser ausfallen, wenn die potenziellen Diversifizierungsvorteile eines Einsatzes gemischter Faktorstrategien zum Tragen kommen. Bringt etwa die Orientierung auf Substanzwerte nichts, könnte ein Engagement in den Faktor »Momentum« den Ertrag steigern. Folgende Tabelle zeigt die zwischen den Faktoren gemessenen Korrelationen für den Zeitraum von 1964 bis 2020.

Korrelationen zwischen Faktoren (1964 BIS 2020)				
Faktor	**Marktbeta**	**Größe**	**Value**	**Momentum**
Marktbeta	1,00	0,26	–0,27	–0,19
Größe	0,26	1,00	–0,02	–0,12
Value	–0,27	–0,02	1,00	–0,16
Momentum	–0,19	–0,12	–0,16	1,00

Quelle: Andrew L. Berkin und Larry E. Swedroe, Your Complete Guide to Factor-Based Investing; *aktualisierte Daten von Swedroe*

Andrew Berkin und Larry Swedroe, Autoren eines hervorragenden Ratgebers zum Faktor-Investing, simulierten die Ergebnisse des Aufbaus von Portfolios aus einer Mischung verschiedener Faktororientierungen. Die Allokation des Mischportfolios aus der obigen Tabelle setzte sich aus Fonds zusammen, die zu jeweils 25 Prozent auf jeden der vier Faktoren entfielen: Marktbeta, Größe, Value und Momentum. Wir stellen fest, dass das gemischte Portfolio eine deutlich geringere Instabilität (Standardabweichung der Erträge) und eine viel höhere Sharpe Ratio aufweist. Noch höhere Sharpe Ratios lassen sich durch Beimischung der Faktoren »Rentabilität« und »Qualität« erreichen, allerdings auf Kosten niedrigerer mittlerer Erträge.

SWEDROE UND BERKIN, SIMULIERTE ERGEBNISSE: 1927 BIS 2020 ERTRAG UND RISIKO			
	Mittlerer Ertrag (%)	Standardabweichung (%)	Sharpe Ratio
Marktbeta	8,7	20,3	0,43
Größe	3,1	13,6	0,23
Value	4,0	15,3	0,26
Momentum	9,1	15,6	0,59
Faktor-Portfolio	6,4	8,7	0,71

Natürlich sind in diesen simulierten Ergebnissen keine Managementgebühren oder Transaktionskosten berücksichtigt. Hinzu kommt, dass die einzelnen Segmente Größe, Value und Momentum Long-Short-Portfolios[13] sind und vorausgesetzt wird, dass die Leerverkäufe problemlos auszuführen sind. Bleibt die Frage, ob die simulierten Zuwächse bei der Portfoliowertentwicklung in der Praxis auch wirklich erzielbar sind. Ferner gilt: Die langfristigen Ergebnisse für viele Multifaktor-Strategien sind zwar gut, doch eine Untersuchung der Performance in den letzten Dekaden bis 2022, als die Faktoren »Größe«, »Value« und »geringe Volatilität« keine positiven Ergebnisse brachten, ist recht aufschlussreich.

Mischfonds in der Praxis

Dimensional Fund Advisors (DFA)

Dimensional Fund Advisors wurde Anfang der 1980er-Jahre gegründet, um Anlegern Instrumente zu bieten, die gemischte Faktor-Strategien auf echte Portfolios anwenden. Die Portfolios sind so konzipiert, dass sie die Faktoren Größe und Value aus dem ursprünglichen Fama-French-Dreifaktorenmodell verwenden, unter anderem erweitert um eine Orientierung auf kräftige aktuelle Kursdynamik (Momentum) und starkes Rentabilitätswachstum. DFA verwaltete 2021 ein Vermögen von deutlich über 650 Milliarden Dollar.

Die DFA-Fonds haben sich etwas besser entwickelt als viele der sonstigen »Smart-Beta«-Angebote für Anleger. Sie sind generell kostengünstig. Ihre Kostenquote liegt nur leicht über den Gebühren

13 So hält beispielsweise das Größen-Portfolio die kleinsten Aktien als Long-Position, während es die größten Aktien leerverkauft.

breit aufgestellter kapitalisierungsgewichteter ETFs. DFA-Fonds stehen sowohl als Investmentfonds als auch als börsengehandelte Fonds sowie über Anlageberater zur Verfügung (allerdings nicht in der EU, A. d. R.). Das Unternehmen erklärt ausdrücklich, dass eventuelle vereinnahmte Mehrerträge eine angemessene Entschädigung für zusätzliche Risiken darstellen. Darüber hinaus gilt: Wie alle »Smart-Beta«-Fonds haben auch diese Fonds längere Phasen mit unterdurchschnittlicher Wertentwicklung verzeichnet, vor allem in den Jahrzehnten bis 2022, als »Value«-Aktien bei der Rendite stark hinter »Growth«-Werten zurücklagen.

Research Affiliates Fundamental IndexTM (RAFI)

Als weiterer Pionier des »Smart-Beta«-Investing verwaltete Research Affiliates 2021 über 150 Milliarden Dollar. Der Unternehmensgründer Robert Arnott behauptet, die Kapitalisierungsgewichtung (das heißt die Gewichtung nach dem Marktwert der einzelnen Unternehmen) besagt, dass die Inhaber solcher Portfolios stets einen zu hohen Anteil überbewerteter Wachstumsaktien halten. Er vermeidet diese sogenannte »Ineffizienz«, indem der die Gewichtung der Einzeltitel an ihr wirtschaftliches Profil anpasst, also an Erträge, Vermögenswerte und Ähnliches. Das Ganze bezeichnet er als »fundamentales Indexing«. Natürlich tendieren die RAFI-Portfolios durch diese Gewichtung zu Value und geringer Größe, sodass sie dem Angebot an Multifaktor-»Smart-Beta« gleichen.

Ein Zeitraum, indem RAFI herausragende Ergebnisse erzielte, war 2009, als Bankaktien, die mit Abschlag auf ihren Buchwert gehandelt wurden, erheblich übergewichtet waren. Die Strategie war jedoch äußerst riskant, da damals noch längst nicht feststand, ob es den kriselnden Banken gelingen würde, eine Verstaatlichung zu vermeiden. In Phasen, in denen »Value«-Aktien unterdurchschnittlich rentierten, galt das auch für die RAFI-Portfolios.[14]

Goldman Sachs Active Beta ETF

Goldman Sachs führte seinen Smart-Beta-Fonds 2015 ein. Der börsennotierte Indexfonds läuft unter dem Tickersymbol GSLC. Der ETF stützt sich auf vier Faktoren: hohen Substanzwert, starkes Momentum, gute Qualität und niedrige Volatilität. Die Kostenquote des Fonds lag lediglich bei neun Basispunkten (9/100 von 1 Prozent) und war damit so niedrig wie bei keinem anderen Smart-Beta-Angebot. Sie konnte fast mit dem billigsten Gesamtmarkt-Indexfonds mithalten.[15]

---

14 Auch diese Fonds sind in der EU mangels Vertriebszulassung nicht handelbar, A. d. R.

15 Das in der EU zugelassene Pendant dieses Fonds heißt Goldman Sachs ActiveBeta US Large Cap Equity UCITS ETF Class USD und hat die ISIN IE00BJ5CNR11, A. d. R.

Gleich gewichtete Portfolios

Indem ein Anleger jede Indexaktie gleich gewichtet statt nach ihrer Gesamtmarktkapitalisierung, kann er ähnliche Ergebnisse erzielen wie mit manchen der Multifaktor-Modelle. Dadurch erhöht sich die Gewichtung von kleinen Unternehmen und Value-Aktien. Die Gewichtung der populärsten großen Growth-Werte verringert sich dagegen. Der Invesco Equal Weight 500 ETF (Tickersymbol RSP) investiert in jede Aktie aus dem S&P 500 Index zu einer Gewichtung von 1/500. Gleich gewichtete Portfolios haben andere Diversifizierungs- und Risikomerkmale als kapitalisierungsgewichtete. Außerdem sind sie aus steuerlicher Sicht ineffizient (das gilt nur für die USA, A. d. R.). Die Neugewichtung, die erforderlich ist, um die gleiche Gewichtung aufrechtzuerhalten, bedingt, dass die Aktien mit den höchsten Kursgewinnen verkauft werden müssen, um ihr Gewicht im Portfolio zu verringern.[16]

Auf lange Sicht wirken die Bilanzen der Multifaktor-Fonds einigermaßen vielversprechend. Weil sie von den schwachen oder negativen Korrelationen zwischen den Faktoren profitieren konnten, ist es manchen davon gelungen, moderate Ertragssteigerungen zu verbuchen – mit Sharpe Ratios, die sich eng an denen der breiten Aktienmarktindizes orientierten. Paradoxerweise schnitten sie aber in der 2022 abgelaufenen Zehn-Jahres-Periode noch schlechter ab als der Einzelfaktorfonds. Möglicherweise sind sie auch steuerlich weniger effizient, da die zur Ausführung der Strategie erforderliche Neugewichtung steuerpflichtige Kapitalerträge erzeugen kann (was abermals nur für die USA gilt).

AUSWERTUNG FÜR MULTIFAKTOR-FONDS (10 JAHRE BIS 2022)		
Fonds	**Überrendite über den Gesamtaktienmarkt-Index VTSAX**	**Sharpe Ratio gegenüber dem Gesamtaktienmarkt-Index VTSAX**
DFA Large-Cap Value DFUVX	−2,53	−0,29
DFA Small-Cap Value DFSTX	−3,75	−0,48
Power Shares RAFI PRF	−1,86	−0,15
Equal Weight ETF RSP	−1,01	−0,14
Goldman Sachs Active Beta GSLC	−0,19	−0,07

16 Die Anmerkungen zu den steuerlichen Nachteilen des Rebalancing zwecks Gleichgewichtung gelten nur für die USA, nicht aber für Deutschland. In der EU zum Vertrieb zugelassen ist als Pendant der Invesco S&P 500 Equal Weight UCITS ETF mit der ISIN IE00BNGJJT35, A. d. R.

Was das für Anleger bedeutet

»Smart-Beta«-Strategien beruhen auf einer Spielart des aktiven Managements. Statt einzelne Aktien auszuwählen, orientieren sie das Portfolio auf verschiedene Merkmale, die in der Vergangenheit offenbar höhere Erträge abwarfen als der Markt. Zugutezuhalten ist den »Smart-Beta«-Portfolios, dass sie solche Faktorschwerpunkte mit Kostenquoten realisieren, die häufig deutlich unter den von klassischen aktiven Fondsmanagern berechneten liegen.

Generell sind die Bilanzen von »Smart-Beta«-Fonds und -ETFs nicht makellos. Multifaktor-ETFs haben im vergangenen Jahrzehnt keine Überrenditen erzielen können. Hinzu kommt (in den USA, A. d. R.), dass diese Fonds steuerlich weniger effizient sind als kapitalisierungsgewichtete Produkte, die keine Neugewichtung erfordern.

Und selbst in Phasen, in denen solche Fonds Zusatzerträge und günstigere Sharpe Ratios erzielt haben, verstehen sich diese als Ausgleich dafür, dass ein ganz anderes Risikoprofil vorlag. »Smart-Beta«-Portfolios sind vielleicht doch keine raffinierte bessere Mausefalle für Anleger. Anleger sollten sich in Acht nehmen, um nicht selbst in die Risiko-Mausefalle zu tappen.

Smart-Beta-Portfolios haben auf dem Markt einige Furore gemacht. Ob sich »Smart-Beta«-Strategien künftig als intelligente Investments erweisen werden, hängt entscheidend von den Marktbewertungen ab, die zu dem Zeitpunkt vorliegen, an dem die Strategie umgesetzt wird. US-»Value«-Strategien entwickelten sich direkt im Anschluss an die Internetblase herausragend, als Technologie-»Growth«-Aktien im Verhältnis zu den meisten Substanzwerten sehr hoch bewertet waren. Doch in den zehn Jahren, die Anfang 2022 zu Ende gingen, zeigten »Value« und »Größe« ausgeprägte Schwäche. Anleger sollten sich darüber im Klaren sein: Wird ein Faktor hoch bewertet, wenn »Smart-Beta«-Fonds an Popularität gewinnen, könnten die Ergebnisse enttäuschend ausfallen. In den zehn Jahren bis Anfang der 2020er-Jahre war der Faktor »Growth« besonders gefragt.

Populärere Strategien verlieren oft ihre Effektivität, wenn ihre Ergebnisse erst publik werden. Das gilt ganz besonders, wenn sie sich auf Fehlbewertungen stützen statt auf die Entschädigung für Risiken. Wenn Sie darauf setzen möchten, dass bestimmte Risikofaktoren künftig höhere risikobereinigte Erträge bringen, dann erreichen Sie das am klügsten, indem sie das Herzstück ihres Portfolios in kapitalisierungsgewichtete breit aufgestellte Indexfonds investieren.

Risikoparität

Ray Dalio ist ein absolutes Unikum – Milliardär und gleichzeitig Anführer der Bestsellerlisten. Er hat bei Bridgewater Associates große Hedgefonds geleitet und dort einen höchst erfolgreichen Risikoparitätsfonds auf die Beine gestellt, den All Weather Fund. In seinem Buch *Die Prinzipien des Erfolgs* beschreibt er über 200 Leitprinzipien seines Unternehmens.

Ob *Die Prinzipien des Erfolgs* eine Blaupause ist, die den Weg zum Erfolg im Investmentgeschäft weist, ist aber unklar. Gegen die Vorstellung, dass Anlagestrategien »evidenzbasiert« sein und lebhaften Diskussionen standhalten müssen, ist nichts zu sagen. Doch das Arbeitsklima, das Dalio bei Bridgewater erzeugte, wird als toxisch beschrieben.

Dalio besteht darauf, dass Beschäftigte fortlaufend nicht wohlmeinend, sondern mit »radikaler Ehrlichkeit« beurteilt werden, um ihre Leistungen zu steigern. Es werden täglich Beobachtungen (sogenannte Dots) zur Effektivität der einzelnen Menschen in der Organisation erfasst. Alle Meetings werden aufgezeichnet. Beschäftigte müssen sich öffentlicher Kritik stellen, und für alle gibt es Baseball-Karten, auf denen für jedermann einsehbar ihre Schwächen aufgeführt sind. Die öffentliche Kritik an Beschäftigten, die nicht den Anforderungen entsprechen, wird auch als »öffentliche Hinrichtung« bezeichnet. Beschäftigte sollen sich für den Umgang untereinander an einem Rudel Hyänen orientieren, das ein junges Gnu tötet. Kein Wunder, dass ein Drittel der Bridgewater-Beschäftigten dem Unternehmen nach wenigen Jahren den Rücken kehrt. Ein Mitarbeiter beschwerte sich bei der Menschenrechtskommission von Connecticut, Bridgewater sei ein »Hexenkessel aus Angst und Einschüchterung«.

Doch es ist nicht zu leugnen, dass es der Organisation gelungen ist, Kapital einzuwerben. Und manche wissen die Hardliner-Kultur auch zu schätzen. Dazu gehörte der ehemalige Mitarbeiter und spätere bekannte FBI-Mann James Comey. Comey sagte: »Mir ist auf diesem seltsamen Lebensweg immer wieder auf den Zahn gefühlt worden. Ich habe vor Gericht ausgesagt, wiederholt dem Präsidenten der Vereinigten Staaten Bericht erstattet, vor dem obersten US-Gerichtshof gestritten und ich wurde bei Bridgewater durch die Mangel gedreht. Doch nichts war so hart wie die Erfahrung bei Bridgewater.« Was man Ray Dalio auch immer vorwerfen kann, Comey zufolge »ist er ein verdammt cleverer Mistkerl«.

Zu den größten geschäftlichen Erfolgen von Bridgewater zählte die Entwicklung von »Risikoparitäts«-Investmentmethoden. Das evidenzbasierte Prinzip, auf dem sie beruhen, besagt: Relativ sichere Anlagen liefern häufig höhere Renditen, als ihrem Risikoniveau angemessen, während riskantere Vermögenswerte im Vergleich überbewertet sein können und weniger abwerfen, als sie sollten. Anleger können demzufolge ihre Ergebnisse verbessern, indem sie risikoarme Vermögenswerte nutzen und diese auf Kredit kaufen, um Risiko und Ertrag zu steigern.

Die Risikoparitätsmethode

Es gibt zwei Methoden, durch die ein Anleger darauf hoffen kann, die Rendite und das Risiko eines Portfolios zu steigern. Eine Methode besteht darin, das Portfolio mit riskanteren Anlagen wie Aktien überzugewichten. Eine zweite Möglichkeit ist, in ein breit gestreutes Portfolio aus im Vergleich sichereren Anlagen zu investieren, die mäßige Erträge und eine verhältnismäßig geringe erwartete Volatilität versprechen. Die sichereren Vermögenswerte können dann gehebelt werden, um Risiko und Ertrag zu steigern und dem Anleger pro Risikoeinheit mehr erwarteten Ertrag zu bieten. Natürlich bringt der Einsatz von Fremdkapital eigene zusätzliche Risiken mit sich, da verschuldete Anleger vorübergehende Turbulenzen auf den Finanzmärkten schlechter verkraften. Doch für Anleger, die die mit der Kreditaufnahme verbundenen Mehrrisiken in Kauf nehmen können, sind die von Risikoparitätsportfolios gebotenen Chancen womöglich so attraktiv, dass sie einen Platz im Gesamtportfolio verdienen.

Es gibt überzeugende Hinweise darauf, dass Einzelne übermäßig zur Kasse gebeten werden für Wetten, die nur geringe Gewinnaussichten bieten, sich aber im Erfolgsfall potenziell ordentlich auszahlen. Stellen Sie sich vor, Sie gehen zum Pferderennen. Setzen Sie dort auf jedes Pferd, ist Ihnen ein Gewinn sicher, denn ein Pferd geht immer als Erstes durchs Ziel. Wenn Sie Ihren Gewinn abholen; werden Sie aber feststellen, dass Sie rund 20 Prozent Ihres Geldes verloren haben, weil die Rennbahn vor der Auszahlung 20 Prozent vom Gesamtbetrag abzieht – für Steuern, Aufwendungen und Gewinn.

Bei jedem Rennen gibt es Außenseiter, denen die geringsten Gewinnchancen zugebilligt werden – aber die interessantesten Quoten. Angenommen, die Aussicht auf das große Geld ist für Sie so reizvoll, dass Sie in jedem Rennen auf den größten Außenseiter setzen. Dann würden Sie ab und zu gewinnen, doch im Zeitverlauf etwa 40 Prozent Ihrer Wetteinsätze verlieren. Setzen Sie dagegen bei jedem Rennen auf den Favoriten, gewinnen Sie in rund einem Drittel der Fälle. Über einen längeren Zeitraum verbuchen Sie dennoch Verluste, aber lediglich 5 Prozent des eingesetzten Geldes. Eine sichere Methode, beim Pferderennen zu gewinnen, gibt es nicht – aber es ist ratsamer, immer auf die Favoriten zu setzen als auf die Außenseiter. Zwar sind die Quoten ein recht guter Anhaltspunkt für die Reihenfolge, mit der die Pferde ins Ziel gehen, doch das Publikum setzt zu wenig auf die Favoriten und zahlt zu viel für die Aussicht, mit Außenseitern das große Geld zu machen.

Auch in der Welt der Anlageklassen gibt es Favoriten und Außenseiter. Eine auffallende Parallele zwischen den Gewinnen am Aktienmarkt und auf der Rennbahn ist, dass die Leute in aller Regel für hochriskante Anlagen, die allerdings ungewöhnlich hohe Erträge in Aussicht stellen, zu viel auf den Tisch blättern. Ausgesprochen sichere Aktien bieten offenbar höhere Erträge, als durch ihre Risiken gerechtfertigt.

Im neunten Kapitel haben wir uns mit der ursprünglichen Studie von Fama und French befasst, die zeigte, dass Aktien mit hohem Beta (also solche mit der höchsten Sensibilität für allgemeine

Kursrückgänge) Anlegern keine höheren Renditen bieten als stabilere Aktien. Diese Erkenntnisse liegen einer möglichen Risikoparitätsstrategie zugrunde. Setzt sich das bisherige Muster einer unveränderten Beziehung zwischen Ertrag und Beta fort, besteht die optimale Strategie darin, Vermögenswerte mit niedrigem Beta auf Kredit zu kaufen, um Risiko und Ertrag des Portfolios auf das vom Anleger angestrebte Niveau zu erhöhen. Durch den Einsatz von Fremdkapital lässt sich das Portfolio-Beta auf das Niveau des Marktportfolios erhöhen. Gleichzeitig lassen sich aber Zusatzerträge auf die Marktrenditen erzielen.

Sichere Anleihen als Gelegenheit zum Einsatz von Risikoparitätsmethoden

Die Feststellung, dass risikoarme Anlagen offenbar höhere Renditen abwerfen, als eigentlich gerechtfertigt erscheinen, gilt nicht nur auf dem Aktienmarkt, sondern auch für verschiedene Anlageklassen. Anleihen sind halb so volatil wie Aktien. Die Volatilität von Anleiherenditen ist um 50 Prozent geringer als bei Aktienerträgen (2 Prozent Standardabweichung der Renditen für Aktien gegenüber nicht einmal 1 Prozent für Anleihen). Doch Unternehmensanleihen lieferten über einen Zeitraum von mehr als 90 Jahren bis 2022 im Durchschnitt eine Rendite von 5,9 Prozent, während Aktien 10,3 Prozent abwarfen.

Die Risikoparität erkennt solche offensichtlichen empirischen Regelmäßigkeiten und versucht, sie zu nutzen, indem Anleihen auf Kredit gekauft werden, um ihre Rendite zu erhöhen, während das Risikoniveau so gesteigert wird, dass es einem Portfolio von Aktien entspricht. Ein Beispiel für ein solches Geschäft zeigt die folgende Tabelle. Sie offenbart, wie die Ergebnisse ausgesehen hätten, wenn ein Anleger im Zeitraum von 2007 bis 2016 Anleihen mit einer Marge von 50 Prozent erworben hätte. Er hätte seinen Ertrag und seine Risiken verdoppelt.[17]

17 In die genaue Berechnung hätten die Kosten für die Finanzierung der gehebelten Position einfließen müssen – etwa für die Kreditaufnahme zum risikolosen Zinssatz. Wäre der Kauf auf Margin durch eine Kreditaufnahme zum risikolosen Satz finanziert worden, hätte sich die Rendite der gehebelten Anleiheposition um 9,9 Prozent verringert. Doch selbst wenn der Anleger das Geld zu etwas höheren Zinsen als dem kurzfristigen risikolosen Satz aufgenommen hätte, liegt weiter derselbe Vorteil vor. Die gewünschte Hebelwirkung lässt sich auch über die Derivatemärkte erzielen. Die eingebetteten Kosten für die Kreditaufnahme über Derivate sind in aller Regel geringer als der Geldmarktsatz.

Eine Veranschaulichung der Risikoparitätserträge von Aktien und Anleihen (Daten für 10 Jahre ab 2007)		
	Durchschnittliche Jahresrendite (%)	**Standardabweichung (%)**
S&P 500	8,6	2,0
10-jährige US-Staatsanleihe	5,1	0,8
Gehebelte Anleiheposition (50 Prozent Margin)*	10,2	1,6

**Unter der Voraussetzung, dass die Fremdkapitalkosten für die Aufnahme von 50 Dollar je investierte 100 Dollar gleich null sind.*

Risikoparität im Vergleich zum klassischen 60/40-Portfolio

Ein anderes Argument für die Risikoparität lässt sich auch durch die im achten Kapitel in unserer Diskussion der Portfoliotheorie beschriebenen Methoden untermauern. Viele institutionelle Portfolios und »ausgewogene« Fonds enthalten 60 Prozent Aktien und 40 Prozent Anleihen oder nutzen die 60/40-Benchmark als stellvertretenden Referenzwert für ihre Wertentwicklung. Die Risikoparität kann jedoch ein besseres Risiko-/Ertragsverhältnis bieten.

Mit einem 60/40-Portfolio sind Anleger allem Anschein nach klug beraten und gut aufgestellt, um sich vor den unvermeidlichen abrupten Kursstürzen auf dem Aktienmarkt zu schützen. Tatsächlich stammt die Volatilität dieser Portfolios zu rund 90 Prozent aus dem 60-prozentigen Aktienanteil. Überdies verloren 60/40-Portfolios im Krisenjahr 2008 über 25 Prozent ihres Marktwerts. Wir können problemlos nachweisen, dass ein 60/40-Portfolio suboptimal sein kann.

Denken Sie an den geometrischen Ort (wie in folgendem Diagramm abgebildet) als Darstellung sämtlicher Kombinationen aus Aktien und Anleihen und der von den alternativen Portfolios erzeugten Risiko-/Ertragsmerkmale. Das Portfolio mit den geringsten Risiken setzt sich zu 100 Prozent aus Anleihen zusammen, da die Standardabweichung von Anleihen geringer ist als die von Aktien. Doch durch Beimischung eines Aktienanteils zum Portfolio erreichen wir eine höhere Rendite, weil Aktien historisch höhere Erträge abwerfen als Anleihen. Zumindest für manche Aktien-Anleihen-Kombinationen kann die Standardabweichung des resultierenden Portfolios abnehmen, da Anleihen normalerweise gering (manchmal sogar negativ) mit Aktien korrelieren. Doch je näher wir einem Portfolio kommen, das sich zu 100 Prozent aus Aktien zusammensetzt, desto höher steigen die Risiken, da die Standardabweichung von Aktienerträgen höher ist als bei Anleiheerträgen.

RISIKOPARITÄT UND 60/40-PORTFOLIO IM VERGLEICH

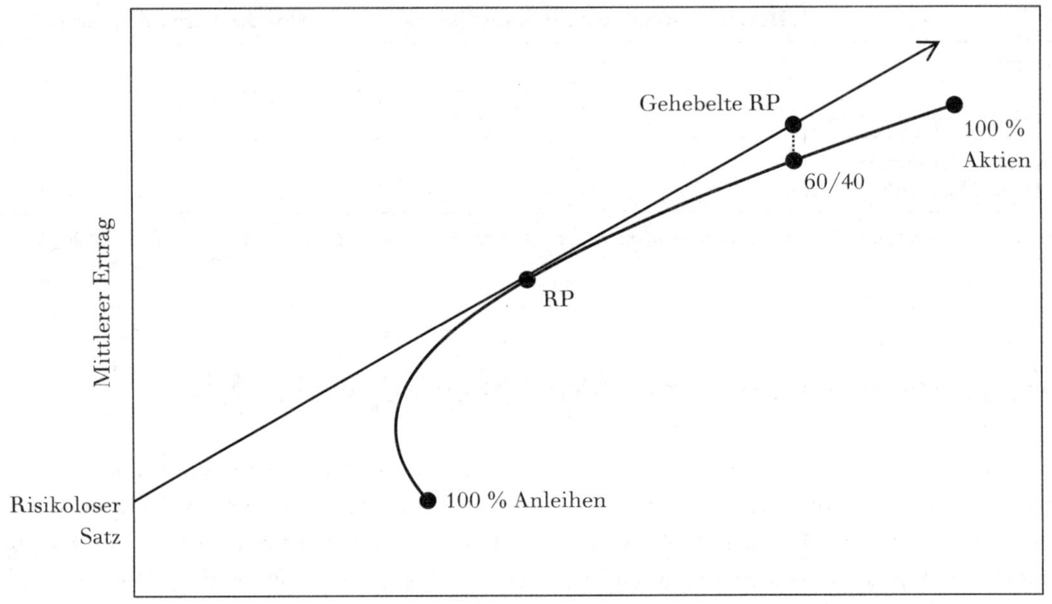

Zwei weitere Punkte entlang der Ortskurve sind interessant. Beachten Sie bitte, dass das zu 60 Prozent aus Aktien und zu 40 Prozent aus Anleihen bestehende Portfolio am Ende der Kurve bei dem Punkt liegt, der alle Aktien repräsentiert. Beachten Sie ferner das Liniensegment, das vom risikolosen Satz ausgeht und den geometrischen Ort tangiert. Das Portfolio am Tangentialpunkt bezeichnen wir als Risikoparitätsportfolio (RP) aus Aktien und Anleihen.[18] Ein Anleger kann sich auf der Linie rechts vom RP-Punkt weiter vorarbeiten, indem er das RP-Portfolio auf Margin kauft und das Geld dafür zum risikolosen Satz aufnimmt. Sämtliche Anlagealternativen entlang der Tangente bringen ebenso hohe oder höhere Risiko-/Ertragsprofile wie Portfolios auf der Ortskurve. Insbesondere das gehebelte RP-Portfolio schneidet eindeutig besser ab als das 60/40-Portfolio. Bei gleichen Risiken bietet es höhere Erträge.

18 Beachten Sie bitte, dass sämtliche Portfolios links vom RP eine Mischung aus Anlagen im risikolosen Satz und im RP-Portfolio darstellen.

Der All Weather Fund von Bridgewater

Bislang haben wir Risikoparitätsportfolios lediglich anhand zweier Anlageklassen veranschaulicht: Aktien und Anleihen. In der Praxis enthalten solche Portfolios aber mehrere Anlageklassen. So könnten in das Gesamtportfolio beispielsweise Immobilienanlagen aufgenommen werden (zum Beispiel über einen REIT-Indexfonds), und ebenso Rohstofffonds sowie inflationsgeschützte Staatsanleihen (TIPS). Anlagen mit geringeren Risiken werden gehebelt. Solange die zusätzliche Anlageklasse eine vergleichsweise schwache Korrelation aufweist (oder zumindest keine besonders hohe), würden die Portfolioeffekte die Volatilität des Gesamtportfolios tendenziell senken. Außerdem würden die verschiedenen Anlageklassen unterschiedlich auf verschiedene wirtschaftliche Rahmenbedingungen reagieren. Aus diesem Grund bezeichnet Bridgewater Associates sein Risikoparitätsangebot als Allwetterfonds.

Wohlgemerkt stützt sich die Methode nicht auf aktives Portfoliomanagement. Die Komponenten des Portfolios könnten indexiert und passiv verwaltet werden. Die Methode beruht nicht auf dem Umschichten zwischen Anlageklassen nach den Timing-Instinkten des Portfoliomanagers. Überdies ist die Risikoparität auch anwendbar, wenn andere Risikomaße wie die Abwärtssensitivität als angemessener gelten als die Gesamtportfoliovolatilität. Voraussetzung ist, dass die Asset-Allokation so angepasst wird, dass sämtliche Portfoliokomponenten gleichmäßig zum Portfoliorisiko beitragen.

Was könnte schiefgehen?

Der Risikoparitätsansatz wurde während der Finanzkrise 2008 populär, weil RP-Portfolios tendenziell besser abschnitten als traditionell gewichtete Portfolios mit ihren hohen Aktienallokationen. Verschiedene RP-Ansätze arbeiteten mit unterschiedlichen Gewichtungen und Anlagen, doch in der Regel gewichten sie Anleihen höher, als dies in Standardportfolios der Fall ist. RP ist zwar nicht einfach eine Wette auf gehebelte Anleihen, doch die damit verbundenen Risiken sind sorgfältig zu prüfen.

Anleihen haben von Anfang der 1980er-Jahre bis einschließlich 2020 hervorragende risikobereinigte Renditen abgeworfen. Daher konnten Risikoparitätsanleger Anleihen auf Kredit kaufen und höhere Nettoerträge erwirtschaften als mit Aktien. Doch Anfang der 1980er-Jahre waren die Renditen von US-Staatsanleihen zweistellig. 2020 wurden zehnjährige US-Anleihen mit unter 1 Prozent verzinst. Wenn sich die Zinsen normalisieren, fallen die Kurse von Anleihen und mindern die Rendite weiter. Die Zinsen könnten in dem von vielen Wirtschaftsprognostikern vorhergesagten Umfeld niedrig bleiben, doch Anleihen dürften kaum auch nur annähernd so hohe Renditen bringen wie im Zeitraum von 1982 bis 2020.

Die Hebelung ist für Anleger ein potenziell gefährliches Instrument. Ein ungehebelter Anleger kann eine Anleihe, deren Kurs gefallen ist, weiter halten in der Hoffnung, dass der Kurs wieder anzieht oder die Anleihe zum Nennwert fällig wird. Gehebelte Anleger sind unter Umständen gezwungen, ihre Positionen zu liquidieren, wenn der Markt gerade kräftig nach unten dreht, sodass aus einem vorübergehenden Einbruch ein bleibender Verlust wird. Anleiherenditen mögen unter normalen Umständen eine geringe Volatilität aufweisen, doch kann diese abrupt anziehen und eine starke negative Tendenz aufweisen. Es kann auch sein, dass andere Anlageklassen im Risikoparitätsportfolio keine angemessenen Risikoprämien bringen und nicht dieselben Korrelationen zu den wirtschaftlichen Bedingungen zeigen wie in der Vergangenheit. Das tatsächliche historische Ergebnis für den Bridgewater All Weather (12 % Strategie) Fund ist in nachstehender Tabelle aufgeführt. Der Fonds erzielte keine höheren Erträge als ein Vanguard Balanced Index Fund – bei erheblich niedrigerer Sharpe Ratio. Die aktuelleren realisierten Ergebnisse des ursprünglichen Risikoparitätsportfolios haben in der Praxis nicht gehalten, was sie in der Theorie versprachen.

REALISIERTE ERTRÄGE UND RISIKEN JULI 2006 BIS DEZEMBER 2021

	Bridgewater All Weather 12 % Strategy	Vanguard 500 Index Admiral	Vanguard Total Stock Market Index Admiral	Vanguard Balanced Index Admiral
Jahresrendite	6,73	11,14	11,14	8,69
Standardabweichung	11,00	15,11	15,62	9,45
Sharpe Ratio	0,52	0,71	0,69	0,83

Risikoparitätsportfolios sind eindeutig nicht unter allen wirtschaftlichen Rahmenbedingungen optimal. Dessen ungeachtet ist der Einsatz von Fremdkapital eine Investmenttechnik, die jeder Anleger in sein Instrumentarium aufnehmen sollte. Meiner Ansicht nach ist Risikoparität nicht einfach als gehebelte Wette auf Positionen in festverzinslichen Wertpapieren anzusehen. Die Methode sollte vielmehr als unter bestimmten Umständen für solche Anleger geeignet beurteilt werden, die ein breit diversifiziertes Portfolio (einschließlich internationaler Wertpapiere) halten und die Erträge und Risiken des gesamten Portfolios durch den Einsatz von Hebelwirkung steigern möchten.

Hochvermögende Anleger, die gern einen Teil ihres Portfolios in höher rentierlichen Anlagen halten möchten und in der Lage sind, das mit der Kreditaufnahme verbundene Risiko zu verkraften, können daran denken, ihren anderen Investments ein Risikoparitätsportfolio beizumischen. Was nun die Entscheidung für die Konzentration des Portfolios auf Anlagen mit höheren Renditen oder für die Hebelung der Erträge angeht, so kann Letzteres die effektivere Strategie sein.

ESG-Investments

ESG-Anlagen avancierten Anfang der 2020er-Jahre zur beliebtesten Variante des aktiven Managements. Darunter ist zu verstehen, dass der Portfoliomanager ausdrücklich die ökologische und soziale Wirkung von Portfoliopositionen berücksichtigt, und ebenso die Frage, ob sich Management und Führungsgremien der einzelnen Unternehmen an bewährte Praktiken der Unternehmensführung halten. Manche Verfechter von ESG sind der Überzeugung, dass die Einbeziehung ethischer Überlegungen in den Portfolioaufbau nicht nur dem gesellschaftlichen Wohl dient, sondern auch die Anlageerträge verbessern kann. Das Mantra der Bewegung, das oft Benjamin Franklin zugeschrieben wird, lautet: »Sie können es sich gutgehen lassen, indem Sie Gutes tun.« BlackRock, mit einem verwalteten Vermögen von fast 10 Billionen Dollar im Jahr 2021 der größte Vermögensverwalter der Welt, behauptet ganz klar, dass »nachhaltige Anlagen« den Anlageertrag steigern können. Bloomberg Intelligence geht davon aus, dass spätestens 2025 mehr als 50 Billionen Dollar (über ein Drittel des geschätzten verwalteten Gesamtkapitals) auf ESG-Mandate entfallen werden.

An den rechtschaffenen Motiven der Bewegung in der Praxis ist nichts auszusetzen, doch ob die Unternehmen in einem ESG-Portfolio auch tatsächlich die angestrebte soziale Wirkung entfalten, ist äußerst schwer festzustellen. Hier springen vermeintlich die Ratingagenturen in die Bresche, indem sie zusammengesetzte ESG-Scores für börsengehandelte Unternehmen anbieten. Ihr Spektrum reicht von Spezialisten wie Sustainalytics bis zu großen Indexanbietern wie MSCI, und sie nehmen immer mehr Einfluss auf die Kapitalallokation. Allerdings fallen die Bewertungen verschiedener Anbieter sehr unterschiedlich aus. Eine am Massachusetts Institute of Technology durchgeführte Studie ergab, dass die Korrelation zwischen den Ratinganbietern im Schnitt nur bei 0,61 liegt, für manche Paarungen sogar nur bei 0,42. Um diese Zahlen ins richtige Verhältnis zu setzen: Bei den Bonitätsratings von Standard and Poor's und Moody's liegen die Korrelationen über 0,99.

Die Erteiler von ESG-Ratings sind sich noch nicht einmal dann einig, wenn es um ein und dasselbe Attribut geht – etwa um die CO_2-Intensität. In der Stromversorgungsbranche gehört Xcel Energy zu den Unternehmen mit dem größten CO_2-Fußabdruck. Manche Rater stufen Xcel schlecht ein, weil es einen erheblichen Anteil seines Stroms aus Kohle erzeugt. Doch Xcel ist der erste US-Versorger, der sich dazu verpflichtet hat, bis spätestens 2050 zu 100 Prozent CO_2-frei zu werden, und führend im Bau von Windkraftanlagen. Sollten wir diesem unser Anlagekapital nun wegen seiner schlechten CO_2-Bilanz verweigern? Oder finden wir das Unternehmen gut, weil es verantwortungsbewusst in Sparten investiert, die letztlich zu niedrigeren CO_2-Emissionen führen können?

Auch für Unternehmen, bei denen CO_2 kein maßgeblicher Faktor ist, unterscheiden sich die ESG-Ratings erheblich. So erhält Apple von Refinitiv mit 73 von 100 ein hohes ESG-Rating. S&P Global stuft das Unternehmen dagegen nur mit 23 von 100 ein, und damit am unteren Ende der 22 Unternehmen umfassenden Branchengruppe. Selbst für die identische ESG-Komponente der Unternehmensführung liegen die Ratings weit auseinander. Laut Systainalytics zählt das Management von Apple zu den konformsten mit den besten Unternehmensführungskriterien, während MSCIs Wertung für Unternehmensführung Apple den vorletzten Platz in seiner Peer Group zuweist.

Wenn CO_2-Bilanz und Unternehmensführung maßgebliche Faktoren für den Ausschluss von Unternehmen aus einem ESG-Portfolio sind, welche Unternehmensgattungen kommen dann bevorzugt für eine Beteiligung infrage? Schauen wir uns die führenden Positionen in den größten ESG-Investmentfonds und -ETFs an. Ganz oben auf der Liste stehen dabei Alphabet (Muttergesellschaft von Google) und Meta Platforms (Facebook), aber auch Visa und MasterCard. Diese Unternehmen sind nicht unumstritten. Kann es das soziale Gewissen aller ESG-Anleger wirklich beruhigen, wenn ihr Geld in Unternehmen fließt, die nachweislich gegen den Datenschutz verstoßen und Wucherzinsen verlangen?

Dass ESG-Investments so gefragt sind, hat viele Unternehmen zur Praxis des »Greenwashing« veranlasst: Sie verkaufen sich als umweltfreundlich, obwohl ihr ökologischer Nutzen nur gering oder gar nicht vorhanden ist. So behauptete eine Fluggesellschaft, ihre durchschnittlichen CO_2-Emissionen auf der Transkontinentalroute seien niedriger als die der Konkurrenz, obwohl das Gegenteil zutraf. Gerechtfertigt wurde diese Behauptung durch Messung der »Emissionen pro Passagier«. Unter diesem Aspekt stand die Gesellschaft gut da, weil sie kleinere Maschinen mit dichterer Besetzung einsetzte. Manche Behauptungen sind allerdings so lächerlich wie die These, dass es keine globale Erwärmung gäbe, wenn wir nur die laufende Temperaturmessung von Fahrenheit auf Celsius umstellen würden.

Viele Anbieter von ESG-Fonds behaupten, soziale Anlagen können höhere Erträge bringen. In bestimmten Zeiträumen schnitten manche Fonds mit spezifischem ESG-Mandat überdurchschnittlich ab. So entwickelten sich 2020 Fonds, die keine Ölaktien hielten, positiv, weil der Ölpreis während der COVID-19-Pandemie einbrach und Tech-Aktien zum Höhenflug ansetzten. 2021 gehörten Ölaktien aber zu den Spitzenreitern. Es gibt keine glaubwürdige Studie, die nachweist, dass ESG-Investments auf lange Sicht dauerhaft überdurchschnittliche Ergebnisse bringen. Solche Fonds sind nicht so diversifiziert wie breit aufgestellte Indexfonds und können riskanter sein. Außerdem haben sie höhere Kostenquoten, die in aller Regel die Anlageerträge mindern. Behauptet ein ESG-Fondsmanager, Ihre Renditen würden gesteigert, so dürfte das eher darauf hinauslaufen, dass seine höheren Honorare subventioniert werden.

Die umfassendste Erhebung zu den Erträgen von ESG-Investments stammt von Sam Adams und Larry Swedroe. Sie stellen fest: Obwohl andere Studien zu ganz anderen Ergebnissen kommen, gibt es keinen unzweideutigen Beleg dafür, dass nachhaltige Anlagen die langfristige finanzielle Wertentwicklung verbessern. Sie weisen nach, dass sich die Unterschiede zwischen kurz- und langfristigen Renditen durch die verschiedenen empirischen Ergebnisse erklären lassen. Höhere Nachfrage nach ESG-konformen Anlagen kann die Aktienkurse in die Höhe treiben – und damit auch die Erträge nachhaltiger Fonds. Doch im Anschluss notieren die sogenannten »grünen« Aktien zu höheren Bewertungskennzahlen und mit auf längere Sicht niedrigeren Renditeansprüchen. Kurzfristige Vorteile werden daher auf Kosten der langfristigen Wertentwicklung realisiert. Anleger, die nachhaltig investieren möchten, sollten nicht zu viel erwarten – und bereit sein, niedrigere langfristige Renditen in Kauf zu nehmen.

Möglicherweise beeinflusst ein Fokus auf ESG das Verhalten von Unternehmen. Winken ESG-Unternehmen höhere Aktienkurse und geringere Kapitalkosten, so gibt es einen Anreiz, ihre ESG-Ratings zu verbessern. Ein Fokus auf nachhaltigen Investments kann also dazu führen, dass sich Unternehmen positiver verhalten. ESG-Bedenken von Anlegern können insofern positive Effekte zeigen, als Unternehmen dazu animiert werden, Maßnahmen zu ergreifen, die eine positive Wirkung auf die Gesellschaft haben – etwa die Verringerung ihrer Treibhausgasemissionen. Es gibt jedoch keine eindeutigen Hinweise darauf, dass Sanktionen, die gegen Unternehmen ergriffen werden, die nicht nachhaltig arbeiten – wie der Abzug von Kapital – deren Möglichkeiten zur Kapitalbeschaffung beeinflusst. Ebenso wäre es ein Fehlschluss, dass zunehmende Investitionen in nachhaltige Unternehmen ausreichen, um es einem Land zu erlauben, seine Umweltziele zu erreichen. Die effektivste Möglichkeit, die CO_2-Intensität einer Volkswirtschaft zu verringern, sind Änderungen an den wirtschaftlichen Anreizen zur Umweltverschmutzung. Dies ließe sich mit einer CO_2-Steuer erreichen. Der Staat könnte auch im Auktionsverfahren eine begrenzte Anzahl handelbarer Emissionsgenehmigungen vergeben. Unternehmen könnten Emissionen verringern, um die Kosten für eine solche Genehmigung zu vermeiden, oder Genehmigungen erwerben, wenn ihre Kosten für die Verringerung der Verschmutzung besonders hoch sind. Für alle, die die Moralität einer Regierung infrage stellen, die Verschmutzungsrechte verkauft, gibt es eine gute Antwort: Das ist immer noch besser, als solche Rechte zu verschenken.

Offensichtlich besteht bei den Anlegern hohe Nachfrage nach Investments, die nachweislich mit ihren ethischen Prinzipien in Einklang stehen. Neben dem Erreichen finanzieller Ziele kann die Kapitalanlage auch emotionale Befriedigung verschaffen. Die Menschen möchten ihre Anlagestrategien auf ihre gesellschaftlichen Werte ausrichten und gleichzeitig ihre finanziellen Erträge steigern. Doch die breit aufgestellten Anlageprodukte, die damit werben, Ihnen dabei zu helfen, die Welt zu retten und parallel dazu höhere Erträge zu erzielen, halten nicht, was sie versprechen. Die vier ESG-ETFs mit dem höchsten verwalteten Vermögen notieren unter den Tickersymbolen ESGU, USSG, SUSL und DSI. Lediglich für den DSI liegt eine langfristige Wertentwicklungsbilanz vor. Über die 2022 abgelaufenen zehn Jahre schnitt der Fonds schlechter ab als der breite Indexfonds VTSAX. Auch ist absolut nicht gesagt, dass die Positionen dieser Fonds alle ein ESG-Prädikat verdienen. Hinzu kommt, dass solche Fonds nicht so stark diversifiziert sind und höhere Kosten verursachen als reine Indexfonds. Überdies ist ohne Weiteres möglich, dass sie auf lange Sicht unterdurchschnittliche Ergebnisse erzielen. Wenn Sie versuchen, es sich gutgehen zu lassen, indem Sie Gutes tun, erreichen Sie womöglich keines dieser beiden Ziele.

Was sollten Sie also tun, wenn Sie zumindest einen Teil Ihres Kapitals so verantwortungsbewusst investieren möchten, wie es Ihren erklärten Überzeugungen entspricht? Ich vertrete nach wie vor die

Ansicht, dass das Herzstück Ihres Portfolios aus kostengünstigen, breit gestreuten Indexfonds bestehen sollte. Dem können Sie noch eine Allokation in einen auf erneuerbare Energien fokussierten Fonds oder einen anderen Fonds beimischen, der mit den bestimmten Themen in Einklang steht, die Ihnen wichtig sind. Schauen Sie sich aber genau an, welche Wertpapiere tatsächlich in den Fonds enthalten sind, die Sie erwerben, um sicherzugehen, dass diese auch wirklich mit Ihren konkreten ethischen Anliegen übereinstimmen. Dabei kommt es vor allem auf sorgfältige Prüfung an. Und lassen Sie sich nicht vormachen, dass grüne Investments mit ihren Erträgen über dem Markt liegen. Es ist eben doch nicht so einfach, ein guter Mensch zu sein.

Schlussbemerkungen

Anleger sollten die neuen Methoden zum Portfolioaufbau auf jeden Fall kennen. Hochvermögende Investoren könnten über die Beimischung eines Multifaktor-Smart-Beta-Angebots oder eines Risikoparitätsportfolios in ihren gesamten Anlagenmix nachdenken. Faktor-Investments können die Rendite steigern – allerdings auf Kosten von Veränderungen an dem Risikospektrum, das ein breit aufgestellter Standard-Indexfonds aufweist. Anleger, die in der Lage sind, die zusätzlichen Risiken zu verkraften, die mit der Hebelung verbunden sind, könnten in Erwägung ziehen, ihre Investments um ein Risikoparitätsportfolio zu ergänzen. Womöglich möchten alle Anleger ihr Portfolio gern um einen oder mehrere Fonds mit Schwerpunkt auf »ökologisch nachhaltigen« Anlagen bereichern. Solche Angebote sollten Sie aber nur in Betracht ziehen, wenn sie kostengünstig sind und ihre potenziell ungünstigen steuerlichen Effekte durch andere Segmente Ihres Gesamtportfolios abgefedert werden können. Ich bin nach wie vor der Überzeugung, dass ein breit aufgestellter Indexfonds, der den gesamten Aktienmarkt abdeckt, den Kern eines jeden Investmentportfolios bilden sollte. Anleger sollten auch unbedingt realistische Erwartungen dazu haben, welche Renditen solche Fonds abwerfen können und welche Tücken sie haben. Breit aufgestellte und gestreute Index-Kernanlagen sind durch nichts zu ersetzen. Für Anleger, die ein Aktienportfolio für die Altersvorsorge aufbauen wollen, gilt natürlich, dass kapitalisierungsgewichtete Standard-Indexfonds die geeignete erste Wahl sind.

VIERTER TEIL:

EIN PRAKTISCHER LEITFADEN FÜR ANLEGER, DIE DEN ZUFALLSWEG BESCHREITEN – UND FÜR ALLE ANDEREN AUCH

ZWÖLFTES KAPITEL:

EIN FITNESS-RATGEBER FÜR ANLEGER AUF DEM ZUFALLSWEG – UND FÜR ALLE ANDEREN

Wie viele Zinsen Sie mit Ihren Geldanlagen erzielen wollen, sollte sich danach richten, ob Sie gut essen oder gut schlafen möchten.

J. Kenfield Morley, *Some Things I Believe*

Der vierte Teil dieses Buches liefert Ihnen die Wegweiser für Ihren Zufallsweg über die Wall Street. Im vorliegenden Kapitel gebe ich allgemeine Investmentratschläge, die für alle Anleger nützlich sein sollten – auf für diejenigen, die nicht an die hohe Effizienz der Wertpapiermärkte glauben. Im dreizehnten Kapitel versuche ich, die jüngsten Schwankungen zu erklären, die bei Aktien- und Anleiherenditen aufgetreten sind, und Ihnen zu zeigen, wie Sie vielleicht besser einschätzen können, was die Zukunft bringt. Im vierzehnten Kapitel statte ich Sie mit einem Anlageratgeber fürs ganze Leben aus. Daraus geht hervor, was für eine wichtige Rolle die Lebensphase spielt, in der Sie sich gerade befinden, wenn Sie ermitteln möchten, welcher Anlagenmix Ihnen die größten Chancen eröffnet, Ihre finanziellen Ziele zu erreichen.

Im letzten Kapitel zeichne ich konkrete Strategien für Aktienanleger vor, die zumindest zum Teil an die Effizienzmarkttheorie glauben und für sich kaum Chancen sehen, auf echte Sachkenntnis zurückzugreifen – falls etwas Derartiges überhaupt existiert. Doch wer besonnen vorgeht, bricht zu seinem Zufallsspaziergang erst auf, wenn er sich gründlich und sorgfältig vorbereitet hat. Selbst wenn sich die Aktienkurse nach dem Zufallsprinzip bewegen – Sie sollten das nicht. Betrachten Sie die folgenden Tipps als eine Art Aufwärmprogramm für Ihre Finanzmuskeln, das Sie in die Lage versetzt, vernünftige Finanzentscheidungen zu treffen, und Ihre Investmenterträge nach Steuern zu verbessern.

Übung 1: Den nötigen Proviant beschaffen

Viele halten Anweisungen dazu, welche herausragenden Einzelaktien oder Investmentfonds sie kaufen sollten, für die Eintrittskarte zu einem komfortablen Ruhestand und einem fetten Anlageportfolio. Leider sind solche Eintrittskarten nicht das Papier wert, auf dem sie gedruckt sind. Die unbequeme Wahrheit lautet: Der wichtigste Wachstumstreiber für Ihr Vermögen ist, wie viel Sie sparen – und Sparen erfordert Disziplin. Ohne ein regelmäßiges Sparprogramm spielt es keine Rolle, ob Sie mit Ihren Investments 5, 10 oder sogar 15 Prozent erwirtschaften. Das Wichtigste, was Sie tun können, um sich finanziell abzusichern, ist, regelmäßig zu sparen – und damit so früh wie möglich zu beginnen. Der einzige zuverlässige Weg in einen sorgenfreien Ruhestand besteht darin, langsam und stetig ein finanzielles Polster anzulegen. Doch die Wenigsten richten sich nach dieser Grundregel – und die Ersparnisse amerikanischer Familien sind in der Regel beklagenswert unzulänglich.

Von ganz entscheidender Bedeutung ist, dass Sie *jetzt* anfangen zu sparen. Mit jedem Jahr, um das Sie diese Entscheidung hinausschieben, sind Ihre Ziele fürs Alter schwieriger zu erreichen. Setzen Sie lieber auf die Zeit als auf den richtigen Zeitpunkt. Wie auf dem Schild in dem Schaufenster einer Bank zu lesen war: Sie können dort Schritt für Schritt eine sichere, solide Reserve aufbauen – aber nur, wenn Sie damit anfangen.

Das Geheimnis, wie man langsam (aber sicher) reich wird, verbirgt sich im Wunder des Zinseszinses, das Albert Einstein als »größte mathematische Entdeckung aller Zeiten« bezeichnete. Es besteht ganz einfach darin, dass Sie nicht nur Erträge auf Ihre ursprüngliche Anlage erhalten, sondern auch auf die aufgelaufenen Zinsen, die Sie wiederanlegen.

Jeremy Siegel, Autor des hervorragenden Investmentbuches *Aktien für die Ewigkeit*, hat die Erträge verschiedener Finanzanlagen von 1802 bis 2021 berechnet. Seine Arbeit belegt die unglaubliche Wirkung des Zinseszinseffekts. Aus einem 1802 in Aktien investierten Dollar wären Ende 2021 54 Millionen Dollar geworden. Dieser Betrag ist weit höher als die Inflationsrate, gemessen vom Verbraucherpreisindex (VPI). Die folgende Abbildung zeigt auch die bescheidenen Erträge, die mit US-Staatsanleihen und Gold zu erreichen waren.

GESAMTERTRAG DER INDIZES

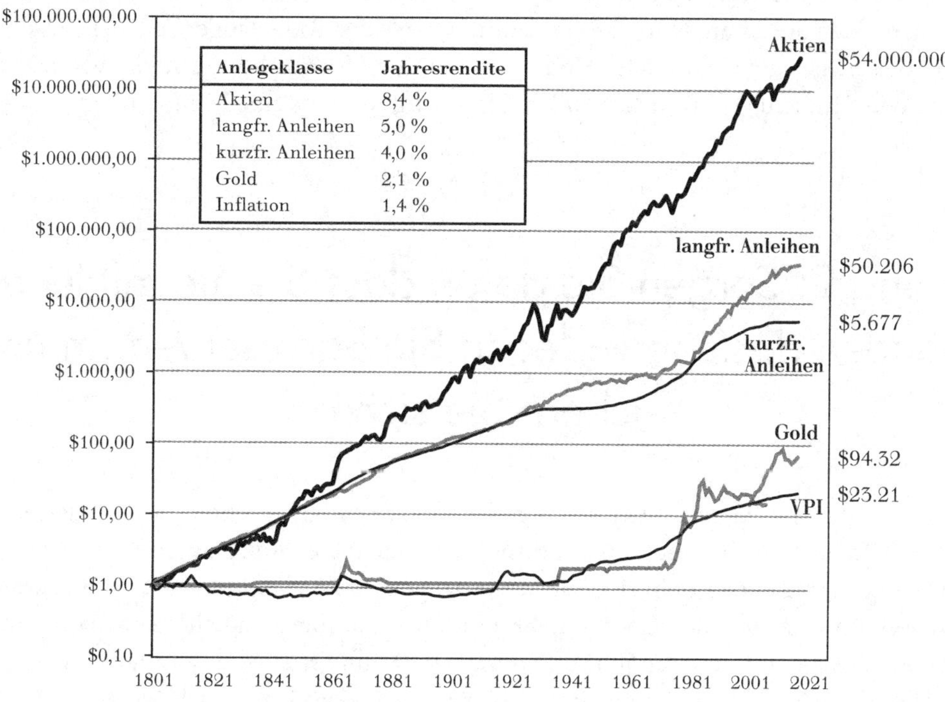

Quelle: Siegel, Aktien für die Ewigkeit, *FinanzBuch Verlag*

Wenn Sie eine Strategie für schnellen Reichtum suchen, ist dieses Buch nicht das Richtige für Sie. Das überlasse ich den Scharlatanen. Auf die Schnelle werden Sie höchstens arm. Um reich zu werden, müssen Sie langsam vorgehen – und gleich anfangen.

Was aber, wenn Sie das in Ihrer Jugend verpasst haben und nun Mitte 50 ohne Ersparnisse und ohne Altersvorsorge, aber mit belastenden Schulden dastehen? Dann wird es deutlich schwerer, Vorkehrungen für einen sorgenfreien Ruhestand zu treffen. Doch es ist nie zu spät. Verlorene Zeit lässt sich nur auf eine Weise wieder gutmachen: Indem Sie Ihren Lebensstil zurückschrauben und ein strenges Sparprogramm starten. Vielleicht bleibt Ihnen auch gar nichts anderes übrig, als länger zu arbeiten und den Ausstieg aus dem Berufsleben noch ein paar Jahre hinauszuschieben. Zum Glück können Sie mit steuerbegünstigten Pensionsplänen, wie sie nachstehend beschrieben sind, etwas aufholen.[19]

19 A. d. R.: Diese »steuerbegünstigten Pensionspläne« gibt es in Deutschland zwar nicht. Aber Sparpläne auf Aktien und ETFs lohnen sich trotzdem – auch deshalb, weil sie hierzulande zumindest günstiger besteuert werden als reguläres Arbeitseinkommen.

Lassen Sie die Zeit für sich arbeiten. Fangen Sie früh an zu sparen und legen Sie regelmäßig Geld beiseite. Leben Sie bescheiden und greifen Sie Ihre Ersparnisse nicht an. Wenn Sie sich disziplinieren müssen, denken Sie daran: Nur eines ist schlimmer als der Tod – länger zu leben, als das für den Ruhestand beiseitegelegte Geld reicht. Und wenn wir den Hochrechnungen glauben dürfen, dann werden aus den heutigen geburtenstarken Jahrgängen mindestens eine Million Menschen 100 Jahre alt.

Übung 2: Sorgen Sie dafür, dass Sie nie mit leeren Händen dastehen – legen Sie Barreserven an und sichern Sie sich ab

Denken Sie an Murphys Gesetz: Was schief gehen kann, geht auch schief. Und vergessen Sie auch nicht, dass O'Toole Murphy noch als Optimisten bezeichnete. Auch guten Menschen passieren schlimme Dinge. Das Leben ist ein riskantes Unterfangen – und jeder braucht mal unerwartet Geld. Vielleicht, weil Ihre Heizung den Geist aufgibt, wenn Ihre Familie gerade hohe medizinische Kosten stemmen muss. Oder weil Sie Ihren Job verlieren, als Ihr Sohn gerade die Familienkutsche zu Schrott gefahren hat. Wer hätte ahnen können, dass die COVID-19-Pandemie auch »sichere« Arbeitsplätze vernichten würde? Aus diesem Grund benötigt jeder Haushalt Barreserven und muss ausreichend abgesichert sein, um mit den Widrigkeiten des Lebens zurande zu kommen.

Barreserven

Ich weiß, ich weiß – viele Broker werden Ihnen erzählen, dass Sie Anlagechancen verpassen, wenn Sie auf Bargeld sitzen. »Cash is trash« ist bekanntlich das Mantra der Makler. Doch jeder braucht eine gewisse Reserve an sicheren, liquiden Anlagen, um unerwartete Arztrechnungen zu bezahlen oder ein Polster zu haben, wenn der Job weg ist. Nehmen wir an, Sie sind über Ihre Arbeitsstelle kranken- und invaliditätsversichert. Dann können Sie Ihre Rücklagen auf die Lebenshaltungskosten für drei Monate beschränken. Mit zunehmendem Alter sollten Sie mehr Reserven vorhalten.[20] Sind Sie in einem gefragten Beruf tätig und/oder haben viel frei verfügbares Vermögens, darf das Polster

20 A. d. R.: In den USA existiert, anders als in Deutschland, keine so umfassende gesetzliche Krankenversicherung, daher ist dort mehr private Vorsorge, auch für Krankheitskosten, nötig.

kleiner ausfallen. Außerdem sollten alle größeren künftigen Ausgaben (etwa für das Studium Ihrer Tochter) mit kurzfristigen Investments finanziert werden (wie Einlagenzertifikate von Banken), die fällig werden, wenn Sie das Geld brauchen (bzw. in Deutschland mit liquiden Mitteln auf dem Tagesgeldkonto, A. d. R.).

Versicherungen

Die meisten Menschen brauchen Versicherungen. Wer eine Familie zu versorgen hat, handelt regelrecht fahrlässig, wenn er sich nicht versichert. Jedes Mal wenn wir ins Auto steigen oder eine verkehrsreiche Straße überqueren, riskieren wir unser Leben. Ein Wirbelsturm oder ein Feuer könnten Ihr Haus und Ihren Besitz vernichten. Es können Pandemien ausbrechen, die ganze Volkswirtschaften zum Erliegen bringen. Die Menschen müssen sich vor dem Unvorhersehbaren schützen.

Haus- und Autoversicherung sind ein absolutes Muss für jeden. Das Gleiche gilt für Kranken- und Invaliditätsversicherung (die Krankenversicherung ist in Deutschland gesetzlich vorgeschrieben, A. d. R.). Auch eine Lebensversicherung, die die Familie absichert, wenn der Ernährer ausfällt, ist unbedingt notwendig. Alleinstehende ohne abhängige Familienangehörige brauchen keine Lebensversicherung. Doch wenn Sie eine Familie mit kleinen Kindern haben, die auf Ihr Einkommen angewiesen ist, dann müssen Sie diese mit einer Lebensversicherung absichern – und nicht zu knapp.

Die Policen sind zwar mit hohen Beiträgen verbunden, haben aber gewisse Vorzüge und werden oft für ihre Steuervorteile gepriesen. Erträge aus den Versicherungsbeiträgen, die in den Sparplan fließen, mehren sich steuerfrei, was für all jene von Vorteil sein kann, die ihre nachgelagert besteuerten Altersvorsorgemöglichkeiten bereits ausgeschöpft haben.[21]

Manchen Menschen fällt es schwer, regelmäßig Geld beiseitezulegen. Sie stellen manchmal fest, dass die pünktlich abgebuchten Beitragszahlungen ihnen die nötige Disziplin vermitteln, um sicherzugehen, dass ihren Familien ein bestimmter Betrag zur Verfügung steht, wenn sie sterben, und durch den angelegten Teil ihrer Beiträge Vermögen aufzubauen. Die größten Vorteile bringen solche Policen allerdings den Versicherungsvertretern, die sie verkaufen und dafür hohe Gebühren kassieren. Die ersten Beiträge entfallen überwiegend auf Provisionen und andere Gemeinkosten statt auf den Vermögensaufbau. Es arbeitet also nicht ihr ganzes Geld für Sie. Mir erscheint daher für die allermeisten Menschen ein selbstbestimmter Ansatz der bessere. Schließen Sie zur Absicherung eine Risikolebensversicherung ab und investieren Sie die Differenz in die nachgelagert besteuerte Altersvorsorge. Mit dieser Variante sind Sie weitaus besser bedient als mit einer kapitalbildenden Lebensversicherung.

---

21 A. d. R.: In Deutschland gilt das nicht, bestimmte Policen wie Kranken-, Haftpflicht-, Unfall- und manche Lebensversicherungen sind aber immerhin in begrenztem Umfang absetzbar.

Mein Rat: Schließen Sie eine Risikolebensversicherung mit verlängerbarer Laufzeit ab, die keine erneute Gesundheitsprüfung voraussetzt.[22] Risikolebensversicherungen mit abnehmender Versicherungssumme, die sich mit entsprechend niedrigeren Beiträgen verlängern lassen, sollten für die meisten Familien am besten geeignet sein, denn mit der Zeit (wenn die Kinder und die finanziellen Möglichkeiten der Familie größer werden) brauchen Sie gewöhnlich weniger Absicherung. Sie sollten aber wissen, dass die Beiträge für solche Versicherungen ab einem Alter von 60, 70 oder mehr Jahren drastisch steigen. Benötigen Sie zu diesem Zeitpunkt noch eine solche Versicherung, werden Sie feststellen, dass diese nahezu unbezahlbar ist. Allerdings besteht an diesem Punkt das größte Risiko nicht mehr in Ihrem verfrühten Ableben, sondern darin, dass Sie zu lange leben und Ihr Vermögen irgendwann verfrühstückt haben könnten. Dieses Vermögen können Sie effektiver vergrößern, indem Sie eine Risikolebensversicherung abschließen und das dadurch gesparte Geld selbst anlegen.

Suchen Sie sich das günstigste Angebot aus. Nutzen Sie Preisdienste oder das Internet, um sich die besten Tarife zu sichern. Auf www.term4sale.com finden Sie beispielsweise viele verschiedene Policen mit unterschiedlichen Konditionen.[23] Einen Versicherungsvermittler brauchen Sie nicht. Die von solchen Fachleuten angebotenen Policen sind teurer, da zusätzliche Beiträge in die Provision des Vermittlers fließen. Verzichten Sie darauf, können Sie viel Geld sparen.

Schließen Sie keine Versicherung bei einer Gesellschaft mit einem »A.M. Best«-Rating unter A ab. Niedrigere Beiträge entschädigen Sie nicht für das Risiko, dass Ihre Versicherung in Schieflage gerät und nicht in der Lage ist, Zahlungen zu leisten. Verlassen Sie sich bei der Absicherung für den Todesfall nicht auf einen finanzschwachen Versicherungsanbieter.

Die »A.M. Best«-Ratings von Versicherungsunternehmen können Sie auf der Website von A.M. Best unter www.ambest.com einsehen. Ein etwas objektiveres und kritischeres Rating bietet die Verbraucherschutzorganisation Weiss Research auf ihrer Website www.weissratings.com an.[24]

---

22 A. d. R.: In Deutschland gilt: Schließen Sie eine Risikolebensversicherung ab – um Fragen zu Ihrer Gesundheit werden Sie dabei aber nicht herumkommen. Deshalb empfiehlt sich ein möglichst früher Abschluss, unter anderem weil da weniger Vorerkrankungen auftreten.

23 A. d. R.: In Deutschland finden Sie einen solchen Vergleich etwa auf www.check24.de. Aber auch ein Blick auf die Seiten diverser Direktversicherungen kann sich lohnen.

24 A. d. R.: Die Empfehlung, auf keinen finanzschwachen Versicherer zu setzen, gilt zwar grundsätzlich auch hierzulande. Aber für Versicherer, die ihre Policen in Deutschland anbieten, existiert eine Auffanggesellschaft namens Protektor AG, die im Insolvenzfall einspringt. Es reicht also, wenn Sie sich vor Abschluss vergewissern, dass der betreffende Versicherer dort Mitglied ist. Eine entsprechende Auflistung finden Sie unter dem Stichwort »Sicherungsfonds« auf der betreffenden Internetseite: www.protektor-ag.de

Aufgeschobene Rentenversicherungen

Rentenversicherungsprodukte würde ich grundsätzlich meiden – vor allem die besonders teuren Varianten, die von Versicherungsvertretern angeboten werden. Eine aufgeschobene Rentenversicherung ist im Grunde ein Anlageprodukt (in aller Regel ein Investmentfonds) mit Versicherungscharakter. Dieser besteht darin, dass die Versicherungsgesellschaft im Falle Ihres Ablebens Ihr gesamtes angelegtes Kapital auch dann komplett zurückzahlt, wenn der Wert des Investmentfonds unter die eingezahlte Summe gefallen ist. Solche Policen sind sehr teuer, weil Sie in aller Regel hohe Vermittlungsprovisionen und eine Prämie für die Versicherungskomponente zahlen. Solange ihr Investmentfonds nicht durch einen Kurssturz am Aktienmarkt abrupt einbricht und Sie kurz nach Abschluss der Versicherung tot umfallen, dürfte der Wert dieser Versicherung gering ausfallen. Denken Sie an die Grundregel zum Erreichen finanzieller Sicherheit: Machen Sie es nicht zu kompliziert. Meiden Sie komplexe Finanzprodukte ebenso strikt wie die beflissenen Vertreter, die Sie Ihnen verkaufen wollen. Es gibt nur einen Grund für Sie, eine solche aufgeschobene Rentenversicherung in Betracht zu ziehen: nämlich wenn Sie superreich sind und bereits alle sonstigen nachgelagert besteuerten Sparmöglichkeiten ausgeschöpft haben. Selbst dann sollten Sie ein solches Produkt direkt von einem der billigsten Anbieter erwerben, etwa von der Vanguard Group.[25]

Übung 3: Konkurrenzfähig bleiben – achten Sie darauf, dass die Rendite auf Ihre Barreserve mit der Inflation Schritt hält

Wie schon gesagt, müssen Sie immer in der Lage sein, anstehende Ausgaben wie Studiengebühren, mögliche Notfälle oder auch psychologische Unterstützung finanzieren zu können. Sie stehen daher vor einem echten Dilemma, denn Sie wissen: Auf einem Sparkonto erhalten Sie vielleicht 1 Prozent Zinsen in einem Jahr, in dem die Inflationsrate über 2 Prozent beträgt. Sie verlieren also reale Kaufkraft. In Wirklichkeit sieht es sogar noch schlechter aus, denn die von Ihnen vereinnahmten Zinsen unterliegen der Einkommensteuer. Hinzu kommt, dass die kurzfristigen Zinsen in den 2010er- und

25 A. d. R.: In Deutschland sind private Rentenversicherungen etwas anders konstruiert, aber auch hier gibt es Produkte mit Garantien für die Auszahlung. Bei klassischen Rentenversicherungen gibt es etwa den Garantiezins, bei Riester-Rentenversicherungen die gesetzliche Verpflichtung, mindestens die Einzahlungen plus die staatlichen Zulagen bei Renteneintritt zurückzugewähren. Auch hier gilt: Diese Garantien lassen sich die Versicherer gut bezahlen, und auch die Vermittler kosten viel Geld. Als Sparprodukt lohnen sich Versicherungsprodukte daher auch hierzulande nicht.

frühen 2020er-Jahren abnorm niedrig waren. Was also soll der kleine Sparer tun? Die interessantesten Renditen werden vermutlich von mehreren kurzfristigen Anlagen geboten. Wirklich gute Alternativen gibt es allerdings nicht, wenn die Zinsen extrem niedrig sind.[26]

Geldmarktfonds

Geldmarktfonds sind für Anleger häufig das beste Instrument, um ihr Bargeld zu parken. Sie vereinen Sicherheit mit der Fähigkeit, hohe Schecks auf Ihr Fondsguthaben auszustellen – gewöhnlich über Beträge von mindestens 250 Dollar. Die Zinsen, die diese Fonds abwarfen, betrugen zwischen 2000 und 2010 in aller Regel 1 bis 5 Prozent. In den 2010er- und frühen 2020er-Jahren waren die Zinsen jedoch sehr gering, und die Renditen der Geldmarktfonds gingen gegen null. Nicht alle Geldmarktfonds sind gleich. Manche weisen deutlich höhere Kostenquoten auf (die Kosten für den Betrieb und die Verwaltung der Fonds) als andere. Generell bedeuten niedrigere Kosten höhere Renditen. Beispiele für vergleichsweise kostengünstige Fonds finden Sie am Ende dieses Buches im Adressbuch und Referenzleitfaden für Random Walker.

Einlagenzertifikate von Banken

Reserven für bekannte künftige Ausgaben sollten in ein sicheres Instrument investiert werden, dessen Laufzeit zu dem Termin abläuft, an dem Sie das Geld brauchen. Nehmen wir an, Sie haben Geld für die Studiengebühren eines Kindes zur Seite gelegt, die jeweils am Ende des ersten, zweiten und dritten Studienjahres zu zahlen sind. In diesem Fall sähe ein geeigneter Anlageplan so aus, dass sie drei Einlagenzertifikate mit einem, zwei und drei Jahren Laufzeit kaufen. Einlagenzertifikate von Banken sind sogar noch sicherer als Geldmarktfonds, bieten in aller Regel höhere Renditen und sind für all jene Anleger eine ausgezeichnete Option, die ihre liquiden Mittel für mindestens sechs Monate festlegen können.

26 Keine der folgenden Empfehlungen, außer derjenigen unter der Überschrift »Onlinebanken« ist in Deutschland in vergleichbarer Form verfügbar beziehungsweise empfehlenswert. Auch wenn ein Inflationsausgleich damit – unabhängig von der Höhe der Leitzinsen – in aller Regel nicht möglich ist: Geld, das kurzfristig verfügbar sein muss, sollten Sie auf einem Tagesgeldkonto parken. Geld, das Sie mittelfristig zu einem absehbaren Termin benötigen, ist auf einem Festgeldkonto mit entsprechender Laufzeit richtig. Beachten sollten Sie dabei aber, dass die Bank, die Ihr Konto oder Ihre Konten führt, eine vernünftige Einlagensicherung bietet. EU-weit vorgeschrieben ist die Absicherung bei Insolvenz einer Bank bis 100.000 Euro pro Bankkunde. Wie leistungsfähig die Einlagensicherung der jeweiligen Länder ist, dazu gibt es regelmäßig Veröffentlichungen von Verbraucherschutz-Organisationen. Die Einlagensicherungssysteme in Deutschland – es existieren mehrere parallel – gelten als sicher. Bevor Sie ein Konto eröffnen und Geld dorthin transferieren, sollten Sie sich also informieren, wie und bis zu welcher Sicherungsgrenze Ihr Geld bei der betreffenden Bank abgesichert ist.

Solche Einlagenzertifikate von Banken haben aber auch Nachteile. Sie lassen sich nicht ohne Weiteres verflüssigen. Ziehen Sie Ihr Geld vorzeitig ab, fallen gewöhnlich hohe Vorfälligkeitsentschädigungen an. Außerdem unterliegt die Rendite solcher Anlagen der bundesstaatlichen und kommunalen Einkommensteuer in den USA. US-Schatzanweisungen (kurzlaufende US-Staatsanleihen), die an anderer Stelle noch erörtert werden, sind von solchen Steuern befreit.

Einlagenzertifikate von Banken werden ganz unterschiedlich verzinst. Aus dem Internet erfahren Sie, wo es die interessantesten Renditen gibt. Auf www.bankrate.com können Sie sich die höchsten Sätze im Land heraussuchen. Die Einlagen bei allen Banken und Kreditgenossenschaften, die auf dieser Website aufgeführt sind, sind im Einlagensicherungssystem der Federal Deposit Insurance Corporation. Für alle aufgeführten Anbieter sind Anschriften und Rufnummern angegeben. Sie können sich dort telefonisch bestätigen lassen, dass die Einlagen gesichert sind, und sich über die aktuellen Renditen informieren.

Onlinebanken

Anleger können auch die Angebote von Online-Finanzinstituten nutzen, die ihre Kosten dadurch senken, dass sie auf Filialen und Schalter verzichten und ihre Geschäfte ausschließlich elektronisch abwickeln. Dank ihrer geringen Gemeinkosten können sie deutlich höhere Zinsen bieten als reguläre Sparkonten und Geldmarktfonds. Anders als Geldmarktfonds können Internetbanken, die Mitglied der Federal Deposit Insurance Corporation sind, die Sicherheit Ihres Kapitals garantieren. Eine Internetbank finden Sie, wenn Sie den Begriff »Internetbank« googeln. Auch eine Suche auf www.bankrate.com, um die Bank ausfindig zu machen, die die höchsten Zinsen zahlt, liefert Ihnen viele Onlineanbieter. In aller Regel bieten Internetbanken die höchsten auf dem Markt erhältlichen Zinssätze für Einlagenzertifikate.[27]

US-Schatzanweisungen

US-Schatzanweisungen, auch kurz T-Bills genannt, sind die sichersten Finanzinstrumente, die Sie finden können, und werden oftmals mit Zahlungsmitteln gleichgesetzt. Die von der US-Regierung ausgegebenen und garantierten T-Bills werden mit Laufzeiten von vier Wochen, drei Monaten, sechs Monaten und einem Jahr im Auktionsverfahren angeboten. Sie werden mit einem Mindestnennwert von 1000 Dollar und höheren Nennwerten in 1000-Dollar-Schritten ausgegeben. T-Bills haben

27 A. d. R.: Gute Vergleiche zu den Zinskonditionen für Tages- und Festgeldkonditionen diverser Online- und Filialbanken bieten in Deutschland etwa die Finanzportale www.fmh.de und www.biallo.de.

gegenüber Geldmarktfonds und Einlagenzertifikaten von Banken den Vorteil, dass ihre Erträge in den USA von bundesstaatlichen und kommunalen Einkommensteuern befreit sind. Außerdem werfen sie oft höhere Renditen ab als Geldmarktfonds. Informationen zum direkten Erwerb von T-Bills erhalten Sie auf www.treasurydirect.gov.

Steuerbefreite Geldmarktfonds

Gehören Sie zu den Glücklichen, die die höchsten Bundeseinkommensteuersätze zahlen, werden Sie feststellen, dass steuerbefreite Geldmarktfonds das beste Vehikel für Ihre Reserven darstellen. Solche Fonds investieren in ein Portfolio aus kurzfristigen Emissionen von staatlichen und kommunalen Stellen und erwirtschaften Erträge, die in den USA von Bundes- und auch von Bundesstaatssteuern befreit sind, wenn der Fonds seine Anlagen auf Wertpapiere beschränkt, die von Behörden des jeweiligen Bundesstaats ausgegeben werden. Sie bieten auch kostenlose Scheckabhebungen von Beträgen in Höhe von 250 Dollar oder mehr an. Solche Fonds bringen allerdings weniger Rendite als andere, die der Steuer unterliegen. Dessen ungeachtet können die Erträge aus derartigen Produkten für die Zahler von Spitzensteuersätzen attraktiver sein als die Nachsteuerrenditen herkömmlicher Geldmarktfonds. Die meisten Fondskomplexe bieten auch in bestimmten Bundesstaaten steuerbegünstigte Produkte an. Leben Sie in einem Bundesstaat mit hohen bundesstaatlichen Einkommensteuersätzen, können solche Fonds nach Steuern ausgesprochen attraktiv sein. Rufen Sie doch eine der im Adressbuch des Random Walkers aufgeführten Investmentfondsgesellschaften an und erkundigen Sie sich nach Geldmarktfonds, die nur in Wertpapiere aus dem US-Bundesstaat investieren, in dem Sie Steuern zahlen.

Übung 4: Lernen Sie, Steuern zu vermeiden

Im Internet kursiert folgender Witz:

> *Ein Pärchen – beide 78 Jahre alt – suchte die Praxis eines Sexualtherapeuten auf. »Was kann ich für Sie tun?«, fragte der Arzt. Darauf bat der Mann: »Bitte schauen Sie uns einmal beim Geschlechtsverkehr zu.« Der Arzt stutzte, erklärte sich aber dazu bereit. »Es gibt nichts daran auszusetzen«, befand er nach dem Akt und berechnete ihnen 50 Dollar. Das Paar vereinbarte einen weiteren Termin. So ging das mehrere Wochen. Die beiden hatten Sex, bezahlten den Arzt und gingen wieder. Schließlich fragte der Therapeut: »Was genau wollen Sie denn eigentlich herausfinden?« Darauf entgegnete der alte Herr: »Gar nichts. Aber sie ist verheiratet, deshalb können*

wir nicht zu ihr. Bei mir können wir uns auch nicht treffen, denn ich bin ebenfalls verheiratet. Das Holiday Inn verlangt 93 Dollar für ein Zimmer, das Hilton Inn 108 Dollar. Hier geht es für 50 Dollar, und davon kriege ich 43 Dollar von der Krankenversicherung wieder.«

Mit dieser Geschichte will ich Sie keinesfalls dazu animieren, den Staat zu betrügen. Ich möchte Sie aber sehr wohl dazu anhalten, jede Sparmöglichkeit zu nutzen, die Ihnen steuerliche Vorteile bringt, und dafür zu sorgen, dass sich Ihre Spargroschen und Geldanlagen steuerfrei mehren. Für die meisten Menschen gilt, dass gar kein Grund besteht, auf Erträge aus Anlagen für die Altersvorsorge Steuern zu zahlen. Fast alle Anleger – außer denjenigen, die schon vorher steinreich waren – können ein erhebliches Vermögen so aufbauen, dass der Fiskus nichts davon abschöpfen kann. Diese Übung zeigt Ihnen, wie Sie sich ganz legal das Finanzamt vom Hals halten können.

Individual Retirement Accounts[28]

Fangen wir mit der einfachsten Form der Altersvorsorge an – mit einem ganz primitiven Individual Retirement Account (kurz IRA). 2022 konnten Menschen mit bescheidenem Einkommen 6000 Dolllar im Jahr in ein Anlageinstrument wie einen Investmentfonds stecken und komplett von der Steuer absetzen. (Personen mit relativ hohen Steuersätzen können zunächst keine solchen Steuervorteile geltend machen, aber dennoch alle im Folgenden beschriebenen.) Zahlen Sie 28

---

28 A. d. R.: Auch diese und die folgenden Formen steuerbegünstigter finanzieller Vorsorge sind ausschließlich in den USA verfügbar. In Deutschland sieht es schlechter aus, weil mit der gesetzlichen Rentenversicherung eine staatliche Form der Altersvorsorge existiert, die aber für künftige Rentnergenerationen allenfalls einen Teil der nötigen Alterseinkünfte gewährleistet. Was können Sie tun, um mit staatlicher Förderung vorzusorgen? Eine Riester-Rente bietet Ihnen staatliche Zulagen und eventuell darüber hinaus sogar eine Steuerersparnis. Durch die rigiden Vorgaben des Gesetzgebers zur garantierten Höhe der späteren Auszahlungssumme haben die betreffenden Produkte allerdings kaum eine Chance, gute Renditen abzuwerfen. Produkte zur Basisrente, landläufig Rürup-Verträge genannt, basieren allein auf dem Prinzip der Steuerersparnis, sind aber mit hohen Kosten belastet. Arbeitgeber sind zudem verpflichtet, mindestens eine Form der betrieblichen Altersvorsorge anzubieten, die in bestimmtem Rahmen von Steuern und Sozialversicherungen befreit sind. Das sind meist Versicherungsverträge, zumeist von Direktversicherern oder Pensionskassen. Aber auch hier ist die Kostenbelastung hoch und der Spareffekt niedrig. Außerdem kann bei einem Arbeitgeberwechsel ein solcher Vertag nicht immer mitgenommen werden. Eine wirklich rentable Altersvorsorge lässt sich also am besten durch ein individuelles Wertpapierdepot bewerkstelligen, das – im Sinne dieses Buches – mit ETFs bestückt werden sollte. Immerhin eine gewisse Steuervergünstigung ist dabei gegeben: Auf Kapitalerträge, also Gewinne aus Aktien, Fonds, Anleihen et cetera, wird nur die Abgeltungssteuer erhoben. Erträge bis zum Sparerpauschbetrag von 1000 Euro pro Person, beziehungsweise 2000 Euro bei zusammen veranlagten Ehepaaren, bleiben steuerfrei. Die Abgeltungssteuer ist zudem mit 25 Prozent plus Solidaritätszuschlag und Kirchensteuer zumeist niedriger als die persönliche Einkommenssteuer. Wer mutmaßlich einen niedrigeren Steuersatz hat, kann durch Angabe der Erträge in der Einkommenssteuererklärung und das Ankreuzen der Option »Ich beantrage Günstigerprüfung für alle Kapitalerträge« in der Anlage KAP alternativ auch diesen ansetzen lassen.

Prozent Einkommenssteuer, so kostet Sie Ihr Beitrag effektiv nur 4320 Dollar, da er Ihnen eine Steuerersparnis von 1680 Dollar bringt. Sie müssen sich das so vorstellen, als würde der Staat Ihr Sparkonto subventionieren. Nehmen Sie nun an, Ihre Anlage bringt 7 Prozent pro Jahr, und Sie zahlen 45 Jahre lang weiter jedes Jahr 6000 Dollar ein. Auf die Erträge des Geldes, das Sie in ein IRA investieren, fallen keinerlei Steuern an. Ein Anleger, der mit so einem IRA spart, hat am Ende über 1,8 Millionen Dollar. Dieselben Beiträge ohne die Vorzüge eines IRA (für die jedes Jahr 28 Prozent Steuern anfallen würden) würden sich insgesamt nur auf etwas mehr als 1 Million Dollar belaufen. Selbst nach der Versteuerung des Kapitals, das Sie aus dem IRA entnehmen, mit einem Satz von 28 Prozent (und im Ruhestand vielleicht sogar weniger) haben Sie am Ende deutlich mehr Geld. Die folgende Grafik zeigt den enormen Vorteil der Anlage über einen steuerbegünstigen Plan.

DIE VORTEILE EINER ANLAGE VON 6000 DOLLAR IM JAHR ÜBER EIN NACHGELAGERT BESTEUERTES IRA GEGENÜBER EINEM ZU VERSTEUERNDEN INVESTMENT

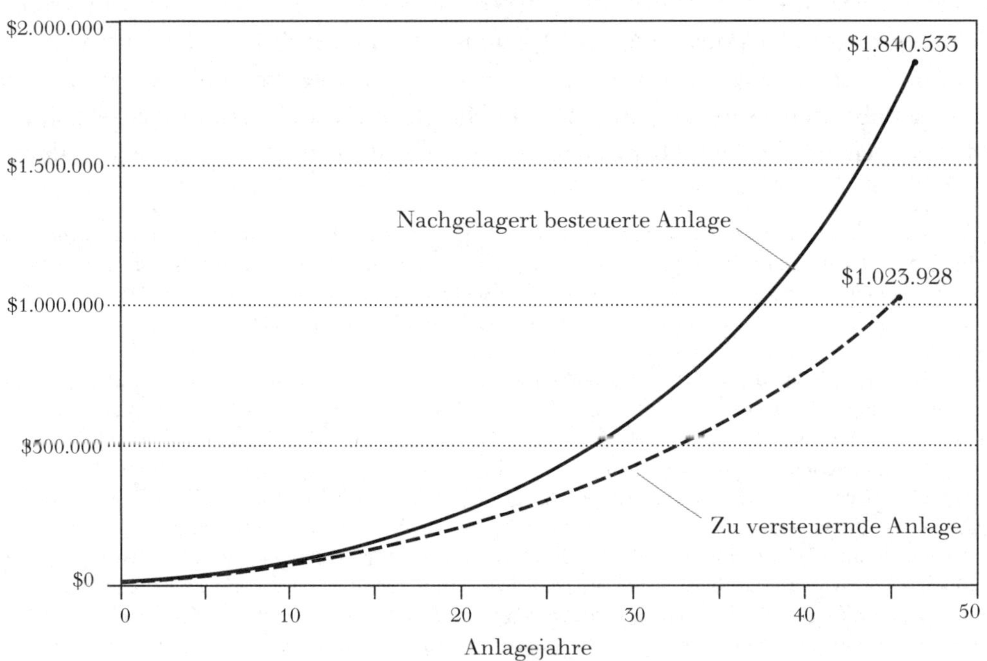

Quelle: Adaptiert aus John J. Brennan, Straight Talk on Investing

Diese Grafik stellt das Endvermögen zweier hypothetischer Depots einander gegenüber – eines nachgelagert besteuerten und eines steuerbaren. In beide Depots zahlen die Anleger 45 Jahre lang jedes Jahr 6000 Dollar ein und erwirtschaften nach Abzug der Kosten eine Jahresrendite vor Steuern von 7 Prozent.

Wer es versäumt hat, in jungen Jahren Geld beiseitezulegen, und jetzt etwas nachholen muss, für den gilt ab 50 Jahren eine Grenze von 7000 Dollar.

Roth IRAs

Anleger können sich auch für eine andere Form der Altersvorsorge entscheiden – für das sogenannte Roth IRA. Das klassische IRA bringt unmittelbare Vorteile durch die steuerliche Abzugsfähigkeit (vorausgesetzt, Sie verdienen nicht zu viel, um diese in Anspruch zu nehmen). Ist das Geld auf dem Konto, fallen darauf und auf die vereinnahmten Erträge erst Steuern an, wenn es im Ruhestand entnommen wird. Das Roth IRA dagegen bietet nachgelagerte Vorteile – Sie können Ihre Beiträge nicht sofort steuerlich geltend machen, doch dafür fallen auf die Auszahlungen (einschließlich der erzielten Anlageerträge) überhaupt keine Steuern an. Überdies haben Sie die Möglichkeit umzuschichten. Sie können Ihr herkömmliches IRA jederzeit in ein Roth IRA umwandeln, wenn Ihr Einkommen unter eine bestimmte Grenze fällt. Auf das umgeschichtete Kapital fallen zwar Steuern an, doch weder auf die künftigen Anlageerträge noch auf die Entnahmen im Alter. Hinzu kommt, dass es für ein Roth IRA keine Mindestausschüttungsvorschriften über die Lebenszeit gibt. Sie können auch noch weiter einzahlen, wenn sie 70,5 Jahre überschritten haben. So lassen sich zugunsten künftiger Generationen erhebliche Summen steuerfrei ansparen.

Die Frage, welches IRA für Sie am besten geeignet ist und ob Sie umschichten sollten, ist nicht so ohne Weiteres zu beantworten. Glücklicherweise bietet die Finanzdienstleistungsindustrie kostenlose Software an, mit der Sie analysieren können, ob eine solche Umwandlung für Sie sinnvoll ist. Viele Investmentfondsgesellschaften und Makler bieten solche Analysetools für Roth-Konten an, die recht benutzerfreundlich sind. Stehen Sie kurz vor der Rente und dürften künftig weniger Steuern zahlen müssen, sollten Sie eher nicht umschichten – vor allem, wenn Sie dadurch wieder einem höheren Steuersatz unterliegen würden. Sind Sie dagegen noch weit vom Ruhestand entfernt und zahlen Sie derzeit weniger Steuern, dürfte Ihnen ein Roth IRA spürbare Vorteile bringen. Verdienen Sie zu gut, um ein normales IRA steuerlich geltend zu machen, doch nicht zu viel, um für ein Roth IRA infrage zu kommen, ist Letzteres für Sie fraglos die richtige Wahl, denn Ihre Beiträge leisten Sie auf jeden Fall nach Steuern.

Pensionspläne

Arbeitgeber bieten verschiedene Möglichkeiten der betrieblichen Altersvorsorge an. Selbständige können selbst Pläne für sich aufstellen.

401(k)- und 403(b)-Pensionspläne. Fragen Sie nach, ob Ihr Arbeitgeber einen Gewinnbeteiligungsplan für die Altersvorsorge wie einen 401(k)-Plan anbietet, den die meisten Unternehmen eingerichtet haben, oder einen 403(b)-Plan, wie es ihn bei den meisten Bildungsträgern gibt. Beides sind perfekte Vehikel, um zu sparen und zu investieren, da das Geld von Ihrem Gehalt abgezogen wird, noch bevor Sie es auch nur zu Gesicht bekommen. Außerdem stocken manche Arbeitgeber die Beiträge der Beschäftigten auf, sodass jeder gesparte Dollar mehr wert ist. Zum Stand von 2022 durften bis zu 20.500 Dollar im Jahr in solche Pläne eingezahlt werden. Die Beiträge zählen nicht als steuerbares Einkommen. Für Personen über 50, von denen manche noch einiges aufzuholen haben, betrugen die Beitragsgrenzen für 2022 27.000 Dollar pro Jahr.

Pläne für Selbständige. Für Selbständige hat der US-Kongress das SEP IRA eingerichtet. Alle selbständig Tätigen – vom Wirtschaftsprüfer bis zur Avon-Beraterin, vom Friseur bis zum Immobilienmakler, vom Arzt bis zum Dekorateur – dürfen einen solchen Plan einrichten und ganze 25 Prozent Ihres Einkommens einzahlen – bis zu einer Grenze, die 2022 bei 61.000 Dollar im Jahr lag. Haben Sie einen Zweitjob, können Sie für das Zusatzeinkommen ebenfalls ein SEP IRA einrichten. Das in das SEP IRA eingezahlte Geld kann vom zu versteuernden Einkommen abgezogen werden. Die Erträge werden erst bei Auszahlung besteuert. Den Plan müssen Sie selbst gestalten – das bedeutet, wie Sie das Geld anlegen, bleibt Ihnen überlassen. Jede der Fondsgesellschaften, die ich im Adressbuch des Random Walkers aufgeführt habe, kann den nötigen Papierkram für Sie erledigen.

Millionen von Steuerzahlern lassen sich derzeit viele wirklich gute Angebote durch die Lappen gehen. Mein Rat für Sie: Sparen Sie mit Hilfe solcher steuerbegünstigter Anlagemöglichkeiten so viel wie möglich. Nutzen Sie, wenn es denn nötig ist, andere Ersparnisse, um laufende Lebenshaltungskosten zu decken, damit Sie den Maximalbetrag ausschöpfen.

Fürs Studium sparen: kinderleicht mit 529

Hinter der Zahl »529« verbirgt sich ein Ausbildungssparplan, der es Eltern und Großeltern ermöglicht, Kindern Geld zu schenken, das diese später für ihr Studium verwenden können. Dieses nach der gleichnamigen Bestimmung des einschlägigen Steuergesetzes benannte Geldgeschenk kann in Aktien und Anleihen investiert werden. Auf die Anlageerträge fallen keine US-Bundessteuern an, wenn das Geld für qualifizierte weiterführende Bildung verwendet wird. Überdies ermöglicht ein solcher Plan zum Stand von 2022 Einzelpersonen Beiträge in Höhe von immerhin 80.000 Dollar, ohne dass darauf Schenkungssteuern anfallen oder die Freibeträge für die Erbschaftssteuer gemindert werden. Für Paare verdoppelt sich der Betrag auf 160.000 Dollar. Wer Kinder oder Enkel hat, die aufs College gehen wollen, und sich die Beiträge zu einem 529-Plan leisten kann, der sollte auf jeden Fall einen solchen Plan einrichten.

Hat eine solche Anlage Tücken, vor denen Sie sich tunlichst in Acht nehmen sollten? Natürlich. Die meisten Vertreter, die solche Produkte anbieten, bekommen hohe Provisionen, die die Anlagerenditen mindern. Als aufgeklärter Verbraucher sollten Sie sich daher an ein Unternehmen wie Vanguard wenden, das Ihnen eine kostengünstige Alternative ohne Vorababzüge bietet. Es ist zwar immer nett, wenn man Steuern sparen kann, doch bei manchen kostenintensiven 529-Produkten bekommen Sie am Ende trotzdem weniger heraus. Beachten Sie auch, dass solche Pläne von den einzelnen Bundesstaaten sanktioniert werden und Sie in manchen Staaten zumindest einen Teil Ihrer Beiträge von den bundesstaatlichen Einkommensteuern absetzen können. Leben Sie also in einem entsprechenden Bundesstaat, sollten Sie einen Plan aus diesem Staat abschließen. Lässt Ihr Heimatstaat keine Steuervorteile zu, sollten Sie einen Plan aus einem Bundesstaat wie Utah wählen, der besonders kostengünstig ist. Darüber hinaus gilt: Verwenden Sie die Mittel aus einem solchen 529-Plan nicht zur Deckung der Kosten weiterführender Bildung (einschließlich Umschulung oder Seniorenstudium), unterliegen entnommene Beträge nicht nur der Einkommensteuer, sondern werden mit einer Strafzahlung von 10 Prozent belegt.

Bedenken Sie auch, dass Colleges bei der Bedürftigkeitsberechnung für finanzielle Unterstützung das 529-Vermögen vermutlich berücksichtigen. Eltern, die davon ausgehen, dass Ihnen solche Hilfen zustehen, wenn ihre Kinder aufs College gehen, sind also besser beraten, wenn sie das Geld auf ihren Namen anlegen oder noch besser, auf den Namen der Großeltern der künftigen Studierenden. Haben Sie aber ohnehin keinen Anspruch auf bedarfsgerechte Unterstützung, dann schließen Sie unbedingt einen kostengünstigen 529-Plan ab.[29]

29 Erschöpfende Informationen über 529-Pläne finden Sie auf www.savingforcollege.com. Der Beitrag von 80.000 Dollar geht von einer Wahl für fünf Jahre aus.

Die Skala für den Effekt größerer Investments auf Ihren Nachtschlaf				
Schlafqualität	**Anlagegattung**	**Erwartete Rendite vor Einkommensteuern (%) 2022**	**Zur Erzielung der erwarteten Rendite erforderliche Haltedauer**	**Risikoniveau**
Semikomatös	Bankkonto	0 – 2	Kein bestimmter Anlagezeitraum vorgeschrieben. Viele Sparkassen berechnen Zinsen vom Tag der Anlage bis zum Tag der Entnahme.	Kein Verlustrisiko für das angelegte Kapital. Einlagen bis zu 100.000 US-Dollar werden von einer staatlichen Stelle garantiert. Bei hoher Inflation jedoch nahezu hundertprozentig ein Verlustgeschäft.
Ruhig	Geldmarktfonds	0 – 2	Kein bestimmter Anlagezeitraum vorgeschrieben. Auf die meisten Fonds können Schecks ausgestellt werden.	Sehr geringe Risiken, weil die meisten Fonds in Staatspapiere und Bankzertifikate investieren. Normalerweise nicht garantiert. Die Zinsen variieren mit den Inflationserwartungen.
	Einlagenzertifikate	0 – 2,5	Das Geld muss über den gesamten vereinbarten Zeitraum angelegt bleiben, um in den Genuss der höheren Zinsen zu kommen.	Ein vorzeitiger Kapitalabzug nur gegen Vorfälligkeitszinsen möglich. Die Zinsen richten sich nach der erwarteten Inflation und können variieren.
	Inflationsgeschützte Staatsanleihen (TIPS)	0 – 1 zuzüglich Inflation	Dabei handelt es sich um langfristige Wertpapiere mit Laufzeiten von fünf oder mehr Jahren. Die Basisverzinsung variiert mit der Laufzeit.	Die Kurse können schwanken, falls die Papiere vor Fälligkeit veräußert werden. Langfristige Anleger erhalten aber einen ausgezeichneten Inflationsschutz.
Von dem einen oder anderen Traum unterbrochen, der auch mal bedrückend sein kann	Unternehmensanleihen von hoher Qualität (hochwertige Anleihen von öffentlichen Versorgungsunternehmen)	2 – 4 ¼	Die Anlagen müssen bis zum Ende der Laufzeit (5 bis 30) Jahre gehalten werden, damit der staatliche Zins gesichert ist. (Die Anleihen müssen auch gegen vorzeitige Rückzahlung geschützt sein.) Sie können jederzeit veräußert werden, doch die Marktkurse variieren mit den Zinsen.	Sehr geringes Risiko, wenn sie bis zur Fälligkeit gehalten werden. Mäßige bis erhebliche Schwankungen der realisierten Renditen sind zu erwarten, wenn die Anleihen vor Ende der Laufzeit verkauft werden. »Ramschanleihen« bieten deutlich höhere Renditen, sind aber mit erheblich größerem Risiko verbunden.

Die Skala für den Effekt größerer Investments auf Ihren Nachtschlaf				
Einschlafprobleme und lebhafte Träume vor dem Aufwachen	Diversifizierte Portfolios aus Standard-Aktien (Blue-Chips) aus den USA oder anderen Industrieländern	4 – 6,5	Kein bestimmter Anlagezeitraum vorgeschrieben. Aktien können jederzeit veräußert werden. Der erwartete Durchschnittsertrag geht von einem eher langen Anlagezeitraum aus und ist nur als grober Richtwert auf der Grundlage der aktuellen Bedingungen zu verstehen.	Mäßige bis erhebliche Risiken. Die effektive Rendite kann in einem beliebigen Jahr auch negativ ausfallen. Diversifizierte Portfolios verlieren mitunter 25 % oder mehr ihres faktischen Werts. Entgegen mancher Meinungen auf lange Sicht eine gute Absicherung gegen Inflation.
	Immobilien	Wie Aktien	Generell wie bei Aktien, wenn sie über REITs erworben werden	Wie oben. Allerdings sind REITS gute Diversifikatoren und können effektiven Inflationsschutz bieten.
Auf lange Sicht erholsam, aber auch mal von Albträumen unterbrochen	Diversifizierte Portfolios aus vergleichsweise riskanten Aktien kleinerer Wachstumsunternehmen	5 – 7	Wie oben. Der erwartete Durchschnittsertrag geht von einem eher langen Anlagezeitraum aus und ist nur als grober Richtwert auf der Grundlage der aktuellen Bedingungen zu verstehen.	Erhebliche Risiken. Die effektive Rendite kann in einem beliebigen Jahr auch negativ ausfallen. Diversifizierte Portfolios aus hochriskanten Aktien verlieren mitunter 50 % oder mehr ihres Werts. Gute Absicherung gegen Inflation.
Lebhafte Träume, gelegentliche Albträume	Diversifizierte Portfolios aus Schwellenländeraktien	6 – 9	Planen Sie eine Haltedauer von mindestens 10 Jahren. Die projizierten Erträge lassen sich unmöglich genau quantifizieren.	Schwankungen von 50 bis 75 % nach oben oder unten in einem einzigen Jahr sind nicht ungewöhnlich.
Immer mal wieder schlaflose Nächte	Gold	Unmöglich zu prognostizieren	In jedem neuen Spekulationswahn sind hohe Rendite erzielbar, solange noch größere Dummköpfe zu finden sind	Erhebliche Risiken. Gilt als Absicherung für den Weltuntergang und die Hyperinflation. Kann jedoch nützlich sein, um ein diversifiziertes Portfolio ausgewogener zu gestalten.

Übung 5: Sichergehen, dass der Schuh auch passt – sich über die eigenen Anlageziele klar werden

Sich klare Ziele zu setzen, ist ein Schritt des Investmentprozesses, den allzu viele Menschen auslassen – mit verheerenden Folgen. Sie müssen sich vorher gut überlegen, wie viel Risiko Sie eingehen wollen und welche Anlagen für Ihre steuerliche Situation am besten geeignet sind. Der Wertpapiermarkt ist wie ein Restaurant, dessen umfangreiche Speisekarte für jeden Geschmack und jedes Bedürfnis etwas bietet. Das eine Gericht, das allen schmeckt, gibt es nicht – ebenso wenig wie die Geldanlage, die für jeden Anleger passt.

Wir alle würden unser Kapital gern über Nacht verdoppeln, doch wie viele von uns können es sich leisten zuzusehen, wie es genauso schnell auf die Hälfte abschmilzt? J. P. Morgan hatte einen Freund, der sich so um sein Aktienportfolio sorgte, dass er nachts kein Auge zubekam. Der Freund fragte: »Was soll ich denn mit meinen Aktien machen?« Morgan entgegnete: »So viele verkaufen, bis du wieder gut schlafen kannst.« Und das meinte er ganz ernst. Jeder Anleger muss für sich den richtigen Mittelweg zwischen gut essen und gut schlafen finden. Das ist ganz allein Ihre Entscheidung. Hohe Investmenterträge kann nur erzielen, wer auch bereit ist, erhebliche Risiken in Kauf zu nehmen. Den Punkt zu finden, an dem Sie noch gut schlafen können, ist eine der wichtigsten Stufen, die Sie im Investmentprozess nehmen müssen.

Um Ihr Investmentbewusstsein zu erweitern, habe ich eine Schlafskala zu Anlagerisiken (siehe Seite 254 bis 255) und erwarteter Rendite erstellt. Am unteren Ende des Spektrums finden sich verschiedene kurzfristige Anlagen wie Bankkonten und Geldmarktfonds. Sollte der Punkt, an dem Sie gut schlafen, dort angesiedelt sein, dürften Sie die Informationen aus Übung 3 interessieren.

Als Nächstes kommen auf der Sicherheitsskala die inflationsgeschützten Staatsanleihen (TIPS). Solche Papiere versprechen eine niedrige (Anfang der 2020er-Jahre sogar negative) garantierte Verzinsung, die jedes Jahr um die Steigerungsrate des Verbraucherpreisindex aufgestockt wird. Weil es sich dabei um langfristige Anleihen handelt, können ihre Kurse schwanken, wenn sich die realen Zinssätze verändern (die festgesetzten Zinsen abzüglich der Inflationsrate). Halten Sie diese Papiere aber bis zur Fälligkeit, bewahren diese garantiert reale Kaufkraft. In Übung 7 befasse ich mich mit den Vorteilen, die es bringt, einen kleinen Teil Ihres Portfolios in solche Anleihen zu investieren.

Unternehmensanleihen sind ein bisschen riskanter. Ihr Schlaf könnte vom einen oder anderen Traum gestört werden, wenn Sie sich für diese Anlageform entscheiden. Sollten Sie die Papiere vor Fälligkeit verkaufen, hängt Ihre Rendite von der Höhe der Zinsen zum Verkaufszeitpunkt ab. Steigen die Zinsen, geben die Kurse Ihrer Anleihen nach, bis ihre Rendite wieder mit den neu aufgelegten, höher verzinsten Titeln mithalten kann. Der Kapitalverlust könnte so hoch ausfallen, dass er die

Zinserträge eines ganzen Jahres aufzehrt – oder noch mehr. Fallen die Zinsen dagegen, steigen die Kurse Ihrer Anleihen. Veräußern Sie sie vor Ende der Laufzeit, könnte ihre effektive Jahresrendite erheblich variieren. Aus diesem Grund sind Anleihen riskanter als kurzfristige Instrumente, die praktisch kein Risiko tragen, dass ihr Kapitalwert schwankt. Generell gilt: Je länger die Restlaufzeit einer Anleihe, desto größer das Risiko und desto höher die resultierende Rendite.[30] Nützliche Informationen darüber, wie man Anleihen erwirbt, erfahren Sie in Übung 7.

Wie hoch die Erträge von Aktien ausfallen, kann niemand mit Sicherheit sagen. Doch der Aktienmarkt gleicht einem Spielkasino, in dem die Spieler die besseren Karten haben. Die Aktienkurse gehen zwar immer mal wieder auf Talfahrt, etwa Anfang der 2000er-Jahre sowie 2007 und Anfang 2020 zu Beginn der COVID-19-Pandemie, mit verheerenden Folgen, doch der Gesamtertrag über das ganze 20. Jahrhundert betrug rund 9 Prozent pro Jahr, Dividenden und Kursgewinne eingeschlossen. Zu den Anfang 2022 verzeichneten höheren Kursen gehe ich davon aus, dass ein Portfolio US-amerikanischer Aktien langfristig 4 bis 6 ½ Prozent Ertrag erwirtschaftet – etwas weniger als die Jahresrenditen im 20. Jahrhundert. Vergleichbare Renditen dürften die großen Unternehmen anderer Industrieländer erzielen. Die effektive Jahresrendite kann und wird in Zukunft wahrscheinlich auch erheblich von diesem Zielwert abweichen – in Verlustjahren könnten Sie sogar 25 Prozent oder mehr einbüßen. Können Sie mit den schlaflosen Nächten in den schlechten Jahren umgehen?

Und können Sie auch Träume aushalten – in allen Farben, mit Quadrofonieeffekt? Dann sollten Sie sich vielleicht für ein Portfolio aus riskanteren (schwankungsanfälligeren) Aktien entscheiden, wie sie zum Beispiel von aggressiven, auf kleinere Unternehmen spezialisierten Investmentfonds gehalten werden. Dabei handelt es sich um Titel jüngerer Unternehmen aus neueren Technologiesparten, die mehr Wachstum versprechen. Solche Unternehmen sind voraussichtlich volatiler, und ihre Emissionen können in einem mauen Börsenjahr schon mal die Hälfte ihres Wertes verlieren. Ihre durchschnittliche künftige Rendite für das 21. Jahrhundert könnte aber 5 bis 7 Prozent betragen. Portfolios aus kleineren Aktien haben den Marktdurchschnitt bisher in aller Regel geringfügig übertroffen. Wenn Sie auch in Baissephasen gut schlafen können und das nötige Durchhaltevermögen mitbringen, um an Ihren Investments festzuhalten, ist womöglich ein aggressives Aktienportfolio genau das Richtige für Sie. Noch höhere Renditen, aber heftigere Marktschwankungen, dürften Portfolios mit Aktien aus vielen wachstumsstarken Schwellenländern bringen.

---

30 So war das nicht immer. In manchen Zeiträumen brachten Rentenpapiere mit kurzer Restlaufzeit sogar höhere Renditen als langlaufende Anleihen. Der Haken daran war, dass die Anleger nicht darauf zählen konnten, ihre kurzfristigen Mittel erneut zu so hohen Zinsen zu reinvestieren – und später waren die kurzfristigen Zinsen drastisch gefallen. Daher können Anleger nach vernünftigem Ermessen davon ausgehen, dass eine fortlaufende Investition in kurzfristige Wertpapiere keine so hohe Rendite bringt wie eine Anlage in langfristige Anleihen. Anders formuliert: Es gibt eine Belohnung dafür, wenn man das Risiko in Kauf nimmt, langfristige Anleihen zu halten, obwohl die kurzfristigen Zinsen vorübergehend höher sind als die langfristigen.

Gewerbeimmobilien waren für viele Privatanleger bisher keine Anlagemöglichkeit. Doch die Renditen von Immobilien fallen recht üppig aus – ähnlich wie bei Aktien. In Übung 6 behaupte ich, dass Privatanleger, die sich ein Eigenheim leisten können, gut beraten sind, es sich auch anzuschaffen. Außerdem zeige ich, dass es für Einzelne heute viel einfacher geworden ist, in gewerbliche Immobilien zu investieren. Meiner Ansicht nach verdienen börsennotierte Immobilienfonds (REITs) einen Platz in einem breit gestreuten Anlageportfolio.

Mir ist bewusst, dass Gold in meiner Tabelle nicht gut wegkommt und Kunstgegenstände, Risikokapital, Hedgefonds, Rohstoffe, Kryptowährungen und andere exotischere Anlageoptionen gar nicht vorkommen. Viele dieser Anlagen haben sich ausgesprochen gut entwickelt und können nützlich sein, um ein gut diversifiziertes Portfolio von Papierwerten ausgewogener zu gestalten. Weil sie jedoch mit erheblichen Risiken und daher mit extremer Volatilität verbunden sind, lassen sich ihre Renditen unmöglich prognostizieren. In Übung 8 werden sie ausführlicher untersucht.

Aller Wahrscheinlichkeit nach richtet sich der Punkt, an dem Sie persönlich noch gut schlafen können, stark danach, wie sehr ein Verlust Ihr finanzielles Überleben gefährden würde. Aus diesem Grund wird die sprichwörtliche »Witwe von schwacher Gesundheit« oft als Anlegerin betrachtet, die keine zu hohen Risiken eingehen kann. Sie hat weder die nötige Lebenserwartung noch die Möglichkeit, zusätzlich zu Ihrem Portfolio das nötige Einkommen zu erzielen, um Verluste auszugleichen. Jeder Verlust an Kapital und Ertrag wirkt sich unmittelbar auf ihren Lebensstandard aus. Am anderen Ende des Spektrums ist die »aggressive Jungunternehmerin« angesiedelt. Sie lebt noch lange genug und verfügt über die nötige Ertragskraft, um ihren Lebensstandard auch dann aufrechtzuerhalten, wenn sie finanzielle Verluste erleidet. In welcher Phase des »Lebenszyklus« Sie sich befinden, ist so bedeutsam, dass ich der Determinante, wie viel Risiko für Sie angemessen ist, das ganze Kapitel vierzehn gewidmet habe.

Außerdem wirkt sich auch Ihre Psyche darauf aus, wie viel Risiko Sie eingehen sollten. Ein Anlageberater empfiehlt, sich daran zu erinnern, wie man einst Monopoly spielte (oder noch spielt). Waren Sie ein Draufgänger? Haben Sie Hotels in der Parkstraße und in der Schlossallee gebaut? Klar, dort landeten andere Spieler nur selten – aber wenn, dann konnten Sie das ganze Spiel auf einen Schlag für sich entscheiden. Oder haben Sie lieber auf die verlässlicheren, aber bescheideneren Einnahmen aus der Münchener, der Wiener und der Berliner Straße gesetzt? Die Antworten auf diese Fragen verraten viel über Ihre Anlagementalität. Sich selbst zu kennen, ist von größter Bedeutung. Die womöglich wichtigste Frage, die Sie sich stellen sollten, lautet: Wie haben Sie sich gefühlt, als die Aktienmärkte zuletzt stark einbrachen? Hat Ihnen das körperliche Beschwerden verursacht und haben Sie all Ihre Aktien abgestoßen, statt an einem diversifizierten Anlageprogramm festzuhalten, dann ist ein stärkeres Engagement in Aktien nicht das Richtige für Sie.

Ein zweiter wesentlicher Schritt besteht darin zu prüfen, wie viele Steuern Sie auf Ihre Anlageerträge abführen müssen und wie viel laufenden Ertrag Sie benötigen. Nehmen Sie sich Ihre Steuererklärung für das vergangenen Jahr vor (Formular 1040) und schauen Sie sich Ihr zu versteuerndes

Einkommen an. Wer einen hohen Grenzsteuersatz zahlt (der Satz, der auf jeden zusätzlichen Dollar Einkommen erhoben wird), dem bringen (steuerbefreite) US-Kommunalobligationen erhebliche steuerliche Vorteile. Wer den Spitzensteuersatz zahlt und keine laufenden Erträge benötigt, sollte steuerbegünstige Anleihen und Aktien mit niedrigen Dividendenrenditen bevorzugen, die auf lange Sicht Veräußerungsgewinne versprechen (für die erst Steuern anfallen, wenn sie realisiert werden – möglichweise nie, wenn Sie die Aktien vererben). Zahlen Sie dagegen einen niedrigen Steuersatz und benötigen hohe laufende Erträge, sollten Sie eher zu steuerpflichtigen Anleihen und Aktien mit hohen Dividendenausschüttungen greifen, um die Transaktionskosten zu vermeiden, die sie tragen müssten, wenn Sie regelmäßig Aktien verkaufen, um die nötigen laufenden Einnahmen zu erzielen.[31]

Die beiden Schritte dieser Übung – Ihr Risikoniveau sowie Ihre steuerliche Situation und Ihren Bedarf an laufenden Erträgen zu ermitteln – erscheinen selbstverständlich. Doch unglaublich viele Menschen geraten in Schwierigkeiten, weil die Wertpapiergattungen, die sie kaufen, nicht ihrer Risikobereitschaft, ihrem Ertragsbedarf und ihrem steuerlichen Kontext entsprechen. Geraten diese Prioritäten durcheinander, wie es Anlegern häufig passiert, so erinnert das an die junge Dame, deren Geschichte an einem 30. Oktober in einer Londoner Zeitung stand, die sich auf eine Reuters-Meldung bezog:

Ein Paar wurde unbekleidet und in misslicher Lage in einem parkenden Sportwagen in einem Park aufgefunden. Der Mann hatte während des Liebesspiels einen Bandscheibenvorfall erlitten und das Paar konnte erst durch das Aufschneiden der Karosserie von der Feuerwehr befreit werden. Die größte Sorge der Dame, soll laut dem Artikel aber gewesen sein, wie sie ihrem Mann den Schaden am Auto erklären sollte.

Ähnlich fragwürdig setzen leider oft auch Anleger ihre Prioritäten. Wenn Sie Ihr Kapital schützen wollen, können Sie sich nicht gleichzeitig auf die riskantesten Aktien stürzen. Wenn Sie hohe Grenzsteuersätze auf Ihr Einkommen meiden möchten, können Sie sich nicht Renditen von 6 Prozent auf hochverzinsliche steuerpflichtige Unternehmensanleihen sichern, wie attraktiv diese auch sein mögen. Doch die Annalen der Anlageberater strotzen förmlich vor Geschichten von Anlegern, deren Wertpapierportfolios sich nicht mit ihren Anlagezielen deckten.

31 A. d. R.: In Deutschland spielt der Grenzsteuersatz keine Rolle, da für Kapitalerträge stets der Abgeltungssteuersatz von 25 Prozent gilt.

Übung 6: Beginnen Sie Ihren Spaziergang vor der eigenen Haustür – wohnen Sie zur Miete, schwächt das Ihre Anlagemuskeln

Erinnern Sie sich noch an Scarlett O'Hara? Sie stand am Ende des US-amerikanischen Bürgerkriegs vor dem Nichts, hatte aber immer noch ihre geliebte Plantage Tara. Ein solides Haus auf gutem Grund ist wertbeständig – ganz gleich, was mit Ihrem Geld passiert. Solange die Weltbevölkerung weiter wächst, bietet die Nachfrage nach Immobilien mit den verlässlichsten Schutz vor Inflation.

Die langfristigen Renditen von Wohneigentum sind zwar nicht ganz leicht zu berechnen, fallen aber recht ordentlich aus. Bei den Eigenheimpreisen gab es in den Jahren 2007 und 2008 eine Blase, doch in der zweiten Dekade des neuen Jahrtausends normalisierten sich die Preise für Wohnimmobilien wieder. 2021 lief der Markt erneut heiß, da sich viele entschlossen, den überbevölkerten Städten den Rücken zu kehren. Aber auch das Angebot an neuem Wohnraum nahm kräftig zu. Sie sollten bedenken, dass der Immobilienmarkt weniger effizient ist als der Aktienmarkt. Hunderte kenntnisreicher Investoren analysieren den Wert jeder einzelnen Aktie, doch lediglich eine Handvoll potenzieller Käufer beurteilt den Wert einer bestimmten Immobilie. Deshalb werden einzelne Immobilien nicht immer angemessen bepreist. Hinzu kommt: Die Renditen von Immobilien wirken höher als die Aktienerträge, wenn die Inflation schneller anzieht. Lässt das Inflationstempo nach, ist es umgekehrt. Insgesamt haben sich Immobilien bisher als gute Investition erwiesen, die einigermaßen hohe Renditen bringt und einen ausgezeichneten Inflationsschutz bietet.

Die logische Immobilieninvestition für die meisten Menschen ist das Eigenheim. Jeder muss schließlich irgendwo wohnen, und ein Einfamilienhaus oder eine Eigentumswohnung zu kaufen, ist steuerlich gleich in mehrfacher Hinsicht interessanter, als zu mieten. 2021 waren Zinsen für Hypotheken von bis zu 750.000 Dollar für den Kauf eines neuen Eigenheims steuerlich abzugsfähig, und Grundsteuern von bis zu 10.000 Dollar ebenfalls. Auch realisierte Gewinne aus dem Wert Ihres Eigenheims von bis zu 500.000 Dollar für Verheiratete bleiben steuerfrei. Überdies ist ein Eigenheim eine gute Methode, sich selbst zum Sparen zu zwingen – von der enormen emotionalen Zufriedenheit, die es vermittelt, ganz zu schweigen.[32]

32 A. d. R.: Auch in Deutschland lassen sich die Renditen von Wohneigentum nicht so einfach beziffern. Anzusetzen wäre die gesparte Miete, die immerhin den Vorteil hat, steuerfrei zu sein. Hypothekenzinsen sind allerdings hierzulande nur bei vermieteten Immobilien absetzbar, nicht aber im selbstbewohnten Eigenheim, und Gleiches gilt auch für die Grundsteuer.

Vielleicht sollten Sie auch darüber nachdenken, Eigentum an Gewerbeimmobilien zu erwerben – in Form eines börsennotierten Immobilienfonds (Real Estate Investment Trust, kurz REIT, »Riet« ausgesprochen). In REIT-Portfolios werden Immobilien von Wohnanlagen über Bürogebäude bis hin zu Einkaufszentren verpackt und von professionellen Immobilienbetreibern verwaltet. Die REITs selbst werden wie jede andere Aktie aktiv an den großen Börsen gehandelt. Dadurch eröffnen sich Privatanlegern hervorragende Möglichkeiten, ihren Anlageportfolios Gewerbeimmobilien beizumischen.[33]

Wenn Sie Ihrem Portfolio festen Boden unter den Füßen verschaffen wollen, empfehle ich Ihnen dringend, einen Teil Ihres Vermögens in REITs zu investieren. Dafür gibt es viele Gründe. Erstens bringt Immobilieneigentum vergleichbare Renditen wie Aktien und hohe Dividendenrenditen. Ebenso wichtig: Immobilien sind ein ausgezeichnetes Vehikel, um die im achten Kapitel beschriebenen Diversifizierungsvorteile zu erreichen. Die Renditen von Immobilien zeigen häufig nur eine mäßige Korrelation mit anderen Vermögenswerten und mindern dadurch das Gesamtrisiko eines Anlageprogramms. Darüber hinaus sind Immobilien eine zuverlässige Inflationsabsicherung.

Bedauerlicherweise kann einem angesichts der auf dem Markt zur Auswahl stehenden vielen hundert REITs die Lust auf ein Engagement vergehen. Hinzu kommt, dass Anteile an nur einem REIT kaum die nötige Diversifizierung über Immobiliengattungen und Regionen ermöglichen. Privatanleger könnten sich selbst ein Bein stellen, wenn sie zum falschen REIT greifen. Inzwischen steht Interessierten eine rasch anwachsende Gruppe von Immobilienfonds zur Verfügung, die diese Aufgabe nur allzu gern für sie übernehmen. Diese Fonds sondieren das verfügbare Angebot und stellen breit gestreute REIT-Portfolios zusammen. Sie sorgen dafür, dass darin eine Vielzahl von Immobiliengattungen und Regionen vertreten sind. Anleger haben überdies die Möglichkeit, ihre Fondspositionen jederzeit zu veräußern. Es gibt auch kostengünstige REIT-Indexfonds (die im Adressbuch aufgeführt sind). Meiner Ansicht nach werden solche Fonds Anlegern auch weiterhin die höchsten Nettorenditen bringen.

---

33 A. d. R.: Deutsche REITs gibt es zwar mittlerweile, aber es haben sich nur wenige Angebote durchgesetzt – auch wegen der Beschränkungen im Hinblick auf Wohneigentum. Möglich sind aber auch hierzulande Investments in US-REITs.

Übung 7: Wie man einen Ausflug in die Anleihelandschaft richtig vorbereitet

Da beißt die Maus keinen Faden ab: Vom Zweiten Weltkrieg bis Anfang der 1980er-Jahre waren Anleihen eine ziemlich miese Geldanlage. Die Inflation riss große Löcher in den realen Wert der Papiere. So mussten Sparer, die Anfang der 1970er-Jahre US-Sparbriefe für 18,75 Dollar gekauft hatten, zu ihrem Missfallen feststellen, dass sie damit effektiv reale Kaufkraft verloren hatten, als sie fünf Jahre später 25 Dollar zurückerhielten. Das Problem: Für die investierten 18,75 Dollar hätte man fünf Jahre zuvor zwar zweimal volltanken können, doch für die ausgezahlten 25 Dollar bei Fälligkeit kaum mehr als einmal. De facto fiel die reale Rendite der Anleger negativ aus, weil die Inflation die Kaufkraft schneller aufzehrte, als sie der Zinseszinseffekt wiederherstellen konnte. Kein Wunder also, wenn für viele Anleger Anleihen nach wie vor ein unaussprechliches Schimpfwort sind.

Bis in die frühen 1980er-Jahre waren Anleihen eine unbefriedigende Anlage, weil die von ihnen abgeworfenen Zinsen keinen angemessenen Inflationsschutz boten. Doch im Anschluss korrigierten die Kurse, sodass Anleger 40 Jahre lang herausragende Ergebnisse erzielen konnten. Außerdem erwiesen sich Anleihen von 1980 bis einschließlich 2021 als hervorragendes Mittel zur Diversifikation mit geringer oder negativer Korrelation zu Aktien. Wie ich es sehe, sollten sie vier Arten von Anleihen zum Kauf in Erwägung ziehen: (1) Nullkuponanleihen (die es Ihnen ermöglichen, sich für einen vorher festgelegten Zeitraum eine Rendite zu sichern), (2) Rentenfonds ohne Ausgabeaufschlag (die es Ihnen erlauben, Anteile an Anleihenportfolios zu erwerben), (3) steuerbefreite Anleihen und Rentenfonds (für alle, die hohe Steuersätze zahlen) und (4) inflationsgeschützte US-Anleihen (TIPS). Ihre Attraktivität als Anlageoption kann aber je nach Marktbedingungen stark variieren. Und angesichts der niedrigen Zinsen der frühen 2020er-Jahre sollten Anleger sehr vorsichtig an den Markt für Anleihen herangehen.[34]

---

34 A. d. R.: In Nullkuponanleihen können Sie auch in Deutschland investieren, Gleiches gilt für Rentenfonds, wobei sich der Ausgabeaufschlag schon dadurch vermeiden lässt, dass Sie einen Renten-ETF kaufen oder einen aktiven Fonds, sofern möglich, über eine Börse erwerben statt direkt bei der Fondsgesellschaft. Eine Steuerbefreiung für Anleihen und Rentenfonds gibt es hierzulande nicht, sie unterliegen wie andere Wertpapiere auch der Abgeltungsteuer. Inflationsgeschützte US-Anleihen (TIPS) sind hierzulande keine Empfehlung, weil das Wechselkursrisiko des US-Dollars zum Euro sie unberechenbar macht.

Nullkuponanleihen können nützlich sein, um künftige Verbindlichkeiten zu decken

Solche Nullkuponanleihen oder Zero-Bonds liefern ihren Inhabern keine regelmäßigen Zinszahlungen wie normale zinstragende Anleihen. Stattdessen werden solche Papiere mit Abschlag auf ihren Nennwert erworben (beispielsweise zu 75 Cent für den Dollar) und steigen dann im Laufe der Jahre auf ihren Nenn- oder Nominalwert. Werden sie bis zur Fälligkeit gehalten, erhält der Inhaber den vollständigen angegebenen Anleihebetrag zurück. Diese Wertpapiere werden mit Laufzeiten zwischen wenigen Monaten und über 20 Jahren angeboten. Sie stellen hervorragende Vehikel dar, um Geld für erforderliche Ausgaben beiseitezulegen, die zu einem bestimmten Zeitpunkt in der Zukunft anfallen.

Der besondere Reiz der Zero-Bonds liegt darin, dass der Erwerber keinem Wiederanlagerisiko ausgesetzt ist. Eine Nullkupon-US-Staatsanleihe garantiert dem Anleger, dass sein Kapital zur Endfälligkeitsrendite fortlaufend wieder angelegt wird.

Größter Nachteil der Nullkuponanleihen ist, dass das US-amerikanische Finanzamt von steuerpflichtigen Anlegern verlangt, ihre Erträge jährlich als Anteil an der Dollardifferenz zwischen dem Kaufpreis und dem Nominalwert der Anleihe anzugeben. Anleger, die Zero-Bonds in nachgelagert besteuerten Altersvorsorgeprogrammen halten, sind davon ausgenommen.[35]

Dazu zwei Warnhinweise: Manche Broker berechnen Kleinanlegern recht hohe Provisionen für den Erwerb von Nullkuponanleihen in kleiner Stückelung. Außerdem sollten Sie wissen, dass die Rückzahlung zum Nennwert nur gesichert ist, wenn Sie die Papiere bis zur Fälligkeit halten. Zwischenzeitlich können die Kurse starken Schwankungen unterliegen, wenn sich die Zinsen ändern.

Rentenfonds ohne Ausgabeaufschlag können für Privatanleger geeignete Vehikel sein

Rentenfonds ohne Laufzeitende können manche der langfristigen Vorteile von Zero-Bonds bieten, sind aber viel einfacher und kostengünstiger zu kaufen beziehungsweise zu verkaufen. Die von mir im Adressbuch aufgeführten Produkte investieren ausnahmslos in langfristige Wertpapiere. Es gibt zwar keine Garantie, dass Sie Ihre Zinsen zu gleichbleibenden Sätzen wiederanlegen können, doch

35 A. d. R.: Hierzulande sieht die steuerliche Situation günstiger aus. Versteuert werden müssen die angesammelten Zinsen wirklich erst bei Fälligkeit oder wenn ein solches Wertpapier vorzeitig verkauft wird. Es gilt der Abgeltungssteuersatz von 25 Prozent plus Solidaritätszuschlag und gegebenenfalls Kirchensteuer.

solche Fonds warten mit einer langfristigen Ertragsstabilität auf und eigenen sich besonders für Anleger, die von ihren Zinserträgen leben wollen.

Weil die Rentenmärkte in aller Regel mindestens so effizient sind wie die Aktienmärkte, empfehle ich Rentenindexfonds, die mit niedrigen Kosten beaufschlagt sind. Rentenindexfonds und -ETFs, die einfach eine breite Auswahl an Anleihen kaufen und halten, schneiden in aller Regel besser ab als aktiv gemanagte Rentenfonds. Auf keinen Fall sollten Sie einen Fonds mit Ausgabeaufschlag und Provision kaufen. Für etwas zu bezahlen, was man auch umsonst haben kann, ist nicht sinnvoll.

Im Adressbuch sind mehrere Arten von Fonds aufgeführt: auf Unternehmensanleihen spezialisierte, solche, die in steuerbefreite Anleihen investieren (auf die ich im nächsten Abschnitt noch näher eingehe) sowie ein paar riskantere Hochzinsfonds, die sich für Anleger eignen, die bereit sind, für höhere erwartete Erträge mehr Risiko in Kauf zu nehmen.

Steuerbefreite Anleihen bringen Anlegern Vorteile, die hohen Steuersätzen unterliegen

Für Anleger mit hohen Steuersätzen eigenen sich steuerpflichtige Geldmarktfonds, Nullkuponanleihen und steuerpflichtige Rentenfonds möglicherweise nur im Rahmen von US-Altersvorsorgeprogrammen. Ansonsten sollten Sie als Anleger in den USA zu den steuerbegünstigten Anleihen greifen, die von US-Bundesstaaten und Kommunalbehörden und verschiedenen staatlichen Stellen wie Hafenbehörden oder Mautstraßenbetreibern aufgelegt werden. Die Zinserträge solcher Anleihen zählen für Ihre Bundeseinkommensteuererklärung nicht als steuerpflichtige Erträge. Anleihen aus dem Bundesstaat, in dem Sie leben, sind gewöhnlich von sämtlichen bundesstaatlichen Einkommensteuern ausgenommen.

2021 warfen hochwertige langfristige Unternehmensanleihen rund 3 Prozent ab, steuerbefreite Emissionen von gleicher Bonität rund 2 ½ Prozent. Nehmen wir an, Ihr Grenzsteuersatz (also der Satz, zu dem jeder weitere Dollar an Einkommen besteuert wird), beträgt rund 36 Prozent (einschließlich der Steuern auf nationaler und bundesstaatlicher Ebene). Dafür weist die folgende Tabelle aus, dass die Erträge nach Steuern für das steuerbefreite Wertpapier um 58 Dollar höher ausfallen. Für jemanden, der so viel Steuern zahlt wie Sie, ist es damit eindeutig die bessere Wahl. Selbst wenn Ihr Steuersatz niedriger sein sollte, zahlen sich steuerbefreite Anleihen möglicherweise trotzdem aus. Das hängt von den genauen verfügbaren Marktrenditen zu dem Zeitpunkt ab, an dem Sie kaufen. Natürlich erwirtschafteten 2021 weder die eine noch die andere Anleihegattung reale Renditen, da die Inflationsrate über 2 ½ Prozent lag.

Steuerbefreite und steuerpflichtige Anleihen im Vergleich (Nennwert 10.000 USD)			
Anleihegattung	**Gezahlte Zinsen**	**Anfallende Steuern (Steuersatz 36 %)**	**Ertrag nach Steuern**
2 ½ % steuerbefreit	250 $	0 $	250 $
3 % zu versteuern	300	108	192

Wollen Sie Anleihen direkt kaufen (statt indirekt über Investmentfonds), sollten Sie meiner Ansicht nach zu Neuemissionen greifen, nicht zu bereits in Umlauf befindlichen Papieren. Neu aufgelegte Anleihen sind gewöhnlich etwas höher verzinst als bereits umlaufende Titel, und sie können Transaktionskosten vermeiden. Wie ich es sehe, sollten Sie Ihre Risiken in vernünftigen Grenzen halten und bei Emissionen bleiben, die von den Ratingdiensten Moody's und Standard & Poor's mindestens mit A benotet werden. Ziehen Sie auch sogenannte AMT-Anleihen in Erwägung. Solche Anleihen unterliegen der alternativen Mindest(einkommens)steuer (alternative minimum tax, kurz AMT) und sind daher für Privatanleger unattraktiv, die einen größeren Teil ihrer Erträge vor der Besteuerung geschützt haben. Werden Sie nicht zur alternativen Mindeststeuer veranlagt, können Ihnen AMT-Anleihen etwas mehr Rendite bringen.

Anleihen haben eine hässliche Eigenheit – frei nach dem Motto »bei Kopf gewinne ich, bei Zahl verlierst du«. Steigen die Zinsen, dürften die Kurse Ihrer Anleihen nachgeben. Doch bei fallenden Zinsen kann der Emittent Ihnen die Anleihen oft kündigen (und vorzeitig tilgen) und dann zu niedrigeren Zinsen neue Anleihen auflegen. Um sich davor zu schützen, sollten Sie darauf achten, dass Ihre langfristigen Anleihen eine zehnjährige Kündigungsschutzklausel aufweisen, die verhindert, dass der Emittent die Papiere zu niedrigeren Zinsen refinanzieren kann.

Eine Liste verschiedener guter steuerbefreiter Anleihefonds finden Sie im Adressbuch. Möchten Sie größere Summen in steuerbefreiten Papieren anlegen, sehe ich allerdings wenig Grund, dies über einen Fonds zu tun und die damit verbundenen Managementgebühren zu zahlen. Beschränken Sie Ihre Käufe auf Anleihen von hoher Bonität, auch solche, die gegen Ausfallrisiken versichert sind, dann brauchen Sie eigentlich nicht zu streuen und können sich höhere Zinsen sichern. Wollen Sie aber nur ein paar tausend Dollar anlegen, bietet Ihnen ein Fonds bequemen Zugang zu Liquidität und Diversifizierung. Es gibt auch Fonds, die Ihre Portfolios auf Anleihen eines einzigen Bundesstaates beschränken, sodass Sie auf nationaler und bundesstaatlicher Ebene Steuern sparen können.

Heiße TIPS: inflationsgeschützte Anleihen

Wir wissen: Unerwartete Inflation kann für Anleiheinhaber verheerende Folgen haben. Inflation treibt in der Regel die Zinsen in die Höhe, und wenn das passiert, gehen die Anleihekurse zurück. Das ist leider nicht die einzige schlechte Nachricht. Die Inflation mindert auch den realen Wert der Zins- und Tilgungszahlungen einer Anleihe. Doch inzwischen steht Anlegern ein Schutzschirm in Form inflationsgeschützter Staatsanleihen (TIPS) zur Verfügung. Diese Wertpapiere sind gegen die Erosion durch Inflation immun, wenn sie bis zur Fälligkeit gehalten werden, und garantieren den Anlegern, dass ihre Portfolios ihre Kaufkraft behalten. Langfristige TIPS warfen in den 2010er-Jahren einen Basiszins von rund 1 Prozent ab. Doch anders als altmodische Staatsanleihen basieren die Zinszahlungen auf einem Kapitalbetrag, der mit dem Verbraucherpreisindex (VPI) ansteigt. Sollte das Preisniveau nächstes Jahr 3 Prozent erreichen, würde sich der Nennwert der Anleihe von 1000 auf 1030 Dollar erhöhen. Die halbjährlichen Zinszahlungen würden ebenfalls zunehmen. Bei Fälligkeit erhält der TIPS-Anleger einen Kapitalbetrag zurück, der dem inflationsbereinigten Nennwert zum jeweiligen Zeitpunkt entspricht. TIPS bieten daher eine garantierte reale Rendite und die Rückzahlung des Kapitals in einem Betrag, dessen Kaufkraft erhalten bleibt.

Kein anderes derzeit verfügbares Finanzinstrument bietet Anlegern einen so zuverlässigen Inflationsschutz. TIPS eignen sich auch hervorragend zur Diversifizierung von Portfolios. Zieht die Inflation an, bieten TIPS höhere Nominalerträge, während die Kurse von Aktien und Anleihen fallen dürften. Daher weisen TIPS schwache Korrelationen mit anderen Anlageklassen auf und sind einzigartig effektive Diversifikatoren. Für nervenschwache Anleger sind sie eine effektive Versicherungspolice.

Allerdings haben TIPS einen unangenehmen steuerlichen Nachteil, der ihren Nutzen beeinträchtigt. Für die Erträge aus TIPS fallen sowohl auf die Kuponzahlungen als auch auf die Erhöhung des Kapitalbetrags entsprechend der Inflationsentwicklung Steuern an. Problematisch ist, dass das US-Finanzministerium den Kapitalzuwachs erst bei Fälligkeit auszahlt. Die Inflation kann daher so hoch ausfallen, dass die geringen Kuponzahlungen nicht ausreichen, um die Steuern zu zahlen – und dieses Ungleichgewicht wäre umso größer, je höher die Inflation steigt. Für steuerpflichtige Anleger sind TIPS daher gar nicht ideal und werden am besten nur im Rahmen von steuerbegünstigten Altersvorsorgeprogrammen eingesetzt. Als die Inflation Anfang der 2020er-Jahre anzog, drehte die Basisrendite von TIPS ins Minus. Ende 2021 notierten zehnjährige TIPS mit einem Basiszins von minus 1 Prozent, während die Inflationsrate auf rund 6 Prozent gestiegen war.

U.S. Treasury I Bonds: die beste Alternative für Privatanleger

Für herkömmliche TIPS gibt es für Privatanleger in den USA aber eine ausgezeichnete Alternative: U.S. Treasury I Savings Bonds. Diese Anleihen werfen über ihre Laufzeit einen Festzins ab – zuzüglich der annualisierten VPI-Inflationsrate, die zweimal jährlich angepasst wird. Solche I Bonds brachten Anfang 2022 eine Gesamtverzinsung von 7,12 und damit weit mehr als jede andere verfügbare sichere Anlageform. Die Zinsen auf einen I Bond werden bis zur Fälligkeit aufgeschoben oder bar ausgezahlt und sind von Einkommensteuern auf bundesstaatlicher und kommunaler Ebene befreit. Verwenden Sie den Erlös für die Aufwendungen für qualifizierte weiterführende Bildung, sind die Zinsen auch von Bundessteuern befreit. Die Laufzeit der Anleihen beträgt 30 Jahre, doch Sie können sie (mit einer geringen Vorfälligkeitsentschädigung) nach einem Jahr einlösen. Nach einer Haltedauer von fünf Jahren fällt keine Vorfälligkeitsentschädigung mehr an. Maximal darf jeder Empfänger staatlicher Leistungen solche Papiere für 10.000 Dollar pro Jahr erwerben. Ein Paar könnte daher solche I Bonds für 20.000 Dollar kaufen. Werden dafür Mittel aus einer Einkommensteuererstattung verwendet, können weitere 5000 Dollar in solche Anleihen investiert werden. Sie stehen auf der Website des US-Finanzministeriums (treasurydirect.gov) zur Verfügung und sind das Beste, was Uncle Sam risikoscheuen Anlegern zu bieten hat.

Sollen Sie ein Rentenmarkt-»Junkie« werden?

Ist der Rentenmarkt gegen die Maxime gefeit, dass Risiko und Rendite einer Anlage zusammenhängen? Keinesfalls! In den meisten Zeiträumen haben sogenannte Junk Bonds (Ramschanleihen von geringerer Bonität, die höher verzinst werden) Anlegern eine Nettorendite gebracht, die bis zu 3 Prozentpunkte über dem Satz lag, der mit US-Staatsanleihen zu erzielen war. Selbst wenn also die Zins- und Tilgungszahlungen bei 1 Prozent der minderwertigen Anleihen ausfielen und ein Totalverlust entstünde, würde ein diversifiziertes Portfolio von Anleihen mit schlechterer Bonität immer noch höhere Nettoerträge abwerfen als US-Staatsanleihen. Viele Anlageberater empfehlen daher breit gestreute Portfolios aus Hochzinsanleihen als vernünftige Anlage.

Es gibt aber noch eine andere Lehrmeinung, die besagt, dass Anleger zu Ramschanleihen ebenso energisch Nein sagen sollten wie zu Drogen. Die meisten solcher Papiere werden im Zuge einer kräftigen Welle von Unternehmensfusionen, -übernahmen und (überwiegend kreditfinanzierten) Leveraged Buyouts ausgegeben. Die Gegner der Junk Bonds verweisen darauf, dass Anleihen von schlechterer Bonität höchstwahrscheinlich nur dann vollständig bedient werden, wenn es der Wirtschaft gut geht. Sobald diese ins Straucheln gerät, wird es kritisch.

Was also sollte ein umsichtiger Anleger tun? Die Antwort auf diese Frage hängt zum Teil davon ab, wie gut Sie schlafen können, wenn Sie größere Anlagerisiken eingehen. Für Menschen mit Schlafproblemen sind Portfolios aus Hochzins- oder Ramschanleihen ungeeignet. Selbst wenn Sie diversifizieren, bergen solche Anlagen noch erhebliche Risiken. Auch für Anleger, deren Haupteinnahmequelle Zinszahlungen sind, sind solche Portfolios nicht das Richtige. Und ganz bestimmt nicht für alle Anleger, die ihre Positionen nicht angemessen diversifizieren. Zumindest in der Vergangenheit hat der Bruttorenditeaufschlag von Ramschanleihen die tatsächlich eingetretenen Ausfälle mehr als wettgemacht.

Nicht-US-Anleihen

Es gibt viele Länder, deren Anleihen höhere Renditen bringen als US-Papiere (oder auch Bonds aus dem Euroraum, A. d. R.). Das gilt insbesondere für manche Schwellenländer. Die gängige Meinung über Schwellenländeranleihen ist gewöhnlich eher skeptisch – unter Berufung auf hohe Risiken und mindere Qualität. Doch viele Volkswirtschaften von Schwellenländern können mit niedrigeren Verschuldungsquoten und besseren Haushaltsbilanzen aufwarten als Industrieländer. Außerdem punkten sie mit höheren Wachstumsraten. Ein diversifiziertes Portfolio aus höher rentierlichen Nicht-US-Anleihen einschließlich Titeln aus Schwellenländern kann daher für risikotolerante Anleger eine sinnvolle Beimischung zu einem Festzinsportfolio sein.

Übung 7A: Ersatzlösungen für einen Teil des gesamten Anleiheportfolios in Zeiten der Finanzrepression

Niedrige Zinsen sind für Anleiheinvestoren ein schwieriges Thema. Alle Industrieländer der Welt ächzen unter einer zu hohen Schuldenlast. Wie den Vereinigten Staaten fällt es auch anderen Regierungen weltweit ausgesprochen schwer, angesichts alternder Bevölkerungen Ansprüche auf staatliche Leistungen einzufangen.

Der leichtere Weg für die USA und andere Regierungen ist, die Zinsen künstlich niedrig zu halten, da die eigentliche Schuldenlast dadurch verringert wird und die Schulden auf dem Rücken der Anleiheinhaber umstrukturiert werden. Das war schon einmal da. Am Ende des Zweiten Weltkriegs hielten die Vereinigten Staaten die Zinsen bewusst auf sehr niedrigem Niveau, um sich den Schuldendienst für die im Krieg angehäuften Verbindlichkeiten zu erleichtern. Dadurch verringerten die Vereinigten Staaten ihre Verschuldungsquote von 1946 bis 1980 von 122 auf 33 Prozent. Doch das geschah auf Kosten der Anleihegläubiger. Nichts anderes ist unter »finanzieller Repression« zu verstehen.

Eine Methode, dieses Problem zu lösen, besteht im Einsatz von Aktiendividenden als Substitutionsstrategie für einen Teil dessen, was in normalen Zeiten ein Anleiheportfolio gewesen wäre. Portfolios aus Aktien mit relativ stabilen, steigenden Dividenden bringen deutlich höhere Renditen als Anleihen derselben Unternehmen und bieten dabei die Aussicht auf künftiges Wachstum. Ein Beispiel für die Art von Unternehmen, die in einem solchen Portfolio zu finden wären, ist Verizon. Verizons 15-jährige Anleihe warf Ende 2021 3 ¼ Prozent ab. Die Dividendenrendite der Verizon-Aktie beträgt 4 ⅜ Prozent und nimmt im Zeitverlauf zu. Rentner, die von Dividenden und Zinsen leben, sind mit einer Verizon-Aktie besser bedient als mit einer Verizon-Anleihe. Und Portfolios aus dividendenstarken Aktien sind unter Umständen nicht volatiler als ein entsprechendes Portfolio aus Anleihen derselben Unternehmen. In Zeiten der Finanzrepression müssen die üblichen Empfehlungen für Anleihen angepasst werden. Es kann daher angezeigt sein, einen Teil der Anleihen in dem Segment des Portfolios, das auf geringeres Risiko ausgerichtet ist, durch Aktien zu ersetzen.

Übung 8: Ein flüchtiger Abstecher in die Bereiche Gold, Sammelobjekte und sonstige Anlagen

In früheren Ausgaben dieses Buches habe ich noch andere Ansichten dazu vertreten, ob Gold in ein breit diversifiziertes Portfolio gehört. Anfang der 1980er-Jahre, als der Goldpreis auf über 800 Dollar die Unze gestiegen war, hielt ich nicht viel von dem gelben Metall. Zwanzig Jahre später, zu Anfang des neuen Jahrtausends, als sich der Goldpreis zwischen 200 und 300 Dollar bewegte, gefiel es mir schon besser. Heute – bei einem Goldpreis von über 1800 Dollar die Unze – fällt es mir schwer, Begeisterung zu entwickeln. Eine bescheidene Rolle könnte Gold jedoch in Ihrem Portfolio spielen. Die Erträge, die Gold bringt, korrelieren in aller Regel nur sehr schwach mit den Renditen von Wertpapieren. Daher können schon kleinere Positionen (sagen wir 5 Prozent des Portfolios) Anlegern helfen, die Variabilität des Gesamtportfolios zu verringern. Bei anhaltend hoher Inflation würde Gold vermutlich annehmbare Renditen abwerfen. Doch ein besonnener Anleger wird Gold als Vehikel zur breiteren Streuung bestenfalls eine begrenzte Rolle einräumen.

Und wie sieht es mit Diamanten aus, die gern als jedermanns beste Freunde bezeichnet werden? Sie sind für Privatanleger mit gewaltigen Risiken und Nachteilen verbunden. Sie müssen bedenken, dass beim Kauf von Diamanten hohe Provisionen anfallen. Für den Einzelnen ist es auch extrem schwer, die Qualität der Steine zu beurteilen. Ich kann Ihnen versichern, dass weit mehr Anrufe von Leuten eingehen, die Ihnen Diamanten verkaufen möchten, als von solchen, die sie kaufen möchten.

Eine weitere beliebte Strategie ist die Investition in Sammelobjekte. Tausende von Verkäufern bieten alles Mögliche an, vom Renoir bis zum Teppich, von der Tiffany-Lampe bis zu seltenen Briefmarken, von Art déco bis zur Kotztüte. Durch eBay ist der Handel mit Sammelobjekten noch viel effizienter geworden. Ich habe gar nichts dagegen, wenn jemand aus Passion Sammlerstücke erwirbt – und Gott weiß, dass Menschen seltsame Neigungen haben können –, doch ich rate Ihnen dringend: Kaufen Sie solche Dinge, weil Sie Freude daran haben – nicht, weil Sie damit rechnen, dass diese im

Wert steigen. Vergessen Sie nicht: Nachahmungen und Fälschungen nehmen überhand. Ein Portfolio aus Sammelobjekten zieht oft teure Versicherungen und ständige Wartungskosten nach sich – deshalb zahlen Sie am Ende drauf, statt Dividenden oder Zinsen zu erhalten. Wer als Sammler Geld verdienen will, muss viel Originalität und Geschmack mitbringen. Meines Erachtens gilt für die meisten Menschen, die glauben, ihre Sammelleidenschaft brächte Gewinn: In Wirklichkeit schaffen sie sich damit nur Probleme.

Selbst wenn Sie das Glück haben, dass sich ein von Ihnen erstandener Kunstgegenstand als wahres Meisterwerk entpuppt, heißt das noch lange nicht, dass es auch eine gute Geldanlage war. Im November 2017 kam das Gemälde *Salvator Mundi*, das Leonardo da Vinci zugeschrieben wird, bei Christie's für über 450 Millionen Dollar unter den Hammer. Jason Zweig, Finanzkolumnist beim *Wall Street Journal*, schätzte, dass das Gemälde Anfang des 16. Jahrhunderts für den Gegenwert von rund einer halben Million Dollar verkauft wurde. Dass man heute von sich sagen kann, »Ich besitze einen Leonardo«, mag unbezahlbar sein. Doch aus finanzieller Sicht brachte das Bild von 1519 bis 2018 kümmerliche 1,35 Prozent Ertrag.

Ein anderes dieser Tage beliebtes Instrument sind Futures-Kontrakte auf Rohstoffe. Solche Kontrakte können Sie nicht nur für Gold abschließen, sondern für eine Vielzahl von Rohstoffen, von Getreide über Metalle bis hin zu verschiedenen Währungen. Dabei handelt es sich um einen schnellen Markt, auf dem Profis gut verdienen können. Privatanleger, die sich nicht auskennen, kommen dort leicht unter die Räder. Mein Rat an alle Anleger, die keine Profis sind: Werfen Sie die Flinte lieber gleich ins Korn.

Auch von Hedgefonds und Private-Equity- oder Venture-Capital-Fonds würde ich die Finger lassen.[36] Das sind großartige Geldmaschinen für die Fondsmanager, die hohe Verwaltungsgebühren und 20 Prozent der Gewinne kassieren. Privatanleger dürften davon kaum profitieren. Solche Fonds entwickeln sich im Durchschnitt sehr enttäuschend. Die besten Produkte waren zwar durchaus erfolgreich, doch sofern Sie kein institutioneller Investor sind, der eindeutig bevorzugt behandelt wird, haben Sie kaum realistische Chancen, Ihr Kapital dort unterzubringen. Vergessen Sie diese exotischen Strategien – sie sind nichts für Sie.

Laufen Sie Gefahr, dem Reiz der Hedgefonds zu erliegen, denken Sie an Warren Buffetts berühmte Wette. Ende 2007 erklärte sich Buffett bereit, 1 Million Dollar darauf zu setzen, dass es seinem Wettgegner nicht gelingen würde, fünf Dach-Hedgefonds auszuwählen, die den Aktienindex Standard and Poor's 500 über die nächsten zehn Jahre schlagen würden. Der Gewinner der Wette durfte entscheiden, welchem karitativen Zweck die Million zufließen sollte. Protégé Partners nahm die Herausforderung an und wählte fünf Fonds aus, die in ein Hedgefondsportfolio investierten. Als die Wette am letzten Tag des Jahres 2017 endete, hatte der S&P 500 Index Fund 7,1 Prozent pro Jahr gebracht. Die Jahresrendite des Hedgefonds-Korbs hatte bei 2,2 Prozent gelegen. Der eigentliche

36 Hedgefonds sind außerdem in Deutschland gar nicht zum Vertrieb zugelassen, A. d. R.

Gewinner der Wette war Buffetts Wohltätigkeitsorganisation Girls, Inc., die Nachmittagsbetreuung und Ferienprogramme für Mädchen zwischen 5 und 18 Jahren anbietet. Die Verlierer waren alle, die in Portfolios aus kostenintensiven Hedgefonds investiert hatten. Abschließend empfehle ich noch, Kryptowährungen, Non-Fungible Tokens und alles andere zu meiden, was sonst noch im Fokus der sozialen Netzwerke steht. Das sind Angebote für Glücksspieler. In einem Portfolio für die Alterssicherung haben sie nichts zu suchen.

Übung 9: Bedenken Sie, dass die Kosten einer Anlage nicht zufällig entstehen – es gibt billigere und teurere

Heutzutage führen viele Broker Ihre Aktienorders standardmäßig provisionsfrei aus – vor allem, wenn Sie bereit sind, online zu handeln. Mit Ihrem Laptop oder Ihrem Smartphone geht das ganz einfach. Seien Sie jedoch gewarnt: Die wenigsten Anleger, die täglich in Aktien ein- und wieder aussteigen, machen damit Gewinn. Lassen Sie sich von den weggefallenen Provisionen nicht dazu verleiten, sich den Heerscharen erfolgloser ehemaliger Day Trader anzuschließen.

Zum Thema Provisionskosten sollten Sie auch über die Wall-Street-Neuerung des sogenannten Wrap Account Bescheid wissen. Für ein Einmalentgelt bedient sich Ihr Broker eines professionellen Kapitalverwalters, der dann für Sie ein Portfolio aus Aktien, Anleihen und vielleicht Immobilien zusammenstellt. Die Maklerprovisionen und Beratungsgebühren werden in einem Gesamthonorar zusammengefasst. Die mit solchen Konten verbundenen Kosten sind extrem hoch. Die Jahresgebühren können bis zu 3 Prozent pro Jahr betragen, und manchmal fallen zusätzlich noch Ausführungsgebühren und Fondskosten an, wenn der Manager Investmentfonds oder REITs einsetzt. Bei solchen Kosten haben Sie praktisch keine Chance mehr, den Markt zu schlagen. Mein Rat lautet: besser kein Wrap.

Bedenken Sie auch beim Kauf von Investmentfonds oder ETFs, dass es auf die Kosten ankommt. In aller Regel bringen diejenigen Fonds, die dem Anleger die niedrigsten Gebühren berechnen, die höchsten Nettoerträge. Die Fondsindustrie ist tatsächlich eine Sparte, in der Sie erhalten, was Sie nicht bezahlen. Natürlich sind die ultimativen Billigheimer Indexfonds, die nebenbei gewöhnlich auch noch steuerlich ausgesprochen effizient sind (was aber wiederum nur in den USA gilt, A. d. R.).

Viele Aspekte der Kapitalanlage entziehen sich Ihrem Einfluss. Sie können nichts gegen das Auf und Ab des Aktien- und Rentenmarktes tun. Aber Sie können Ihre Investmentkosten steuern. Und Sie können Ihr Geld so anlegen, dass Sie möglichst wenig Steuern zahlen.[37] Einfluss auf alles zu neh-

37 A. d. R.: In Deutschland vermeiden Sie Steuern, anders als in den USA, nicht über eine lange Haltedauer, sondern über die bestmögliche Ausnutzung des Sparerpauschbetrags sowie der Möglichkeiten zur Verlustverrechnung.

men, was Sie beeinflussen können, sollte daher beim Aufbau einer vernünftigen Anlagestrategie eine zentrale Rolle spielen.

Übung 10: Schlaglöcher und Stolpersteine vermeiden – diversifizieren Sie Ihre Anlageschritte

In diesen Aufwärmübungen haben wir über die verschiedenen Anlageinstrumente gesprochen. Der wichtigste Abschnitt Ihres Spaziergangs über die Wall Street führt uns aber an die Ecke Broad Street – also zur Erörterung vernünftiger Anlagestrategien für Aktien. Der Wanderführer für diesen Teil der Strecke ist in den letzten drei Kapiteln enthalten, denn meiner Überzeugung nach sollten Aktien den Eckpfeiler der allermeisten Portfolios bilden. Dessen ungeachtet greifen wir in unserer abschließenden Warm-up-Übung noch einmal die wichtigste Lektion aus der modernen Portfoliotheorie auf – die Vorteile der Diversifizierung.

In der Bibel steht geschrieben »Wo aber viele Ratgeber sind, findet sich Hilfe«. Dasselbe gilt auch für die Kapitalanlage. Diversifizierung mindert das Risiko und erhöht die Chancen, langfristig eine so hohe Rendite zu erzielen, dass Sie Ihre Anlageziele erreichen. Deshalb sollten Sie in jeder Anlagekategorie verschiedene Einzelemissionen halten, und auch wenn Aktien den Hauptbestandteil Ihres Portfolios bilden sollten, sollten diese nicht das einzige Anlageinstrument sein. Denken Sie nur an die bestürzten ehemaligen Enron-Beschäftigten, deren Altersvorsorge ausschließlich aus Enron-Aktien bestand. Als Enron unterging, verloren sie nicht nur ihre Arbeitsstelle, sondern ihre Ersparnisse fürs Alter gleich mit. Wie Ihre Anlageziele auch aussehen – der kluge Anleger diversifiziert.

Denken Sie auch an die Schlaglöcher und Stolpersteine aus dem zehnten Kapitel, das aufzählt, was Anleger aus der Verhaltensökonomie lernen können. Allzu oft sind wir im Investmentgeschäft selbst unser schlimmster Feind. Zu wissen, wie anfällig wir in psychologischer Hinsicht sind, kann uns helfen, häufige Fallstricke zu meiden, die uns auf unserem Weg durch die Wall Street zum Sturz bringen können.

Die Endkontrolle

Damit haben Sie Ihre Aufwärmübungen absolviert. Nehmen wir uns nun die Zeit für einen letzten prüfenden Blick. Die von Ökonomen ausgearbeiteten Bewertungstheorien und die von den Profis ausgewiesene Wertentwicklung können nur zu einem Schluss führen: Den sicheren, leichten Weg in den Reichtum gibt es nicht. Hohe Renditen lassen sich nur erzielen, indem man höhere Risiken eingeht (und eventuell auch geringere Liquidität in Kauf nimmt).

Wie viel Risiko Sie persönlich verkraften können, richtet sich unter anderem danach, ab welchem Punkt Sie nicht mehr gut schlafen. Im folgenden Kapitel geht es um die Risiken und den Nutzen von Anlagen in Aktien und Anleihen, sodass Sie leichter bestimmen können, wie viel Rendite Sie von verschiedenen Finanzinstrumenten erwarten dürfen. Welche Risiken Sie auf sich nehmen, wird auch erheblich von Ihrem Alter beeinflusst – und von den Quellen und der Verlässlichkeit Ihres sonstigen Einkommens. Das vierzehnte Kapitel – »Ein Anlageratgeber fürs Leben« – vermittelt Ihnen eine klarere Vorstellung davon, wie Sie festlegen, welcher Teil Ihres Kapitals in Aktien, Anleihen, Immobilien und kurzfristigen Anlagen investiert werden sollte. Das letzte Kapitel liefert konkrete Strategien für den Aktienmarkt, mit denen Amateure ebenso gute oder gar bessere Ergebnisse erzielen können als die meisten ausgebufften Profis.

DREIZEHNTES KAPITEL:

FINANZWETTBEWERB MIT HANDICAP – WIE SIE DIE ERTRÄGE AUS AKTIEN UND ANLEIHEN VERSTEHEN UND HOCHRECHNEN KÖNNEN

Niemand, der zutreffend über die Vergangenheit informiert ist, wird dazu neigen, die Gegenwart verdrießlich oder verzagt zu betrachten.

Thomas B. Macaulay, *History of England*

Aus diesem Kapitel erfahren Sie, wie Sie zum Finanzbuchmacher werden. Wenn Sie es gelesen haben, können Sie immer noch nicht vorhersagen, wie sich der Markt im nächsten Monat oder im nächsten Jahr entwickelt – das kann keiner –, doch Sie werden eher in der Lage sein, ihre Chancen auf den Aufbau eines gewinnbringenden Portfolios zu verbessern. Das Preisniveau von Aktien und Anleihen, die beiden wichtigsten Determinanten für den Nettowert, wird zweifellos schwanken, ohne dass Sie viel dagegen tun können, doch meine allgemeinen Methoden werden Ihnen gute Dienste dabei leisten, die langfristigen Erträge realistisch hochzurechnen und Ihre Anlageprogramm auf Ihre finanziellen Bedürfnisse zuzuschneiden.

Wonach richten sich die Erträge von Aktien und Anleihen?

Auf ganz lange Sicht werden die Renditen von Aktien von zwei entscheidenden Faktoren bestimmt: der Dividendenrendite zum Kaufzeitpunkt und der künftigen Wachstumsrate der Erträge und Dividenden. Im Grunde entspricht der Wert einer Aktie für den Anleger, der sie kauft und ewig hält, dem Gegenwartswert beziehungsweise dem abgezinsten Wert des Zahlungsstroms ihrer künftigen Dividenden. Beachten Sie, dass diese »Abzinsung« oder Diskontierung dem Umstand Rechnung trägt, dass ein morgen eingenommener Dollar weniger wert ist als ein Dollar, den Sie heute in der Hand haben. Mit einer Aktie erwirbt ein Anleger einen Eigentumsanteil an einem Unternehmen in der Hoffnung, laufend steigende Dividenden zu erhalten. Selbst wenn ein Unternehmen heute kaum Dividenden ausschüttet und seinen Gewinn größtenteils (oder komplett) ins Unternehmen reinvestiert, geht der Anleger unwillkürlich davon aus, dass eine solche Wiederanlage in der Zukunft für einen rascher wachsenden Dividendenstrom sorgt – oder aber für höhere Gewinne, die das Unternehmen verwenden kann, um eigene Aktien zurückzukaufen.

Aus dem abgezinsten Wert dieses Dividendenstroms (beziehungsweise der Mittel, die durch Aktienrückkäufe an die Aktionäre zurückfließen) ergibt sich nachweislich eine ganz einfache Formel für die langfristige Gesamtrendite einer einzelnen Aktie oder des gesamten Marktes:

Langfristige Aktienrendite = anfängliche Dividendenrendite + Wachstumsrate.

Von 1926 bis 2022 lieferten Aktien beispielsweise eine durchschnittliche Jahresrendite von rund 10 Prozent. Die Dividendenrendite für den Gesamtmarkt am 1. Januar 1926 betrug rund 5 Prozent. Die langfristige Wachstumsrate der Gewinne und Dividenden betrug ebenfalls 5 Prozent. Rechnen wir die anfängliche Dividendenrendite und die Wachstumsrate zusammen, so ergibt sich ein ziemlich exakter Näherungswert für die tatsächliche Rendite.

Über kürzere Zeiträume wie ein Jahr oder auch mehrere Jahre ist ein dritter Faktor entscheidend für die Ertragsbestimmung. Dieser Faktor ist die Veränderung der Bewertungskennzahlen – insbesondere die Veränderung des Kurs-Dividenden- oder Kurs-Gewinn-Verhältnisses. (Das Kurs-Dividenden-Verhältnis entwickelt sich in aller Regel ähnlich wie das häufiger herangezogene Kurs-Gewinn-Verhältnis.)

Von einem Jahr aufs andere können Kurs-Dividenden- und Kurs-Gewinn-Verhältnis stark variieren. In sehr optimistischen Zeiten wie Anfang März 2000 etwa wurden Aktien mit einem Kurs-Gewinn-Verhältnis von deutlich über 30 gehandelt. Das Kurs-Dividenden-Verhältnis lag über 80. In extrem pessimistischen Phasen wie 1982 notierten Aktien mit einem Kurs-Gewinn-Verhältnis von nur 8 und einem Kurs-Dividenden-Verhältnis von 17. Auch die Zinsen wirken sich auf diese Kennzahlen aus. Sind die Zinsen niedrig, weisen Aktien, die mit Anleihen um die Ersparnisse der Anleger wetteifern, in aller Regel niedrige Dividendenrenditen und ein hohes Kurs-Gewinn-Verhältnis aus. Bei hohen Zinsen steigen die Aktienrenditen, damit die Anlageklasse wettbewerbsfähig bleibt. Dann notieren Aktien gewöhnlich mit niedrigem Kurs-Gewinn-Verhältnis. Von 1968 bis 1982 warfen Aktien klar unterdurchschnittliche Renditen von nur rund 5 ½ Prozent pro Jahr ab. Ihre Dividendenrendite lag zu Anfang des Zeitraums bei 3 Prozent und Gewinn und Dividenden steigerten sich um 6 Prozent pro Jahr, was knapp über dem langfristigen Durchschnitt lag. Wären Kurs-Gewinn-Verhältnis (und Dividendenrendite) konstant geblieben, hätten Aktien einen Jahresertrag von 9 Prozent erzielt. Dabei hätte sich das 6-prozentige Dividendenwachstum in 6 Prozent Kapitalwertsteigerung im Jahr übersetzt. Doch ein hoher Anstieg der Dividendenrenditen (ein starker Rückgang des Kurs-Gewinn-Verhältnisses) minderte die durchschnittliche Jahresrendite um rund 3 ½ Prozentpunkte pro Jahr.

Die erste Dekade des neuen Jahrtausends war eine absolut verheerende Zeit für Aktienmarktanleger. Das Millenniumzeitalter entpuppte sich als Ära der Ernüchterung. Anfang April 2000, auf dem Höhepunkt der Internetblase, war die Dividendenrendite für den S&P 500 auf 1,2 Prozent zurückgegangen (bei Kurs-Gewinn-Verhältnissen von über 30). In diesem Zeitraum nahmen die Dividenden mit durchschnittlich 5,8 Prozent pro Jahr tatsächlich sehr stark zu. Hätten sich die Kennzahlen nicht verändert, hätten Aktien 7 Prozent Rendite abgeworfen (1,2 Prozent Dividendenrendite zuzüglich 5,8 Prozent Wachstum). Doch das Kurs-Gewinn-Verhältnis ging in der betreffenden Dekade in den Keller und die Dividendenrenditen stiegen. Durch die Veränderung der Kennzahlen wurde die Rendite um 13 ½ Prozentpunkte gekappt. Daher brachten Aktien keine 7 Prozent, sondern büßten stattdessen 6 ½ Prozent pro Jahr ein, was viele Analysten dazu veranlasste, diese Jahre als »verlorene Dekade« zu bezeichnen.

In Analystenkreisen wird vielfach infrage gestellt, ob Dividenden heute noch dieselbe Bedeutung haben wie früher. Es wird die These aufgestellt, dass Unternehmen wachsende Erträge immer häufiger durch Aktienrückkäufe an die Aktionäre zurückführen statt in Form von Dividenden. Für dieses Vorgehen werden zwei Gründe angeführt, von denen einer den Aktionären, der andere dem Management zugutekommt. Der Vorteil für die Aktionäre ist steuerrechtlichen Ursprungs. Der Steuersatz für realisierte langfristige Kapitalgewinne beträgt oft nur einen Bruchteil des auf Dividenden anfallenden Einkommensteuerhöchstsatzes. (A. d. R.: Das gilt in den USA. In Deutschland gilt für beides der gleiche Steuersatz von 25 Prozent.) Unternehmen, die eigene Aktien zurückkaufen, mindern dadurch die Anzahl der in Umlauf befindlichen Aktien und erhöhen den Gewinn je Aktie und somit den Aktienkurs. Aktienrückkäufer erzeugen also in aller Regel Kapitalgewinne. Selbst wenn Dividenden und Kapitalgewinne mit demselben Satz versteuert werden (wie in Deutschland stets der Fall, A. d. R.), fallen die Steuern auf Kapitalgewinne erst bei Veräußerung der Aktien an – oder auch gar nicht, wenn die Aktien später vererbt werden. Manager, die das Interesse der Aktionäre im Auge haben, werden daher lieber eigene Aktien zurückkaufen statt die Dividenden zu erhöhen.

Die Kehrseite: Aktienrückkäufe dienen auch dem Management. Ein erheblicher Anteil der Managerbezüge beruht auf Aktienoptionen, die nur dann einen Wert haben, wenn Gewinne und Aktienkurse steigen. Und Aktienrückkäufe sind eine einfache Möglichkeit, das zu bewerkstelligen. Die Manager profitieren von einem Wertanstieg, weil dieser den Wert ihrer Aktienoptionen steigert, während höhere Dividenden in den Taschen der bestehenden Aktionäre landen. Von den 1940er-Jahren bis in die 1970er-Jahre nahmen Gewinne und Dividenden in etwa mit derselben Rate zu. In den letzten Jahrzehnten des 20. Jahrhunderts wuchsen die Gewinne schneller an als die Dividenden. Langfristig dürften Gewinne und Dividenden ungefähr gleich schnell wachsen. Der Lesefreundlichkeit halber habe ich mich entschlossen, die folgende Analyse für das Gewinnwachstum durchzuführen.

Die langfristigen Renditen lassen sich für Anleihen leichter berechnen als für Aktien. Auf lange Sicht entspricht die Rendite eines Anleiheninvestors mehr oder minder der Endfälligkeitsrendite der Anleihe zum Kaufzeitpunkt. Bei einer Nullkuponanleihe (einer Anleihe, auf die keine regelmäßigen Zinszahlungen geleistet werden, sondern lediglich bei Fälligkeit ein festgelegter Betrag zurückgezahlt wird) ist die Rendite zum Kaufzeitpunkt gleich der Rendite, die ein Anleger bekommt – unter der Voraussetzung, dass der Titel nicht ausfällt und bis zur Fälligkeit gehalten wird. Für eine Anleihe mit Kupon (also eine, aus der regelmäßige Zinszahlungen fließen) könnte eine geringfügige Veränderung der Rendite vorliegen, die über die Laufzeit der Anleihe erwirtschaftet wird – je nachdem, ob und zu welchem Zinssatz der Kuponzins wiederangelegt wird. Dessen ungeachtet liefert die anfängliche Rendite der Anleihe eine recht brauchbare Schätzung der Rendite, die ein Anleger erzielt, wenn er das Papier bis zur Fälligkeit hält.

Undurchsichtig wird die Schätzung der Anleiherenditen, wenn Anleihen nicht bis zur Fälligkeit gehalten werden. Veränderungen der Zinsen (der Anleiherenditen) werden dann zum entscheidenden Faktor für die Bestimmung des über den Haltezeitraum der Anleihe erzielten Nettoertrags. Steigen die Zinsen, fallen die Kurse von Anleihen, damit frühere Emissionen mit den zu höheren Zinsen neu aufgelegten Papieren mithalten können. Fallen die Zinsen, steigen die Kurse. Im Grundsatz ist dabei zu beachten, dass Anleiheinvestoren, die ihre Papiere nicht bis zur Fälligkeit halten, dann einen Nachteil haben, wenn die Zinsen steigen – und einen Vorteil, wenn die Zinsen fallen.

Der unberechenbare Faktor, der die finanziellen Erträge beeinträchtigen kann, ist die Inflation. Für den Rentenmarkt ist ein Anstieg der Inflationsrate auf jeden Fall schlecht. Das wird ersichtlich, wenn wir annehmen, dass keine Inflation vorliegt und Anleihen mit 5 Prozent Rendite angeboten werden, sodass Anleger eine reale (inflationsbereinigte) Rendite von 5 Prozent erzielen. Nehmen wir weiter an, die Inflationsrate steigt von 0 auf 5 Prozent pro Jahr. Damit Anleger auch weiterhin 5 Prozent reale Renditen erwirtschaften können, müsste die Anleihe mit 10 Prozent verzinst werden. Nur dann bleibt den Anlegern eine inflationsbereinigte Rendite von 5 Prozent. Das bedeutet aber, dass die Kurse der Anleihen fallen. Wer zuvor langfristige Fünfprozenter erworben hat, erleidet einen erheblichen Kapitalverlust. Die Inflation ist daher der Todfeind der Anleiheinvestoren – es sei denn, sie halten die im zwölften Kapitel angesprochene inflationsgeschützte Variante.

Prinzipiell sollten Aktien vor Inflation schützen. Sie dürften eigentlich nicht unter steigenden Inflationsraten leiden. Zumindest theoretisch gilt: Steigt die Inflationsrate um 1 Prozentpunkt, sollten alle Preise um 1 Prozentpunkt anziehen, auch der Wert von Fabriken, Maschinen und Anlagen sowie Lagerbeständen. Die Wachstumsrate von Gewinnen und Dividenden sollte daher mit der Inflationsrate zunehmen. Obwohl sämtliche verlangten Erträge mit der Inflationsrate ansteigen, ist daher keine Veränderung der Dividendenrendite (oder des Kurs-Gewinn-Verhältnisses) erforderlich. Der Grund dafür: Die erwarteten Wachstumsraten sollten mit dem Anstieg der erwarteten Inflationsrate steigen. Ob das auch in der Praxis der Fall ist, untersuchen wir gleich.

Vier historische Ertragsepochen der Finanzmärkte

Vor einer Prognose der künftigen Aktien- und Anleiherenditen wollen wir vier Zeiträume in der Aktien- und Rentenmarktgeschichte betrachten und herausfinden, ob nachvollziehbar ist, wie es Anlegern hinsichtlich der zuvor erörterten Ertragsdeterminanten ergangen ist. Die vier Zeitalter fallen mit den vier großen Veränderungen der Aktienmarkterträge von 1947 bis 2009 zusammen. Die folgende Tabelle zeigt die vier Epochen und die durchschnittlich von Aktien- und Anleiheinvestoren erzielten Jahreserträge. Der ausgedehnte Bullenmarkt der 2010er- und 2020er-Jahre wird in einem späteren Abschnitt analysiert.

US-Aktien- und Anleiheerträge aus epochaler Perspektive (durchschnittlicher Jahresertrag)				
Anlageklasse	Epoche I – Jan. 1947 bis Dez. 1968 Das Zeitalter der Sicherheit	Epoche II – Jan. 1969 bis Dez. 1981 Das Zeitalter der Angst	Epoche III – Jan. 1982 bis März 2000 Das Zeitalter des Überschwangs	Epoche IV – April 2000 bis März 2009 Das Zeitalter der Ernüchterung
Aktien (S&P 500)	14,0 %	5,6 %	18,3 %	-6,5 %
Anleihen (langfristige Unternehmensanleihen von hoher Bonität)	1,8 %	3,8 %	13,6 %	6,4 %
Durchschnittliche jährliche Inflationsrate	2,3 %	7,8 %	3,3 %	2,4 %

Die erste Epoche, das Zeitalter der Sicherheit, wie ich es nenne, umfasst die Wachstumsjahre nach dem Zweiten Weltkrieg. Aktionäre standen inflationsbereinigt sehr gut da, während die mageren Renditen der Anleiheinhaber deutlich unter der durchschnittlichen Inflationsrate lagen. Das zweite Zeitalter bezeichne ich als Zeitalter der Angst. Um sich greifende Aufsässigkeit der Millionen im Babyboom geborenen Teenager, wirtschaftliche und politische Instabilität durch den Vietnamkrieg sowie verschiedene Preisschocks bei Öl und Lebensmitteln sorgten im Zusammenspiel für ein unfreundliches Klima für Anleger, und zwar ohne Ausnahme: Weder Aktien noch Anleihen entwickelten sich besonders gut. In unserer dritten Epoche, dem Zeitalter des Überschwangs, waren die geburtenstarken Jahrgänge erwachsen geworden, es herrschte Frieden, und ein nichtinflationärer Wohlstand setzte ein. Für Aktionäre und Anleiheinhaber war das ein goldenes Zeitalter. Nie zuvor hatten sie so gut verdient. Die vierte Epoche war das Zeitalter der Ernüchterung, in dem das vielversprechende neue Jahrtausend bei den Renditen von Aktien die hohen Erwartungen nicht erfüllte. Es schuf allerdings die Voraussetzungen für den spektakulären Anstieg der Aktienrenditen bis in die 2020er-Jahre.

Nun wollen wir anhand dieser groben Zeiteinteilung untersuchen, wie sich die Ertragsdeterminanten in diesen Epochen entwickelten. Vor allem wollen wir feststellen, was für Veränderungen bei den Bewertungskennzahlen und den Zinsen dafür verantwortlich gewesen sein könnten. Sie wissen ja: Die Renditen von Aktien werden (1) durch die anfängliche Dividendenrendite zum Kaufzeitpunkt des Papiers, (2) durch die Wachstumsrate der Erträge und (3) durch Veränderungen der Bewertungskennzahlen (wie Kurs-Gewinn- oder Kurs-Dividenden-Verhältnis) bestimmt, die Renditen von Anleihen von (1) der anfänglichen Rückzahlungsrendite zum Kaufzeitpunkt der Anleihe und (2) von Veränderungen der Zinsen (Renditen) und damit der Anleihekurse für solche Anleger, die ihre Anleihen nicht bis zur Fälligkeit halten.

Epoche I: das Zeitalter der Sicherheit

Die Verbraucher feierten das Ende des Zweiten Weltkriegs mit einem Kaufrausch. Im Krieg waren Autos, Kühlschränke und zahllose andere Dinge Mangelware gewesen. Jetzt gaben die Leute ihre flüssigen Ersparnisse mit vollen Händen aus, was einen Mini-Boom und auch eine gewisse Teuerung nach sich zog. Die Weltwirtschaftskrise der 1930er-Jahre war den Menschen aber noch lebhaft in Erinnerung. Die Ökonomen – diese wissenschaftlichen Bedenkenträger – gerieten in Sorge, als die Nachfrage schwächelte, und waren überzeugt, dass eine schwere Rezession oder gar eine Wirtschaftskrise ins Haus stand. Eine verbreitete Erklärung des Unterschieds zwischen diesen beiden Phänomenen geht auf US-Präsident Harry Truman zurück: »Eine Rezession ist, wenn du deine Arbeit verlierst. Eine Wirtschaftskrise ist, wenn ich keinen Job mehr habe.« Den Anlegern auf dem Aktienmarkt blieb die trübe Stimmung der Ökonomen nicht verborgen, und sie reagierten eindeutig besorgt. Anfang 1947 waren die Dividendenrenditen mit 5 Prozent ungewöhnlich hoch, und das Kurs-Gewinn-Verhältnis, das bei 12 pendelte, lag deutlich unter seinem langfristigen Durchschnitt.

Wie sich herausstellen sollte, glitt die Wirtschaft nicht in die von vielen befürchtete Wirtschaftskrise ab. Es gab zwar Phasen mit leichten Rezessionen, doch die Wirtschaft wuchs die 1950er- und 1960er-Jahre hindurch mit recht ansehnlichen Raten. Präsident Kennedy hatte Anfang der 1960er-Jahre eine umfangreiche Steuersenkung angekündigt, die 1964 nach seinem Tod umgesetzt wurde. Durch die Impulse dieser Steuerpolitik und die erhöhten Staatsausgaben für den Vietnamkrieg stand die Wirtschaft auf soliden Füßen und das Beschäftigungsniveau war hoch. Inflation wurde erst ganz am Ende dieser Ära zu einem allgemeinen Problem. Die Anleger zeigten immer mehr Zuversicht. 1968 lag das Kurs-Gewinn-Verhältnis über 18 und die Rendite des S&P-500-Aktienindex war auf 3 Prozent gefallen. Das sorgte für ausgesprochen angenehme Rahmenbedingungen für alle, die in Aktien investierten: Die anfänglichen Dividenden waren hoch, sowohl Gewinne als auch Dividenden wuchsen mit einigermaßen robusten Raten von 6 ½ bis 7 Prozent und die Bewertungen stiegen, was die Kapitalerträge weiter steigerte. Die folgende Tabelle weist die verschiedenen Ertragskomponenten für Aktien und Anleihen im Zeitraum von 1947 bis 1968 aus.

Renditeentwicklung bei Aktien und Anleihen (Januar 1947 bis Dezember 1968)		
Aktien	Anfängliche Dividendenrendite Ertragswachstum Bewertungsveränderung	5,0 % 6,6 % 2,4 %
	Durchschnittliche Jahresrendite	14,0 %
Anleihen	Anfangsrendite Effekt von Zinserhöhungen	2,7 % –0,9 %
	Durchschnittliche Jahresrendite	1,8 %

Leider erging es Anleiheinvestoren nicht ganz so gut. Zunächst einmal waren die Anfangsrenditen von Anleihen 1947 niedrig. Deshalb konnten auch solche Anleger, die die Papiere bis zur Fälligkeit hielten, nur geringe Erträge erzielen. Im Zweiten Weltkrieg setzten die Vereinigten Staaten die Zinsen für langfristige Staatsanleihen auf maximal 2 ½ Prozent fest. Diese Maßnahme sollte es der Regierung erlauben, den Krieg durch Kreditaufnahme zu niedrigen Zinsen billig zu finanzieren, und sie wurde nach dem Krieg bis 1951 fortgesetzt, als man einen moderaten Zinsanstieg zuließ. Die Anleiheinhaber wurden in dieser Zeit daher doppelt abgestraft. Nicht nur, dass die Zinsen zu Anfang des Zeitraums künstlich niedrig gehalten wurden – die Anleiheinhaber erlitten obendrein Kapitalverluste, als die Zinssätze dann wieder anziehen durften. Infolgedessen lagen die Nominalrenditen von Anleiheinvestoren in diesem Zeitraum unter 2 Prozent und die realen Renditen (nach Inflation) fielen negativ aus.

Epoche II: das Zeitalter der Angst

Von den späten 1960ern bis in die frühen 1980er-Jahre kam es zu einem unerwarteten Anziehen der Inflation, was die Wertpapiermärkte maßgeblich beeinflusste. Mitte der 1960er-Jahre war die Inflation quasi nicht spürbar – mit einer Rate von kaum mehr als 1 Prozent. Doch mit zunehmender Beteiligung am Vietnamkrieg Ende der 1960er-Jahre kam es zu einer klassischen altmodischen »nachfrageinduzierten« Inflation – es war zu viel Geld für zu wenige Waren auf dem Markt –, und die Inflationsrate schoss auf rund 4 oder 4 ½ Prozent in die Höhe.

Später wurde die Wirtschaft dann von den Öl- und Lebensmittelpreisschocks der Jahre 1973 und 1974 heimgesucht. Da war Murphys Gesetz am Werk, wie es im Buche steht – was schiefgehen konnte, ging schief. Die Organisation der Erdöl exportierenden Länder (OPEC) orchestrierte gezielt eine künstliche Ölmangellage, und Mutter Natur sorgte durch schlechte Getreideernten in Nordamerika und noch schlechtere in der Sowjetunion und Afrika südlich der Sahara für eine reale Lebensmittelknappheit. Als dann auch noch die Sardellenpopulation in Peru auf mysteriöse Weise zusammenbrach (Sardellen sind ein wichtiger Proteinlieferant), schien sich O'Tooles Einwurf ebenfalls zu bewahrheiten. (Das war der Mann, der gesagt hat, Murphy sei ein Optimist gewesen.) Wieder stieg die Inflationsrate auf 6 ½ Prozent. 1978 und 1979 führte dann eine Mischung aus politischen Fehlentscheidungen – die einen erheblichen Nachfrageüberhang in bestimmten Sektoren auslösten – und ein weiterer Anstieg der Ölpreise um 125 Prozent zu einem neuerlichen Inflationsschub, der die Lohnkosten mitriss. Anfang der 1980er-Jahre erreichte die Inflationsrate zweistellige Werte. Die Angst, die Wirtschaft könnte außer Kontrolle geraten, war durchaus erheblich.

Am Ende griff die US-Notenbank Federal Reserve unter der Leitung ihres damaligen Chefs Paul Volcker energisch ein. Die Fed schwenkte auf eine extrem straffe Geldpolitik um, die die Konjunktur zügeln und das Inflationsvirus abtöten sollte. Die Inflation ging zwar rechtzeitig zurück, doch um ein Haar wäre es auch der Wirtschaft an den Kragen gegangen. Die USA erlebten den drastischsten Konjunktureinbruch seit den 1930er-Jahren, und die Arbeitslosigkeit nahm sprunghaft zu. Ende 1981 war in der US-Wirtschaft nicht nur die Inflationsrate zweistellig, sondern auch die Arbeitslosenquote.

Folgende Tabelle zeigt die Auswirkungen von Inflation und wirtschaftlicher Instabilität auf die Finanzmärkte. Die nominalen Renditen für Aktionäre und Anleiheinhaber fielen schon kümmerlich aus, doch die realen Renditen nach Einrechnung der Inflationsrate von 7,8 Prozent waren sogar negativ. Harte Vermögenswerte wie Gold, Sammelobjekte und Immobilien warfen dagegen zweistellige Renditen ab.

Renditeentwicklung bei Aktien und Anleihen (Januar 1969 bis Dezember 1981)		
Aktien	Anfängliche Dividendenrendite Ertragswachstum Bewertungsveränderung	3,1 % 8,0 % –5,5 %
	Durchschnittliche Jahresrendite	5,6 %
Anleihen	Anfangsrendite Effekt von Zinserhöhungen	5,9 % –2,1 %
	Durchschnittliche Jahresrendite	3,8 %

Weil die Inflation so unerwartet kam und nicht in die Renditen einkalkuliert war, sahen die Ergebnisse für Anleiheinvestoren entsprechend vernichtend aus. 1968 brachten langfristige US-Anleihen mit 30 Jahren Laufzeit beispielsweise eine Endfälligkeitsrendite von rund 6 Prozent. Das schützte vor der laufenden Inflationsrate von rund 3 Prozent und lieferte eine erwartete inflationsbereinigte Realrendite von 3 Prozent. Nur leider betrug die tatsächliche Inflationsrate im Zeitraum von 1969 bis 1981 fast 8 Prozent, was jede positive Realrendite aufzehrte. Und das ist noch die gute Nachricht dieser traurigen Geschichte. Die schlechte: Es gab auch Kapitalverluste. Wer wollte Ende der 1970er-Jahre eine Anleihe kaufen, die 6 Prozent abwarf, wenn die Inflationsrate über 10 Prozent lag? Keiner! Wer seine Anleihen verkaufen musste, war gezwungen, Verluste in Kauf zu nehmen, damit sich der neue Käufer eine Rendite sichern konnte, die der höheren Inflationsrate entsprach. Die Renditen zogen sogar noch weiter an, da die Risikoprämie für Anleihen stieg, um ihrer stärkeren Volatilität Rechnung zu tragen. Schlimmer noch: Das Steuersystem versetzte allen Anleiheinvestoren den heftigsten Schlag überhaupt. Obwohl sie de facto vor Steuern häufig negative Renditen verbuchten, wurden die Anleihekupons zum regulären Einkommensteuersatz veranlagt.

Dass Anleihen Anleger nicht vor unerwarteten Inflationsepisoden schützten, war zu erwarten. Dass aber auch Aktien diesbezüglich floppten, war nicht absehbar. Weil Aktien Ansprüche auf Sachwerte darstellen, deren Wert bei steigendem Preisniveau mutmaßlich zunimmt, hätten ihre Kurse logischerweise ebenfalls anziehen müssen. Das erinnert an die Geschichte von dem kleinen Jungen, der zum ersten Mal in ein Kunstmuseum geht. Als ihm erklärt wird, dass ein berühmtes abstraktes Gemälde ein Pferd darstellen soll, kontert er mit der klugen Frage: »Na, wenn es doch ein Pferd darstellen soll, warum stellt es dann kein Pferd dar?« Wenn Aktien ein Inflationsschutz sein sollten, warum waren sie es dann nicht?

Dafür wurden viele verschiedene Gründe angeführt wie stockende Dividenden- und Ertragssteigerungen, doch sind sie bei genauerem Hinsehen nicht stichhaltig. Eine häufig bemühte Erklärung war, dass die Inflation die Unternehmensgewinne drastisch dezimiert habe – vor allem, wenn man die ausgewiesenen Zahlen inflationsbereinigt betrachtete. Die Inflation wurde als eine Art finanzielle Neutronenbombe dargestellt, die zwar das Unternehmen selbst stehen ließ, aber sein Lebensblut vernichtete: den Gewinn. In den Augen vieler geriet der Motor des Kapitalismus außer Kontrolle. Ein Spaziergang über die Wall Street – ob zufällig oder geplant – konnte sich als äußerst gefahrvoll erweisen.

Die Fakten sprechen eine andere Sprache: Es gab keinen Beleg dafür, dass die Gewinne »an einer von grausamer, unaufhaltsamer Inflation eingefetteten Stange herabgeglitten« waren, wie in der Finanzwelt Anfang der 1980er-Jahre manch einer glaubte. Wie die folgende Tabelle zeigt, wuchs der Gewinn im Zeitraum von 1969 bis 1981 schneller und beschleunigte sich auf eine Rate von 8 Prozent, was deutlich über der Inflation lag. Selbst die Dividenden konnten sich behaupten und nahmen in etwa so stark zu wie die Inflation.

Filmfans sollten sich an die fantastische Schlussszene von *Casablanca* erinnern. Humphrey Bogart steht mit gerade abgefeuerter Waffe über dem Leichnam eines Majors der Luftwaffe. Claude Rains, Hauptmann der französischen Kolonialpolizei, lässt seinen Blick von Bogart über die rauchende Waffe zu dem toten Major wandern und sagt dann zu seinem Assistenten: »Major Strasser ist erschossen worden. Verhaften Sie die üblichen Verdächtigen.« Auch wir haben die üblichen Verdächtigen zusammengetrieben, doch wer den Aktienmarkt wirklich auf dem Gewissen hat, müssen wir erst noch genau ermitteln.

Aktien brachten in den 1970er-Jahren vor allem aus einem Grund schwache Erträge: Die Einschätzungen der Anleger zu Dividenden und Gewinnen – also wie viele Dollar sie bereit waren, für 1 Dollar Dividende und Gewinn zu zahlen –, brachen abrupt ein. Aktien boten Anlegern aber nicht etwa deshalb keinen Schutz vor Inflation, weil die Erträge und Dividenden nicht mit der Inflation angestiegen wären, sondern vielmehr, weil das Kurs-Gewinn-Verhältnis in diesem Zeitraum buchstäblich zusammengebrochen war.

Das Kurs-Gewinn-Verhältnis für den S&P-Index fiel im Zeitraum von 1969 bis 1981 um fast zwei Drittel. Es war der Rückgang dieser Kennzahl, der Anlegern in den 1970er-Jahren so kümmerliche Erträge bescherte und verhinderte, dass die Aktienkurse die tatsächlich zugrunde liegende positive Entwicklung von Gewinn- und Dividendenwachstum widerspiegelten. Manche Finanzökonomen folgerten daraus, dass sich der Markt in den 1970er- und 1980er-Jahren einfach irrational verhielt – dass die Kennzahlen zu stark zurückgegangen waren.

Es ist natürlich gut möglich, dass die Aktienanleger in den frühen 1980er-Jahren unbegründet pessimistisch in die Zukunft schauten – so, wie sie Mitte der 1960er-Jahre womöglich unbegründet optimistisch waren. Ich glaube zwar nicht, dass der Markt stets absolut rational ist, doch wenn ich bei der Frage nach der Rationalität zwischen dem Aktienmarkt und der Ökonomenzunft wählen müsste, würde ich mein Geld jederzeit auf den Aktienmarkt setzen. Ich gehe davon aus, dass die Aktienanleger keinesfalls irrational handelten, als sie einen drastischen Rückgang des Kurs-Dividenden- und Kurs-Gewinn-Verhältnisses auslösten. Sie hatten ganz einfach Angst. Mitte der 1960er-Jahre war die Inflation so gering, dass sie fast nicht zu spüren war – und die Anleger waren überzeugt, dass die Ökonomen ein Mittel gegen schwere Rezessionen gefunden hatten. Selbst leichte Abschwünge ließen sich »wegjustieren«. Niemand hätte sich in den 1960er-Jahren vorstellen können, dass die Wirtschaft zweistellige Arbeitslosenquoten oder zweistellige Inflationsraten erleben könnte – und schon gar nicht beides gleichzeitig. Wir mussten offensichtlich erfahren, dass die Wirtschaftslage weitaus instabiler war als zuvor angenommen. Aktien galten daher als riskanter und erforderten infolgedessen einen höheren Risikoausgleich.[38]

Höhere Risikoprämien liefert der Markt durch einen Rückgang des Kurses im Verhältnis zu den Gewinnen und Dividenden. Daraus ergeben sich künftig höhere Renditen, wie sie dem neuen riskanteren Umfeld entsprechen. Paradoxerweise sorgten aber dieselben Anpassungen, die Ende der

38 Die Ökonomen sprechen häufig von der Risikoprämie – also dem Zusatzertrag, den Sie von einer Anlage im Vergleich zu absolut berechenbaren kurzfristigen Investments erwarten dürfen. So betrachtet waren die Risikoprämien in den 1960er-Jahren ausgesprochen niedrig und betrugen vielleicht 1 oder 2 Prozentpunkte. Anfang der 1980er-Jahre erhöhten sich die von Anlegern geforderten Risikoprämien für Aktien und Anleihen auf eine Bandbreite von vermutlich 4 bis 6 Prozentpunkten, wie ich noch zeigen werde.

1960er-Jahre und die 1970er-Jahre hindurch für ausgesprochen niedrige Renditen verantwortlich waren, in den frühen 1980er-Jahren für ein höchst ansprechendes Preisniveau, wie ich in früheren Auflagen dieses Buches angeführt habe. Die Erfahrung zeigt jedoch: Sucht man eine Erklärung für die Generierung von Renditen über zehn Jahre, dann spielt eine Veränderung der Bewertungskennzahlen eine entscheidende Rolle. Die Wachstumsrate der Erträge entschädigte im Zeitraum von 1969 bis 1981 durchaus für die Inflation. Der Aktienmarkt fiel jedoch dem Einbruch von Kurs-Dividenden- und Kurs-Gewinn-Verhältnis zum Opfer, worin sich meines Erachtens höhere wahrgenommene Risiken niederschlagen.

Epoche III: das Zeitalter des Überschwangs

Wenden wir uns nun der dritten Epoche zu – einem goldenen Zeitalter für die Renditen von Finanzanlagen, das von 1982 bis ins neue Jahrtausend hinein reichte. Zu Anfang des Zeitraums hatten sich Anleihen und Aktien vollständig an das veränderte wirtschaftliche Umfeld angepasst – vielleicht sogar zu sehr. Aktien und Anleihen waren nicht nur so bepreist, dass ein angemessener Schutz gegen die voraussichtliche Inflationsrate bestand, sondern so, dass sie ungewöhnlich großzügige Renditen lieferten.

Tatsächlich war der Rentenmarkt Ende 1981 in Ungnade gefallen. Das *Bawl Street Journal* schrieb 1981 in einer satirischen Jahresausgabe: »Eine Anleihe ist ein festverzinsliches Instrument, das darauf ausgelegt ist, fallende Kurse zu verzeichnen.« Gleichzeitig lag die Rendite hochwertiger Unternehmensanleihen bei rund 13 Prozent. Die zugrunde liegende Inflationsrate (gemessen am Anstieg der Lohnstückkosten) betrug etwa 8 Prozent. Somit lieferten Unternehmensanleihen eine voraussichtliche reale Rendite von rund 5 Prozent – im historischen Vergleich seinerzeit ungewöhnlich viel. (Die langfristige reale Rendite von Unternehmensanleihen beträgt lediglich 2 Prozent.) Wohlgemerkt waren die Anleihekurse volatil geworden, und deshalb war nur recht und billig, davon auszugehen, dass Anleihen etwas höhere Risikoprämien bieten sollten als zuvor. Doch aus lauter Panik deprimierte institutionelle Investoren setzten die Risiken von Anleiheninvestments vermutlich zu hoch an. Wie die Generäle, die schon im letzten Krieg gekämpft hatten, hatten Anleger bei Anleihen Berührungsängste, weil sie damit in den zurückliegenden 15 Jahren so schlechte Erfahrungen gemacht hatten. Damit waren die Ausgangsbedingungen wie geschaffen dafür, dass Anleiheinvestoren in den kommenden Jahren ausgesprochen großzügige Renditen erwarten konnten.

Und Aktien? Wie schon gesagt kann man die erwartete langfristige Aktienrendite errechnen, indem man die Dividendenrendite des Aktienmarktdurchschnitts zum erwarteten Wachstum des Gewinns je Aktie hinzuaddiert. Die von mir 1981 durchgeführten Berechnungen ergaben insgesamt eine zu erwartende Rendite für Aktien von über 13 Prozent – was deutlich über der Inflationsrate lag und im historischen Vergleich ausgesprochen üppig war.

Außerdem wurden Aktien zu einem ungewöhnlich niedrigen Kurs-Gewinn-Verhältnis (bei zyklisch bedingt gedrückten Gewinnen), einem unterdurchschnittlichen Kurs-Dividenden-Verhältnis und zu Kursen gehandelt, die lediglich einen Bruchteil des Wiederbeschaffungswerts der zugrunde liegenden Vermögensgegenstände darstellten. Kein Wunder also, dass wir in den 1980er-Jahren eine Übernahmewelle erlebten. Sobald Vermögenswerte an der Börse billiger zu haben sind, als wenn man sie direkt erwerben würde, neigen Unternehmen dazu, die Aktien anderer Unternehmen zu erstehen und auch eigene Aktien zurückzukaufen. Deshalb habe ich behauptet, dass wir Anfang der 1980er-Jahre vor einer Marktsituation standen, in der sich Wertpapiere – vielleicht sogar zu stark – an die Inflation und die damit assoziierte größere Unsicherheit angepasst hatten. Die folgende Tabelle zeigt, wie sich die Renditen im Zeitraum von 1982 bis 2000 entwickelten.

Renditeentwicklung bei Aktien und Anleihen (Januar 1982 bis März 2000)		
Aktien	Anfängliche Dividendenrendite Ertragswachstum Bewertungsveränderung (Anstieg des KGV)	5,8 % 6,8 % 5,7 %
	Durchschnittliche Jahresrendite	18,3 %
Anleihen	Anfangsrendite Effekt von Zinssenkungen	13,0 % 0,6 %
	Durchschnittliche Jahresrendite	13,6 %

Diese Ära war eindeutig eine des Überschwangs für Anleger, da sowohl Aktien als auch Anleihen ungewöhnlich hohe Renditen abwarfen. Das nominale Wachstum der Gewinne und Dividenden war in diesem Zeitraum zwar auch nicht höher als in den enttäuschenden 1970er-Jahren, doch trugen zwei Faktoren zu spektakulären Aktienmarkterträgen bei: Erstens war schon die anfängliche Dividendenrendite von knapp 6 Prozent ungewöhnlich hoch. Zweitens verfiel die Marktstimmung von Verzweiflung in Euphorie. Das Kurs-Gewinn-Verhältnis auf dem Markt vervierfachte sich beinahe – von 8 auf 30 –, und die Dividendenrendite ging auf ein reichliches Prozent zurück. Es war die Bewertungsveränderung, die die Aktienerträge von ungewöhnlich gutem auf absolut herausragendes Niveau hob.

Ein ähnliches Bild bot der Rentenmarkt, auf dem die Ausgangsrendite von 13 Prozent Anleiheinhabern zweistellige Erträge garantierte. Wie schon gesagt: Wer langfristig in Anleihen anlegt, weiß im Voraus, was er zurückbekommt. Außerdem sanken die Zinsen, was die Erträge noch weiter in die Höhe trieb. Hinzu kam, dass die reale (also inflationsbereinigte) Rendite deutlich über ihrem langfristigen Durchschnitt lag, weil sich die Inflationsrate auf einen Stand von 3 Prozent verringerte. Der Zeitraum von 1982 bis Anfang 2000 bot einmalige Gelegenheiten zur Anlage in finanzielle Vermögenswerte. Harte Anlagewerte wie Gold und Öl lieferten negative Renditen.

Epoche IV: das Zeitalter der Ernüchterung

Auf das Zeitalter des Überschwangs folgte für den Aktienmarkt eines der schlimmsten Jahrzehnte aller Zeiten. Diese Periode galt generell als »verlorene Dekade« oder »Naughties« – Nullerjahre im eigentlichen Wortsinn. Diese Zeit würden die meisten Aktienmarktanleger gern vergessen. An die Internetblase schloss sich ein verheerender Bärenmarkt an. Im weiteren Verlauf des Jahrzehnts bildete sich erneut eine Blase, deren Platzen die Aktienmärkte weltweit erschütterte, da einbrechende Immobilienpreise den Wert komplexer hypothekenbesicherter Wertpapiere zunichtemachte, die von steigenden Eigenheimpreisen abhingen. Wieder einmal wurde den Anlegern sehr plastisch vor Augen geführt, dass die Welt ein riskanter Ort ist. Die Bewertungskennzahlen veränderten sich entsprechend.

Das Kurs-Gewinn-Verhältnis ging zurück, die Dividendenrendite zog an. Anleger, die ihr Portfolio mit Anleihen diversifiziert hatten, konnten den Schlag jedoch etwas abfedern, da Anleihen in diesem Jahrzehnt positive Renditen brachten. Die folgende Tabelle zeigt die Entwicklung der Renditen im Zeitalter der Ernüchterung.

Renditeentwicklung bei Aktien und Anleihen (April 2000 bis März 2009)		
Aktien	Anfängliche Dividendenrendite Ertragswachstum Bewertungsveränderung (Rückgang des KGV)	1,2 % 5,8 % –13,5 %
	Durchschnittliche Jahresrendite	–6,5 %
Anleihen	Anfangsrendite Effekt von Zinserhöhungen	7,0 % –0,6 %
	Durchschnittliche Jahresrendite	6,4 %

Die Märkte von 2009 bis 2022

Als der Markt 2009 die Talsohle durchschritt, war das Kurs-Gewinn-Verhältnis für den S&P 500 auf unter 15 gefallen (bei konjunkturbedingt deutlich niedrigeren Erträgen). Die Dividendenrendite hatte sich auf fast 3 Prozent erhöht. Diese Veränderungen der Bewertungskennzahlen schufen die Voraussetzungen für ein Folgejahrzehnt mit positiven Aktienmarkterträgen. Bei zweistellig zunehmenden Gewinnen stiegen die Kurse sogar noch höher, unterstützt durch rückläufige Dividendenrendite und anziehendes Kurs-Gewinn-Verhältnis. Bis einschließlich Januar 2022 hatten Aktien trotz der Turbulenzen von Anfang 2020, als COVID die Konjunktur einbrechen ließ, eine durchschnittliche Jahresrendite von fast 17 ½ Prozent verbucht. Die durchschnittliche Inflationsrate lag im selben Zeitraum bei 2,3 Prozent. Damit war die reale Rendite von Aktien so hoch wie in Epoche III, die ich als Zeitalter des Überschwangs bezeichne. Auch Anleihen entwickelten sich recht ordentlich. Die Renditen von US-Staatspapieren rangierten 2009 zwischen 3 und 4 Prozent. Im Januar 2022 wurden zehnjährige US-Staatsanleihen mit nicht einmal 2 Prozent verzinst. Anleihen boten daher einen gewissen Kapitalzuwachs, da ihre Renditen fielen. Sie lieferten eine Jahresrendite von rund 4 Prozent, was inflationsbereinigt etwa 2 Prozent entsprach.

Handicap für künftige Renditen

Und was kommt jetzt? Wie lassen sich die Renditen finanzieller Vermögenswerte für die kommenden Jahre beurteilen? Ich bin zwar nach wie vor überzeugt, dass niemand die kurzfristigen Bewegungen auf den Wertpapiermärkten vorhersagen kann, glaube aber, dass es möglich ist, die voraussichtliche Bandbreite der langfristigen Renditen einzuschätzen, die Anleger von finanziellen Vermögenswerten erwarten dürfen. Es wäre unrealistisch, davon auszugehen, dass die üppigen Renditen, die Aktienmarktanleger im Zeitraum von 2009 bis 2022 erzielt haben, auch in den kommenden Jahren erwartbar sind.

Wie aber sehen dann vernünftige langfristige Ertragserwartungen aus? Dieselben Methoden, die ich früher angewandt habe, lassen sich auch heute heranziehen. Ich will das anhand langfristiger Ertragsprojektionen per Anfang 2022 demonstrieren. Leserinnen und Leser können ähnliche Berechnungen durchführen, indem sie die Daten einsetzen, die dem Hochrechnungszeitraum entsprechen.

Ein Blick auf den Rentenmarkt zum Stand von 2022 verschafft uns zunächst einen sehr guten Anhaltspunkt für die Renditen, die langfristige Anleiheinhaber erzielen. Wer Unternehmensanleihen von hoher Bonität bis zur Fälligkeit hält, erwirtschaftet damit rund 3 Prozent. Zehnjährige US-Staatsanleihen, die bis zum Ende ihrer Laufzeit gehalten werden, bringen knapp 2 Prozent. Wenn wir davon ausgehen, dass die Inflationsrate das Ziel der US-Notenbank von 2 Prozent pro Jahr nicht übersteigt, liefern Unternehmensanleihen Anlegern eine recht kümmerliche, aber immerhin positive Rendite. Diese fällt allerdings deutlich niedriger aus als seit Ende der 1960er-Jahre. Zieht die Inflation aber so an wie 2021 bis 2022, rutschen die Anleiherenditen ins Minus. Steigen die Zinsen, sinken die Kurse von Anleihen, und die Renditen gehen noch weiter zurück. Staatsanleihen bringen gar keine oder eine negative reale Rendite. Schwer vorstellbar, dass es sich bei den 2022 erhältlichen Renditen lohnt, in Anleihen zu investieren.

Welche Renditen können wir zum Stand von 2022 für Aktien prognostizieren? Wir können plausible Schätzungen zu mindestens der ersten der beiden Determinanten für die Aktienrenditen anstellen. Wir wissen, dass die Dividendenrendite für den S&P 500 Index 2022 unter 1,3 Prozent lag. Angenommen, die Erträge können sich langfristig um rund 4,7 Prozent steigern, wie es der historischen Entwicklung und in etwa auch den Schätzungen der Investmentfirmen der Wall Street von 2022 entspricht. Addieren wir die Ausgangsrendite und die Wachstumsrate, so erhalten wir einen projizierten Gesamtertrag für den S&P 500 von 6 Prozent pro Jahr – mehr als für Anleihen, aber deutlich weniger als der seit 1926 verzeichnete langfristige Durchschnitt von an die 10 Prozent.

Natürlich sind die maßgeblichen Determinanten für die Aktienrendite auf kurze Sicht Veränderungen der Marktbewertungen – also Veränderungen des Kurs-Gewinn-Verhältnisses auf dem Markt. Anleger sollten sich fragen, ob sich das 2022 verzeichnete Bewertungsniveau auf dem Markt behaupten kann. Konjunkturbereinigt lag das Kurs-Gewinn-Verhältnis Anfang 2022 über 35 – also deutlich über dem langfristigen historischen Durchschnitt. Die Dividendenrendite betrug mit 1,3 Prozent viel weniger als der historische Durchschnitt von 4 ½ Prozent.

Die Zinsen waren Anfang 2022 eindeutig verhältnismäßig niedrig. Bei niedrigen Zinsen sind ein etwas höheres Kurs-Gewinn-Verhältnis und eine niedrigere Dividendenrendite gerechtfertigt. Dennoch können wir nicht einfach davon ausgehen, dass die Zinsen auf Dauer so niedrig bleiben und die Inflation immer so harmlos. Das Unerwartete kommt oft.

Auf dem Aktienmarkt gibt es ein vorhersehbares Muster, das auf längere Sicht ebenfalls bestenfalls bescheidene Aktienmarkterträge verheißt. Je nach dem herangezogenen Prognosezeitraum lassen sich auf der Grundlage des anfänglichen Kurs-Gewinn-Verhältnisses für den Gesamtmarkt bis zu 40 Prozent der Variabilität künftiger Markterträge vorhersagen.

Eine aufschlussreiche Darstellung des Ergebnisses finden Sie in der Grafik auf der nächsten Seite. Das Diagramm wurde erstellt, indem das Kurs-Gewinn-Verhältnis des breiten US-Aktienmarktes für jedes Quartal seit 1926 gemessen und anschließend die Gesamtrendite für die nächsten zehn Jahre berechnet wurde. Dann wurden die beobachteten Werte je nach Höhe des anfänglichen Kurs-Gewinn-Verhältnisses in Dezile eingeteilt. Im Grundsatz belegt die Abbildung, dass Anleger auf dem Aktienmarkt dann höhere Gesamtrenditen erwirtschafteten, wenn das anfängliche Kurs-Gewinn-Verhältnis des Marktportfolios verhältnismäßig niedrig war. Wurden die Aktien mit hohem Kurs-Gewinn-Verhältnis erworben, fielen die künftigen Renditen im Vergleich gering aus.

MITTLERE ZEHNJÄHRIGE KUMULIERTE GESAMTRENDITE AUS HISTORISCHEN KGV-DEZILEN, 1926 BIS HEUTE

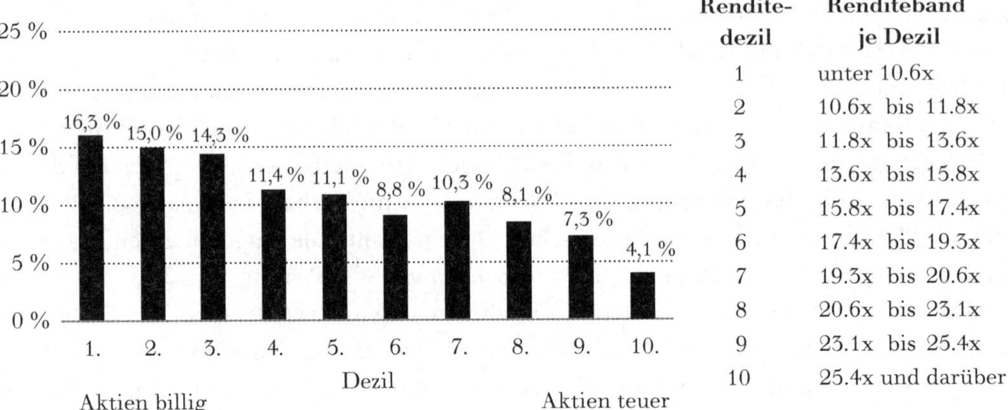

Rendite-dezil	Renditeband je Dezil
1	unter 10.6x
2	10.6x bis 11.8x
3	11.8x bis 13.6x
4	13.6x bis 15.8x
5	15.8x bis 17.4x
6	17.4x bis 19.3x
7	19.3x bis 20.6x
8	20.6x bis 23.1x
9	23.1x bis 25.4x
10	25.4x und darüber

Quelle: The Leuthold Group, 2022

Zur Messung des Kurs-Gewinn-Verhältnisses für den Markt wurde für diese Berechnungen nicht der tatsächliche Gewinn je Aktie herangezogen, sondern der konjunkturbereinigte. Deshalb werden die gemessenen KGV-Werte auch als CAPEs bezeichnet – die Abkürzung steht für konjunkturbereinigtes Kurs-Gewinn-Verhältnis (cyclically adjusted P/E multiples). Die CAPEs sind auf Robert Shillers Website abrufbar. Die Erträge werden als Durchschnittsertrag der letzten zehn Jahre berechnet. (Ähnliche Berechnungen erhalten Sie, wenn Sie den Ertragsdurchschnitt der letzten fünf Jahre bilden.) Das Shiller-CAPE betrug 2022 über 35. Noch höher fielen die Bewertungen nur Anfang 2000 aus. Anhand der CAPEs lassen sich die Erträge der nächsten zehn Jahre einigermaßen zuverlässig ermitteln. Sie bestätigen die hier formulierte Erwartung, dass sie in den kommenden Jahren im moderaten einstelligen Bereich bleiben und deutlich unter den vorstehend geschätzten 6 Prozent liegen könnten. Ist Ihr Anlagehorizont kürzer als zehn Jahre, lassen sich die für Sie erzielbaren Renditen überhaupt nicht verlässlich prognostizieren.

Als »Zufallsspaziergänger« an der Wall Street bezweifle ich, dass irgendjemand die kurzfristige Entwicklung der Aktienkurse vorhersagen kann – und vielleicht ist das am Ende ein Segen. Mich erinnert das an eine meiner Lieblingsfolgen der fantastischen alten Radiokrimiserie *I Love a Mystery*. Im betreffenden Fall ging es um einen unersättlichen Aktienmarktinvestor, der sich wünschte, nur einmal im Leben die Zeitung mit den Kursveränderungen 24 Stunden vorher zu Gesicht zu bekommen. Auf wundersame Weise wurde ihm dieser Wunsch erfüllt – er erhielt die Spätausgabe der Zeitung für den nächsten Tag bereits am Vorabend. Fieberhaft arbeitete er die Nacht hindurch und plante, welche Aktien er gleich morgens kaufen und am Nachmittag verkaufen wollte, um an der Börse garantiert den großen Reibach zu machen. In seinem Elan las er auch noch den Rest der Zeitung – und stieß dabei auf seine eigene Todesanzeige. Sein Diener fand ihn am nächsten Morgen tot auf.

Weil ich zum Glück keinen Zugang zu künftigen Zeitungsausgaben habe, kann ich nicht sagen, wie sich Aktien und Anleihen in irgendeinem zukünftigen Zeitraum entwickeln werden. Dessen ungeachtet bin ich der festen Überzeugung, dass die hier dargestellten ausgesprochen konservativen langfristigen Schätzungen zu Anleihe- und Aktienrenditen die plausibelsten sind, die sich für die Anlageplanungsdekaden im 21. Jahrhunderten aufstellen lassen. Es geht darum, nicht mit Blick in den Rückspiegel zu investieren und frühere zweistellige Renditen in die Zukunft zu projizieren. Uns dürfte eine ganze Zeit lang ein Umfeld mit niedrigen Renditen bevorstehen.

VIERZEHNTES KAPITEL:

EIN ANLAGERATGEBER FÜRS LEBEN

Es gibt zwei Zeiten des Lebens, in denen der Mensch sich hüten sollte zu spekulieren: wenn seine Mittel es ihm nicht erlauben, und wenn sie es erlauben.

Mark Twain, *Meine Weltreise nach Indien*

Ihre Anlagestrategie muss zu Ihrem Lebensstil passen. Ein 34-Jähriger und ein 68-Jähriger, die beide für die Altersvorsorge sparen, sollten verschiedene Finanzinstrumente einsetzen, um ihre Ziele zu erreichen. Der 34-Jährige, für den die Jahre, in denen er das höchste Erwerbseinkommen bezieht, erst noch kommen, kann Verluste, die er durch das Eingehen höherer Risiken erleidet, durch seinen Verdienst ausgleichen. Der 68-Jährige, der vermutlich auf Investmenterträge angewiesen ist, um sein Erwerbseinkommen zu ergänzen oder zu ersetzen, muss seine Risiken im Rahmen halten. Auch ein und dasselbe Finanzinstrument kann je nach Risikotoleranz für verschiedene Menschen unterschiedliche Bedeutung haben. So könnten beispielsweise der 34-Jährige und der 68-Jährige beide in Einlagenzertifikate investieren – der Jüngere, weil er von Haus aus risikoscheu ist, der Ältere, weil er nicht mehr viel Risiko verkraften kann. Im ersten Fall liegt es am Betreffenden, wie viel Risiko er eingehen möchte – im zweiten nicht.

Die wichtigste Anlageentscheidung, die Sie je treffen werden, betrifft aber vermutlich das Verhältnis zwischen den verschiedenen Anlageklassen (Aktien, Anleihen, Immobilien, Geldmarktpapiere und so weiter) in unterschiedlichen Lebensphasen. Roger Ibbotson zufolge, der zeit seines Lebens die Renditen alternativer Portfolios gemessen hat, richtet sich die Gesamtrendite eines Anlegers zu über 90 Prozent nach den Anlagekategorien, die er auswählt, und nach deren Gesamtverhältnis im Portfolio. Der Investmenterfolg ist zu nicht einmal 10 Prozent von den konkreten Aktien oder Investmentfonds abhängig, die ein Anleger auswählt. Im vorliegenden Kapitel werde ich Ihnen zeigen: Ganz gleich, wie hoch oder niedrig Ihre Risikobereitschaft auch ist – wo Sie sich auf der Skala zwischen gut essen und gut schlafen auch wiederfinden –, anhand Ihres Alters, Ihres Erwerbseinkommens und bestimmter Verpflichtungen im Leben lässt sich der richtige Anlagenmix für Ihr Portfolio recht gut bestimmen.

Fünf Grundsätze für die Vermögensstrukturierung

Bevor wir rationale Grundlagen für Entscheidungen zur Asset-Allokation festlegen können, sind unbedingt bestimmte Grundsätze zu beachten. Ein paar davon wurden in den Vorkapiteln bereits implizit angesprochen. Sie hier explizit zu erläutern, sollte ausgesprochen hilfreich sein. Diese zentralen Grundsätze sind:

1. Risiko und Rendite stehen nachweislich in Zusammenhang.
2. Die Risiken einer Anlage in Aktien und Anleihen richten sich nach der Haltedauer der Papiere. Je länger ein Anleger bei der Stange bleibt, desto geringer die voraussichtlichen Renditeschwankungen der betreffenden Anlage.
3. Die Durchschnittskostenmethode kann eine nützliche, wenn auch umstrittene Technik zur Minderung der Risiken von Anlagen in Aktien und Anleihen sein.
4. Die Neugewichtung kann Risiken mindern und unter bestimmten Umständen die Anlageerträge steigern.
5. Sie müssen unterscheiden zwischen Ihrer Einstellung zu Risiken und Ihrer Risikofähigkeit. Wie viel Risiko Sie sich erlauben können, hängt von Ihrer finanziellen Gesamtsituation ab – unter anderem davon, welche Arten von Einkommen Sie außer Ihren Anlageerträgen noch beziehen und aus welchen Quellen.

1. Zusammenhang zwischen Risiko und Ertrag

Auf die Gefahr hin, dass Sie es schon nicht mehr hören können: Anlageerträge lassen sich nur durch das Eingehen höherer Risiken steigern – und für die Anlageverwaltung gibt es keine wichtigere Erkenntnis als diese. Dieses finanzwirtschaftliche Grundgesetz wird von historischen Daten aus vielen Jahrhunderten untermauert. Die folgende Tabelle zeigt, worum es dabei geht.

Gesamtjahresertrag für grundlegende Anlageklassen, 1926 bis 2020		
	Durchschnittlicher Jahresertrag	**Risikoindex (Ertragsvolatilität im Jahresvergleich)**
Aktien kleiner Unternehmen	11,9 %	28,2 %
Aktien großer Unternehmen	10,3 %	18,7 %
Langfristige Staatsanleihen	5,7 %	8,5 %
US-Schatzwechsel	3,3 %	3,1 %

Quelle: Ibbotson, Duff & Phelps SBBI

Aktien liefern auf lange Sicht eindeutig ausgesprochen üppige Renditen. Schätzungen zufolge wären George Washingtons Erben, wenn er 1 Dollar von seinem ersten Präsidentengehalt in Aktien investiert hätte, 2021 locker 50-fache Multimillionäre. Roger Ibbotson schätzt, dass Aktien seit 1790 insgesamt eine Rendite von über 8 Prozent pro Jahr gebracht haben. (Wie die obige Tabelle zeigt, sind die Renditen seit 1926 noch reichlicher geflossen, als die Aktien großer Unternehmen über 10 Prozent abwarfen.) Doch um solche Erträge zu erzielen, mussten Anleger erhebliche Risiken in Kauf nehmen. In mehr als drei von zehn Jahren waren die Gesamtrenditen negativ. Wenn Sie also auf höhere Renditen aus sind, sollten Sie sich stets vor Augen führen: »Umsonst ist gar nichts.« Der Preis für mehr Ertrag sind höhere Risiken.

2. Ihr faktisches Risiko beim Investieren in Aktien und Anleihen richtet sich danach, wie lange Sie Ihre Anlagen halten

Ihr Durchhaltevermögen, also die Haltedauer Ihrer Anlagen, spielt eine entscheidende Rolle für das tatsächliche Risiko, das Sie mit einer Anlageentscheidung eingehen. Deshalb ist es ein wichtiges Element für die Bestimmung der Vermögensaufteilung, in welcher Lebensphase Sie sich gerade befinden. Wie lange Sie Ihre Anlagen halten, ist aus folgenden Gründen für die Ermittlung Ihrer Risikofähigkeit so bedeutsam:

Wie wir aus der vorangegangenen Tabelle ersehen können, lieferten lang laufende Staatsanleihen über einen Zeitraum von 90 Jahren eine durchschnittliche Jahresrendite von 5,7 Prozent. Der Risikoindex offenbarte jedoch, dass dieser Satz in einem beliebigen Einzeljahr weit vom jährlichen Durchschnitt abweichen konnte. Tatsächlich war er in vielen Betrachtungsjahren sogar negativ. Die Anleiherenditen waren in diesem Zeitraum so hoch, weil die Zinsen in den meisten Jahren deutlich höher waren als heute. 2022 war die Rendite einer 30-jährigen US-Staatsanleihe auf 3 Prozent gefallen. Und diese mageren 3 Prozent wären Ihnen nur sicher, wenn Sie die Anleihe über die nächsten 30 Jahre hinweg halten würden. Müssten Sie sie nach einem Jahr veräußern, könnte Ihre Rendite auch 0 Prozent betragen oder Ihnen – falls die Zinsen stark anziehen – empfindliche Verluste bescheren, weil die Kurse bestehender Anleihen dann fallen würden, um sich an die neuen höheren Zinsen anzupassen. Sie merken sicher schon, warum Ihr Lebensalter und die Wahrscheinlichkeit, mit der Sie an Ihrem Anlageprogramm festhalten können, so maßgeblich sind für die Höhe des jeweils damit verbundenen Risikos.

Und wie sieht das für eine Anlage in Aktien aus? Könnte es sein, dass das Anlagerisiko bei Aktien ebenfalls mit der Haltedauer abnimmt? Die Antwort darauf ist Ja, allerdings mit Vorbehalt. Das Risiko einer Anlage in Aktien lässt sich zu einem erheblichen Teil (wenn auch nicht zur Gänze) ausschalten, wenn Sie sich für ein Programm entscheiden, das eine langfristige Investition, die Wiederanlage von Dividenden und eine eiserne Haltedisziplin in allen Lebenslagen vorsieht (nämlich die in den vorherigen Kapiteln erörterte Buy-and-hold-Strategie).

Die Abbildung auf der nächsten Seite sagt mehr als tausend Worte, deshalb kann ich meine Erklärung kurz fassen. Hätten Sie im Zeitraum von 1950 bis einschließlich 2020 ein diversifiziertes Aktienportfolio (wie den Standard & Poor's-500-Aktienindex) gehalten, hätten Sie damit im Schnitt eine recht ansehnliche Rendite von rund 10 Prozent erzielt. Doch die Bandbreite der möglichen Ergebnisse ist für einen Anleger, der nachts nicht gut schlafen kann, auf jeden Fall viel zu groß. In einem Jahr betrug die Rendite eines typischen Aktienportfolios über 52 Prozent, während sie in einem anderen um 37 Prozent im Minus lag. Das ist eindeutig keine verlässliche angemessene Rendite in jedem beliebigen Einzeljahr. Wer sein Geld im nächsten Jahr braucht, der muss es in einjährige US-Staatspapiere oder einjährige staatliche garantierte Einlagenzertifikate stecken.

BANDBREITE DER JÄHRLICHEN RENDITEN VON AKTIEN FÜR VERSCHIEDENE ZEITRÄUME, 1950 BIS 2020

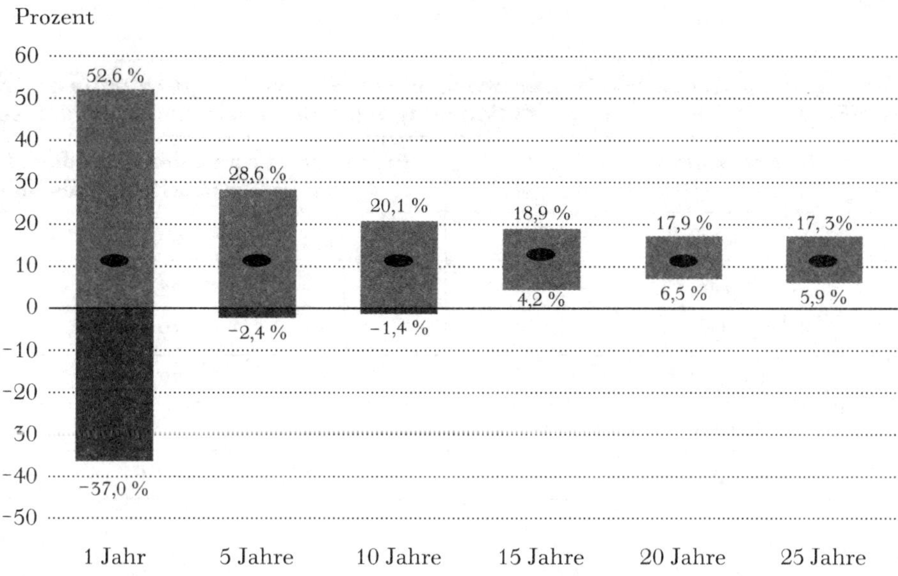

Das Symbol ⬬ steht für die durchschnittliche Jahresrendite der verschiedenen Zeiträume.

Beachten Sie bitte, wie sich das Bild unter der Voraussetzung verändert, dass Sie Ihre Aktienanlage 25 Jahre lang gehalten hätten. Wenngleich die erzielten Renditen etwas variieren, je nachdem, um welche 25-Jahresperiode es sich genau handelt, sind die Abweichungen nicht sehr groß. Im Durchschnitt wurde für alle von dieser Abbildung erfassten 25-Jahreszeiträume eine Rendite von etwas über 10 Prozent ausgewiesen. Diese langfristige erwartete Rendite verringerte sich nur um rund 4 Prozentpunkte, wenn man zufällig in der schwächsten 25-Jahresperiode seit 1950 investierte. Dieser grundlegenden Tatsache wegen ist es so bedeutsam, die Kapitalanlage unter dem Aspekt der jeweiligen Lebensphase zu betrachten. *Je länger Sie Ihre Anlagen halten können, desto größer sollte der Aktienanteil an Ihrem Portfolio sein.* Generell gilt: Sie können nur dann einigermaßen sicher sein, die üppigen Renditen zu erwirtschaften, die von Aktien geboten werden, wenn Sie sie für einen relativ langen Zeitraum halten können.[39]

39 Aus technischer Sicht stützt sich die Erkenntnis, dass das Risiko durch eine längere Haltedauer verringert wird, auf das Phänomen der Rückkehr zum Mittelwert, das im elften Kapitel beschrieben wurde. Interessierte Leserinnen und Leser seien auf den Artikel »The Judgment of Economic Science on Rational Portfolio Management« von Paul Samuelson im *Journal of Portfolio Management* (Herbst 1989) verwiesen.

Über eine Anlagedauer von 20 oder 30 Jahren haben Aktien die Nase eindeutig vorn, wie die folgende Tabelle belegt. Diese Daten untermauern noch einmal die Empfehlung, dass jüngere Menschen einen größeren Teil ihrer Anlagen in Aktien halten sollten als ältere.

Wahrscheinlichkeit, dass Aktien besser abschneiden als Anleihen (prozentualer Anteil der Zeiträume seit 1802, in denen Aktien höhere Renditen erzielten als Anleihen)	
Anlagezeitraum	**Prozentualer Anteil der Zeiträume, in denen Aktien besser abschnitten als Anleihen**
1 Jahr	60,2
2 Jahre	64,7
5 Jahre	69,7
10 Jahre	79,7
20 Jahre	91,3
30 Jahre	99,4

Damit will ich nicht sagen, dass Aktien über längere Anlagezeiträume risikolos wären. Die Variabilität des Endwerts Ihres Portfolios nimmt auf jeden Fall zu, je länger sie Ihre Aktien halten. Und wir wissen auch, dass Anleger schon Jahrzehnte erlebt haben, in denen Aktien Gesamtrenditen nahe null brachten. Doch für Anleger, deren Investmenthorizont 25 Jahre oder mehr beträgt, vor allem aber für solche, die ihre Dividenden wiederanlegen und ihre Positionen mit der Durchschnittskostenmethode noch ausbauen, dürften Aktien mit großer Wahrscheinlichkeit höhere Renditen abwerfen, als sichere Anleihen und sogar noch sicherere staatlich garantierte Sparkonten sie bieten.

Der vielleicht wichtigste Grund für Anleger, im Alter konservativer zu agieren, ist letztlich, dass sie nicht mehr so viele Jahre erwerbsfähig sind. Sie können also nicht auf ihr Erwerbseinkommen zurückgreifen, wenn der Aktienmarkt eine Zeit lang negative Renditen bringt. Dadurch könnte sich ein Umschwung auf dem Aktienmarkt unmittelbar auf den Lebensstandard des betreffenden Anlegers auswirken, und daher sind die stetigeren – wenn auch geringeren – Renditen von Anleihen der klügere Anlageansatz. Deshalb sollten Aktien einen geringeren Anteil am Vermögen haben.

3. Die Durchschnittskostenmethode kann die Anlagerisiken von Aktien und Anleihen verringern

Wenn Sie, wie die meisten Leute, Ihr Investmentportfolio im Laufe der Zeit mit jährlich anwachsenden Ersparnissen allmählich aufbauen, dann nutzen Sie dabei die Vorteile der Durchschnittskostenmethode. Diese Technik ist umstritten, hilft Ihnen aber, die Gefahr zu meiden, zum falschen Zeitpunkt Ihr ganzes Geld im Aktien- oder Anleihemarkt stehen zu haben.

Lassen Sie sich von der hochtrabenden Bezeichnung nicht irritieren. Durchschnittskostenmethode bedeutet ganz einfach, regelmäßig – sagen wir monatlich oder vierteljährlich – über einen langen Zeitraum immer denselben festgelegten Geldbetrag beispielsweise in die Anteile eines Indexfonds zu investieren. Die kontinuierliche Anlage immer gleicher Beträge in Aktien kann die Risiken einer Aktienanlage mindern (wenn auch nicht gänzlich vermeiden), indem sie dafür sorgt, dass nicht das gesamte Aktienportfolio zu vorübergehend überhöhten Kursen gekauft wird.

Die Tabelle unten geht von einer jährlichen Anlage von 1000 Dollar aus. Im ersten Szenario bricht der Markt unmittelbar nach dem Einstieg in das Anlageprogramm ein, legt dann rasant zu und fällt am Ende erneut. Nach fünf Jahren hat er sein Ausgangsniveau wieder erreicht. Im zweiten Szenario zieht der Markt ununterbrochen an und schließt um 40 Prozent höher. Während in beiden Fällen genau 5000 Dollar investiert werden, hat der Anleger bei der volatilen Marktentwicklung am Ende 6048 Dollar – und damit eine ordentliche Rendite von 1048 Dollar –, obwohl der Aktienmarkt auf seinem Ausgangsniveau schloss. Im Szenario mit einem fortlaufenden jährlichen Anstieg und 40 Prozent Zuwachs gegenüber dem Anfangsstand beträgt der Endsaldo des Anlegers nur 5915 Dollar.

Durchschnittskostenmethode						
	Volatiler Markt, unveränderter Endstand			**Anziehender Markt**		
Jahr	**Investierter Betrag**	**Kurs des Indexfonds**	**Anzahl der erworbenen Anteile**	**Investierter Betrag**	**Kurs des Indexfonds**	**Anzahl der erworbenen Anteile**
1	1000 $	100 $	10	1000 $	100 $	10
2	1000 $	60 $	16,67	1000 $	110 $	9,09
3	1000 $	60 $	16,67	1000 $	120 $	8,33
4	1000 $	140 $	7,14	1000 $	130 $	7,69
5	1000 $	100 $	10	1000 $	140 $	7,14

Durchschnittskostenmethode						
Investierter Betrag	5000 $			5000 $		
Insgesamt erworbene Anteile			60,48			42,25
Durchschnittskosten der erworbenen Anteile	82,67 $ (5000 $ ÷ 60,48)			118,34 $ (5000 $ ÷ 42,25)		
Endwert	6048 $ (60,48 x 100$)			5915 $ (42,25 x 140 $)		

Warren Buffett erklärt diesen Anlagegrundsatz sehr einleuchtend. In einem seiner veröffentlichten Essays schreibt er:

> *Quizfrage: Wenn Sie Ihr Leben lang Hamburger essen möchten und kein Viehzüchter sind, sollten Sie sich dann höhere oder niedrigere Rindfleischpreise wünschen? Die gleiche Frage stellt sich, wenn Sie sich hin und wieder ein Auto kaufen, aber kein Autohersteller sind. Sollten Ihnen dann höhere oder niedrigere Fahrzeugpreise lieber sein? Die Antworten verstehen sich von selbst.*
>
> *Doch nun die Preisfrage: Angenommen, Sie wollen in den nächsten fünf Jahren unter dem Strich Geld ansparen – sollten Sie dann für diesen Zeitraum auf höhere oder niedrigere Aktienkurse hoffen? Das sehen viele Anleger falsch. Obwohl sie noch viele Jahre lang per saldo Aktien kaufen werden, freuen sie sich, wenn die Kurse steigen, und sind deprimiert, wenn sie fallen. Im Grunde jubeln sie, weil die Preise für die »Hamburger«, die sie in Kürze kaufen werden, gestiegen sind. Eine solche Reaktion ist unlogisch. Über steigende Kurse sollte sich eigentlich nur freuen, wer in näherer Zukunft Aktien verkaufen will. Potenziellen Käufern sollten fallende Kurse lieber sein.*

Die Durchschnittskostenmethode ist aber kein Allheilmittel, das die Risiken einer Anlage in Aktien eliminiert. Es wird Ihren 401(k)-Plan (oder ganz allgemein: Ihr Wertpapierdepot, A. d. R.) in einem Jahr wie 2008 nicht vor verheerenden Wertverlusten bewahren, weil Sie kein Plan der Welt vor einer schlimmen Baisse schützen kann. Und Sie müssen sowohl das Geld als auch die Zuversicht aufbringen, ihre regelmäßigen Anlagen auch dann weiter vorzunehmen, wenn es am düstersten aussieht. Ganz gleich wie beängstigend die Finanzmeldungen ausfallen oder wie schwierig es ist, optimistische Signale zu erkennen, Sie dürfen auf keinen Fall in die Autopilot-Funktion des Programms eingreifen. Wenn Sie das tun, kostet Sie das die positiven Effekte, zumindest einen Teil Ihrer Aktien nach einem kräftigen Marktrückgang zu kaufen, wenn sie billig zu haben sind. Von der Durchschnittskostenmethode haben Sie Folgendes: Ihr Durchschnittskurs je Aktie wird niedriger ausfallen als der durchschnittliche Preis, zu dem Sie Aktien gekauft haben. Wie das kommt? Weil Sie mehr Aktien zu niedrigen Kursen und weniger zu hohen Kursen kaufen.

Manche Anlageberater kritisieren die Durchschnittskostenmethode, weil sie keine optimale Strategie ist, wenn der Markt kontinuierlich aufwärts tendiert. (Dann wären Sie besser bedient, wenn Sie Ihre 5000 Dollar komplett zu Anfang des Zeitraums investieren würden.) Doch sie stellt eine vernünftige Versicherung gegen künftige Marktschwäche dar. Und sie minimiert die unvermeidliche Reue, die Sie empfinden, wenn Sie das Pech haben, Ihr ganzes Kapital auf einem Markthoch wie im März 2000 oder im Oktober 2007 auf dem Aktienmarkt zu investieren. Um die Vorteile der Durchschnittskostenmethode zu veranschaulichen, gehen wir von einem hypothetischen zu einem realen Beispiel über. Die folgende Tabelle weist die Ergebnisse (ohne Beachtung der Steuern) einer am 1. Januar 1978 vorgenommenen Erstanlage von 500 Dollar in Anteile des Vanguard-500-Indexfonds aus, die im Anschluss um 100 Dollar pro Monat aufgestockt wurde. In das Programm wurden weniger als 53.200 Dollar investiert. Der Schlusswert lag bei über 1.460.000 Dollar.

Veranschaulichung der Durchschnittskostenmethode anhand des Vanguard-500-Indexfonds		
Jahr bis zum 31. Dezember	**Gesamtkosten der kumulierten Anlagen**	**Gesamtwert der erworbenen Anteile**
1978	1600 $	1669 $
1979	2800 $	3274 $
1980	4000 $	5755 $
1981	5200 $	6630 $
1982	6400 $	9487 $
1983	7600 $	12.783 $
1984	8800 $	14.864 $
1985	10.000 $	20.905 $
1986	11.200 $	25.935 $
1987	12.400 $	28.221 $
1988	13.600 $	34.079 $
1989	14.800 $	46.126 $
1990	16.000 $	45.803 $
1991	17.200 $	61.010 $

Veranschaulichung der Durchschnittskostenmethode anhand des Vanguard-500-Indexfonds		
1992	18.400 $	66.817 $
1993	19.600 $	74.687 $
1994	20.800 $	76.779 $
1995	22.000 $	106.944 $
1996	23.200 $	132.768 $
1997	24.400 $	178.217 $
1998	25.600 $	230.619 $
1999	26.800 $	280.565 $
2000	28.000 $	256.271 $
2001	29.200 $	226.622 $
2002	30.400 $	177.503 $
2003	31.600 $	229.524 $
2004	32.800 $	255.479 $
2005	34.000 $	268.933 $
2006	35.200 $	312.318 $
2007	36.400 $	330.350 $
2008	37.600 $	208.941 $
2009	38.800 $	265.756 $
2010	40.000 $	306.756 $
2011	41.200 $	313.981 $
2012	42.400 $	364.932 $
2013	43.600 $	483.743 $
2014	44.800 $	550.388 $
2015	46.000 $	558.467 $
2016	47.200 $	625.764 $
2017	48.400 $	762.690 $
2018	49.600 $	729.295 $

Veranschaulichung der Durchschnittskostenmethode anhand des Vanguard-500-Indexfonds		
2019	60.800 $	959.096 $
2020	62.000 $	1.135.535 $
2021	53.200 $	1.460.868 $

Quelle: Vanguard

Natürlich kann niemand sicher sein, dass die nächsten 45 Jahre dieselben Renditen liefern werden wie zurückliegende Zeiträume. Doch die Tabelle zeigt das gewaltige Gewinnpotenzial eines kontinuierlichen Anlageprogramms nach der Durchschnittskostenmethode. Bedenken Sie dabei aber: Weil die Aktienkurse auf lange Sicht aufwärts tendieren, ist diese Methode nicht unbedingt geeignet, wenn Sie eine größere Summe anlegen müssen – etwa aus einem Nachlass.

Wenn möglich, sollten Sie eine kleine Reserve (in einem Geldmarktfonds) vorhalten und Markteinbrüche nutzen, um ein paar zusätzliche Anteile zu erwerben, wenn der Markt gerade im Keller ist. Dabei denke ich nicht eine Sekunde daran, dass Sie versuchen sollten, den Markt zu prognostizieren. In aller Regel ist es aber ein guter Einstiegszeitpunkt, wenn der Markt gerade abgerutscht ist. Wie sich Hoffnung und Gier manchmal wechselseitig zur Spekulationsphase anheizen, können Pessimismus und Verzweiflung im Zusammenspiel eine Marktpanik auslösen. Und die schlimmsten Panikphasen sind ebenso unbegründet wie pathologischer Spekulationseifer. Für den Aktienmarkt als Ganzes (nicht für einzelne Aktien) gilt Newtons Gesetz stets umgekehrt: Was gefallen ist, erholt sich auch wieder.

4. Rebalancing kann Anlagerisiken mindern und möglicherweise die Rendite steigern

Eine ausgesprochen einfache Investmentmethode namens Rebalancing (Neugewichtung) kann Anlagerisiken mindern und unter bestimmten Umständen sogar den Anlageertrag erhöhen. Diese Methode beruht einfach darauf, die verschiedenen Anlageklassen (zum Beispiel Aktien und Anleihen) zugeordneten Vermögenswerte wieder in ein Verhältnis zu bringen, das Ihrem Alter und Ihrer Risikobereitschaft und -fähigkeit entspricht. Nehmen wir an, Sie haben festgelegt, dass Ihr Portfolio zu 60 Prozent aus Aktien und zu 40 Prozent aus Anleihen bestehen soll, und Ihr Anlagekapital beim Einstieg in Ihr Anlageprogramm entsprechend zwischen diesen beiden Anlageklassen aufgeteilt. Nach einem Jahr stellen Sie jedoch fest, dass Ihre Aktien kräftig gestiegen sind, während die Anleihen Kursverluste erlitten haben, sodass sich das Portfolio nunmehr aus 70 Prozent Aktien und 30 Prozent

Anleihen zusammensetzt. Ein Mix im Verhältnis 70 zu 30 ist aber eine riskantere Allokation als die für Ihre Risikotoleranz am besten geeignete. Die Methode der Neugewichtung erfordert, dass Sie ein paar Aktien (oder Aktienfondsanteile) verkaufen und dafür Anleihen erwerben, um die Allokation wieder auf 60 zu 40 zurückzubringen.

Nachstehende Tabelle zeigt das Ergebnis einer Rebalancingstrategie über die im Dezember 2017 abgelaufenen 20 Jahre. In jedem Jahr wurde der Anlagenmix (nur einmal im Jahr) wieder auf die ursprüngliche Aufteilung im Verhältnis 60 zu 40 zurückgeführt. Investiert wurde in kostengünstige Indexfonds. Die Tabelle belegt, dass die Volatilität des Marktwerts des Portfolios durch die Rebalancingstrategie deutlich gemindert wurde. Überdies verbesserte das Rebalancing den durchschnittlichen Jahresertrag des Portfolios. Ohne Rebalancing hätte das Portfolio über diesen Zeitraum 7,71 Prozent gebracht. Durch das Rebalancing erhöhte sich die Jahresrendite bei geringerer Volatilität auf 7,83 Prozent.

Die Bedeutung des Rebalancing, Januar 1996 bis Dezember 2017		
In diesem Zeitraum lieferte ein jährlich neugewichtetes Portfolio höhere Erträge bei geringerer Volatilität		
	Durchschnittliche Jahresrendite	Risiko* (Volatilität)
60 % Russell 3000/40 % Barclays Aggregate Bond: jährlich neugewichtet**	7,83	10,40
60 % Russell 3000/40 % Barclays Aggregate Bond: nie neugewichtet**	7,71	11,63

** Standardabweichung der Rendite.*

*** Aktien repräsentiert von einem Russell-3000-Gesamtaktienmarktfonds. Anleihen repräsentiert von einem Barclays-Aggregate-Gesamtrentenmarktfonds. (Ohne Berücksichtigung von Steuern)*

Was für eine Alchemie war das, durch die ein Anleger, der eine Neugewichtungsstrategie zum Ende eines jeden Jahres verfolgte, höhere Renditen erzielen konnte? Bedenken Sie, was sich in diesem Zeitraum an der Börse abspielte. Ende 1999 hatte der Aktienmarkt eine beispiellose Blase verzeichnet, und die Bewertungen von Aktien schossen in die Höhe. Der Anleger, der auf Neugewichtung setzte, konnte nicht ahnen, dass ein Marktgipfel bevorstand. Er sah aber, dass der Aktienanteil seines Portfolios weit über ihre Zielvorstellung von 60 Prozent hinausgeschossen war. Daher verkaufte er so viele Aktien (und kaufte stattdessen so viele Anleihen), dass das ursprünglich angestrebte Mischverhältnis wiederhergestellt wurde. Ende 2002, als der Bärenmarkt für Aktien gerade seinen Tiefpunkt erreicht hatte (und nach einer ausgesprochen positiven Marktphase für Anleihen), stellte er fest, dass der Aktienanteil deutlich unter 60 Prozent gefallen und der Anleihenanteil weit über 40 Prozent gestiegen war. Mit einer weiteren Neugewichtung schichtete er in Aktien um. Ende 2008, als Aktien abgerutscht und Anleihen geklettert waren, verkaufte er wiederum Anleihen und kaufte Aktien. Wir alle wünschten uns, wir hätten einen kleinen Mann im Ohr, der uns zuverlässig einflüstern könnte, wann wir auf dem Tief kaufen und auf dem Hoch verkaufen können. Eine systematische Neugewichtung kommt diesem Wunschtraum am nächsten.

5. Der feine Unterschied zwischen Ihrer Einstellung zum Risiko und Ihrer Risikofähigkeit

Welche Anlagegattungen für Sie geeignet sind, richtet sich danach, welche anderen Einkommensquellen Sie außer Investments noch haben, wie schon zu Anfang dieses Kapitels angesprochen. Ihre Fähigkeit, neben Anlageerträgen noch andere Einkünfte zu erzielen, und damit Ihre persönliche Risikofähigkeit, hängt gewöhnlich mit Ihrem Lebensalter zusammen. Dieses Konzept lässt sich an drei plastischen Beispielen veranschaulichen.

Mildred G. ist 64 Jahre alt und unlängst verwitwet. Ihren Beruf als Krankenschwester musste sie aufgeben, weil sie zunehmend an schwerer Arthritis leidet. Ihr bescheidenes Häuschen in Homewood, Illinois, ist noch mit einer Hypothek belastet. Die Hypothek wurde zwar zu vergleichsweise niedrigen Zinsen aufgenommen, ist aber dennoch mit erheblichen monatlichen Zahlungsverpflichtungen verbunden. Neben den staatlichen Leistungen, die Mildred jeden Monat erhält, lebt sie ausschließlich von den Erträgen aus einer Versicherungspolice über 250.000 Dollar, deren Begünstigte sie ist, und einem von ihrem verstorbenen Mann aufgebauten Portfolio aus Aktien kleiner Wachstumsunternehmen im Wert von 50.000 Dollar.

Keine Frage, Mildreds Risikofähigkeit wird durch ihre finanzielle Situation stark eingeschränkt. Sie hat weder die nötige Lebenserwartung noch die körperliche Verfassung, um zu ihren Portfolioerträgen hinzuzuverdienen. Außerdem entstehen ihr aus ihrer Hypothek erhebliche feste Aufwendungen. Einen Verlust ihres Portfolios könnte sie nicht auffangen. Sie braucht ein Portfolio aus sicheren, möglichst ertragsstarken Anlagen. Anleihen und dividendenstarke Aktien, wie ein Indexfonds sie bietet, der in börsennotierte REITs investiert, sind geeignete Anlagen für Mildred. Riskante Aktien kleiner Wachstumsunternehmen (die oft keine Dividenden ausschütten) haben in Mildreds Portfolio nichts verloren – ganz gleich, wie attraktiv sie bewertet sein mögen.

Tiffany B. ist eine ehrgeizige alleinstehende 26-Jährige, die vor kurzem ein MBA-Programm an der Graduate School of Business der Stanford University abgeschlossen hat und als Trainee bei der Bank of America eingestiegen ist. Sie hat gerade 50.000 Dollar von ihrer Großmutter geerbt. Damit möchte sie ein einträgliches Portfolio aufbauen, mit dem sie später einmal ein Eigenheim finanzieren und einen Grundstock für die Alterssicherung legen kann. Tiffany kann man guten Gewissens ein aggressives Portfolio empfehlen. Mit ihrer Lebenserwartung und Ertragskraft kann sie ihren Lebensstandard auch dann sichern, wenn sie einen finanziellen Verlust erleidet. Wie sehr sie ins Risiko gehen will, ist eine persönliche Entscheidung, doch so viel steht fest: Tiffanys Portfolio gehört eindeutig ans äußerste Ende des Risiko-/Ertragsspektrums. Mildreds Portfolio aus Aktien kleiner Wachstumsunternehmen wäre für Tiffany viel besser geeignet als für eine 64-jährige, erwerbsunfähige Witwe.

In einer früheren Auflage dieses Buches präsentierte ich bereits das Fallbeispiel von Carl P., einem 43-jährigen Werkmeister einer General-Motors-Fabrik in Pontiac, Michigan, der 70.000 Dollar im Jahr verdient. Seine Frau Joan vertreibt Avon-Produkte, was ihr 12.500 Dollar im Jahr einbringt. Die beiden haben vier Kinder im Alter von 6 bis 15 Jahren. Carl und Joan würden gern alle Kinder aufs College schicken. Ihnen ist klar, dass sie sich ein privates College kaum leisten können, doch sie hoffen, dass sich eine Ausbildung im hervorragenden staatlichen Universitätssystem von Michigan realisieren lässt. Zum Glück hat Carl über den von seinem Arbeitgeber GM angebotenen Sparplan regelmäßig Geld zur Seite gelegt. Allerdings hat er sich für die Option entschieden, im Rahmen dieses Programms GM-Aktien zu erwerben. Sein GM-Aktienportfolio hat inzwischen einen Wert von 219.000 Dollar. Sonst besitzt er kein Vermögen, hat aber einiges Eigenkapital in einem bescheidenen Eigenheim stecken, für das nur noch eine kleine Hypothek abzuzahlen ist.

Ich machte damals bereits deutlich, dass ich das Portfolio von Carl und Joan hochproblematisch finde. Sowohl ihr Einkommen als auch ihre Kapitalanlagen sind an GM gebunden. Eine negative Entwicklung, die die GM-Aktien kräftig ins Rutschen bringen würde, könnte auf einen Schlag den Wert des Portfolios als auch Carls Erwerbseinkommen zunichtemachen. Und wirklich – die Geschichte geht nicht gut aus. General Motors meldete 2009 Insolvenz an. Carl hätte seinen Job und sein Anlageportfolio eingebüßt. Und das kommt öfter vor. Denken Sie an die traurige Lehre, die viele Enron-Beschäftigte ziehen mussten, als sie nicht nur ihren Arbeitsplatz, sondern auch ihre in Enron-Aktien angelegten Ersparnisse verloren, weil das Unternehmen unterging. Achten Sie unbedingt darauf, dass die Risiken, denen Ihr Portfolio ausgesetzt ist, nicht alle mit Ihrer Haupteinnahmequelle zusammenhängen.

Drei Leitsätze für die individuelle Gestaltung eines Anlageprogramms fürs ganze Leben

Nachdem der Boden bereitet ist, liefern die folgenden Abschnitte eine Anlageleitfaden fürs Leben. Dabei berücksichtigen wir verschiedene allgemeine Regeln, die den meisten Menschen in unterschiedlichen Lebensphasen nützlich sind. Im folgenden Abschnitt fasse ich diese in einem Anlageratgeber zusammen. Natürlich deckt kein Ratgeber jeden Einzelfall ab. Jede Strategie muss an die persönlichen Umstände angepasst werden. Der vorliegende Abschnitt geht auf drei grundlegende Leitsätze ein, die Ihnen dabei helfen, ein Anlageprogramm zu entwickeln, das passgenau auf Ihre spezifischen Umstände zugeschnitten ist.

1. Konkrete Bedürfnisse erfordern gezielte spezifische Anlagen

Nicht vergessen: Ein konkretes Bedürfnis muss durch bestimmte Anlagen finanziert werden, die speziell dafür gedacht sind. Denken Sie an ein junges Pärchen zwischen 20 und 30, das einen Grundstock für die Altersvorsorge schaffen möchte. Die folgende Empfehlung des Anlageratgebers fürs Leben ist sicherlich geeignet, um diese langfristigen Ziele zu erreichen. Doch nehmen wir an, das Paar braucht nächstes Jahr voraussichtlich 50.000 Dollar als Eigenkapital für den Kauf eines Hauses. Diese 50.000 Dollar zur Deckung eines ganz bestimmten Bedarfs sollten in ein sicheres Wertpapier investiert werden, das dann fällig wird, wenn das Geld gebraucht wird – etwa ein einjähriges Einlagenzertifikat (in Deutschland: Festgeld mit einer Laufzeit von einem Jahr, A. d. R.). Dasselbe gilt für Studiengebühren, die in drei, vier, fünf und sechs Jahren anfallen. Die Mittel dafür könnten in Nullkuponanleihen mit entsprechender Laufzeit oder in unterschiedliche Einlagenzertifikate (bzw. in Deutschland abermals in Festgeld, A. d. R.) angelegt werden.

2. Die eigene Risikotoleranz kennen

Mit Abstand die größte persönliche Abwandlung der vorgeschlagenen allgemeinen Leitlinien betrifft Ihre Einstellung zum Risiko. Aus diesem Grund ist erfolgreiche Finanzplanung mehr Kunst als Wissenschaft. Allgemeine Leitlinien können äußerst hilfreich sein, um zu ermitteln, wie hoch jeweils der Anteil des Kapitals eines Anlegers sein soll, der auf die verschiedenen Anlageklassen entfällt. Doch ob eine empfohlene Vermögensstrukturierung für Sie wirklich die richtige ist, richtet sich in erster Linie danach, ob Sie damit nachts gut schlafen können. Die Risikotoleranz ist ein wesentlicher Aspekt jeder Finanzplanung, und nur Sie selbst können beurteilen, wie Sie zu Risiken stehen. Sie können sich von dem Umstand beruhigen lassen, dass sich die mit der Anlage in Aktien und langfristigen Anleihen verbundenen Risiken verringern, je länger der Zeitraum ist, über den Sie Ihre Anlagen aufbauen und halten. Sie müssen aber psychisch in der Lage sein, erhebliche kurzfristige Wertschwankungen Ihres Portfolios zu verkraften. Wie ist es Ihnen ergangen, als der Markt 2008 um fast 50 Prozent einbrach? Wie gut konnten Sie schlafen, als der Markt von Februar bis März 2020 in einem Monat ein Drittel seines Wertes einbüßte – an einem Tag, dem 16. März 2020, sogar ganze 13 Prozent? Sind Sie in Panik verfallen und physisch erkrankt, weil ein großer Teil Ihres Vermögens in Aktien investiert war, sollten Sie den Aktienanteil an Ihrem Portfolio eindeutig zurückfahren. Subjektive Überlegungen spielen also eine maßgebliche Rolle bei der Vermögensstrukturierung, die für Sie akzeptabel ist. Sie können daher je nach Ihrer persönlichen Risikoaversion getrost von den vorliegenden Empfehlungen abweichen.

3. Regelmäßig einen bestimmten – noch so kleinen – Betrag anzusparen, zahlt sich aus

Noch eine letzte Vorbemerkung zum folgenden Leitfaden zur Vermögensstrukturierung: Was sollen Sie tun, wenn Sie zurzeit gar kein Vermögen besitzen, das Sie aufteilen könnten? Sehr viele Menschen mit begrenzten Mitteln sind überzeugt, dass es für sie unmöglich ist, einen größeren finanziellen Grundstock zu schaffen. Höhere Beträge für die Altersvorsorge zusammenzubekommen, erscheint ihnen unerreichbar. Lassen Sie sich nicht entmutigen. Dass mit einem regelmäßigen wöchentlichen Sparprogramm – das konsequent durchgeführt wird, etwa durch einen 401(k)-Altersvorsorgeplan Ihres Arbeitgebers[40] – mit der Zeit erhebliche Summen angespart werden können, ist eine Tatsache. Können Sie 23 Dollar die Woche erübrigen? Oder 11,50 Dollar? Dann ist es für Sie ohne Weiteres machbar, eine größere Summe fürs Alter anzusparen, wenn sie noch viele Arbeitsjahre vor sich haben.

Die folgende Tabelle zeigt die Ergebnisse einer Einmalzahlung von 500 Dollar und eines Sparplans mit regelmäßigen Beiträgen von 100 Dollar pro Monat und eines kontinuierlichen Sparplans mit regelmäßigen Beiträgen von 100 Dollar im Monat, die in einen Vanguard-Aktienindexfonds investiert werden.

Wie Kapital zur Altersvorsorge aufgebaut werden kann: Was aus einer Anlage von 100 Dollar im Monat bei einer kumulierten Monatsrendite von 7 Prozent wird		
Jahr	**Kumulierte Anlage**	**Gesamtwert**
1	1600 $	1669 $
5	6400 $	9487 $
10	12.400 $	28.221 $
20	24.400 $	178.217 $
44	53.200 $	1.460.686 $

Wenn Sie nur 50 Dollar im Monat beiseitelegen können – weniger als 2 Dollar pro Tag –, teilen Sie die Zahlen in der Tabelle einfach durch zwei. Können Sie 200 Dollar im Monat erübrigen, verdoppeln Sie sie. Wählen Sie einen Indexfonds ohne Ausgabeaufschlag, um Vermögen zu bilden. ETFs,

40 Dies ist nur in den USA möglich, vergleichbar in Deutschland wäre etwa ein monatlicher Fondssparplan im Rahmen der vermögenswirksamen Leistungen, A. d. R.

die Sie über einen Broker kaufen, der keine Provision verlangt, sind ebenfalls geeignet. Die Zahlen in der Tabelle gehen von der automatischen Wiederanlage von Zinsen oder Dividenden und Kapitalerträgen aus. Und prüfen Sie unbedingt, ob Ihr Arbeitgeber ein Programm anbietet, das Ihre Beiträge verdoppelt. Denn eines ist klar: Sparen Sie über ein vom Arbeitgeber gefördertes Altersvorsorgeprogramm, können Sie Ihre eigenen Ersparnisse durch die Arbeitgeberbeiträge aufstocken und Sie haben auch steuerliche Vorteile, sodass Ihr Kapital entsprechend schneller anwächst.

Der Anlageratgeber fürs Leben

Die Grafiken auf den Seiten 311 bis 312 geben Ihnen einen Überblick über den Anlageberater fürs Leben. Im Talmud sagt Rabbi Isaak, man solle sein Vermögen stets in drei Teile teilen: ein Drittel in Land, ein Drittel in Waren (Unternehmen) und ein Drittel in flüssige Mittel (in liquider Form). Eine solche Aufteilung ist durchaus vernünftig, doch wir können diesen altertümlichen Rat noch aufpeppen. Uns stehen nämlich raffiniertere Instrumente zur Verfügung, und wir wissen besser über die Aspekte Bescheid, derentwegen sich unterschiedliche Strukturierungen für verschiedene Menschen eignen. Die allgemeinen Konzepte, die diesen Empfehlungen zugrunde liegen, wurden vorstehend ausführlich erläutert. Für Menschen zwischen 20 und 30 wird ein ausgesprochen aggressives Investmentportfolio empfohlen. In diesem Alter haben sie genügend Zeit, die Hochs und Tiefs von Investmentzyklen auszusitzen, und sie haben noch ein ganzes Arbeitsleben vor sich, in dem sie Geld verdienen können. Das Portfolio ist nicht nur stark aktienlastig, sondern enthält darüber hinaus einen erheblichen Anteil internationaler Aktien, auch aus den riskanteren Schwellenländern. Wie bereits im achten Kapitel angesprochen ist ein maßgeblicher Vorteil der Diversifizierung, dass sie Risiken verringert. Eine internationale Diversifizierung ermöglicht es einem Anleger außerdem, sich in anderen Wachstumsregionen der Welt zu engagieren, selbst wenn die globalen Märkte immer stärker korrelieren.

Mit zunehmendem Lebensalter sollten Anleger riskantere Investments zurückfahren und allmählich den Anteil am Portfolio erhöhen, der auf Anleihen und – in Zeiten mit extrem niedrigen Zinsen – auf Anleihenersatzprodukte wie dividendenstarke Aktien entfällt. Die Allokation wird auch auf REITs ausgeweitet, die üppige Dividenden abwerfen. Haben Anleger die Altersgrenze von 55 Jahren überschritten, sollten sie an den Eintritt in den Ruhestand denken und ihr Portfolio in ausschüttende Papiere umschichten. Der Anteil an Anleihen und anleiheähnlichen Papieren nimmt zu, und das Aktienportfolio wird konservativer, stärker auf laufende Erträge ausgerichtet und weniger wachstumsorientiert. Für den Ruhestand wird ein Portfolio empfohlen, das in verschiedenen Anleihen und Anleiheersatzprodukten hoch gewichtet ist. Eine allgemeine Faustregel lautete früher, dass der Anleiheanteil an einem Portfolio in etwa dem eigenen Lebensalter entsprechen sollte. Dessen ungeachtet: Auch wer schon Ende 60 ist, sollte meiner Empfehlung zufolge mit 40 Prozent in gewöhnlichen Aktien und mit 15 Prozent in Immobilien (REITs) engagiert sein, damit die Inflation durch ein gewisses Ertragswachstum ausgeglichen wird. Da die Lebenserwartung deutlich gestiegen ist, seit ich diese Vermögensstrukturierungen in den 1980er-Jahren erstmals präsentierte, habe ich den Aktienanteil entsprechend erhöht.

Den allermeisten Menschen würde ich empfehlen, beim Portfolioaufbau nicht mit einzelnen Aktien anzufangen, sondern mit einem breit aufgestellten Indexfonds, der den gesamten Aktienmarkt abdeckt – und zwar aus zwei Gründen: Erstens fehlt es den meisten Anlegern am nötigen Kapital, um sich selbst angemessen diversifizierte Portfolios zusammenzustellen. Zweitens ist mir bewusst, dass die meisten jungen Leute nicht über größeres Vermögen verfügen und ihre Portfolios durch monatliche Beiträge aufbauen. Dafür sind Investmentfonds eine ausgezeichnete Wahl. Mit zunehmendem Vermögen sollte ein auf den US-Aktienmarkt ausgerichteter Fonds mit einem breiten, internationalen Aktien(index)fonds ergänzt werden, der auch Aktien aus wachstumsstarken Schwellenländern enthält. Sie müssen dafür nicht die von mir genannten Indexfonds verwenden, sollten aber sichergehen, dass die von Ihnen gewählten Produkte keine Ausgabeaufschläge verlangen und kostengünstig sind. Sie werden außerdem feststellen, dass ich in meinen Empfehlungen ausdrücklich Immobilien berücksichtige. Ich bin der Ansicht, dass jeder Mensch ein beträchtliches Immobilienvermögen haben sollte, und ein Teil der Aktienbeteiligungen sollte aus den im zwölften Kapitel beschriebenen, auf REITs (börsennotierte Immobilienfonds) spezialisierten Indexfonds bestehen. Für Ihre Anleihepositionen empfiehlt der Ratgeber steuerpflichtige Anleihen und Anleiheersatzprodukte. Sollten Sie aber Höchststeuersätze zahlen und in einem Hochsteuerbundesstaat wie New York leben und Ihre Anleihen nicht im Rahmen eines Altersvorsorgeprogramms halten, sind auf Ihren Bundesstaat zugeschnittene steuerbefreite Geldmarkt- und Rentenfonds das Mittel der Wahl, um auf nationaler und bundesstaatlicher Ebene Steuervorteile mitzunehmen.[41]

41 A. d. R.: Die folgenden Empfehlungen gelten für US-Amerikaner und können nicht eins zu eins von deutschen Anlegern übernommen werden. Gleichwohl sind sie als Richtschnur geeignet, das eigene Portfolio passend zu den persönlichen Lebensumständen auszurichten.

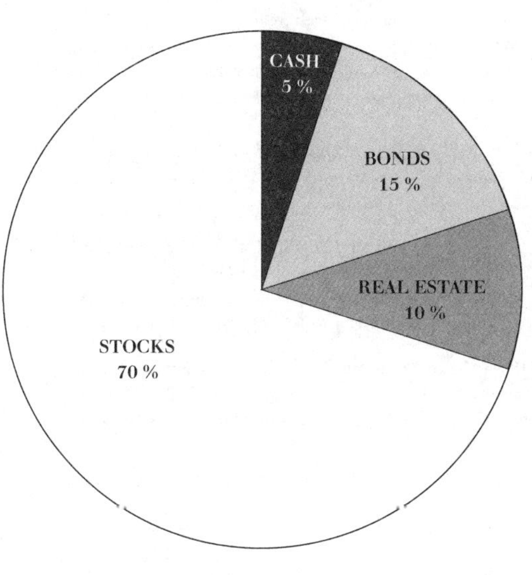

Alter: Mitte 20

Lebensstil: schnell, aggressiv. Bei regelmäßigem Einkommen ist die Risikofähigkeit recht ausgeprägt. Die Disziplin arbeitgebergeförderter Sparprogramme ist nötig, um Vermögen aufzubauen.

- LIQUIDE MITTEL (5 %): Geldmarktfonds oder auf kurzfristige Anleihen ausgerichtete Rentenfonds (mit einer durchschnittlichen Laufzeit von 1 bis 1 ½ Jahren).
- ANLEIHEN UND ANLEIHEERSATZPRODUKTE* (15 %): Fonds ohne Ausgabeaufschlag, die in Unternehmensanleihen von hoher Bonität investieren, als Beimischung inflationsgeschützte Staatsanleihen, ausländische Anleihen und dividendenstarke Aktien.
- AKTIEN (70 %): 50 Prozent US-Aktien, in denen kleinere Wachstumsunternehmen stark repräsentiert sind, 50 Prozent Aktien aus anderen Ländern, Schwellenländer eingeschlossen.
- IMMOBILIEN (10 %): REITs-Portfolio

*Anleihen und Anleiheersatzprodukte: Werden Anleihen nicht im Rahmen steuerbegünstigter Altersvorsorgeprogramme gehalten, sollten steuerbefreite Anleihen eingesetzt werden. Der Anteil von Anleiheersatzprodukten ist in Zeiten mit ultraniedrigen Zinsen zu erhöhen.

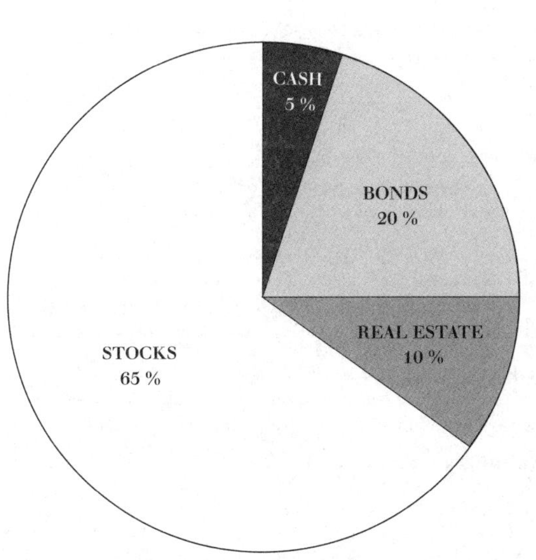

Alter: Ende 30 bis Anfang 40

Lebensstil: Midlife-Crisis. Bei kinderlosen Karrierepaaren ist die Risikofähigkeit noch recht hoch. Wer aber demnächst ein Studium finanzieren muss, hat nicht mehr so viele Risikooptionen.

- LIQUIDE MITTEL (5 %): Geldmarktfonds oder auf kurzfristige Anleihen ausgerichtete Rentenfonds (mit einer durchschnittlichen Laufzeit von 1 bis 1 ½ Jahren).
- ANLEIHEN UND ANLEIHEERSATZPRODUKTE* (20 %): Fonds ohne Ausgabeaufschlag, die in Unternehmensanleihen von hoher Bonität investieren, als Beimischung inflationsgeschützte Staatsanleihen, ausländische Anleihen und dividendenstarke Aktien.
- AKTIEN (65 %): 50 Prozent US-Aktien, in denen kleinere Wachstumsunternehmen stark repräsentiert sind, 50 Prozent Aktien aus anderen Ländern, Schwellenländer eingeschlossen.
- IMMOBILIEN (10 %): REITs-Portfolio

*Anleihen und Anleiheersatzprodukte: Werden Anleihen nicht im Rahmen steuerbegünstigter Altersvorsorgeprogramme gehalten, sollten steuerbefreite Anleihen eingesetzt werden. Der Anteil von Anleiheersatzprodukten ist in Zeiten mit ultraniedrigen Zinsen zu erhöhen.

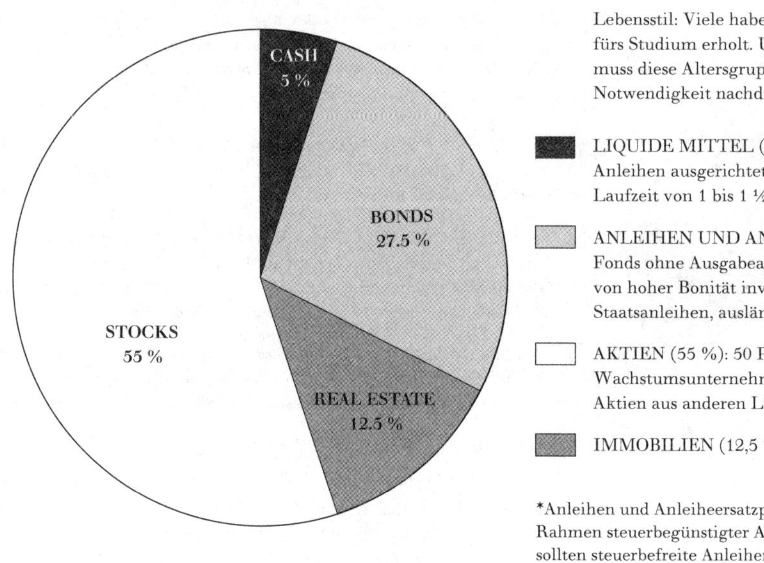

Alter: Mitte 50

Lebensstil: Viele haben sich noch nicht von den Kosten fürs Studium erholt. Ungeachtet des persönlichen Lebensstils muss diese Altersgruppe allmählich über den Ruhestand und die Notwendigkeit nachdenken, sich Erträge zu sichern.

LIQUIDE MITTEL (5 %): Geldmarktfonds oder auf kurzfristige Anleihen ausgerichtete Rentenfonds (mit einer durchschnittlichen Laufzeit von 1 bis 1 ½ Jahren).

ANLEIHEN UND ANLEIHEERSATZPRODUKTE* (27,5 %): Fonds ohne Ausgabeaufschlag, die in Unternehmensanleihen von hoher Bonität investieren, als Beimischung inflationsgeschützte Staatsanleihen, ausländische Anleihen und dividendenstarke Aktien.

AKTIEN (55 %): 50 Prozent US-Aktien, in denen kleinere Wachstumsunternehmen stark repräsentiert sind, 50 Prozent Aktien aus anderen Ländern, Schwellenländer eingeschlossen.

IMMOBILIEN (12,5 %): REITs-Portfolio

*Anleihen und Anleiheersatzprodukte: Werden Anleihen nicht im Rahmen steuerbegünstigter Altersvorsorgeprogramme gehalten, sollten steuerbefreite Anleihen eingesetzt werden. Der Anteil von Anleiheersatzprodukten ist in Zeiten mit ultraniedrigen Zinsen zu erhöhen.

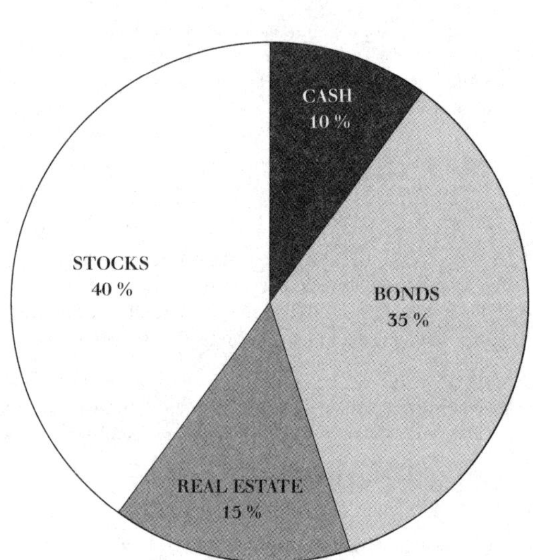

Alter: Ende 60 und älter

Lebensstil: Das Leben genießen, aber sich auch für höhere Gesundheitskosten wappnen. Geringe bis keine Risikofähigkeit.

LIQUIDE MITTEL (10 %): Geldmarktfonds oder auf kurzfristige Anleihen ausgerichtete Rentenfonds (mit einer durchschnittlichen Laufzeit von 1 bis 1 ½ Jahren).

ANLEIHEN UND ANLEIHEERSATZPRODUKTE* (35 %): Fonds ohne Ausgabeaufschlag, die in Unternehmensanleihen von hoher Bonität investieren, als Beimischung inflationsgeschützte Staatsanleihen, ausländische Anleihen und dividendenstarke Aktien.

AKTIEN (40 %): 50 Prozent US-Aktien, in denen kleinere Wachstumsunternehmen stark repräsentiert sind, 50 Prozent Aktien aus anderen Ländern, Schwellenländer eingeschlossen.

IMMOBILIEN (15 %): REITs-Portfolio

*Anleihen und Anleiheersatzprodukte: Werden Anleihen nicht im Rahmen steuerbegünstigter Altersvorsorgeprogramme gehalten, sollten steuerbefreite Anleihen eingesetzt werden. Der Anteil von Anleiheersatzprodukten ist in Zeiten mit ultraniedrigen Zinsen zu erhöhen.

Lebenszyklusfonds (auch Zielfonds genannt)

Ihnen graut davor, Ihr Portfolio mit zunehmendem Alter anzupassen und jährlich ein Rebalancing vorzunehmen, weil sich das Verhältnis der in die verschiedenen Anlageklassen investierten Vermögenswerte mit dem Auf und Ab der Märkte immer wieder verschiebt? In den 2000er-Jahren wurde eine neue Produktgattung genau für solche Anleger entwickelt, die ihr Anlageprogramm gern einmal einrichten und dann vergessen würden: der sogenannte Lebenszyklus oder Zielfonds, der automatisch neu gewichtet und mit fortschreitendem Alter auf eine sicherere Vermögensaufteilung ausgerichtet wird. Lebenszyklusfonds bieten sich insbesondere für IRAs, 401(k)-Programme und andere steuerbefreite Altersvorsorgepläne an. Ein Einsatz in steuerpflichtigen Depots kann nachteilige steuerliche Konsequenzen haben. (In Deutschland sind Lebenszyklusfonds allerdings nicht allzu weit verbreitet, A. d. R.)

Die richtigen Lebenszyklusfonds wählen Sie aus, indem Sie das Datum festlegen, an dem Sie voraussichtlich in Rente gehen. Nehmen wir an, sie sind 2025 40 Jahre alt und wollen sich mit 70 zur Ruhe setzen. Dann sollten Sie sich einen Lebenszyklusfonds mit einer Zielfälligkeit von 2055 kaufen. Anschließende Beiträge fließen in denselben Fonds. Der Fonds wird jährlich neugewichtet und der Aktienmix mit der Zeit immer konservativer. Die großen Investmentfondskomplexe wie Vanguard, Fidelity, American Century und T. Rowe Price bieten ausnahmslos auch Lebenszyklusfonds an. Einzelheiten zu den verschiedenen angebotenen Laufzeiten und Strukturierungen finden Sie auf den Websites der jeweiligen Unternehmen. Wenn die Anleiherenditen extrem niedrig sind, favorisiere ich in aller Regel aggressivere Lebenszyklusfonds – also solche, die mit einer höheren Allokation in Aktien beginnen und weniger Anleihen einsetzen. Wer sich für den einfachsten Weg interessiert, Geld für die Alterssicherung zu verwalten, der empfindet den Autopilot-Charakter von Lebenszyklusfonds als verbraucherfreundliches Merkmal. Doch bevor Sie einsteigen, sollten Sie unbedingt einen Blick auf die Gebührenordnung werfen. Niedrige Gebühren bedeuten, dass mehr Geld in Ihrer Tasche landet, damit Sie einen sorgenfreien Lebensabend genießen können.

Investmentmanagement im Ruhestand

Täglicher feiern in den USA mehr als 10.000 Angehörige der geburtenstarken Jahrgänge ihren 65. Geburtstag. Dieses Muster wird sich bis ins Jahr 2030 fortsetzen. Dem U.S. Census Bureau zufolge werden über eine Million der sogenannten Babyboomer über 100 Jahre alt. Der typische 65-Jährige hat eine durchschnittliche Lebenserwartung von rund 20 Jahren, wobei die Hälfte aller Ruheständler länger leben wird. Doch die meisten Vertreter der geburtenstarken Jahrgänge haben die Ratschläge dieses Buches nicht befolgt und nicht angemessen für den Ruhestand vorgesorgt. Wir sind eine Nation der Konsumenten, keine Nation der Sparer. Und die langfristige Verfassung der Staatsfinanzen verrät: Wir können nicht darauf setzen, dass es Uncle Sam schon richten wird.

Unzulängliche Altersvorsorge

Einer vom Federal Reserve Board of Governance durchgeführten Erhebung zu den Verbraucherfinanzen zufolge hat die typische amerikanische Familie wenig Geld auf der Bank und beträchtliche Kreditkartenverbindlichkeiten. Lediglich die Hälfte aller Amerikaner sorgt systematisch fürs Alter vor. Und nur 11 Prozent aller US-Bürger im unteren Vermögensquartil verfügt über einen Spar-/Altersvorsorgeplan. Ältere Amerikaner (zwischen 55 und 64) haben im Schnitt zwar 308.000 Dollar für den Ruhestand angespart, doch das reicht höchstens aus, um 15 Prozent ihres Haushaltseinkommens im Rentenalter zu decken. Keine schönen Aussichten. Für viele Amerikaner dürften die goldenen Jahre ausgesprochen trostlos werden. Babyboomer, die auf den Ruhestand zugehen und ein entbehrungsreiches Dasein vermeiden möchten, haben nur zwei realistische Möglichkeiten: ernsthaft anfangen zu sparen oder früh sterben, wobei Letzteres wenig wahrscheinlich ist. Wie Henny Youngman zu sagen pflegte: »Ich habe mehr Geld, als ich jemals brauchen werde, wenn ich bis 16 Uhr gestorben bin.«[42]

Für Leserinnen und Leser, die sich in der eben beschriebenen Lage befinden, habe ich kein Patentrezept. Es wird Ihnen nichts anderes übrig bleiben, als im Ruhestand weiter zu arbeiten, möglichst wenig Geld auszugeben und so viel wie möglich zu sparen. Doch einen Lichtblick gibt es auch für Sie: Es werden viele Teilzeitjobs angeboten, die – dem Internet sei Dank – von zu Hause aus ausgeübt werden können, und nach COVID sogar noch mehr. Und es hat psychologische und gesundheitliche Vorteile, wenn man im Rentenalter noch berufstätig ist. Wer noch ein paar Stunden arbeitet, hat ein besseres Selbstwertgefühl und kommt sich weniger abgehängt vor. Gesünder ist es obendrein. Ich würde tatsächlich empfehlen, den Ruhestand so lange wie möglich hinauszuschieben und nicht nur früher in Rente zu gehen, um die staatlichen Leistungen voll auszuschöpfen. Nur Menschen mit großen gesundheitlichen Problemen und geringer Lebenserwartung würde ich raten, so früh Leistungen zu beziehen, wie irgend möglich.

---

42 A. d. R.: In Deutschland ist die Schuldenproblematik nicht ganz so ausgeprägt wie in den USA. Doch sind etwa ein Drittel aller Haushalte verschuldet. Klammert man die Hypothekenkredite zur Immobilienfinanzierung aus, haben etwa 20 Prozent aller Haushalte Schulden, die vom Konsumentenkredit über Kreditkartenschulden bis zum privaten Studienkredit reichen. Auch hierzulande besteht zudem eine erhebliche Rentenlücke. Laut Statistischem Bundesamt hatten 2022 mehr als ein Viertel aller Rentnerinnen und Rentner ein monatliches Nettoeinkommen von weniger als 1000 Euro, und die Situation wird sich in den kommenden Jahren noch verschärfen.

Das fürs Alter angesparte Kapital investieren

Wenn Sie so vorausschauend waren, fürs Alter zu sparen: Mit welchen Anlagestrategien können Sie sicherstellen, dass Ihnen das Geld nicht ausgeht? Da gibt es grundsätzlich zwei Möglichkeiten. Zum einen können Sie sich Ihre Ersparnisse fürs Alter ganz oder teilweise verrenten lassen. Zum anderen kann ein Ruheständler sein Investmentportfolio weiterführen und daraus regelmäßig Beträge entnehmen, die ihm ein sorgenfreies Leben ermöglichen, ohne Gefahr zu laufen, länger zu leben, als das Geld reicht. Wie sollen Sie zwischen diesen beiden Optionen wählen?

Verrentung

Sturgeons Gesetz, das auf den Science-Fiction-Autor Theodore Sturgeon zurückgeht, lautet: »95 Prozent all dessen, was Sie hören oder lesen, ist Quatsch.« In der Investmentwelt trifft das sicherlich zu. Dennoch bin ich fest überzeugt, dass das, was Sie hier lesen, in die Kategorie der übrigen 5 Prozent fällt. Was aber Empfehlungen zur Verrentung angeht, so vermute ich, dass der Anteil der Falschinformationen eher bei 99 Prozent liegen dürfte. Ihr freundlicher Rentenversicherungsvertreter wird Ihnen erklären, dass eine private Leibrente die einzig vernünftige Lösung für das Problem der Kapitalanlage im Alter darstellt. Viele Finanzberater sagen dazu wohl eher: »Schließen Sie auf keinen Fall eine Rentenversicherung ab. Damit verlieren Sie Ihr ganzes Geld.« Was soll ein Anleger aus derart diametral entgegengesetzten Empfehlungen schließen?

Klären wir zunächst, worum es sich bei einer Leibrente eigentlich handelt, und beschreiben wir ihre beiden Grundtypen. Eine solche Leibrente wird oft als »Versicherung für ein langes Leben« bezeichnet. Es handelt sich um private Rentenversicherungen, sprich Verträge mit einer Versicherungsgesellschaft, bei denen der Anleger einen Geldbetrag einzahlt und sich dafür einen Strom regelmäßiger Zahlungen bis zu seinem Lebensende garantieren lässt. Anfang 2022 konnte sich ein 65-jähriger Mann beispielsweise mit einem Beitrag von 1.000.000 Dollar für eine Rentenversicherung auf Lebenszeit ein durchschnittliches jährliches Einkommen von 61.250 Dollar erkaufen. Ein 65-jähriges Ehepaar, das in den Ruhestand geht und eine Hinterbliebenenrente mitversichert hat (die Zahlungen garantiert, solange einer von beiden noch lebt), hätte sich mit der Million ein Jahreseinkommen von rund 51.500 Dollar sichern können.[43]

43 A. d. R.: Das Folgende gilt für Modelle, wie sie in den USA typisch sind. Hierzulande unterscheidet man zwischen Sofortrenten, die gegen Zahlung eines Einmalbetrags eine lebenslange, zumeist monatliche Rentenzahlung leisten und zwischen aufgeschobenen Rentenversicherungen, bei denen zwischen der Einmalzahlung und dem Beginn der Rentenzahlung noch ein bestimmter Zeitraum von einigen Jahren liegt. Gleichwohl gibt es verschiedenste Modelle verschiedener Versicherer, die allesamt das so genannte Langlebigkeitsrisiko absichern und eine Rentenzahlung bis zum Tod versprechen. Damit diese Verträge sich aber lohnen, müssten Sie steinalt werden.

Die Inflation sorgt natürlich dafür, dass die Kaufkraft dieser Zahlungen mit der Zeit abnimmt. Aus diesem Grund entscheiden sich viele lieber für Verträge mit wählbaren Garantien. Diese bieten die Möglichkeit, je nach der vom Versicherungsnehmer gewählten Anlageoption (gewöhnlich fondsgebunden), die Zahlungen im Laufe der Zeit zu erhöhen. Entscheidet sich der Versicherungsnehmer für Aktien, nehmen die Zahlungen im Zeitverlauf zu, wenn der Aktienmarkt steigt, aber ab, wenn der Aktienmarkt zurückgeht. Es gibt auch Rentenversicherungen mit einem garantierten Zahlungszeitraum. Ein garantierter Zahlungszeitraum von 20 Jahren bedeutet: Wenn Sie unmittelbar nach Abschluss der Rentenversicherung das Zeitliche segnen, erhalten Ihre Erben 20 Jahre lang Zahlungen. Natürlich bezahlt der Versicherungsnehmer für diese Garantie, indem er eine erhebliche Minderung des Dollarbetrags der jährlichen Auszahlung in Kauf nimmt. Diese liegt für einen 70-Jährigen voraussichtlich bei über 20 Prozent. Wer also ernsthaft befürchtet, er könnte frühzeitig ableben und nichts hinterlassen, sollte daher vielleicht lieber den Anteil seiner Altersersparnisse verringern, den er für den Abschluss der Rentenversicherung verwendet.

Rentenversicherungen mit wählbaren Garantien sind ein Ansatz zur Bekämpfung des Inflationsrisikos. Eine andere Möglichkeit ist eine Rentenversicherung mit ausdrücklicher Inflationsanpassung. Eine solche Garantie verringert selbstredend die anfänglichen Auszahlungen erheblich. Ein 65 Jahre altes Ehepaar, das eine Rentenversicherung mit Hinterbliebenenabsicherung abschließen möchte, würde feststellen, dass es für 1.000.000 Dollar eine anfängliche Jahresleistung von weniger als 40.000 Dollar erhalten würde.

Eine Rentenversicherung hat einen maßgeblichen Vorteil gegenüber einer Strategie, mit der Sie Ihr Alterssicherungskapital selbst anlegen: Sie garantiert, dass Ihr Geld bis ans Lebensende reicht. Sind Sie mit guter Gesundheit gesegnet und werden über 90, trägt die Versicherungsgesellschaft das Risiko, dass sie Ihnen insgesamt deutlich mehr auszahlen muss als Ihr eingezahltes Kapital zuzüglich der Anlageerträge. Risikoscheue Anleger sollten sich sicherlich überlegen, ob sie einen Teil oder ihre gesamten Ersparnisse beim Eintritt in den Ruhestand in einen Rentenversicherungsvertrag investieren.

Und die Nachteile einer Rentenversicherung? Da gibt es vier mögliche negative Aspekte. Verrentetes Kapital lässt sich nicht vererben, der Versicherungsnehmer kann es nicht flexibel aufzehren, die Rentenversicherung kann mit hohen Transaktionskosten verbunden sein und sie ist möglicherweise steuerlich ineffizient.

1. **Sie möchten Ihr Geld vererben.** Nehmen wir an, ein Ruheständler hat eine höhere Summe angespart und kann von den Dividenden und Zinsen seiner Anlagen sorgenfrei leben. Bei einer Verrentung hätte er zwar ein höheres jährliches Einkommen, doch wenn er stirbt, kann er kein Geld mehr vererben. Viele Menschen wollen ihren Kindern, Angehörigen oder wohltätigen Einrichtungen unbedingt etwas hinterlassen. Eine Vollverrentung steht im Widerspruch zu diesem Wunsch.

2. **Flexible Aufzehrung.** Angenommen, ein Ehepaar ist beim Eintritt in den Ruhestand im Alter von 65 Jahren bei guter Gesundheit und schließt eine Rentenversicherung ab, die jedes Jahr einen festen Betrag auszahlt, solange einer der beiden am Leben ist. Eine solche Rentenversicherung mit Hinterbliebenenabsicherung ist eine gängige Methode, wie Ehepaare ihre Altersversorgung strukturieren. Kurz nach Abschluss des Vertrags mit der Versicherungsgesellschaft erfahren die beiden jedoch, dass sie an unheilbaren Krankheiten leiden, die ihre Lebenserwartung auf wenige kostbare Jahre verringern dürften. Gut vorstellbar, dass die beiden Rentner unter diesen Umständen gern die Weltreise machen würden, von der sie immer geträumt haben. Eine Rentenversicherung nimmt ihnen die Flexibilität, ihr Kapital schneller aufzuzehren, wenn sich die Rahmenbedingungen ändern.
3. **Rentenversicherungen können ins Geld gehen.** Viele Rentenversicherungen – vor allem solche, die von Versicherungsvertretern angeboten werden – können sehr kostspielig sein. Der Käufer zahlt nicht nur die Gebühren und Kosten der Versicherungsgesellschaft, sondern auch eine Abschlussprovision für den Verkäufer. Daher sind manche Rentenversicherungen unter Investmentaspekten ein ausgesprochen schlechtes Geschäft.
4. **Rentenversicherungen können steuerlich ineffizient sein.** Im Vergleich zu Anleihen bieten feste Renten zwar hinsichtlich der nachgelagerten Besteuerung gewisse Vorteile, doch Rentenversicherungen mit wählbaren Garantien verwandeln steuerlich begünstigte Kapitalerträge in reguläres Einkommen, das höher besteuert wird. Ebenso gilt für IRAs: Eine Teilverrentung des Altersvorsorgevermögens kompensiert nicht die erforderlichen Mindestausschüttungen (Required Minimum Distributions oder kurz RMD), die Sie in Anspruch nehmen müssen. Verrenten Sie 50 Prozent Ihres IRA, müssen Sie für die andere Hälfte trotzdem RMDs in Anspruch nehmen. Das ist kein Problem, wenn Sie mindestens den gesamten Betrag ausgeben. Andernfalls ist es steuerlich ineffizient.

Was also sollte ein kluger Anleger tun? Hier meine Regeln: Gewöhnlich ist zumindest eine Teilverrentung sinnvoll. Sie stellt die einzige risikolose Möglichkeit dar sicherzugehen, dass Ihr Einkommen bis ans Lebensende reicht. Seriöse Versicherer bieten kostengünstige Rentenversicherungen provisionsfrei an. Um hinsichtlich einer Rentenversicherung eine vernünftige Entscheidung zu treffen, sollten Sie im Internet auf http://www.valic.com Vergleiche anstellen. Sie werden merken, dass die Konditionen verschiedener Anbieter erheblich variieren.[44]

44 A. d. R.: In Deutschland bieten Vergleichsportale wie Check24 einen Überblick. Allerdings werden dort nicht alle Anbieter gelistet, und derlei Portale erhalten Provisionen. Regelmäßig veröffentlicht aber auch beispielsweise die Stiftung Warentest einen Anbietervergleich von Leibrenten, bei dem Provisionsinteressen keine Rolle spielen.

Die Do-it-yourself-Methode

Im Ruhestand möchten viele gern die Kontrolle über mindestens einen Teil des Vermögens behalten, das sie fürs Alter angespart haben. Nehmen wir an, es ist so investiert, wie im unteren Tortendiagramm auf der Seite 312 dargestellt – also etwas über die Hälfte in Aktien und der Rest in Anlagen, die laufende Erträge abwerfen. Wenn Sie nun soweit sind, das Kapital anzugreifen, um im Ruhestand davon zu leben, wie viel können Sie dann ausgeben, wenn Sie sichergehen möchten, nicht irgendwann ohne Geld dazustehen? In früheren Auflagen empfahl ich die »4-Prozent-Lösung«.[45] Angesichts eines Zinsniveaus, wie es 2022 vorlag, dürfte wohl eher ein Satz von 3 ½ (oder nur 3) Prozent gewisse Sicherheit geben, dass Ihnen Ihr Geld bis ans Lebensende reicht.

Der »3 ½-Prozent-Lösung« zufolge sollten Sie maximal 3 ½ Prozent des Gesamtwerts Ihres Kapitals pro Jahr ausgeben. Dann stehen die Chancen gut, dass Ihnen das Geld nicht ausgeht, selbst wenn Sie 100 Jahre alt werden. Höchstwahrscheinlich können Sie Ihren Erben dann noch eine Summe hinterlassen, die dieselbe Kaufkraft besitzt wie Ihr gesamtes Alterssicherungsvermögen. Der 3 ½-Prozent-Regel zufolge bräuchten Sie Ersparnisse in Höhe von 514.286 Dollar, um im Ruhestand 1500 Dollar Einkommen im Monat beziehungsweise 18.000 Dollar im Jahr zur Verfügung zu haben.

Warum nur 3 ½ Prozent? Voraussichtlich wirft ein diversifiziertes Portfolio aus Aktien und Anleihen in den kommenden Jahren mehr als 3 ½ Prozent ab. Es gibt aber zwei Gründe, die Entnahmen zu begrenzen: Erstens müssen Sie einplanen, dass sich Ihre monatlichen Auszahlungen mit der Zeit entsprechend der Inflationsrate erhöhen. Und zweitens müssen Sie sicherstellen, dass Sie auch mehrere unvermeidliche Baissejahre überstehen können, die der Aktienmarkt in bestimmten Phasen verzeichnen kann.

Schauen wir uns zunächst an, wie wir auf die 3 ½ Prozent kommen. Aus Seite 290 geht hervor, dass Aktien langfristig voraussichtlich eine Rendite von 6 Prozent pro Jahr bringen. Ein diversifiziertes Anleiheportfolio einschließlich eines hohen Anteils an Anleiheersatzprodukten könnte rund 4 Prozent abwerfen. Wir können daher hochrechnen, dass ein ausgewogenes Portfolio, das zur Hälfte aus Aktien und zur Hälfte aus Anleihen besteht, rund 5 Prozent Rendite im Jahr erwirtschaften sollte. Gehen wir nun weiter von einer langfristigen Inflationsrate von 1 ½ Prozent aus. Das bedeutet, das investierte Kapital muss um 1 ½ Prozent pro Jahr anwachsen, um seine Kaufkraft zu bewahren. In einem normalen Jahr gibt der Anleger daher 3 ½ Prozent aus, und das Kapital wächst um 1 ½ Prozent. Im Folgejahr kann er dann 1 ½ Prozent mehr entnehmen und ist in der Lage, denselben Warenkorb einzukaufen. Indem der Anleger nicht den gesamten Ertrag verfrühstückt, den das Portfolio abwirft, erhält er sich die Kaufkraft seines Kapitals und seines jährlichen Einkommens. Als Faust-

45 In der neunten Auflage dieses Buches empfahl ich eine 4 ½-Prozent-Regel, weil die Anleiherenditen damals deutlich höher waren als Anfang der 2020er-Jahre.

regel gilt: Schätzen Sie zunächst die Rendite des investierten Kapitals und ziehen Sie dann die Inflationsrate ab, um ein tragbares dauerhaftes Ausgabeniveau zu ermitteln. Dürfte die Inflation eher bei 2 Prozent pro Jahr liegen (der Zielgröße der US-Notenbank), wäre eine Entnahmerate von 3 Prozent angemessener.

Es gibt noch einen zweiten Grund dafür, die Entnahmerate unterhalb der geschätzten Rendite des Gesamtkapitals anzusetzen. Die tatsächlichen Erträge aus Aktien und Anleihen schwanken von Jahr zu Jahr erheblich. Im Durchschnitt betragen die Aktienrenditen womöglich 6 Prozent, doch in manchen Jahren fallen sie höher aus, in anderen sind sie dafür negativ. Angenommen Sie gehen mit 65 in den Ruhestand, und es setzt ein so heftiger Bärenmarkt ein wie 2008 und 2009, als Aktien rund 50 Prozent an Wert verloren. Würden Sie 6 Prozent pro Jahr entnehmen, könnte es in diesem Fall sein, dass Ihre Ersparnisse in nicht einmal zehn Jahren aufgezehrt sind. Bei einer Entnahmerate von nur 3 ½ Prozent wäre es unwahrscheinlich, dass Sie erleben müssen, wie Ihnen das Geld ausgeht – selbst wenn Sie 100 Jahre alt werden. Mit einer konservativen Entnahmerate maximieren Sie Ihre Chancen, dass Ihnen Ihr Geld bis ans Lebensende reicht. Wenn Sie also noch nicht im Ruhestand sind, sollten Sie ernsthaft daran denken, so viel Geld wie möglich beiseitezulegen, damit Sie später auch mit einer konservativen Entnahmerate gut leben können.

Drei Fußnoten sind unseren Regeln für den Ruhestand hinzuzufügen. Erstens sollten Sie, um Ihre Entnahmen im Zeitverlauf zu glätten, nicht einfach 3 ½ Prozent Ihres gesamten investierten Kapitals ausgeben, den dieses am Anfang jedes Jahres hat. Da die Märkte Schwankungen unterliegen, werden Ihre Ausgaben von Jahr zu Jahr uneinheitlich und unberechenbar sein. Mein Rat: Entnehmen Sie anfangs 3 ½ Prozent nur von Ihrem Alterssicherungskapital und erhöhen Sie diesen Betrag jedes Jahr um 1 ½ Prozent. Dadurch glättet sich Ihr Alterseinkommen.

Zweitens werden Sie feststellen, dass die Zinserträge aus Ihren Anleihen und Anleiheersatzprodukten zuzüglich der Dividenden Ihrer Aktien höchstwahrscheinlich weniger sein werden als die 3 ½ Prozent, die Sie gern Ihrem Kapitalstock entnehmen möchten. Sie müssen daher entscheiden, welche Ihrer Vermögenswerte Sie zuerst angreifen. Sie sollten den Teil Ihres Portfolios verringern, der im Verhältnis zu Ihrem angestrebten Anlagenmix inzwischen übergewichtet ist. Angenommen, der Aktienmarkt ist so rasant gestiegen, dass ein ursprüngliches 50-50-Portfolio inzwischen zu 60 Prozent aus Aktien und zu 40 Prozent aus Anleihen besteht. Sie freuen sich vielleicht, dass sich die Aktien so gut entwickelt haben, sollten aber bedenken, dass Ihr Portfolio dadurch mit höheren Risiken behaftet ist. Entnehmen Sie daher Geld, das Sie zusätzlich benötigen, aus dem Aktienanteil Ihres Portfolios. Damit passen Sie Ihre Vermögensstrukturierung an und erzielen gleichzeitig die nötigen laufenden Erträge. Selbst wenn Sie das Kapital gar nicht angreifen müssen, würde ich Ihnen empfehlen, einmal jährlich ein Rebalancing vorzunehmen, damit das Risikoniveau weiterhin Ihrer Risikotoleranz entspricht.

Drittens sollten Sie eine Strategie entwickeln, um so auf Ihr Vermögen zuzugreifen, dass Sie die Zahlung von Einkommensteuern möglichst lange hinausschieben. Wenn Sie die ersten bundesbehördlich vorgeschriebenen Mindestausschüttungen aus IRAs und 401(k)-Programmen entnehmen, sollten Sie zunächst diese nutzen, bevor Sie andere Konten anzapfen. Bei steuerpflichtigen Konten zahlen Sie bereits Einkommensteuern auf Dividenden, Zinsen und realisierte Veräußerungsgewinne, die Ihre Anlagen abwerfen. Deshalb sollten Sie als Nächstes auf jeden Fall dieses Geld ausgeben (oder sogar als Erstes, wenn Sie noch nicht 70,5 Jahre alt sind, wenn die vorgeschriebenen Entnahmen beginnen). Als Nächstes sollten Sie weitere nachgelagert besteuerte Vermögenswerte ins Visier nehmen. Möchten Sie Ihren Erben Vermögen hinterlassen, sollten Sie in Roth IRAs angelegtes Geld zuletzt abziehen. Für solche Konten sind keine Entnahmen vorgeschrieben, und dieses Vermögen wird weiter steuerfrei Erträge erwirtschaften. Generell sollten Sie die in Roth IRAs investierten Mittel zu allerletzt verbrauchen.[46]

Meine Regeln können nicht garantieren, dass Ihnen Ihr Geld lebenslang reicht. Abhängig von Ihrer gesundheitlichen Verfassung und sonstigen laufenden Erträgen und Vermögenswerten möchten Sie meine Regeln daher womöglich in die eine oder andere Richtung anpassen. Sollten Sie aber mit 80 feststellen, dass Sie jährlich 3 ½ Prozent entnehmen und Ihr Portfolio größer wird, dann sollten Sie in Betracht ziehen, großzügiger mit Ihrem Geld umzugehen – es sei denn, Sie leben in der festen Überzeugung, dass die Medizin endlich den Jungbrunnen entdeckt hat.

46 Für Deutschland gelten diese Empfehlungen nicht, weil einheitlich eine Abgeltungsteuer von 25 Prozent auf realisierte Kursgewinne fällig wird. Steuerfrei bleibt nur der Sparerpauschbetrag von derzeit 1.000 Euro. Ratsam ist es jedoch, vor dem Jahr 2009 gekaufte Aktien so lange wie möglich zu behalten und dafür lieber die später gekauften Aktien zu liquidieren. Denn die Kursgewinne von Aktien-Altbeständen, die bereits vor Einführung der Abgeltungssteuer 2009 in Ihrem Depot waren, bleiben steuerfrei. A. d. R.

FÜNFZEHNTES KAPITEL:

IN DREI RIESENSCHRITTEN ÜBER DIE WALL STREET

Jährliches Einkommen zwanzig Pfund. Jährliche Ausgabe neunzehn Pfund neunzehn Schillinge sechs Pence. Fazit: Glück. Jährliches Einkommen zwanzig Pfund. Jährliche Ausgabe zwanzig Pfund und sechs Pence. Fazit: Unglück und Elend.

Charles Dickens, *David Copperfield*

In diesem Kapitel finden Sie Regeln zum Kauf von Aktien und konkrete Empfehlungen zu den Instrumenten, die Sie einsetzen können, wenn Sie sich nach den Leitlinien zur Vermögensstrukturierung aus dem vierzehnten Kapitel richten. Inzwischen haben Sie vernünftige Entscheidungen über Steuern, Wohnimmobilien und Versicherungen getroffen – und auch dazu, wie Sie aus Ihren Barreserven das Beste machen. Sie haben Ihre Ziele überprüft, Ihre Lebensphase und Ihre Einstellung zu Risiken. Und Sie haben beschlossen, welchen Teil Ihres Vermögens Sie auf dem Aktienmarkt investieren wollen. Nun ist es Zeit, nach einem Stoßgebet in der Trinity Church ein paar forsche Schritte vorwärts zu tun, nicht ohne dabei den Friedhof zu beiden Seiten tunlichst zu meiden. Meine Regeln können Ihnen helfen, kostspielige Fehler und unnötige Gebühren zu meiden und dabei Ihre Rendite ohne unbillige Risiken etwas aufzubessern. Spektakuläre Gewinne kann ich Ihnen nicht versprechen, aber ich weiß: 1 Prozent mehr Rendite auf Ihre Anlagen kann durchaus über Glück oder Unglück entscheiden.

Wie sollen Sie den Aktienkauf angehen? Im Grunde gibt es dafür drei Möglichkeiten. Diese bezeichne ich als den Selbstläufer-Schritt, den Do-it-yourself-Schritt und den Ersatzspieler-Schritt.

Im ersten Fall kaufen Sie einfach Anteile an verschiedenen breit aufgestellten Indexfonds oder Index-ETFs, die dazu konzipiert sind, die verschiedenen Aktienklassen abzubilden, aus denen sich Ihr Portfolio zusammensetzen soll. Diese Methode hat auch den Vorteil, dass sie total einfach ist. Selbst wenn Sie nicht der begnadete Börsianer sind, können Sie das schaffen. Im Grunde gehen Sie einfach mit dem Markt mit. Den allermeisten Anlegern – vor allem denjenigen, die eine einfache, risikoarme Investmentlösung bevorzugen – empfehle ich, sich der Weisheit des Marktes zu beugen und das gesamte Portfolio in US- und internationale Indexfonds zu investieren. Ausnahmslos allen Anlegern rate ich, zumindest das Kernstück ihres Investmentportfolios – vor allem den für die Alterssicherung vorgesehenen Teil – in Indexfonds oder ETFs zu stecken.

Im zweiten Fall joggen Sie förmlich über die Wall Street und suchen sich selbst Einzeltitel aus. Dabei kann es passieren, dass Sie bestimmte Branchen oder Länder zu hoch gewichten. In diesem Fall empfehle ich Ihnen, das Geld, dass Sie sicher auf die Seite legen möchten, um sich einen sorgenfreien Lebensabend zu finanzieren, in ein diversifiziertes Portfolio aus Indexfonds zu investieren. Wenn Sie aber etwas Spielgeld übrig haben, das Sie bedenkenlos einsetzen können, und wenn es Ihnen Spaß macht, selbst Aktien auszuwählen, dann habe ich noch ein paar Regeln für Sie, um Ihre Erfolgschancen ein bisschen zu pimpen.

Im dritten Fall setzen Sie sich an den Wegesrand und suchen sich einen professionellen Anlageberater, der für Sie über die Wall Street spaziert. Solche Berater können den für Ihre Risikofähigkeit und -bereitschaft am besten geeigneten Anlagenmix auswählen und sicherstellen, dass Sie alle Vorteile einer breiten Diversifizierung genießen. Bedauerlicherweise sind die meisten Anlageberater teuer und häufig überdies von Interessenkonflikten betroffen. Doch zum Glück gibt es mittlerweile eine neue Generation kostengünstiger Berater. Diese verwenden häufig automatisierte Technik, um diversifizierte Portfolios aus Indexfonds zu verwalten, und berechnen nur sehr niedrige Gebühren. Auf diese Berater gehe ich an anderer Stelle in diesem Kapitel noch näher ein.

In früheren Auflagen meines Buches habe ich eine Strategie beschrieben, die ich als den Malkiel-Schritt bezeichnete: den Kauf von Anteilen geschlossener Investmentgesellschaften mit Abschlag auf den Wert der von ihnen gehaltenen Anteile. Als die erste Ausgabe dieses Buches erschien, betrugen die Abschläge auf US-Aktienfonds ganze 40 Prozent. Heute sind sie deutlich geringer oder gar nicht mehr vorhanden, da die Fonds effizienter bepreist sind. Doch es können sich attraktive Abschläge ergeben – vor allem bei internationalen Fonds und Kommunalobligationsfonds –, von denen clevere Anleger mitunter profitieren können. Im Adressbuch des Random Walkers führe ich ein paar geschlossene Fonds auf, die manchmal mit interessanten Preisabschlägen zu haben sind.[47]

47 A. d. R.: In Deutschland ist der Kauf geschlossener Fonds für Privatanleger nicht empfehlenswert, da in der Regel zu intransparent, mit hohen unternehmerischen Risiken verbunden und nicht selten ausfallgefährdet.

Der Selbstläufer-Schritt: die Investition in Indexfonds (ETFs)

Der Aktienindex Standard & Poor's 500, ein zusammengesetzter Index, in dem drei Viertel des Wertes aller in den USA gehandelten Aktien vertreten sind, schlägt auf lange Sicht die meisten Experten. Ein Portfolio aufzubauen, dass alle in diesem Index erfassten Unternehmen enthält, wäre eine einfache Möglichkeit, sich in Aktien zu engagieren. Bereits 1973 (in der ersten Auflage dieses Buches) habe ich darauf hingewiesen, dass dringend Möglichkeiten geschaffen werden müssten, um Kleinanlegern diesen Ansatz zugänglich zu machen:

> *Was wir brauchen, ist ein Investmentfonds ohne Ausgabeaufschlag mit minimalen Verwaltungsgebühren, der einfach die Hunderte von Aktien kauft, aus denen sich breite Aktienmarktindizes zusammensetzen, und nicht ständig von einem Wertpapier in ein anderes umschichtet, um die Gewinner zu erwischen. Wenn auffällt, dass sich ein Investmentfonds schlechter entwickelt als der Marktdurchschnitt, sind die Sprecher der Fondsgesellschaft schnell mit dem Argument bei der Hand, dass »man Indizes nicht kaufen kann«. Es wird höchste Zeit, dem Publikum diese Möglichkeit zu eröffnen.*

Kurz nach der Veröffentlichung meines Buches setzte sich das Konzept des »Indexfonds« durch. Einer der großen Vorzüge des Kapitalismus ist: Wenn ein Produkt benötigt wird, dann findet sich gewöhnlich auch jemand, der willens ist, es auf den Markt zu bringen. 1976 wurde ein Investmentfonds aufgelegt, der es dem Publikum ermöglichte, am Gesamtmarkt teilzuhaben. Der Vanguard 500 Index Trust kaufte die 500 im S&P 500 vertretenen Titel im gleichen Verhältnis, wie sie im Index gewichtet waren. Die Dividenden und Veräußerungsgewinne und -verluste des Fondsportfolios wurden anteilig auf die einzelnen Anleger verteilt. Heute werden S&P-500-Indexfonds von verschiedenen ETF-Anbietern angeboten – mit Kostenquoten unter 1/20 Prozent des Vermögens oder noch weniger, also viel billiger als sämtliche aktiv verwalteten Fonds. Manche Indexfonds sind sogar gebührenfrei. Heute können Sie sich bequem und kostengünstig im Markt engagieren. Sie können ETFs (börsengehandelte Indexfonds) auf den S&P 500 von State Street Global Advisors, BlackRock und Vanguard beziehen.[48]

Dieser Strategie liegt dieselbe Logik zugrunde wie der Effizienzmarkthypothese. Doch auch wenn die Märkte nicht effizient wären, wäre die Anlage in Indexfonds immer noch eine äußerst brauchbare

---

48 A. d. R.: In Deutschland vertreten sind daneben noch beispielsweise die Anbieter Amundi, Lyxor, Xtrackers und Invesco. Die ETFs von BlackRock haben hierzulande meist den Markennamen iShares.

Investmentstrategie. Da alle auf dem Markt befindlichen Aktien irgendjemandem gehören müssen, erzielen folglich alle auf dem Markt investierten Anleger im Durchschnitt die Marktrendite. Dem Indexfonds gelingt das mit minimalen Aufwendungen. Der durchschnittliche aktiv verwaltete Fonds bringt eine Kostenquote von fast 1 Prozent pro Jahr mit sich. Aus diesem Grund schneidet er von Haus aus um den Betrag schlechter ab als der Gesamtmarkt, der in Form von Aufwendungen von der erzielten Bruttorendite abgezogen wird. Das würde auch gelten, wenn der Markt nicht effizient wäre.

Dass der S&P 500 auf lange Sicht eine höhere Rendite erzielt als Investmentfonds und große institutionelle Investoren, wird von zahlreichen Studien belegt, die in den Kapiteln weiter vorn in diesem Buch beschrieben wurden. Zugegeben, es gibt Ausnahmen. Doch die Investmentfonds, denen es gelungen ist, Indexfonds mit einem nennenswerten Ertragsvorsprung zu schlagen, können Sie an einer Hand abzählen.

Die ETF-Lösung im Überblick

Im Folgenden sind die Vorteile von ETFs (Indexfonds) als primärem Anlagevehikel beschrieben. Indexfonds bringen regelmäßig höhere Renditen als aktiv gemanagte Produkte. Für diese Zusatzerträge gibt es zwei elementare Gründe: die Managementgebühren und die Handelskosten. Börsengehandelte ETFs werden fast ohne Kosten betrieben. Aktiv verwaltete offene Investmentfonds berechnen jährliche Managementgebühren von fast 1 Prozentpunkt pro Jahr. Darüber hinaus handeln Indexfonds nur bei Bedarf, während viele aktive Fonds einen Portfolioumschlag nahe 100 Prozent aufweisen. Selbst wenn wir die Handelskosten sehr konservativ schätzen, stellt ein solcher Umschlag zweifellos eine zusätzliche Belastung für den Ertrag dar. Auch wenn die Aktienmärkte nicht hundertprozentig effizient wären, wäre mit aktiver Verwaltung insgesamt keine Bruttorendite zu erzielen, die den Markt übertrifft. Aus diesem Grund schneiden aktive Manager notgedrungen im Durchschnitt um den Betrag schlechter ab als die Indizes, auf den sich solche Aufwendungen und die Transaktionskosten belaufen. Unglücklicherweise können aktive Manager als Gruppe nicht so sein wie die Radiopersönlichkeit von Garrison Keillors fiktiver Heimatstadt Lake Wobegon, wo »alle Kinder überdurchschnittlich sind«.

Überdies sind Indexfonds auch steuerfreundlich (aber nur in den USA, A. d. R.). Sie ermöglichen es Anlegern, Veräußerungsgewinne nachgelagert zu realisieren – oder gar nicht, wenn sie ihre Anteile später vererben. Soweit der langfristige Aufwärtstrend der Aktienkurse anhält, werden Veräußerungsgewinne realisiert, wenn zwischen einzelnen Titeln umgeschichtet wird, und darauf fallen Steuern an. Steuern sind ein finanzieller Aspekt von entscheidender Bedeutung, denn es mindert den Nettoertrag ganz erheblich, wenn Veräußerungsgewinne früher realisiert werden. Indexfonds schichten nicht zwischen einzelnen Wertpapieren um und vermeiden daher tendenziell Kapitelertragssteuern.

Indexfonds sind einigermaßen berechenbar. Wer Anteile eines aktiv verwalteten Fonds erwirbt, kann nie wissen, wie dieser innerhalb seiner Vergleichsgruppe abschneidet. Engagieren Sie sich in einem Indexfonds, können Sie ziemlich sicher sein, dass er seinen Index nachbildet und dass er die durchschnittlichen aktiven Manager vermutlich deutlich übertrifft. Überdies ist der Indexfonds stets voll investiert. Behauptet der Manager eines aktiv verwalteten Fonds, er investiere seine Barbestände stets zum richtigen Zeitpunkt, sollten Sie misstrauisch werden. Wir wissen, dass es nicht möglich ist, auf dem Markt immer den idealen Zeitpunkt zu erwischen. Abschließend sind Indexfonds auch noch leichter zu bewerten. Inzwischen gibt es über 5000 Investmentfonds (in Deutschland über 3000, A. d. R.) – und keine zuverlässige Methode vorherzusagen, welche davon künftig voraussichtlich Überrenditen erzielen. Bei Indexfonds wissen Sie dagegen ganz genau, was Sie für Ihr Geld bekommen – und das Anlageverfahren vereinfacht sich unglaublich.

»In einem Satz über ein Hochhaus zu springen, ist ja ganz nett – aber können Sie auch den S&P 500 Index schlagen?«

© 2002 von Thomas Cheney: Nachgedruckt mit freundlicher Genehmigung.

Obwohl so viel dagegenspricht, wollen wir annehmen, dass ein Anleger immer noch an die Überlegenheit aktiver Manager glaubt. Dann bleiben noch zwei Probleme: Erstens ist diese Fähigkeit fraglos äußerst rar gesät, und zweitens gibt es offensichtlich keine effektive Möglichkeit herauszufinden, wer sie besitzt, bevor sie zweifelsfrei festgestellt wurde. Wie ich im siebten Kapitel angegeben habe, liegen die ertragsstärksten Fonds eines Zeitraums im darauffolgenden Zeitraum nicht wieder an der Spitze. Die Spitzenreiter sind in jedem Zeitraum andere. Paul Samuelson fasst diese Probleme in folgender Parabel zusammen. Angenommen, es ließe sich nachweisen, dass einer von 20 Alkoholikern lernen könnte, in Gesellschaft maßvoll zu trinken. Ein erfahrener Kliniker würde darauf antworten: »Selbst wenn das stimmt, sollten Sie so tun, als träfe es nicht zu, denn Sie wissen nie, wer der eine von 20 ist – und wenn Sie es ausprobieren, gehen dabei fünf von 20 vor die Hunde.« Samuelson folgerte, dass

Anleger gut beraten wären, nicht mehr länger in riesigen Heuhaufen nach so winzigen Stecknadeln zu suchen.

Handeln institutionelle Investoren untereinander mit Aktien, so erinnert das an eine isometrische Übung: Es wird viel Energie aufgewendet, doch unter dem Strich gleicht es sich aus, und die den einzelnen Managern anfallenden Handelskosten mindern den Anlageerfolg. Wie ein Windhund auf der Rennbahn scheinen auch die professionellen Kapitalverwalter das Rennen gegen den künstlichen Schlepphasen zu verlieren. Kein Wunder, dass viele institutionelle Investoren einen großen Teil Ihres Vermögens in Indexfonds stecken.

Und Sie? Wenn Sie sich in einem Indexfonds engagieren, können Sie künftig im Golfklub nicht mehr mit den fantastischen Gewinnen angeben, die Sie einfahren, weil Sie an der Börse auf die Sieger setzen. Breite Diversifizierung schließt aus, dass Sie gegenüber dem Gesamtmarkt größere Verluste erleiden. Das Gleiche gilt per definitionem aber auch für außergewöhnlich hohe Gewinne. Daher bezeichnen viele Kritiker an der Wall Street die Investition in Indexfonds als »garantierte Mittelmäßigkeit«. Die Erfahrung zeigt aber schlüssig, dass Anleger, die in Indexfonds investieren, vermutlich besser abschneiden als der typische Fondsmanager, dessen hohe Verwaltungsgebühren und erheblicher Portfolioumschlag die Anlagerenditen in aller Regel mindern. Viele werden feststellen, dass die Garantie, auf dem Aktienmarkt nur noch Par-Runden zu spielen, recht ansprechend ist. Natürlich birgt auch diese Strategie noch Risiken: Fällt der Markt, geht Ihr Portfolio garantiert ebenfalls in die Knie.

Die Anlagemethode des »Index-Investing« hat für Kleinanleger aber noch andere Reize. Sie ermöglicht Ihnen nicht nur, mit einer kleinen Investition eine sehr breite Diversifizierung zu erreichen, sondern auch, die Transaktionskosten zu senken. Der Indexfonds übernimmt es, die Dividenden aller Aktien, die er hält, zu vereinnahmen und Ihnen einmal pro Quartal einen Scheck über Ihre gesamten Erträge auszustellen – Erträge, die Sie, nebenbei bemerkt, wieder in den Fonds investieren können, wenn Sie das wünschen (oder die automatisch reinvestiert werden, wenn Sie einen thesaurierenden Fonds wählen, A. d. R.). Kurz, der Indexfonds ist eine vernünftige, brauchbare Methode zur Erzielung der Marktrendite, die gar keine Arbeit macht und minimale Kosten verursacht. Darüber hinaus sind Indexfonds deutlich steuereffizienter als aktiv verwaltete Fonds.

Eine breitere Definition des »Index-Investing«

Index-Investing als Strategie habe ich bereits in der ersten Auflage dieses Buches 1973 empfohlen, als es noch gar keine Indexfonds gab. Für diese Idee war die Zeit eindeutig reif. Der mit Abstand am häufigsten herangezogene Index ist der Standard & Poor's-500-Aktienindex, der alle maßgeblichen Unternehmen auf dem US-Markt abbildet. Heute empfehle ich Index-Investing beziehungsweise das sogenannte passive Investieren nach wie vor, doch wird die Definition dieser Methode zu eng gefasst, so erregt das zu Recht Kritik. Viele Menschen setzen Index-Investing fälschlicherweise mit der Strategie gleich, einfach den S&P 500 zu kaufen. Doch inzwischen gibt es mehr Möglichkeiten. Der S&P 500 lässt die Tausende kleiner Unternehmen außen vor, die zu den dynamischsten in der Wirtschaft gehören. Ich glaube daher, wenn ein Anleger nur einen US-Indexfonds erwirbt, so ist der beste allgemeine US-Index, der nachgebildet werden sollte, nicht der S&P 500, sondern einer der breiteren Indizes wie der Russell 3000, der Wilshire Total Market Index, der CRSP Index oder der MSCI U.S. Broad Market Index.

90 Jahre Börsengeschichte belegen, dass kleinere Aktien in der Regel unter dem Strich besser abschneiden als größere. Über längere Zeiträume lieferte ein Portfolio aus Aktien kleinerer Unternehmen eine Rendite von rund 12 Prozent pro Jahr, während die Anteile größerer Unternehmen (wie sie etwa im S&P 500 erfasst sind) rund 10 Prozent brachten. Die Aktien kleinerer Unternehmen waren zwar riskanter als die großen Blue-Chips, doch eigentlich kommt es ja darauf an, dass ein breit diversifiziertes Portfolio aus kleinen Unternehmen voraussichtlich höhere Renditen abwirft. Aus diesem Grund befürworte ich die Anlage in einen Index, der eine breitere Palette von US-Unternehmen enthält, darunter auch viele der dynamischen kleinen Unternehmen, die sich vermutlich in frühen Stadien ihres Wachstumszyklus befinden.

Bedenken Sie, dass der S&P 500 für 75 bis 80 Prozent des Marktwerts aller ausstehenden US-amerikanischen Aktien steht. Die verbleibenden 20 bis 25 Prozent des gesamten US-Marktwerts entfallen auf buchstäblich Tausende Unternehmen. Dabei handelt es sich vielfach um junge Wachstumsunternehmen, die Anlegern mehr Ertrag versprechen (aber auch mit höheren Risiken einhergehen). Der CRSP U.S. Total Stock Market Index enthält sämtliche börsengehandelten US-Aktien. Der Russell 3000 und der MSCI Index decken bis auf die allerkleinsten (und längst nicht so liquiden) Aktien den gesamten Markt ab. Etliche Fonds stützen sich inzwischen auf diese breiteren Indizes und tragen Total Stock Market Portfolio im Namen. Solche Indexfonds liefern beständig höhere Renditen als der durchschnittliche Aktienfondsmanager.

Hinzu kommt, dass Index-Investing – anders als Nächstenliebe – keineswegs zu Hause beginnt (und endet). Wie bereits im achten Kapitel angesprochen, können Anleger Risiken reduzieren, indem sie ihre Anlagen international diversifizieren, ihrem Portfolio Anlageklassen wie Immobilien beimischen und einen Teil ihres Portfolios in Anleihen und anleiheähnliche Wertpapiere wie inflationsgeschützte US-Staatspapiere investieren. Das ist der elementare Lehrsatz der modernen Portfoliotheorie. Anleger sollten daher nicht nur auf einen Indexfonds auf den US-Aktienmarkt setzen und sonst keine Wertpapiere halten. Das ist aber kein Argument gegen das Index-Investing, denn es gibt heute auch Indexfonds, die die Wertentwicklung verschiedener internationaler Indizes nachvollziehen wie des Morgan Stanley Capital International (MSCI) Index für europäische, australasiatische und fernöstliche (EAFE) Wertpapiere sowie des MSCI-Schwellenländerindex. Außerdem existieren Indexfonds, die börsennotierte Immobiliengesellschaften (REITs), Unternehmens- und Staatsanleihen halten.

Einer der größten Anlegerfehler ist es, nicht auf ausreichende internationale Diversifizierung zu achten. Die Vereinigten Staaten repräsentieren nur rund ein Drittel der Weltwirtschaft. Sicherlich bietet ein Fonds, der den gesamten US-Aktienmarkt abbildet, auch eine gewisse globale Diversifizierung, weil viele multinationale US-Unternehmen im Ausland Geschäfte machen. Doch die Schwellenländer der Welt (wie China und Indien) wachsen deutlich schneller als die Industrieländer, und das dürfte auch weiterhin der Fall sein. In den folgenden Empfehlungen rege ich daher dazu an, einen größeren Teil eines jeden Portfolios in Schwellenländer zu investieren.

Abgesehen von China haben Schwellenländer in aller Regel eine jüngere Bevölkerung als Industrieländer. Volkswirtschaften mit jüngeren Menschen wachsen gewöhnlich rascher. Überdies waren sie 2022 im Vergleich zu den Vereinigten Staaten attraktiver bewertet. Wir haben dargelegt, dass das konjunkturbereinigte Kurs-Gewinn-Verhältnis (CAPE) in aller Regel einigermaßen aussagekräftige Prognosen der längerfristigen Aktienrenditen in den Industrieländern zulässt. Das gilt auch für Schwellenländer. Die CAPE-Werte für Schwellenländer waren 2022 nicht einmal halb so hoch wie in den Vereinigten Staaten. Die künftigen langfristigen Renditen fallen gewöhnlich dann üppig aus, wenn Aktien zu solchen Bewertungen zu haben sind.

Das Index-Investing ist in Schwellenländern überdies eine äußerst effektive Strategie. Obwohl die Märkte dort eher nicht so effizient sind wie in den Industrieländern, ist der Zugang teuer und der Handel kostspielig. Die Kostenquoten aktiv gemanagter Fonds sind deutlich höher als in Industrieländern. Außerdem ist die Liquidität geringer und die Handelskosten sind höher. Nach Berücksichtigung aller Aufwendungen erweist sich Index-Investing als hervorragende Anlagestrategie. Standard and Poor's weist für 2021 aus, dass über 92 Prozent aller aktiv verwalteter Schwellenländer-Aktienfonds über den vorausgegangenen 20-Jahreszeitraum hinter dem S&P/IFCI EM Index zurücklagen.

Ein konkretes Indexfonds-Portfolio

Die Tabelle auf der Seite 333 zeigt eine konkrete Auswahl an Indexfonds, auf die Anleger beim Portfolioaufbau zurückgreifen können.[49] Die Tabelle gibt die empfohlenen Prozentsätze für Anleger an, die Mitte 50 sind. Andere Anleger können genau dieselbe Auswahl heranziehen und einfach die Gewichtungen so verändern, wie es für ihre jeweilige Altersgruppe angemessen ist. Vielleicht möchten Sie den prozentualen Anteil auch noch an Ihre persönliche Risikofähigkeit und -bereitschaft anpassen. Wer in der Hoffnung auf höhere Erträge etwas mehr Risiko in Kauf nehmen möchte, könnte

49 A. d. R.: Die Empfehlungen sind aber nur für US-Anleger geeignet. In Deutschland sind Fonds und auch ETFs ohne Vertriebszulassung in der Europäischen Union steuerlich extrem schlecht gestellt. Auf Internetseiten wie www.justetf.com haben Sie als Anleger aber die Möglichkeit, entsprechende Pendants oder ähnliche Indexfonds für die hier vorgestellten ETFs ausfindig zu machen.

den Aktienanteil erhöhen. Wer zur Sicherung seines Lebensunterhalts auf einen steten Ertragsstrom angewiesen ist, könnte seine Positionen in Immobilienaktien und dividendenstarken Aktien aufstocken, da diese etwas höhere laufende Erträge abwerfen.

Ein konkretes Indexfonds-Portfolio für Anleger Mitte 50
Liquide Mittel (5 %)*
Fidelity Government Money Market Fund (SPAXX) oder Vanguard Federal Money Market Fund (VMFXX)
Anleihen und Anleiheersatzprodukte (27 ½ %)†
7 ½ % U.S. Vanguard Long-term Corporate Bond Fund ETF (VCLT)
7 ½ % Vanguard Emerging Markets Government Bond fund (VGAVX)
12 ½ % Wisdom Tree Quality Dividend Fund (DGRW) oder Vanguard Dividend Growth Fund (VDIGX)**
Immobilienaktien (12 ½ %)
Vanguard REIT Index Fund (VGSLX) oder Fidelity Real Estate Index Fund (FSRNX)
Aktien (55 %)
27 % US-Aktien Schwab Total Stock Market Index Fund (SWTSX) oder Vanguard Total Stock Market Index Fund (VTSAX)
14 % Internationale Industrieländer Schwab International Index Fund (SWISX) oder Vanguard Developed Market Index Fund (VTMGX)
14 % Internationale Schwellenländer Vanguard Emerging Markets Index Fund (VEMBX)I oder Fidelity Spartan Emerging Markets Index Fund (FPADX)

**Ein kurzfristiger Rentenfonds kann durch einen der aufgeführten Geldmarktfonds ersetzt werden.*
***Obwohl das eigentlich nicht in die Rubrik eines Indexfondsportfolios passt, sollten US-Anleger in Betracht ziehen, einen Teil oder das gesamte US-Anleihenportfolio in inflationsgeschützte Wertpapiere zu investieren. Die U.S. Treasury I Savings Bonds waren 2022 eine ausgezeichnete Wahl. Auch die Fonds für dividendenstarke Aktien und Unternehmensanleihen sind Ausnahmen, da es sich dabei nicht um Standard-Indexfonds handelt.*[50]

Wohlgemerkt gehe ich dabei davon aus, dass Sie die meisten, wenn nicht alle Ihrer Wertpapiere im Rahmen eines steuerbegünstigten Altersvorsorgeprogramms halten. Auf jeden Fall sollten sämtliche Anleihen im Kontext eines solchen Programms stehen. Halten Sie Anleihen auf anderen Depots, wären Sie womöglich mit steuerfreien Anleihen besser bedient als mit steuerpflichtigen Wertpapieren. Liegen Ihre Aktien in einem steuerpflichtigen Depot, möchten Sie vielleicht über das nachstehend

50 A. d. R.: Auch die folgenden Bemerkungen beziehen sich ausschließlich auf die Situation in den USA. In Deutschland gibt es keine Möglichkeit, sich ein steuerlich begünstigtes Portfolio aus eigenhändig zusammengestellten Wertpapieren zusammenzustellen.

beschriebene »Tax-Loss Harvesting« nachdenken. Abschließend möchte ich noch darauf hinweisen, dass ich Ihnen Indexfonds verschiedener ETF-Anbieter zur Auswahl gestellt habe. Aufgrund meiner langjährigen Verbindung zur Vanguard Group wollte ich bewusst auch ein paar Fonds anderer Anbieter vorschlagen. Sämtliche der aufgeführten Fonds zeichnen sich durch moderate Kostenquoten aus und verlangen keine Ausgabeaufschläge. Weitere Informationen zu diesen Fonds einschließlich Rufnummern und Websites finden Sie im Adressbuch des Random Walkers im Anschluss an dieses Kapitel. Anstelle herkömmlicher Investmentfonds können Sie auch ETFs einsetzen.

Die steuerlichen Aspekte von ETFs[51]

Einer der bereits weiter vorn beschriebenen Vorteile des passiven Portfoliomanagements (das darin besteht, einfach einen Indexfonds zu kaufen und zu halten) ist die Minimierung von Transaktionskosten und Steuern, die eine solche Strategie mit sich bringt. Steuern sind im Zusammenhang mit Finanzanlagen von entscheidender Bedeutung, wie die beiden Stanford-Ökonomen Joel Dickson und John Shoven nachgewiesen haben. Anhand einer Stichprobe aus 62 Investmentfonds mit langfristigen Erfolgsbilanzen haben sie ermittelt, dass ein 1962 investierter Dollar vor Steuern bis 1992 auf 21,89 Dollar angewachsen wäre. Nach Entrichtung der auf ausgeschüttete Dividenden und Veräußerungsgewinne fälligen Steuern wären das für einen Anleger mit hohem Einkommen nur noch 9,87 Dollar gewesen.

Indexfonds tragen wesentlich zur Lösung des Steuerproblems bei. Weil sie nicht ständig zwischen einzelnen Wertpapieren umschichten, werden Kapitalertragssteuern in der Regel vermieden. Dessen ungeachtet gilt: Auch für Indexfonds können Veräußerungsgewinne anfallen, die der Anteilsinhaber versteuern muss. Diese entstehen in aller Regel unfreiwillig – entweder, weil es bei einem der Unternehmen aus dem Index zu einem Buyout kommt, oder weil der Fonds verkaufen muss. Letzteres tritt ein, wenn Anteilsinhaber per saldo Anteile zurückgeben und der Fonds Wertpapiere abstoßen muss, um die nötige Liquidität aufzutreiben. Aus diesem Grund sind normale Indexfonds auch keine perfekte Lösung für das Problem, wie sich Steuerschulden minimieren lassen.

Börsengehandelte Indexfonds (ETFs) wie »Spiders« (Fonds auf den S&P 500) und »Vipers« (Fonds, die den gesamten Aktienmarkt abbilden) können steuerlich effizienter sein als herkömmliche Indexfonds, weil sie Rücknahmen auch in Sachwerten abwickeln können. Solche Rücknahmen gegen Sachwerte werden ausgeführt, indem Rücknahmeanträge durch kostengünstige Aktien erfüllt werden. Für den Fonds stellt das keine steuerpflichtige Transaktion dar, sodass keine Gewinne realisiert werden, die ausgeschüttet werden müssten. Überdies zahlt der Anteilinhaber des ETFs, der Anteile zurückgibt, Steuern auf der Grundlage seiner ursprünglichen Anschaffungskosten für die

51 A. d. R.: Die hier beschriebene steuerliche Situation gilt nur für die USA, aber nicht für Deutschland.

Anteile – nicht auf der Grundlage des gelieferten Aktienkorbs. ETFs punkten daher mit absolut niedrigen Kosten. Die Auswahl an ETFs ist groß – nicht nur für US-Aktien, sondern auch für internationale Papiere. ETFs stellen ein hervorragendes Vehikel zur Einmalanlage größerer Summen dar, die in Indexfonds angelegt werden sollen.

Für ETFs können allerdings Transaktionskosten anfallen, auch potenzielle Maklergebühren[52] und Geld-Brief-Spannen. Anleger, die nach und nach Anteile in kleinerer Stückzahl erwerben, sind mit Indexfonds ohne Ausgabeaufschlag möglicherweise besser bedient. Lassen Sie sich nicht dazu verleiten, fortlaufend ETFs zu kaufen oder zu verkaufen. Ich kann da nur John Bogle beipflichten, der die Vanguard Group gegründet hat: »Wer aktiv mit ETFs handelt, schneidet sich selbst die Kehle durch.« Geraten Sie in diese Versuchung, halten Sie sich an Little Miss Muffett aus dem englischen Kinderreim und lassen Sie tunlichst die Finger von »Spiders« und ihren Verwandten.

In der folgenden Tabelle führe ich die ETFs auf, die Sie zum Aufbau Ihres Portfolios verwenden können. Beachten Sie dabei, dass für Anleger, die sich den Aktienkauf möglichst einfach machen möchten, globale Indexfonds und ETFs zur Verfügung stehen, die aus einer Hand die komplette internationale Diversifizierung bieten.

Wer auf der Suche nach einer einfachen, bewährten Methode ist, um überdurchschnittliche Anlageerträge zu erzielen, der muss gar nicht mehr weiterlesen. Die hier aufgeführten Indexfonds oder ETFs bieten breite Diversifizierung, steuerliche Effizienz und niedrige Kosten. Auch wenn Sie einzelne Aktien oder Fonds erwerben möchten, die sich auf verschiedene Marktsektoren konzentrieren, sollten Sie dem Beispiel folgen, das immer mehr institutionelle Investoren geben: den harten Kern Ihres Portfolios wie beschrieben in Indexfonds investieren und mit übrigem Geld aktive Wetten eingehen. Mit einer soliden Basis aus Indexfonds können Sie mit deutlich geringerem Risiko spekulieren, als wenn Ihr gesamtes Portfolio aktiv verwaltet würde. Und selbst wenn Ihnen dabei Fehler unterlaufen, sind sie nicht existenzbedrohend.

52 Viele Discount Broker bieten ETFs provisionsfrei an. In solchen Fällen können Positionen in ETFs bei automatischer Wiederanlage von Dividenden genauso funktionieren wie eine Anlage in Investmentfonds.

EXCHANGE TRADED FUNDS (ETFs)		
	Ticker	**Kostenquote**
Gesamter US-Aktienmarkt		
Vanguard Total Stock Market	VTI	0,03 %
SPDR Total Stock Market	SPTM	0,03 %
Industrieländer (EAFE)		
Vanguard Europe Pacific	VEA	0,05 %
iShares Core MSCI Intl Developed Markets	IDEV	0,07 %
SPDR Developed World ex-US	SPDW	0,04 %
Schwellenländer		
Vanguard Emerging Markets	VWO	0,10 %
SPDR Emerging Markets	SPEM	0,11 %
iShares Core MSCI Emerging Markets	IEMG	0,11 %
Global ohne USA		
Vanguard FTSE All World ex-US	VEU	0,08 %
SPDR MSCI ACWI ex-US	CWI	0,30 %
iShares Core MSCI Total International Stock	IXUS	0,09 %
Global mit USA		
Vanguard Total World	VT	0,04 %
iShares MSCI ACWI	ACWI	0,32 %
US-Rentenmarkt		
Vanguard Total Corporate Bond Fund	VTC	0,05 %
iShares Investment Grade Corporate Bond	LQD	0,14 %
Schwab US Aggregate Bond	SCHZ	0,04 %

Der Do-it-yourself-Schritt: potenziell nützliche Regeln zur Aktienauswahl

Index-Investing ist die Strategie, die ich Privatanlegern und Institutionen für Ihre ernsthaften Anlagen empfehle – zum Beispiel für die Alterssicherung. Mir ist jedoch durchaus klar, dass es den einen oder anderen langweilt, sein gesamtes Portfolio in Indexfonds zu investieren. Wenn Sie noch Spielgeld zur Verfügung haben, das Sie riskieren können, dann möchten Sie womöglich selbst aktiv werden und Ihre grauen Zellen anstrengen, um Gewinner herauszupicken. Wer unbedingt selbst mitspielen möchte, den spricht vielleicht der Do-it-yourself-Schritt an.

Da ich persönlich schon als Kind einen Hang zum Glücksspiel hatte, kann ich gut verstehen, warum es viele Anleger so reizt, auf eigene Faust aufs richtige Pferd zu setzen – und warum sie sich überhaupt nicht für ein System erwärmen können, das nur ein Ergebnis in Aussicht stellt, wie es dem Gesamtmarkt entspricht. Das Problem dabei ist nur: Das macht viel Arbeit, und Gewinnsträhnen sind äußerst selten. Wer Investments jedoch als Spiel betrachtet, für den gibt es eine vernünftige Strategie, die zumindest die Risiken minimiert.

Bevor Sie meine Strategie aber umsetzen, müssen Sie wissen, wo man sich Investmentinformationen beschafft. Die meisten Informationsquellen sind über öffentliche Bibliotheken zugänglich. Sie sollten auf jeden Fall aufmerksam den Finanzteil von Tageszeitungen lesen, allen voran der *New York Times* und des *Wall Street Journal.* Wochenmagazine wie *Barron's* gehören ebenfalls zur Pflichtlektüre. Wirtschaftsblätter wie *Bloomberg Businessweek*, *Fortune* und *Forbes* können ebenfalls wertvolle Investmentideen liefern. Auch die großen Anlageberatungsdienste sind nützliche Quellen. So sollten Sie beispielsweise Zugang zu *Outlook* von Standard & Poor's, zum *Investment Survey* von Value Line und zu *Morningstar* haben. Eine Fülle von Informationen, darunter Empfehlungen von Wertpapieranalysten, finden Sie abschließend natürlich im Internet.[53]

In der ersten Auflage von *A Random Walk Down Wall Street* vor über 50 Jahren stellte ich vier Regeln für die erfolgreiche Aktienauswahl auf. Diese finde ich bis heute brauchbar. In verkürzter Form lauten diese Regeln, von denen manche bereits in Vorkapiteln Erwähnung fanden, wie folgt:

---

53 A. d. R.: In Deutschland sind Informationsquellen etwa die *Frankfurter Allgemeine Zeitung*, das *Handelsblatt* und die *Börsenzeitung* sowie Anlagemagazine wie *Der Aktionär*, *Focus Money* oder *Euro am Sonntag*. Auch Schweizer Publikationen wie die *Neue Zürcher Zeitung* sowie *Finanzen und Wirtschaft* bieten wertvolle Einblicke.

Regel Nr. 1: Kaufen Sie nur Aktien von Unternehmen, die allem Anschein nach in der Lage sind, noch mindestens fünf Jahre lang überdurchschnittliche Ertragssteigerungen zu erzielen.

Das mag keine leichte Aufgabe sein, doch bei diesem Spiel geht es darum, Aktien ausfindig zu machen, die Ertragssteigerungen bringen. Stetiges Wachstum steigert nicht nur Gewinne und Dividenden eines Unternehmens, sondern kann auch den Betrag in die Höhe treiben, den der Markt für diese Gewinne zu zahlen bereit ist. Wer Aktien kauft, bei denen rasantes Gewinnwachstum einsetzt, hat daher gleich zwei potenzielle Vorteile – Gewinn und Kurs-Gewinn-Verhältnis können steigen.

Regel Nr. 2: Zahlen Sie nie mehr für eine Aktie, als nach billigem Ermessen durch den fundamentalen Wert des betreffenden Unternehmens gerechtfertigt.

Ich bin zwar überzeugt davon, dass sich der innere Wert einer Aktie nie genau beziffern lässt, glaube aber, dass Sie durchaus grob einschätzen können, wann eine Aktie angemessen bewertet erscheint. Ein guter Ausgangspunkt ist das Kurs-Gewinn-Verhältnis des Marktes: Kaufen Sie Aktien, deren Kurs-Gewinn-Verhältnis dieser Kennzahl entspricht oder nicht sehr weit darüber liegt. Achten Sie auf Wachstumsszenarien, die der Markt noch nicht eingepreist hat, indem er das Kurs-Gewinn-Verhältnis des Titels kräftig in die Höhe getrieben hat. Setzt das Wachstum dann ein, profitieren Sie davon gleich zweifach, denn der Gewinn und das Kurs-Gewinn-Verhältnis können steigen. Hüten Sie sich vor Aktien mit sehr hohen Kennzahlen, in deren Kurse bereits viele Wachstumsjahre einkalkuliert sind. Wächst der Gewinn nicht, sondern schrumpft er stattdessen, haben Sie womöglich gleich zwei Probleme: Das Kurs-Gewinn-Verhältnis nimmt mit dem Gewinn ab. Durch die Beachtung dieser Regel hätten Anleger die empfindlichen Verluste, die sie durch die führenden Hightech-Wachstumsaktien erlitten, die Anfang 2000 mit einem astronomischen Kurs-Gewinn-Verhältnis gehandelt wurden, vermeiden können.

Wohlgemerkt handelt es sich bei diesem Ansatz nicht einfach um eine Neuauflage der Strategie, Aktien mit niedrigem Kurs-Gewinn-Verhältnis zu kaufen, auch wenn er gewisse Ähnlichkeiten aufweist. Meiner Regel zufolge spricht nichts dagegen, eine Aktie mit einem Kurs-Gewinn-Verhältnis zu erwerben, das leicht über dem Marktdurchschnitt liegt – solange die Wachstumsaussichten des betreffenden Unternehmens klar überdurchschnittlich sind. Man könnte das als Abwandlung einer solchen Strategie betrachten, die von manchen übrigens auch als GARP-Strategie (für Growth At A Reasonable Price – also Wachstum zu einem vernünftigen Preis) bezeichnet wird. Kaufen Sie Aktien, deren Kurs-Gewinn-Verhältnis im Vergleich zu ihren Wachstumsaussichten niedrig ist. Wenn es Ihnen gelingt, auch nur einigermaßen treffsicher Unternehmen auszuwählen, die dann tatsächlich überdurchschnittliche Wachstumsraten verzeichnen, dann zahlt sich das für Sie in Form überdurchschnittlicher Renditen aus.

Regel Nr. 3: Es ist zielführend, Aktien zu kaufen, auf deren Wachstumserwartungen Anleger Luftschlösser bauen können.

Im zweiten Kapitel habe ich die Bedeutung psychologischer Elemente für die Bestimmung der Aktienkurse hervorgehoben. Privatanleger ebenso wie institutionelle Investoren sind keine Computer, die begründete Kurs-Gewinn-Verhältnisse berechnen und dann Kauf- und Verkaufsentscheidungen ausspucken. Es handelt sich um Menschen mit Gefühlen, die bei ihren Anlageentscheidungen von Gier, Wettleidenschaft, Hoffnung und Angst getrieben werden. Aus diesem Grund müssen Sie sowohl intellektuell als auch psychisch auf der Höhe sein, wenn Sie Ihr Geld erfolgreich anlegen wollen. Natürlich ist der Markt aber auch nicht ganz subjektiv: Sobald sich eine positive Wachstumsrate abzeichnet, entwickelt sich nahezu hundertprozentig eine Art Fangemeinde für die betreffende Aktie. Doch Aktien sind wie Menschen – manche sind sympathischer als andere. Schlägt so eine Story nicht richtig ein, nimmt das Kurs-Gewinn-Verhältnis der Aktie nicht so stark zu. Der Schlüssel zum Erfolg liegt darin, mehrere Monate vor allen anderen Anlegern in Position zu gehen. Fragen Sie sich daher, ob die Story, die sich um Ihre Aktie rankt, das Zeug hat, die Fantasie der Masse zu beflügeln. Steckt sie zum Träumen an? Ist es eine Geschichte, auf der Anleger Luftschlösser bauen können – allerdings solche, die auf einem festen Fundament stehen?

Regel Nr. 4: So wenig wie möglich handeln

Ich halte es mit der Wall-Street-Maxime »Gewinner halten, Verlierer abstoßen« – aber nicht, weil ich an die technische Analyse glaube. Wenn Sie häufig umschichten, erreichen Sie nur, dass Sie mehr Steuern zahlen müssen, weil Sie Gewinne realisieren (was nur in den USA gilt, A. d. R.). Damit will ich aber nicht sagen, dass Sie sich nie von einer Aktie trennen sollen, wenn sie im Plus steht. Die Umstände, die Sie zu diesem Kauf veranlasst haben, können sich ändern. Vor allem, wenn der Markt wieder Anflüge des Tulpenfiebers zeigt, kann es vorkommen, dass viele der erfolgreichen Wachstumsaktien in Ihrem Portfolio übergewichtet sind, wie während der Internetblase der Jahre 1999 und 2000. Es ist aber äußerst schwierig, den richtigen Verkaufszeitpunkt zu erkennen, und daraus können sich (für US-Anleger) schwerwiegende steuerliche Konsequenzen ergeben. Meine persönliche Philosophie hält mich dazu an, so wenig wie möglich zu handeln. Verlierer stoße ich allerdings gnadenlos ab. Mit wenigen Ausnahmen trenne ich mich noch vor Ablauf eines jeden Kalenderjahrs von allen Aktien, die Verluste verzeichnen. Diesen Zeitpunkt wähle ich, weil Verluste (bis zu einer gewissen Höhe) steuerlich abzugsfähig sind beziehungsweise mit bereits realisierten Gewinnen verrechnet werden können. Es mindert daher unter Umständen die Steuerlast, Verluste mitzunehmen. Manchmal halte ich eine Verlustposition aber weiter, wenn sich das von mir erwartete Wachstum abzeichnet und ich überzeugt bin, dass die Aktie am Ende doch Gewinn bringen wird. Zu viel Nachsicht für Verlierer kann ich aber nicht empfehlen – vor allem, wenn rasches Handeln unmittelbare Steuervorteile bringt.

Die Effizienzmarkttheorie gibt aber zu bedenken, dass selbst das Befolgen solcher vernünftiger Regeln eher nicht zu überdurchschnittlichem Anlageerfolg führt. Wer kein professioneller Investor ist, der leidet unter vielen Handicaps. Gewinnmeldungen sind nicht immer vertrauenswürdig. Und sobald eine Story erst einmal in der Presse gelandet ist, dürfte der Markt die Informationen bereits eingepreist haben. Die Einzeltitelauswahl gleicht der Stachelschweinzucht: Man schaut sich alles sehr gründlich an, trifft eine Entscheidung und geht dann mit äußerster Vorsicht zu Werke. Ich hoffe natürlich, dass Anleger, die sich nach meinen guten Ratschlägen richten, damit Erfolg haben, bin mir aber durchaus bewusst, dass es letztlich womöglich reines Glück ist, wenn jemand das Stockpicking-Spiel gewinnt.

Trotz aller Gefahren ist es ein faszinierendes Spiel, auf einzelne Aktien zu setzen. Mit meinen Regeln stehen Ihre Chancen meiner Überzeugung nach ein bisschen besser, und Sie sind vor den übermäßigen Risiken geschützt, die Aktien mit hohem Kurs-Gewinn-Verhältnis oder Aktien ganz ohne Gewinne bergen. Sollten Sie sich für diesen Weg entscheiden, dürfen Sie aber eines nicht vergessen: Eine große Zahl anderer Anleger – darunter auch Profis – sind ebenfalls im Spiel. Und die Aussichten, dass jemand den Markt immer wieder schlägt, sind ziemlich gering. Dennoch macht es vielen von uns zu viel Spaß, unser Marktgespür zu beweisen, um es aufzugeben. Jeder echte Spekulant würde zumindest einen Teil seines Geldes auch weiterhin auf seine Favoriten setzen wollen, selbst wenn er überzeugt wäre, dass er nicht besser abschneiden kann als der Durchschnitt, da bin ich mir sicher. Mit meinen Regeln steht Ihnen das offen – und zwar mit deutlich geringeren Risiken.

Wenn Sie Ihre Titel selbst auswählen möchten, empfehle ich Ihnen dringend eine Mischstrategie: Legen Sie den Kern Ihres Portfolios in Indexfonds an und spielen Sie das Stockpicking-Spiel mit Geld, dessen Verlust Sie notfalls verschmerzen könnten. Liegt der größte Teil Ihrer Ersparnisse fürs Alter in breiten Indizes und Sie haben Ihr Aktienportfolio durch die Beimischung von Anleihen und Immobilien diversifiziert, dann können Sie getrost auf ein paar Einzeltitel setzen in dem Wissen, dass Ihr finanzieller Grundstock einigermaßen sicher ist.

Der Ersatzspieler-Schritt: einen professionellen Wall-Street-Walker engagieren

Es gibt noch eine einfachere Möglichkeit, auf Ihrem Spaziergang über die Wall Street zu spekulieren: Statt selbst auf einzelne Sieger (Aktien) zu setzen, können Sie sich auch die besten Trainer (Anlageverwalter) herauspicken. Dabei handelt es sich um aktive Investmentfondsmanager, von denen Tausende zur Auswahl stehen.

In früheren Ausgaben dieses Buches habe ich Namen verschiedener Anlageverwalter genannt, die auf langfristige Erfolge im Portfoliomanagement zurückblicken können, ergänzt durch biografische Informationen über ihren jeweiligen Anlagestil. Diese Manager zählten zu den ganz wenigen, die sich in der Lage gezeigt hatten, den Markt über lange Zeiträume zu schlagen. Für die aktuelle Ausgabe bin ich von dieser Praxis abgewichen – aus zwei Gründen.

Erstens haben sich diese Manager bis auf Warren Buffett inzwischen aus dem aktiven Portfoliomanagement zurückgezogen, und auch Buffett war 2022 schon über 90. Selbst er bildete in den zehn Jahren bis 2022 den S&P 500 nach und ist mittlerweile ein großer Befürworter der Index-Investment-Strategie. Zweitens bin ich zu der Überzeugung gelangt, dass frühere Ergebnisse von Fondsmanagern im Grunde nichts über den künftigen Erfolg aussagen. Die wenigen Beispiele für beständige überdurchschnittliche Performance treten nicht häufiger auf, als durch den Zufall zu erklären.

Ich analysiere nun schon seit über 50 Jahren die Beständigkeit der Wertentwicklung von Investmentfonds und stelle fest, dass es für Anleger schlicht nicht möglich ist, sich garantierte überdurchschnittliche Erträge zu sichern, indem sie die Fonds mit der besten bisherigen Erfolgsbilanz kaufen. Ich habe eine Strategie getestet, derzufolge die Anleger am Anfang jedes Jahres sämtliche breiten Aktienfonds auf der Grundlage ihrer Entwicklung in den zurückliegenden zwölf Monaten, fünf oder zehn Jahren einstufen, und dabei angenommen, dass sie die führenden 10, 20 oder mehr Fonds kaufen. Es ist unmöglich, den Markt auf Dauer zu schlagen, indem man in die bisher erfolgreichsten Investmentfonds investiert.

Ebenso habe ich eine Strategie getestet, die darauf abzielt, die von führenden Finanzmagazinen oder Beratungsdiensten als »beste« Fonds eingestuften Produkte zu kaufen. Diese Tests zur Wertentwicklung von Fonds unter Laborbedingungen sowie die Forschungsarbeiten, über die im zweiten Teil dieses Buches berichtet wurde, ergeben ganz klar: Sie können nicht davon ausgehen, dass sich eine herausragende Erfolgsbilanz in die Zukunft fortschreiben lässt. Meistens ist es sogar so, dass die Spitzenreiter eines Zeitraums im nächsten unter ferner liefen kommen.

Gibt es denn überhaupt keine Möglichkeit, einen aktiv verwalteten Fonds auszuwählen, der voraussichtlich überdurchschnittliche Ergebnisse bringt? Ich habe im Laufe der Jahre viele Studien zu den Erträgen von Investmentfonds durchgeführt, um herauszufinden, warum sich manche Fonds besser entwickeln als andere. Wie bereits gesagt, ist die bisherige Wertentwicklung kein aussagekräftiger Indikator für künftige Erträge. Die beiden Variablen, die sich am besten eignen, um die künftige Wertentwicklung zu prognostizieren, sind Kostenquoten und Portfolioumschlag. Hohe Kosten und ein hoher Umschlag drücken auf die Erträge – vor allem auf die Erträge nach Steuern, falls die Fonds in steuerpflichtigen Depots gehalten werden. Die ertragsstärksten aktiv verwalteten Fonds zeichnen sich durch moderate Kostenquoten und einen niedrigen Portfolioumschlag aus. Je geringer die vom Erbringer der Investmentdienste berechneten Kosten, desto mehr bleibt für den Anleger. Wie Jack Bogle, der Gründer der Vanguard Group, zu sagen pflegte, gilt im Investmentfondsgeschäft, dass man »bekommt, wofür man nicht bezahlt.«

Anlageberater – die Standardversion und die automatisierte Variante

Wenn Sie sich genau an die Empfehlungen dieses Buches halten, brauchen Sie eigentlich keinen Anlageberater. Sofern bei Ihnen nicht viele steuerliche Komplikationen oder rechtliche Probleme vorliegen, sollten Sie in der Lage sein, selbst für die erforderliche Diversifizierung zu sorgen und Ihre Anlagen auch selbst neu zu gewichten. Vielleicht stellen Sie ja sogar fest, dass es Ihnen Spaß macht, ihr Anlageprogramm selbst in die Hand zu nehmen.

Das Problem mit Anlageberatern ist, dass sie in der Regel nicht billig sind und oft im Interessenkonflikt stehen.[54] Viele Anlageberater verlangen 1 Prozent Ihres Anlagevermögens oder mehr pro Jahr dafür, dass sie ein Depot mit einem angemessen diversifizierten Portfolio einrichten. PriceMetrix, Inc. rechnete aus, dass der Branchendurchschnitt bei etwas über 1 Prozent liegt. Die meisten Berater erheben aber eine jährliche Mindestgebühr zwischen 1000 und 1500 Dollar. Kleinanleger sind damit aus dem Markt für Anlageberatung effektiv ausgeschlossen – oder müssen dafür einen deutlich höheren Prozentsatz ihres Anlageportfolios berappen. Hinzu kommt, dass manche Berater Interessenkonflikten ausgesetzt sein können und Anlageinstrumente einsetzen, für die sie zusätzliche Provisionen kassieren. Infolgedessen werden Anleger zu oft zu teuren, aktiv verwalteten Portfolios überredet anstelle kostengünstiger Indexfonds. Wenn Sie meinen, dass Sie einen Anlageberater brauchen, sollten Sie darauf achten, dass er ausschließlich auf Honorarbasis arbeitet. Solche Berater werden nicht dafür bezahlt, dass sie Investmentprodukte vertreiben, und treffen daher mit größerer Wahrscheinlichkeit Entscheidungen, die ganz in Ihrem Interesse liegen, nicht in ihrem eigenen.

Vollautomatische Investmentdienste bieten nicht nur automatisierte Anlageberatung, sondern stützen sich ausschließlich auf das Internet, um Kunden anzuwerben und Depots einzurichten.

54 A. d. R.: In Deutschland stehen Anlageberater ohnehin nur einer sehr begüterten Klientel zur Verfügung.

Persönliche Kontakte gibt es nicht. Einlagen, Entnahmen, Überweisungen, Berichte (und natürlich auch die Anlageverwaltung) erfolgen elektronisch über ein internetfähiges oder ein mobiles Gerät.[55]

Lassen Sie mich diesbezüglich vorab klarstellen, dass für mich hier ein Interessenkonflikt vorliegt. Ich bin Chief Investment Officer von Wealthfront, einem vollautomatischen Anlageberatungsunternehmen. Außerdem sitze ich im Investmentausschuss von Rebalance, einer Beratungsfirma, die vereinzelt telefonische Kontakte zu einem menschlichen Berater zulässt.

Der automatische Dienst schneidet diversifizierte, auf mehrere Anlageklassen verteilte Portfolios entsprechend den Bedürfnissen des einzelnen Kunden zu. Weil sie den Kanal vereinfachen, über den die Anlageverwaltung angeboten wird, sind die automatisierten Investmentdienste in der Lage, ihre Gebühren drastisch zu verringern – etwa auf ein Viertelprozent (25 Basispunkte), und das auch bei ganz kleinen Depots von nur 500 Dollar. Diese Dienste sprechen vor allem die Millennials und die Generation Z an, die daran gewöhnt sind, alle möglichen Dienstleistungen elektronisch in Anspruch zu nehmen. Viele junge Menschen finden es lästig, mit einem Berater sprechen zu müssen. Für sie geht es bei gutem Service eher um Komfort als um Interaktion.

Der Prozess beginnt mit einem Online-Gespräch. Der Kunde wird nach seinem Gehalt, seiner steuerlichen Situation, seinem Vermögen und seinen Schulden gefragt, soweit vorhanden. Er muss Informationen über Anlageziele erteilen und etliche Fragen beantworten, um zu beurteilen, wie risikofähig er ist und wie hoch seine wesensbedingte Bereitschaft, Marktvolatilität in Kauf zu nehmen. Der Berater erfährt, ob die Anlage der Alterssicherung oder einem anderen bestimmten Zweck dienen soll, etwa dem Ansparen von Eigenkapital für eine Wohnimmobilie oder der Absicherung im Krankheitsfall. Je uneinheitlicher die Antworten des Kunden auf Fragen zu ihrer Einstellung ausfallen, desto weniger risikotolerant ist der Betreffende vermutlich. Die Gesamtrisikomatrix fasst objektive und subjektive Wertungen zusammen und gewichtet die risikoscheuere Komponente stärker. Dieser Ansatz steuert der (vor allem bei Männern festzustellenden) Neigung Einzelner tendenziell entgegen, die ihre Risikotoleranz zu hoch ansetzen.

Der Kunde wird aufgefordert, all seine sonstigen Bankkonten, Altersvorsorgeprogramme und Anlagedepots mit dem automatisierten Dienst zu verknüpfen. So kann dieser eine Beratung bieten, die der finanziellen Gesamtsituation des Betreffenden Rechnung trägt. Hat der automatisierte Berater Einblick in alle Finanzkonten des Kunden, kann er neben gezielten Anlageverwaltungsdiensten auch Finanzplanung bieten. Der automatisierte Dienst kann dem Kunden raten, wie viel er im Zeitverlauf voraussichtlich sparen muss, um seine Altersvorsorgeziele zu erreichen. Die Eingabedaten werden von Finanzplanungsprogrammen komplett elektronisch erfasst.

55 A. d. R.: In Deutschland gibt es so genannte Robo-Advisors, die nach Abfrage der Risikoneigung, Ziele und Präferenzen des Anlegers automatisiert in passende Portfolios investiert. In den USA sehen solche automatisierten Investmentdienste etwas anders aus, wie die folgenden Ausführungen zeigen.)

Aus den Daten zu den Finanzkonten und dem bisherigen Anlageverhalten eines Kunden gehen die tatsächlichen Ausgabepraktiken und Einstellungen zu Risiken mit größerer Wahrscheinlichkeit hervor, und sie dürften weit zutreffender sein als alles, was der Kunde einem herkömmlichen Finanzberater erzählen würde. Auf der Grundlage all dieser Informationen weist der automatisierte Dienst dem Kunden einen Risikowert zu, der herangezogen wird, um aus dem effizienten Angebot an realisierbaren Portfolios das optimale auszuwählen. Die moderne Portfoliotheorie, wie sie im achten Kapitel beschrieben wurde, ist die Grundlage für die Zusammenstellung des optimalen Anlagenmix.

Gleich mehrere Aspekte der Anlageverwaltung kann ein automatisierter Berater effizienter abdecken als ein klassischer persönlicher Berater. Die meisten automatisierten Portfolios setzen sich fast ausschließlich aus Indexfonds zusammen. Es werden nur die kostengünstigsten Indexfonds verwendet, auf die über ETFs zugegriffen wird. Automatisierte Berater können Programme auflegen, die sicherstellen, dass das Kundenportfolio automatisch neugewichtet wird, um das Risikoniveau der Positionen laufend auf die Präferenzen des Kunden abzustimmen. Die Neugewichtung kann häufig durch die Wiederanlage von Dividenden oder durch die Zuteilung neuer Einlagen auf inzwischen untergewichtete Anlageklassen umgesetzt werden. Ein automatisiertes Verfahren kann ohne Weiteres feststellen, wann eine Neugewichtung wünschenswert wäre und wie sie durchgeführt werden sollte.

Die von automatisierten Beratungsdiensten verwendeten Indexfonds sind von Haus aus steuereffizient, da es sich um passive Fonds handelt, die – anders als aktive Manager – keine Veräußerungsgewinne realisieren. Tax-Loss Harvesting (TLH) kann maßgeblich zum Nachsteuergewinn des Anlegers beitragen. Während herkömmliche Berater diese Dienstleistung nur vermögenden Investoren anbieten, können automatisierte Dienste durch die fortlaufende Überwachung von Portfolios Verluste effizienter nutzen und die Methode einem weit größeren Kundenkreis zugänglich machen.

TLH ist das Kronjuwel der Steuerplanung. Darunter ist zu verstehen, wenn eine verlustbringende Anlage abgestoßen und durch eine stark korrelierende, aber nicht identische ersetzt wird. Auf diese Weise können Sie die Risiko- und Ertragsmerkmale Ihres Portfolios beibehalten und dabei Verluste realisieren, die Ihre laufenden Steuern verringern.

Durch Tax-Loss Harvesting werden Steuern lediglich aufgeschoben, doch die gesparten Steuern können reinvestiert werden und sich im Zeitverlauf durch den Zinseszinseffekt mehren. Infolgedessen ist es besser für Sie, wenn Sie Steuern möglichst spät zahlen. Hinzu kommt, dass der Steuersatz, den Sie auf verminderter Basis auf langfristige Kapitelerträge zahlen, niedriger ist als der Steuersatz, von dem Sie durch Realisierung kurzfristiger Kapitalverluste profitieren. Darüber hinaus gilt: Wird das Portfolio gehalten, um später vererbt oder für gemeinnützige Zwecke verwendet zu werden, lassen sich die Steuern nach aktuellem Steuerrecht komplett vermeiden.

Tax-Loss Harvesting bedingt die Umschichtung von einem Wertpapier in ein anderes, um steuerliche Verluste zu realisieren. Die Strategie steht jedoch vollkommen in Einklang mit dem klassischen Index-Investing. Im folgenden Beispiel ziehe ich den S&P 500 stellvertretend für den Markt heran.

(Dieselbe Strategie ist auch auf andere Stellvertreter für den Gesamtmarkt anwendbar, etwa für den Russell 3000 Index.) Wir können das Verhalten des S&P 500 nachbilden, indem wir eine Stichprobe von 250 Aktien halten. Diese Aktien werden so ausgewählt, dass sie die Branchen- und Größenzusammensetzung des Index nachvollziehen und dabei den Nachbildungsfehler (Tracking Error) zwischen Stichprobe und Gesamtindex minimieren.

Angenommen, große Pharmawerte verlieren an Wert. Dann könnten Sie sich von Merck trennen, um einen Verlust zu realisieren, und Pfizer kaufen, damit Sie auch weiterhin den Index nachbilden. Sind es die Autoaktien, die nachgeben, könnten Sie Ford verkaufen und den Erlös in General Motors investieren. Durch die Automatisierung des Prozesses kann man ständig nach realisierbaren Verlusten Ausschau halten. Tax-Loss Harvesting kann den jährlichen Nachsteuergewinn eines Anlegers nachweislich maßgeblich steigern.

Die durch den Verkauf von Positionen mit nicht realisierten Verlusten entstehenden Verluste können in anderen Segmenten des Portfolios realisierte Gewinne ausgleichen. Nehmen wir beispielsweise an, ein Anleger hatte aus einem Immobiliengeschäft wie dem Verkauf eines Hauses Gewinne realisiert – oder auch aus einem aktiv verwalteten Investmentfonds oder einem Multifaktor-Smart-Beta-Fonds, wie er im elften Kapitel beschrieben wurde. Durch Tax-Loss Harvesting kann ein Anleger die Steuern vermeiden, die eigentlich angefallen wären, und per saldo steuerliche Verluste von bis zu 3000 Dollar vom Einkommen abziehen. Diese Methode ist ohne Weiteres mit breit angelegtem Indexing vereinbar und kann Anlegern zuverlässig Vorteile bieten. Um TLH optimal zu nutzen, bieten sich Softwarelösungen an. Durch die Rund-um-die-Uhr-Überwachung von Portfolios kann der automatisierte Beratungsdienst kurzfristige Marktdellen nutzen.[56]

Neben voll automatisierten Diensten gibt es auch hybride Anbieter, die Technologie zur Unterstützung verschiedener Funktionen einsetzen, aber auch einen gewissen begrenzten persönlichen Kontakt zu einem menschlichen Berater gestatten. Vanguard Personal Advisory Services bietet Portfolioverwaltungsdienste, die sowohl kostengünstige indexbezogene Anlagen als auch von Vanguard verwaltete Fonds heranziehen. Vanguard gibt Kunden die Möglichkeit, einen Berater telefonisch oder per Video-Chat direkt zu kontaktieren. Die menschliche Note ist aber mit Kosten behaftet, da dieser Dienst Anlegern eine jährliche Verwaltungsgebühr von 30 Basispunkten (30/100 Prozent) in Rechnung stellt. Die vorgeschriebene Mindestanlagesumme (50.000 Dollar) ist höher als bei den meisten voll automatisierten Diensten.

Rebalance ist auf steuerbegünstigte Altersvorsorgeportfolios spezialisiert. Der Anbieter ist der am wenigsten automatisierte Portfoliodienst (die Portfolios werden von einem Investmentausschuss zu-

56 Auch wenn Sie keinen automatisierten Beratungsdienst beauftragen, könnten Sie selbst Tax-Loss Harvesting betreiben. Ist etwa der Kurs Ihres MSCI-Schwellenländer-ETF gefallen, könnten Sie diesen abstoßen und einen Vanguard-Schwellenländer-ETF kaufen, um Ihr Engagement aufrechtzuerhalten. Weil sich die beiden ETFs auf verschiedene Indizes stützen, verstößt diese Transaktion nicht gegen US-amerikanische Steuervorschriften.

sammengestellt). Dort hebt man die Vorteile hervor, die ein eigener Berater hat, der stets telefonisch erreichbar ist. Die Jahresgebühr beträgt 50 Basispunkte, was immer noch weniger ist als die üblicherweise von klassischen persönlichen Beratern berechneten Honorare.

Der führende Discount-Broker Charles Schwab hat einen eigenen Portfoliodienst eingeführt: Schwab Intelligent Portfolios. Schwab verlang eine Mindestanlage von 5000 Dollar, wählt die Portfolios gemäß Alter und Zielen des Anlegers aus und gewichtet sie neu. Für den Dienst fallen zwar nicht direkt Gebühren an, doch in den Portfolios können sich von Schwab gesponserte Fonds finden, deren Kostenquoten allgemein über den Sätzen liegen, die einfache kapitalisierungsgewichtete Indexfonds berechnen. Außerdem muss der Anleger einen erheblichen Teil des Portfolios in liquiden Mitteln vorhalten. Schwab bezeichnet seinen Dienst zwar als »automatisiert«, doch die ausgewählten Portfolios dürften sich kaum mit denen decken, die ein automatisiertes optimiertes Programm zusammenstellt.

Noch ein paar abschließende Bemerkungen zu unserem Spaziergang

Wir sind nun am Ende unseres Spaziergangs. Lassen Sie uns kurz zurückschauen und rekapitulieren. Die Fähigkeit, den Markt dauerhaft zu schlagen, ist äußerst rar gesät, so viel steht fest. Weder die fundamentale Analyse der soliden Wertgrundlagen einer Aktie noch die technische Analyse der Neigung des Marktes zum Luftschlösserbauen kann verlässlich überdurchschnittliche Ergebnisse liefern. Selbst die Profis müssen sich Asche aufs Haupt streuen, wenn Sie Ihre Zahlen mit den Resultaten der Dartpfeil-Methode zur Aktienauswahl vergleichen.

Vernünftige Anlagerichtlinien für Privatanleger müssen folglich in zwei Schritten entwickelt werden. Erstens ist es von entscheidender Bedeutung, die möglichen Risiko-Ertrags-Kompromisse zu kennen und Ihre Wertpapierauswahl passgenau auf Ihr Temperament und Ihre Anforderungen zuzuschneiden. Der vierte Teil des Buches hat einen umfassenden Leitfaden für diesen Abschnitt des Weges geliefert, einschließlich etlicher Aufwärmübungen für alle Schritte, von der Steuerplanung bis zum Reservemanagement, und einen Ratgeber für die lebenslange Portfoliostrukturierung. Im vorliegenden Kapitel wurde die größte Strecke unseres Spaziergangs über die Wall Street zurückgelegt – drei wichtige Schritte zum Kauf von Aktien. Zunächst habe ich vernünftige Strategien vorgeschlagen, die mit der Existenz einigermaßen effizienter Märkte vereinbar sind. Die Index-Investment-Strategie empfehle ich ganz besonders. Zumindest das Herzstück eines jeden Anlageportfolios sollte aus Index-Investments bestehen. Mir ist allerdings klar: Zu erklären, dass keine Hoffnung besteht, die Indizes zu schlagen, ist bei den meisten Anlegern ähnlich müßig, wie eine

Sechsjährige davon abzubringen, an den Weihnachtsmann zu glauben. Das nimmt dem Leben doch den Pfiff!

All jenen unter Ihnen, die also unheilbar am Spekulationsfieber erkrankt sind und unbedingt selbst Einzeltitel auswählen möchten, um den Markt zu schlagen, habe ich vier Regeln ans Herz gelegt. Ihre Chancen stehen wirklich schlecht, doch vielleicht haben Sie ja Glück und landen trotzdem einen Hauptgewinn. Ich habe auch meine Zweifel, dass Sie Anlageverwalter finden werden, denen es gelingt, die wenigen Hundertdollarscheine aufzuspüren, die auf dem Markt herumliegen. Denken Sie immer daran: Die bisherige Erfolgsbilanz ist noch lange kein verlässlicher Indikator für die künftige Wertentwicklung.

Im Investmentgeschäft ist es ein bisschen wie in der Liebe. Letztlich ist es eine Kunst, die eine gewisse Begabung und das Vorhandensein einer mysteriösen Kraft namens Glück erfordert. Tatsächlich verdanken die wenigen, denen es gelungen ist, den Markt zu schlagen, ihren Erfolg womöglich zu 99 Prozent dem Glück. »Obwohl sich die Menschen mit ihren großen Taten brüsten«, so schrieb Rochefoucauld, »verdanken sie diese häufiger dem Glück als ihrer klugen Planung.«

Noch in einer anderen wesentlichen Hinsicht ist die Kapitalanlage ein ganz ähnliches Spiel wie die Liebe. Sie macht zu viel Spaß, um sie an den Nagel zu hängen. Wenn Sie die Gabe haben, herauszufinden, welche Aktien werthaltig sind, und die Kunst beherrschen, eine Story zu erkennen, die die Fantasie beflügelt, ist es ein tolles Gefühl zu merken, dass der Markt Ihren Eindruck bestätigt. Doch wenn Sie kein so glückliches Händchen haben, werden Ihnen meine Regeln helfen, Ihre Risiken im Rahmen zu halten und sich die schlimmsten Enttäuschungen zu ersparen, die dieses Spiel mit sich bringt. In dem Bewusstsein, dass Sie entweder gewinnen oder zumindest nicht so viel verlieren werden und dass zumindest der harte Kern Ihres Portfolios in Indexanlagen investiert ist, können Sie das Spiel intensiver genießen. Zumindest hoffe ich, dass Ihnen das Spiel mit diesem Buch mehr Spaß macht.

Ein letztes Beispiel

Für mich hat es sich deshalb ganz besonders gelohnt, 13 Auflagen dieses Buches zu verfassen, weil ich von dankbaren Anlegern so viele Briefe erhalten habe. Sie erzählen mir, wie sehr sie von den einfachen Tipps profitiert haben, die sich seit 50 Jahren nicht geändert haben. Zu diesen zeitlosen Erkenntnissen zählen breite Diversifizierung, jährliches Rebalancing, der Einsatz von Indexfonds und das langfristige Engagement.

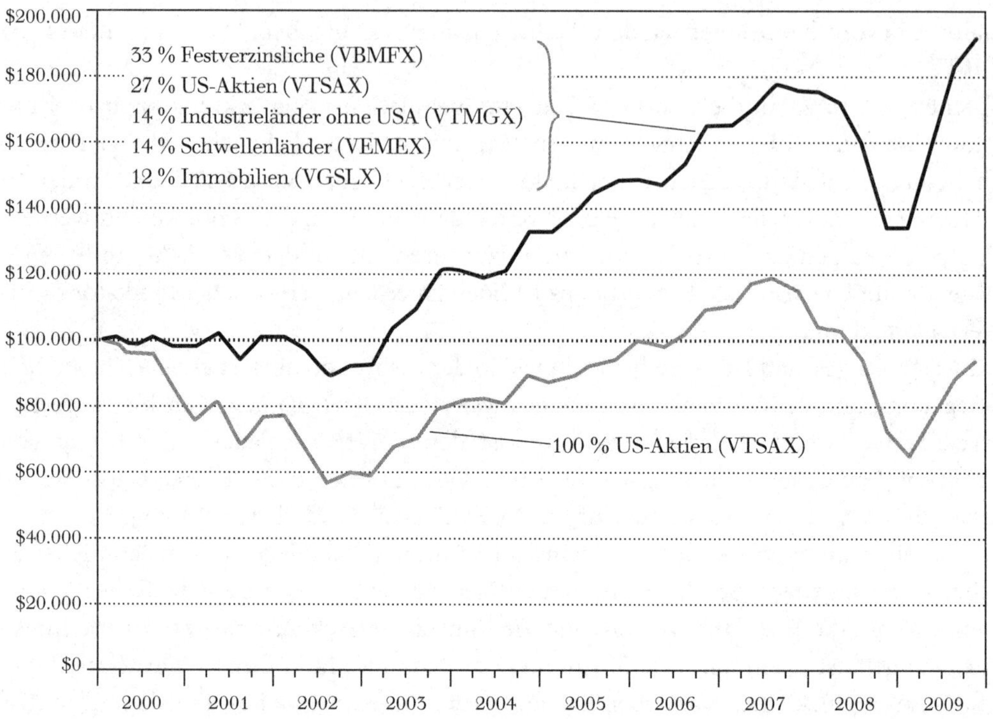

Quelle: Vanguard und Morningstar

Die erste Dekade des neuen Jahrtausends war für Anleger eine besonders schwierige Zeit. Selbst ein breit diversifizierter Fonds, der den gesamten Markt für US-Aktien abdeckte, verbuchte in dieser Phase Verluste. Doch sogar in diesen zehn Schreckensjahren hätten Anleger zufriedenstellende Ergebnisse erzielen können, wenn sie sich nach den zeitlosen Lehren gerichtet hätten, die ich propagiere. Die obenstehende Grafik zeigt, dass eine Anlage in den VTSAX (den Vanguard-Fonds für den gesamten US-Aktienmarkt) in der »verlorenen« ersten Dekade des 21. Jahrhunderts auch keine positiven Renditen abgeworfen hätte. Doch nehmen wir einmal an, eine Anlegerin hätte ihr Portfolio mit Beimischungen zu ungefähr den konservativen prozentualen Anteilen diversifiziert, die ich auf Seite 333 allen Anlegern um 55 empfohlen habe. Das diversifizierte Portfolio (mit jährlicher Neugewichtung) hätte selbst in einer der schwächsten Börsendekaden aller Zeiten noch eine nicht zu verachtende Rendite gebracht. Hätte sich die Anlegerin darüber hinaus noch der Durchschnittskostenmethode bedient und ihr Portfolio im Zeitverlauf durch kleine Beträge aufgestockt, wäre das Ergebnis noch besser ausgefallen. Wenn Sie sich an die einfachen Regeln und zeitlosen Lektionen halten, die Ihnen dieses Buch ans Herz legt, dürften Sie selbst in den härtesten Zeiten noch ganz gut dastehen.

EPILOG

Viele Anleger haben die Ratschläge aus diesem Buch befolgt, Hunderte Milliarden Dollar aus aktiv verwalteten Investmentfonds abgezogen und in Indexfonds investiert. Mittlerweile entfallen über 40 Prozent des insgesamt in Investmentfonds und ETFs investierten Betrags auf Indexfonds. Nach Angaben von Morningstar verwaltete der Vanguard Total Stock Market Index Fund Anfang 2022 ein Vermögen von über 1,3 Billionen US-Dollar, was derzeit 10 Prozent des gesamten Investmentfondsvermögens entspricht. Die aktiven Manager haben darauf mit neuer Kritik reagiert. Mittlerweile wird sogar behauptet, Indexfonds stellten eine große Gefahr für die Börse und die gesamte Wirtschaft dar.

Eines der angesehensten Analyseunternehmen der Wall Street, Sanford C. Bernstein, veröffentlichte einen 47 Seiten starken Bericht mit dem provokativen Titel: *The Silent Road to Serfdom: Why Passive Investing is Worse than Marxism* (sinngemäß: *Der stille Weg in die Sklaverei: Warum passives Investieren schlimmer ist als Marxismus*). In dem Bericht heißt es, ein kapitalistisches Marktsystem, in dem Anleger passiv in Indexfonds investierten, sei noch schlimmer als eine Planwirtschaft, in der die Regierung über sämtliche Investitionen bestimme. Angeblich sorge das Index-Investing dafür, dass Geld unabhängig von Aspekten wie Rentabilität und Wachstumschancen in bestimmte Anlagen fließe. Es seien die aktiven Manager, die sicherstellten, dass sich neue Informationen auch angemessen in den Aktienkursen widerspiegelten. Index-Investing, so ein weiterer Vorwurf, führe zu einer Konzentration des Eigentums, wie man sie seit den Tagen des Rockefeller Trust nicht mehr erlebt habe.

Wenn alle Anleger nur noch in Indexfonds investieren würden, wäre es dann vorstellbar, dass solche Investments künftig ein Niveau erreichen, auf dem Aktien radikal fehlbewertet werden könnten? Wenn alle auf Indizes setzen, wer würde dann dafür sorgen, dass sich auch alle verfügbaren Informationen über die Aussichten verschiedener Unternehmen in den Aktienkursen niederschlagen? Wer würde zwischen einzelnen Titeln umschichten, um so die Markteffizienz sicherzustellen? Das Paradoxe am Index-Investing ist, dass der Aktienmarkt ein paar aktive Trader braucht, die neue Informationen analysieren und darauf reagieren, damit Aktien effizient bewertet werden und so liquide bleiben, dass Anleger in der Lage sind, sie zu kaufen und zu verkaufen. Aktive Trader spielen eine positive Rolle für die Preisbildung von Wertpapieren und für die Kapitalallokation.

Das ist der logische Grundpfeiler der Effizienzmarkttheorie. Verbreiten sich Nachrichten ungehindert, reagieren die Kurse so schnell, dass alle bekannten Informationen in sie einfließen. Widersinnigerweise sind es eben diese Aktivitäten aktiver Investoren, die höchst unwahrscheinlich machen, dass auch weiterhin ungenutzte Gelegenheiten für außergewöhnliche Gewinne vorliegen können.

Ich habe die Geschichte von dem Finanzprofessor und seinen Studierenden erzählt, die einen 100-Dollar-Schein auf der Straße fanden. »Wenn das wirklich ein 100-Dollar-Schein wäre«, so dachte der Professor laut, »dann hätte ihn schon längst jemand aufgehoben.« Glücklicherweise hatten die Studierenden ihre Zweifel – nicht nur an den Wall-Street-Profis, sondern auch an den gelehrten Professoren –, und daher hoben sie das Geld auf.

Der Standpunkt des Finanzprofessors ist natürlich durchaus plausibel. Auf Märkten, auf denen intelligente Menschen nach Wert stöbern, ist es unwahrscheinlich, dass 100-Dollar-Scheine längere Zeit liegen gelassen werden, damit sie ein anderer aufheben kann. Aus Erfahrung wissen wir jedoch, dass sich immer mal wieder ungenutzte Chancen auftun – ebenso, wie es immer wieder zu Phasen mit spekulativen Preisblasen kommt. Wir wissen, dass die Niederländer astronomische Summen für Tulpenzwiebeln gezahlt und die Engländer hohe Summen in die unglaublichsten Blasen investiert haben. Wir wissen von modernen institutionellen Fondsmanagern, die sich erfolgreich eingeredet haben, dass manche Internetaktien durch ihre Einzigartigkeit jeden Preis rechtfertigten. Und wenn der Pessimismus unter den Anlegern um sich griff, wurden reale fundamentale Investmentchancen wie geschlossene Fonds verschmäht. Früher oder später wurden Bewertungsexzesse aber stets korrigiert, und die Anleger griffen gierig nach den von geschlossenen Fonds gebotenen Schnäppchen. Vielleicht hätte der Finanzprofessor lieber sagen sollen: »Hebt den 100-Dollar-Schein schnell auf, denn wenn es wirklich einer ist, schnappt ihn euch sonst bestimmt jemand weg.«

Aktive Manager haben Anreize, diese Funktion zu übernehmen – durch die hohen Managementgebühren, die sie erheben. Sie werden ihre Dienste auch weiterhin anbieten und behaupten, sie wüssten mehr als der Durchschnitt und könnten deshalb den Markt zu schlagen – obgleich es, anders als im mythischen Lake Wobegon von Garrison Keillor, auf dem Markt keinesfalls allen gelingt, überdurchschnittliche Renditen zu erzielen. Selbst wenn der Anteil aktiver Manager auf nur mehr 10 oder 5 Prozent des Gesamtvolumens schrumpfen würde, gäbe es immer noch mehr als genug, um die Informationen einzupreisen. Heute gibt es nicht zu wenig aktives Management, sondern viel zu viel.

Doch lassen Sie uns ein Gedankenexperiment anstellen: Angenommen, es würde nur noch Index-Investing betrieben, und einzelne Aktien würden keine neuen Informationen mehr einpreisen. Angenommen, ein Pharmahersteller entwickelt ein neues Krebsmedikament, das den Umsatz und den Gewinn des Unternehmens zu verdoppeln verspricht, doch der Kurs seiner Aktie steigt nicht, um der Meldung Rechnung zu tragen. In unserem kapitalistischen System ist undenkbar, dass nicht irgendein Trader oder Hedgefonds auf den Plan treten, den Kurs in die Höhe treiben und aus der Fehlbewertung Kapital schlagen würde. In einem marktwirtschaftlichen System können wir davon ausgehen, dass vorteilhafte Gelegenheiten zur Arbitrage von gewinnorientierten Marktteilnehmern ausgenutzt werden, ganz gleich wie viele Anleger sich dem Index-Investing verschreiben. Die Fakten lassen vermuten, dass der Prozentsatz aktiver Manager, die schlechter abschneiden als der Index, im Laufe der Zeit zunimmt. Wenn überhaupt, dann steigert sich die Effizienz des Aktienmarktes und geht nicht zurück – trotz der wachsenden Popularität des Index-Investing.

Natürlich sind Indexanleger Trittbrettfahrer. Sie kommen in den Genuss der Vorteile, die der aktive Handel bringt, ohne die Kosten zu tragen. Doch die von anderen gegebenen Preissignale unentgeltlich zu nutzen, ist sicherlich kein Fehler des kapitalistischen Systems, sondern vielmehr ein wesentliches Merkmal. In einer freien Marktwirtschaft profitieren wir alle davon, dass wir uns auf einen Katalog von Marktpreisen stützen, die von anderen festgelegt werden.

Es trifft zu, dass mit einer weiteren Zunahme des Index-Investing unter Umständen eine höhere Eigentumskonzentration auf die Index-Anbieter erfolgt, und dass diese bei der Stimmrechtsausübung mehr Einfluss genießen. Sie müssen ihre Stimmrechte in einer Weise ausüben, die gewährleistet, dass die Unternehmen im besten Interesse der Aktionäre handeln. Meiner persönlichen Erfahrung als langjähriges Verwaltungsratsmitglied der Vanguard Group – den Pionieren und Anführern der Indexfondsrevolution mit einem verwalteten Vermögen von über 7,5 Billionen Dollar – nach gab es keinen Fall, in dem durch die Stimmrechtsausübung wettbewerbsfeindliches Verhalten gefördert worden wäre. Mir ist kein Beispiel dafür bekannt, dass Indexfonds ihre Stimmrechte genutzt hätten, um in einer Branche Kartellabsprachen zu treffen.

Es gibt schlicht keine Belege dafür, dass Branchenriesen wie BlackRock, Vanguard und State Street wettbewerbswidrigen Praktiken tatsächlich Vorschub geleistet hätten, weil sie gemeinsam an allen großen Unternehmen einer Branche beteiligt waren. Das läge auch gar nicht in ihrem Interesse. Dieselben Investmentgesellschaften kontrollieren einen erheblichen Teil der Aktien aller großen Unternehmen auf dem Markt. Schlössen sie sich zusammen, um Fluggesellschaften dazu zu ermuntern, ihre Preise anzuheben, würden ihre Positionen im Bereich der Luftfahrtaktien womöglich zulegen. Das würde aber höhere Kosten für all die anderen Unternehmen in ihrem Portfolio mit sich bringen, die für ihre Geschäftsreisen auf die Fluggesellschaften angewiesen sind. Indexfonds haben keinen Anreiz, bestimmte Branchen zu bevorzugen. Da Indexfonds die Managementteams dazu anhalten, Vergütungssysteme einzuführen, die nicht auf der absoluten, sondern auf der relativen Leistung beruhen, fördern sie sogar explizit einen lebhaften Wettbewerb unter den Unternehmen aller Branchen.

Privatanlegern haben Indexfonds enorme Vorteile gebracht. Durch den Wettbewerb sind die Kosten breit aufgestellter Indexfonds praktisch auf null gefallen. Privatanleger können heute viel effizienter Geld fürs Alter anlegen als früher. Die Indexing-Strategie hat die Investmenterfahrungen von Millionen von Anlegern grundlegend verändert. Es hat dazu beigetragen, dass sie Altersvorsorge betreiben und andere Anlageziele erreichen, indem es effiziente Instrumente bietet, die zum Aufbau diversifizierter Portfolios genutzt werden können. Meine Hoffnung ist, dass dieses Buch den vermehrten Einsatz von Indexfonds noch fördert. Sie sind eindeutig ein Gewinn für die Gesellschaft.[57]

57 A. d. R.: Im englischen Original folgt hier ein tabellarischer Anhang mit Empfehlungen bestimmter Fonds aus unterschiedlichen Kategorien. Da es sich teilweise um Fondsgattungen handelt, die in Deutschland nicht vertrieben werden, oder aber um Fonds, die in den USA herausgegeben werden und in Europa nicht ohne weiteres zu erwerben sind, hat der FinanzBuch Verlag entschieden auf den Abdruck des Anhangs zu verzichten.

INDEX

INDEX